No. 691,248.

Patented Jan. 14, 1902.

H. L. DE ZENG, JR.

TELESCOPE MOUNTING FOR GUNS.

(Application filed May 28, 1900.)

(Model.)

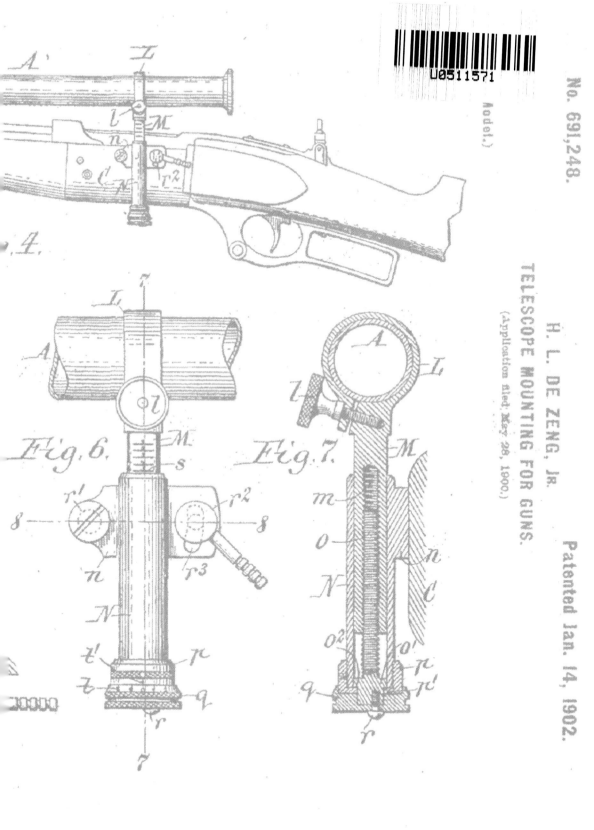

SNIPERS

战争中的狙击手

狙击作战的装备和历史 I

An Equipment and Operations History

〔英〕约翰·沃尔特 著

毛翔 译 徐玉辉 审校

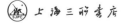 上海三联书店

AT WAR

图书在版编目（CIP）数据

战争中的狙击手：狙击作战的装备和历史 /（英）约翰·沃尔特（John Walter）著；毛翔译 . —上海：上海三联书店，2023.1

ISBN 978-7-5426-7845-4

Ⅰ.①战… Ⅱ.①约… ②毛… Ⅲ.①狙击步枪—介绍—世界 Ⅳ.① E922.12

中国版本图书馆 CIP 数据核字（2022）第 153864 号

战争中的狙击手
狙击作战的装备和历史

著　　者 / [英] 约翰·沃尔特

译　　者 / 毛　翔

审　　校 / 徐玉辉

责任编辑 / 李　英

封面设计 / One→One

装帧设计 / 千橡文化

监　　制 / 姚　军

责任校对 / 张大伟　王凌霄

出版发行 / 上海三联书店

　　　　　（200030）中国上海市漕溪北路 331 号 A 座 6 楼

邮购电话 / 021-22895540

印　　刷 / 固安兰星球彩色印刷有限公司

版　　次 / 2023 年 1 月第 1 版

印　　次 / 2023 年 1 月第 1 次印刷

开　　本 / 710×1000　1/16

字　　数 / 483 千字

印　　张 / 34.75（彩插两印张）

书　　号 / ISBN 978-7-5426-7845-4/E·22

定　　价 / 188.00 元（全两册）

敬启读者，如发现本书有印装质量问题，请与印刷厂联系 0316-5925887

序言

　　精准射击的历史，与射弹武器本身的历史一样悠久。自从第一套手弓的有效杀伤距离超过其他武器以后，人们便开始致力于提高射弹武器的精度和射程。当然，这类"带弦武器"的抛射能量有限，直到14世纪中叶火器传入欧洲，战争才发生了革命性变化。早期的火器非常原始，既不精确，其射程也不及同期的长弓，但它们对战争形势的推动却不可阻挡。然而，几个世纪以来，射击似乎都被视作一种"妖术"，尽管很多枪匠长年制造枪械，但他们几乎都不明白产生使枪械弹丸迸发的爆炸能量的化学过程，或是使弹丸在飞行相当距离命中目标的物理原理。在这本书中，约翰·沃尔特细致地探讨了有关枪械精度的复杂问题；虽然如今看来实现高精度射击仅仅需要运用相关的科学原理，但正如我们所知，至少在18世纪中叶以前，这样的"科学"并不存在。但就如同沃尔特在本书中所清晰展示的那样，"狙击"是将包括冶金、化学、光学和物理学等不同学科知识通过复杂的过程融汇后才形成的一门"技术"。

　　这个过程并非在一夜之间发生，期间经历了既引人入胜、又极为复杂且富含细节的过程。这恰好清晰解释了各个时代的枪匠、化学家、铸造师和许多其他参与枪械制造的人士，如何想方设法、尽善尽美地制造高质量钢铁、枪管，更为有效的发射药，以及符合空气动力学原理的射弹。伴随着这些的进步，欧洲各国射手在狩猎时不断追求着更优越的精度，射击运动也开始日益流行起来；然而，这些运动射击与军事领域的射击仍有很大不同。从17世纪到19世纪中叶，横队战术的盛行更为强调阵列中士兵的射击速度，而非其射击精度。在双方的对阵中，胜利更大程度上是取决于射击纪律和射击密度，而非某个士兵在远距离外射杀敌营中的某个对手。单纯从枪械射击精度的进化看，精确射击的驱动因素实际上更多来自于狩猎和射击比赛，而非军事用途。

　　毫无疑问，枪械发展史中最令人瞩目的进步是线膛枪管的出现。18世纪期间，线膛枪管得以应用，但它们仅在小范围内得以推广。对此，约翰·沃尔特批判性地检视了在克里米亚战争和美国南北战争中率先装备线膛枪管步枪的早期神射手们所带来的、自火枪被用于军事用途以来，枪械在战术运用方面所发生的最重要变化。事实上，在狙击领域，美国南北战争的经验教训验证了狙击的相关认识基础，这也是此后所有狙击手（包含现代狙击手的训练）都须遵循和运用的原则。如作者所展示给我们的，南北战争中的狙击作战仅是个开始，早期军队狙击手的演进正是本书相关章节中探讨的主题。军用狙击发端于第一次世界大战期间，但一直蛰伏在阴影之中，被高级指挥官所漠视；直到第二次世界大战时才发展为一种高度特化的作战形式。第二次世界大战中，狙击手活跃于欧洲的东西两线和亚洲的太平洋等主要战场。狙击战术是如何在第二次世界大战中重放光彩的，以及是如何在1945年后的"小规模战争"中再度得到运用的，这都是值得重新发掘的和引人入胜的故事。

　　自20世纪中期起，狙击手在战场上的作用再度得到重视，许多国家的军队开始采用高精度的运动步枪执行军用狙击任务，这也导致了在量产的军用步枪基础上，拣选精度较高的产品改装而成的军用狙击步枪被大量淘汰、取而代之的是在此基础上专门设计的狙击武器。进入21世纪以来，类似装备和战术的发展仍在继续之中；事实上，如果说狙击装备及战术当前的发展与20世纪及之前的发展有什么区别的话，只能说演化发展更加迅速。对此，约翰·沃尔特不仅看到了现代狙击枪械设计及狙击弹药弹道性能方面的巨大提升，而且更意识到当前在（可应用于狙击）光学设备和电子技术等方面取得的难以置信的进步；在所有这些因素的共同作用下，狙击手已经成为现代战场上最具价值、最为精锐的专业化作战人员。

有幸提前审读这部专著，深感其内容丰富引人入胜，最重要的是，它的可读性非常强，阅读过程不会觉得枯燥、烦闷。我想，任何读者（即便他们在枪械和狙击领域学识丰富）都会从中发现一些有趣的启示。

——《第一次世界大战中的狙击》作者　马丁·佩格勒

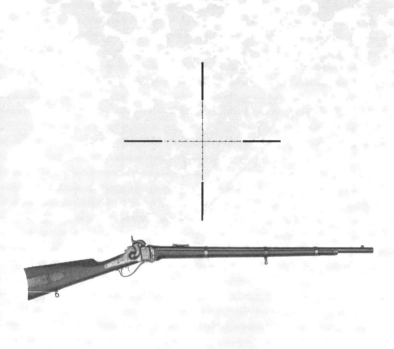

致谢

当我开始研究撰写《战争中的狙击手》(*Snipers at War*)一书时，对于最后将会拿出什么样的作品并没有把握。当前，各国已有这么多关于狙击手和狙击的著作，特别是最近10年出版了大量聚焦此类主题的回忆录等相关著作；因而，面对类似的主题，我把我的任务简单定位为广泛收集现有资料，细致甄别并全面综合阐述有关狙击的主题。

开始研究后，我一直坚持着，直到应编辑要求为法兰克福图书博览会准备一段摘要时，相关研究撰写才暂时中止。题写摘要，意味着提交的材料必须绝对地令人信服且准确，这需要大量时间。重新展开深入研究撰写工作时，我才第一次意识到，要研究清楚有关狙击的主题或故事，并不如我想象般那么直接和简单。面对大量材料，有时"一些事实"（的确认）却取决于那些看似没有价值的证据，相关资料中言之凿凿的"事实"实际上却带着很多偏见与臆测，抑或一些"可信的故事"却可能被忽视或轻视。越深入研究，会发现越多有趣的故事或史实；而越是这样，我就越需要解决关于这类主题的很多细节为什么会被质疑。

日益便于获取的网上资源，影响了本书的研究撰写过程。各种专利资料的数字化、个人网站上此类主题的资料，以及不断增加的各类枪械谱系的档案资料和绝版书籍等，都可通过互联网访问并获取，这些对本书的研究撰写都极有裨益。然而，面对浩若烟海的资料，必须谨慎地甄别、分析各类材料，比如一些在线家族谱系资料、真伪未知的数据资源等；在研究资料，去伪存真、去粗取精的过程中，有时资料中仅存在着相对较少的错误容易辨识，有时却需要从最初杜撰者源自无根据的假定所衍生出的无数资料中找到问题所在。

在马丁·佩格勒撰写的序言中，已非常"慷慨地"暗示《战争中的狙击手》中研究撰写的很多全新角度和议题。当然，这正是我要努力实现的，但是在有限的几百页著作中完全实现这一点仍很有难度。因而，这本书有意识地尽可能研究清楚越南战争之前的狙击手与狙击装备发展，毕竟，即使昨天已成为历史，但很多处于保密状态下的资料与文献，仍阻碍着对越南战争之后的狙击史进行全面、公平地评价。毕竟，只有在全面获得当代狙击史的资料和信息后（这正是本书仍欠缺的），或许才能公正地讲述狙击手在印度尼西亚、斯里兰卡，以及当前叙利亚所进行的真实战事。

无疑，《战争中的狙击手》并不想成为一本罗列各种狙击装备的手册；相反，它将聚焦于那些典型的狙击武器及狙击手，以便理清狙击发展的历史脉络。对此，本书在研究撰写时参考了大量现有文献和资料，它们都列于书末的参考文献中。对于那些有所欠缺的时代、武器及狙击手的故事，或者将出版的《狙击手百科》（*Sniper Encyclopaedia*）能够填补这些欠缺。

当然，如果缺乏外界的帮助，我无法完成这本《战争中的狙击手》的研究撰写。在此，我特别感谢谢迈克尔·莱温索尔，他把这个研究课题委托加之于我，并且无时无刻不关心着此课题的研究进展；特别感谢马丁·佩格勒，他不仅以批判的眼光阅览我的研究成果，而且还让我参阅、品读他撰写的仍未出版的《美国内战神射手》一书。还要非常感谢唐纳德·萨莫维尔，他探索挖掘了很多别人尚未发现的资料，这些资料为本著作的研究撰写奠定了坚实的基础。

本书还参考了艾德里安·吉尔伯特撰写的《狙击手：一对一》（*Sniper: One-on-One*）和《潜行与击杀：狙击手的经验》（*Stalk and Kill: The Sniper Experience*），它们帮助我解决了搭建本书框架结构时所遇到的问题。勒罗伊·汤普森在特种部队服役时的经验，以及西蒙·海耶的狙击职业生涯，为本著作的研究提供了诸多建议；查尔斯·萨瑟慷慨地让我在著作中引用来自《一击必杀》（*One Shot-One Kill*）中的内容；最卓越的狙击手教练马克·斯潘塞，允许我质疑他权威的《狙击手技巧图解指南》（*An Illustrated Manual of Sniper Skills*）并为我释疑；李·内维尔分享了他在《2001—2015特种部队的枪械》中的研究内容，允许我引用其书中的内容。此外，《死亡天使：1941—1945年间的女性狙击手》（*Angely Smerti: Zhenshchni-snaĭpery, 1941–1945*）的作者艾拉·拜古诺娃，回答了我提出的很多关于苏联狙击手的问题；罗达·梅灵爽快将她的朋友丹尼斯·艾德华兹的回忆录《魔鬼自己的运气》（*The Devil's Own Luck*）借予本人；大卫·弗尔曼，《尼古拉耶夫和帕夫柳琴科回忆录》的英文译者，帮助我解决在阅读参考非英语著作产生的疑问；比尔·哈里曼提供了一些有关狙击的重要资料摘录，这些都是我研究狙击与狙击手的重要参考。在此，还要感谢海克勒和柯奇以及其他人士，他们提供的相关信息可用于精确分析相关枪械与场景。精密国际公司的汤姆·欧文和埃利斯·邦德，总是第一时间对我的疑问给予响应，为我研究撰写本书提供了大量图片和资料。

本著作所引用的图片有多种来源，在书中都标注各图片引用来源，但有些图片的来源仍不确定，在此向图片原版方或所有人表达歉意，只要有可能，我愿意厘清相关图片版权问题，以便在未来版本中更正错误和弥补遗漏。我还要特别感谢缅因州费尔菲尔德的职业拍卖人，詹姆斯·D.朱丽叶有限公司的丽萨·奥克斯，她的耐心帮助我解决了很多问题；如果没有她提供的精彩图片，《战争中的狙击手》将会逊色很多。

最后，还要感谢艾利森、亚当姆和尼奇在我经历艰辛研究过程中，所提供的支持与帮助，如果没有他们的陪伴，我的研究将不会坚持下去并成功，特别是我的孙辈，芬德利、佐治亚和霍利，他们给了我太多感动和研究撰写间隙中的快乐。

约翰·沃尔特

目录
Contents

目录

目
录

Contents

4　**重绘图景：狙击手再次被淡忘**　　　**301**

目 录

Contents

狙击的巅峰：从冬季战争到远东战场　325

现代狙击手：更优良的枪械与瞄准具　433

目录

Contents

引 言
从箭矢到弹丸

自石器时代之始，当远古的猎人们将锐利的燧石绑上棍棒，与附近部族相竞争以杀死猛犸象之时，人类种族之间、人类与猎物间的竞争概念就存在了。在有史以来的最初岁月里，拥有高超投射技巧的人会拥有更高的社会地位，而在竞争、冲突与战争中，个人的力气固然非常重要，但技巧同样发挥着重要作用。

随着历史车轮继续向前驶过了一千余年，有关竞争与冲突的原则并未改变，决定投射兵器效果的最主要因素依然是技术。传说，从公元前708年至公元前393年期间，希腊城邦就将标枪投掷列入了古代奥林匹克运动会项目，成为五项全能竞技中的一部分；罗马时代，军团的掷矛手更是经常因他们在战斗中的精准投掷而受到赞赏。

牛角弓的发明历程已经因历史太过久远而不可考，但也可能是在同一时期，在不同的地方，被不同的人所独立发明出来的。根据有限记载和叙述，它仍可被认为是人类投射武器演化进程中的巨大技术进步。自此之后人类实施远距离打击时不再仅局限于投掷长矛，长矛被投出后对方也能捡拾起来并投掷回来；而如果使用弓箭类武器，箭手们可以随心所欲地射击而不虞射出的武器为敌方所利用。而且箭矢质量较小，能够射出更远的距离，双方交战范围大为增加。

随着弓箭使用的普及，专职的弓箭手开始出现，使得战斗仅仅需要依靠飞射而出的箭矢便能决定胜负。根据希腊神话，在特洛伊战争中，阿喀琉斯就死于派瑞斯射中其脚踵的箭矢；公元1066年，黑斯廷斯之战中，战局也被双方的箭矢所左右，那支恰好射中英王哈罗德的眼睛（也可能是其前额）的箭矢，奠定了那场战争的胜局。此战中，虽然哈罗德的箭伤并不致命，但当时对英军主帅的袭击也足以严重到使防御方在关键时刻受到干扰，从而改变了整场战役的进程[1]。

人类历史进入首个千年后，蒙古大军从中亚草原崛起，从一开始蒙古骑兵们就主要使用弓箭与目标交战；与此同时，欧洲各国的战争中，在弓箭使用方面出现了一种趋势，即战场上以弓箭实施集中齐射或波次射击，更多地依靠向对方人群射出大量箭矢，而非单独选定特定目标，来击溃对手。

迈向精准射击的第一步，来自具有悠久历史的"十字弓"。欧洲第一套十字弓出现在希腊时代，希腊军队率先在围城中使用小型化的十字弓，之后十字弓技术流向罗马，罗马军队也装备使用了大量此类武器[2]。大约在同期，古代中国出现了类似的弩；古代中国率先开始大量生产由多个部件构成的青铜制机栝，例如，在为秦始皇陪葬的兵马俑战阵中，就出现了大量持弩陶俑（据推测，当时中国军队已广泛地使用了此类技术）。

然而在欧洲，十字弓也在经历了公元410年的"罗马之劫"以及之后西罗马帝国的陷落后风光不再。而在此之前，短弓技艺在不列颠尼亚已臻化境，同期横行

---

[1] 英王哈罗德虽然在战斗中中箭，但也可能是在威塞克斯与敌军最后的混战中，因诺曼士兵的刀剑或长矛造成的致命伤而死。

[2] 摘自J. G. 兰德尔斯所编辑的《古代世界的工程学》（*Engineering in the Ancient World*），1997年出版，第101页。

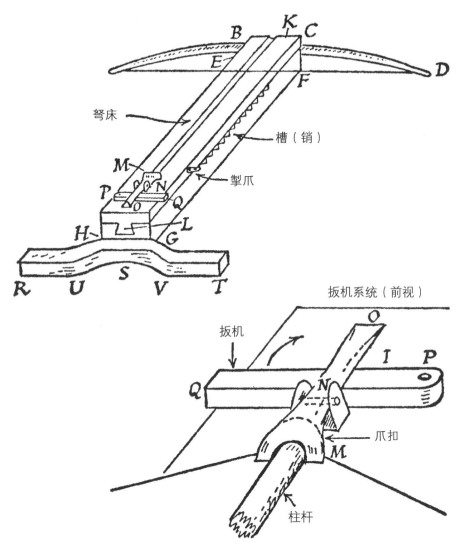

图中标注文字：

B K C

E

D

F

弩床

槽（销）

掣爪

M

N

P

O

Q

H L

G

R U S V T

扳机系统（前视）

扳机

O

I P

Q

N

爪扣

M

柱杆

图1　古希腊腹弩

图中的希腊腹弩（gastraphētēs）的结构简图，可以看到它与中世纪一些十字弓颇为相似。此结构简图是根据公元1世纪《伯罗奔尼撒》中亚历山大港的希罗描述所绘。摘自J.G.兰德尔斯所编、1997年出版的《远古世界的工程学》。

欧洲大陆的蛮族部落也非常喜欢使用类似武器。

至公元947年西法兰克王国的桑利斯城遭围攻之时，十字弓再次出现在军队中。据称，十字弓还随着1066年的"诺曼征服"（"征服者威廉"，即诺曼公爵威廉一世登陆不列颠）被带入英格兰。但在流传至今的、纪念此次历史事件的"贝叶挂毯"（Bayeux Tapestry）上，仅描述了传统的弓箭（而非十字弓）。

此后，十字弓的使用迅速推广开来，也许是因为这类武器易于使用。在1099年"十字军东征"战争中对耶路撒冷的围城战中，欧洲十字军战士们广泛使用了十字弓。很快，萨拉森（十字军东征时的阿拉伯人或穆斯林）军队仿制并使用了这类武器。当时，拜占庭皇帝阿莱克修斯一世的女儿安娜·科穆宁（1083—1153）就评论并留下了这样的记述，"十字弓是野蛮人的武器，希腊人绝对不知道……（他们当时发明这种武器是）恶魔的装置"[1]。中世纪，教皇英诺森二世对这种武器无疑持有与安娜·科穆宁相同的观点。早在1096年时，他的前任乌尔班二世就颁布过教皇令，禁止使用十字弓；因而在1139年，第二次拉特兰议会上，教皇英诺森不仅要求禁止使用十字弓，而且还要求放弃使用所有类型的弓箭来对付"基督教徒和天主教徒"。这类禁令对当时很多欧洲国家造成暂时性的但相当大的影响。

经布列塔尼人纪尧姆（Guillaume le Breton）考证，直至1185年"狮心王查理"（查理一世）命令教导法国人学习使用十字弓之前，法国还不了解这种武器。至13世纪，欧洲大多数国家的武备库中已储备了大量十字弓。同期，英格兰国王约翰（1199—1216在位）就拥有一支装备十字弓的骑兵部队，而当时的神圣罗马帝国皇帝弗雷德里希二世、法国的菲利普·奥格斯特等君主，也都武装了类

---

[1] 摘自E. R. A.斯威特所著并于1969年出版的《安娜·科穆宁的阿莱克修斯传》（*The Alexiad of Anna Komnena*），相关内容被菲利普·康达明于1984年所著《中世纪的战争》（*War in the Middle Ages*）引用，第71页。

似的十字弓骑兵队[1]。当时，这类装备十字弓的骑兵部队规模相当惊人。例如在1295年，法国国王腓力四世就从图卢兹的司法总管处采购了2000把十字弓装备招募的士兵，参与阿基坦（今法国西南部盆地）的战事；其间，腓力四世的代理人还在布鲁日（今比利时西北部城市）采购了大量军需物资，其中就包括1885把十字弓和666258只箭矢，用于装备他的部队[2]。

或许，关于中世纪十字弓应用于战争最为人熟知的案例发生在热那亚，热那亚弓箭手经常受雇为他国征战，当时法兰西相关国家以及各意大利城邦都曾雇佣过这支弩兵部队，然而，有时一线指挥官们却以糟糕的战术安排来运用弩手，这在英法百年战争中的很多次交战中都发生过，包括在著名的斯鲁伊斯海战（Battle of Sluys，1340年6月24日）。当时英国弓箭手在法舰侧舷弩手射程外，以密集齐射战术大量杀伤法舰上的人员，击溃了对手。

在克雷西、普瓦提埃战役和阿金库尔之战中，英国长弓在战场上的优势进一步凸显。例如，爆发于1346年8月26日的克雷西之战中，热那亚箭手与法军重骑兵组成的部队突遭英国弓箭手的埋伏突袭，在英军密集的箭雨下，法军重骑兵很快被击溃撤离，余下的热那亚弩手遭受惨重伤亡（毕竟重装法国骑士毫不在意这些热那亚人的命运）。据各种估计，热那亚雇佣兵的规模在2000～6000人之间，他们在战斗中被大量杀伤，其首领——奥登·多利亚也名列数以千计的伤亡名单之中。

出于对外界指责法军重骑兵怯懦的反驳，法国人将他们的失败归咎于战场上突降大雨打湿了弓弦；而英国人则及时摘下了弓弦以保持干燥，因为热那亚的十字弓设计，使其无法像英国人一样迅速摘下弓弦。但这种说辞甚至遭到了参战的法国领主的抨击，他怀疑弩手们只是一味逃跑。但是19世纪90年代早期，拉尔

---

[1] 摘自 E. 欧端恩于1913年所著《对菲利普·奥古斯特皇家军队的批判》（*Essai sur l'armée royale du temps de Philippe Auguste*），第67页。

[2] 菲利普·康达明于1984年所著《中世纪的战争》，第38、189页。

夫·佩恩·加尔维德通过试验证明，当时弓弦遇水确会碰到问题。

14世纪的十字弓，通常采用薄骨片层压制成弓臂，因而其弓弦不易紧固地捆在弓臂两端，其缺乏足够的防水性，如果被雾气和雨水弄潮，就会非常松弛。而且湿气还会降低弓弦的弹性，极大地减小其威力。为克服这种问题，此后大多数弩手不仅会压弯弓臂以便使弓弦绷紧保持弹性，而且用刷漆和其他方式保持弓臂的防水性能，以保证其使用效能。

当时的十字弓通常被认为与长弓相比根本"微不足道"，在英国尤为如此。在英王理查德二世（1377—1399）统治时期，英国男性依然被强制要求接受长弓训练。1389年颁布的一项法令规定"（为国王）服劳役者及普通工者"有义务自行准备弓、箭等器具，以便在周日和宗教节日进行演练和训练，其他活动则被取消[1]。英王爱德华四世（1461—1483）时期，他曾命令所有男人必须拥有一支长弓（可由紫杉、山榆、榛树或者岑树制成），而且弓的高度应与其本人身高相同，箭矢的长度应与射手的臂长相当。英王亨利八世（1507—1547）曾颁令，不仅除了长弓以外其他武器的训练都应被禁止，而且任何人如被发现保留十字弓，将被处以10英镑的罚款。

亨利还颁布法规规定使用长弓训练时最小的射击距离，年龄超过24岁的男人应该按此标准练习长弓使用技巧；具体而言，如果使用远射用的轻箭矢进行训练，射击距离应当不低于220码；如果用捆箭（sheaf arrows，一种古老的英国军用箭矢，其箭杆较长且较重、箭羽较长，狭窄箭头带着倒刺/或无倒刺），则射击距离不得低于140码。

然而，射手在位于卧姿或狭窄的掩蔽物后时，用十字弓射击更为容易。另外，与长弓拉紧后立即释放射出箭矢的方式不同，十字弓在上弦装箭后，弓弦会

---

[1] 1277年，加斯科尼公国派出120名弩手前往协助爱德华一世在苏格兰的战争，1298年7月22日爆发的福尔柯克之战（Battle of Falkirk）中英国士兵同样使用了十字弓；至晚到1415年10月25日（当年爆发阿金库尔之战），英王亨利五世军队的花名册中仍列有38名十字弓兵。

被扳机卡挂在待射位置，这使射手能够保持其待射状态耐心地等待合适的射击机会。因此，十字弓是一种更易于隐秘携带和时刻待发的武器。

十字弓可以变得更具威力，但是要消除一系列缺点，比如它们的制造相对较复杂（其复杂程度甚至在几个世纪中不降反升），而且挂弦也是出了名地麻烦和困难。类似地，与长弓相比，短臂弓缺乏明显的机械性优势，意味着要赋予箭矢相同的威力，弓弦需要被更大幅度地拉动。这反过来制约了其射击的速度和距离。

根据记载，佩恩·加尔维[1]的实验表明，1支14英寸[2]长的箭矢重约3盎司，从巨大的攻城弓上发射时，箭矢能够在60码之外击穿1.75英寸厚的松木板。据称其极限射程可达460码，但是目前尚不清楚需要将弓拉到何种程度才能射这么远。现代实验表明，中世纪十字弓射出箭矢的初始速度仅有约175英尺/秒；然而，佩恩·加尔维的弓所需拉力算起来大约是1200磅——超过半吨；相比之下，最强的长弓也就只有120磅的拉力。

在中世纪，弩手射出的劲箭仍对同期重装甲骑士造成了非常现实的威胁（尤其是使用特制弩箭头时）。这些箭矢被设计得尽可能减少飞行中的偏移，其方形尖端处各有4个小点。一段1395年（法）萨瓦人的文本中，记述了一种可以抵抗从标准十字弓射出弩箭的盔甲，更高等级的盔甲可以抵抗更强力的攻城弓射出的弩箭（arbalète à tour）[3]。然而，在1402年霍米尔顿山之战中，阿奇博尔德·道格拉斯——第四代道格拉斯伯爵（Fourth Earl of Douglas），就在战斗中接连被5支弩箭命中，且弩箭全部击穿了他的盔甲。

在需要时，训练有素的长弓手一分钟能够射出14支箭矢（而且这类弓还要相对简单），而训练程度相当的弩手在一分钟内只能射出4支弩箭。早期，弩手经常

---

[1]　拉尔夫（威廉·弗兰克纳）-佩恩-加尔维所著《十字弓》（The Crossbow）（1893）。

[2]　英寸、英尺、盎司等英制单位，为了阅读便利一律不再换算为公制单位标出。

[3]　菲利普·康达明于1984年所著《中世纪的战争》，第188页。

躺着把双脚蹬在弓臂上，利用身体的力量拉开弓弦，直到把弓弦挂到扳机上。因而，之后十字弓上引入了脚箍（foot-strirrups）的设计（13世纪末出现），这非常有帮助，此后具有类似作用的"山羊脚杠杆"（十字弓上弦助力器）和弯弩装置（*crannequin*）[1]设计相继出现。无疑，大威力的十字弓在上弦时，弓手的防护非常重要，因而他们经常需要防护全身的大盾（pavises），或一人高的盾牌，这些防护用具通常由专门的盾牌手携带入战场，专门为重新上弦装填箭矢的弩手提供防护。例如，在1260年的蒙塔佩蒂战役中，佛罗伦萨的军队就在战场上部署了300名全防护盾手，为1000余名弩手提供防护。

在克雷西战役中，倒霉的热那亚弩手们因为缺少全防护盾牌的掩护（战斗开始时这些盾还在缓慢的行李大车上），不得不在战场上直面英军（使用长弓）射出的箭雨而遭受大量的伤亡。热那亚人（他们并未向法国人宣誓效忠，他们只忠于自己和所在的城邦国家）不得不溃散逃离战场，但现在已不清楚当时他们的撤离是因为惊慌失措，还是简单的战术撤退。

十字弓的一个主要优势，在于它能够在远距离上射击特定目标，而且如果射手善加利用各种掩护，十字弓操作上的优点尤其突出。由于城堡和防御工事的守军能够随意选择目标，因而他们在防御战中使用十字弓更为普遍。此外，自从人类有组织的战争出现以来，人们就意识到消灭指挥官是一种赢得战斗乃至战争的最佳方式。

中国古语有云："射人先射马，擒贼先擒王。"罗马军团也往往会用大量的兵力保护军团鹰旗，因为鹰旗通常都在指挥官附近。直到19世纪时，西方国家的军队指挥官依然通常身处军旗附近。

在战争史中，许多高级军官因对手蓄意的暗杀等，或在战斗中被流矢射中而成为十字弓矢的猎物。前一类，如英王威廉二世"鲁弗斯"（*Rufus*），他于1100

---

[1] 单词"弯弩装置"（*crannequin*）似乎是"*crancstæf*"的异体词，来自古时英国纺织工使用的一种带有直角曲轴的工具。

图2　1346年克雷西战役场景

画作描绘了1346年克雷西战役时的场景，摘自弗兰德贵族路易斯·德·格鲁修斯在15世纪初委托弗瓦萨尔编撰的《编年史》中的画作版本，现存于巴黎的法国国家图书馆中。注意画中士兵并未手持重型大盾，画中左边的士兵手持曲柄弓准备射击。

年8月在森林狩猎时被射杀，当然这只是误杀，但也可能是一场蓄意的阴谋（为了将他的兄弟推上王座）[1]。

后一类，则包括著名的"狮心王"——英王理查一世，他曾在1192年对盖隆的围城战中被十字弓的箭矢所伤，7年后又在阿基坦公国对查勒斯的封锁战中受了致命伤。很多人，尤其是神职人员，认为理查一世的死是神的审判，这是他允许使用十字弓对付基督徒的必然后果，在狮心王战死前60年召开的第二次拉特兰宗教会议上，教皇就颁布禁令严禁使用十字弓对付基督徒。

直到16世纪，十字弓仍然出现在战场上，在漫长的时间里，由于同期刚出现的火器仍远未成熟，因此在远距离的精确目标射击方面，弓箭仍是仅有的手段。使用这类武器的最早的精度射击竞赛，于1286年在施韦德尼茨举行，格里茨城（今德国东部）甚至在1377年建立了一座专门的十字弓靶场。

当时很多人认为弓箭（含十字弓）是比早期的火器枪械更为优越的武器。在英国女王伊丽莎白一世（1558—1603）统治期间，她最出色的将领——约翰·史密斯爵士曾称：

> 如果需要我率领着8000名装备齐全、训练有素的弓箭手，拥有充足的箭矢和优质的备份弓以及弓弦，在"基督教世界"（即易于得到支持和保障的欧洲）里对抗20000名最好的火绳枪手和火枪手，毫无疑问，我（或者我的部队）都愿意冒险这么做[2]。

直到1643年英国爆发内战时，保皇党仍召集了一队长弓手保卫英王查理一世。根据记载，1792年夏，英国在伦敦城郊，帕克斯顿森林旁的坎伯兰村

---

[1] 据记载，那枚箭矢由沃尔特·蒂勒尔爵士射出，它原来可能是射向一只鹿。有关那一箭是阴谋的说法，即便在当时也广为流传,这意味着那是一次蓄意的行动,很可能是将威廉的幼弟（即亨利一世）推上王位。

[2] W. W. 格林纳于1910年所出版的第9版《枪炮及其发展》（*The Gun and Its Development*），第12页。

（Cumbrian Village）举行了一场弓箭与滑膛枪的射击精度比赛，当时射手用20支箭矢和20发滑膛枪弹丸射向1个100码外直径为1厄尔（an ell，也称"布码"，约40英寸）的圆形标靶，结果弓箭手以16次中靶获胜，而火枪手们只射中12次。

"射杀鹦鹉"（Shooting the Popinjay）活动发源于13世纪，在欧洲大陆通常是使用精致的十字弓从木杆或树梢上射下作为目标的颜色鲜艳的木制鹦鹉或"papingo"（源自中世纪的法语popinjay）。在1354年的普鲁士，各地领主或君主颁布命令，要求其领地内的各个城镇都树立起距离合适的标靶（供各地射手练习射箭技巧）[1]。

随着火器技术的发展，第一门大炮出现在了战场上，但关于其确切的起源仍存在着激烈的争议；无疑，火炮的出现很快终结了弓箭在战场上至高无上的地位。当然，在一开始，这一点并不明显；最初出现的火炮较为笨重、发射速度慢、易于炸膛，且射程非常有限。只有在对其采取大量改进、完善措施，使其逐渐成为一种更为可靠的武器后，它的威力才逐渐得到认可和发挥。但这类武器并不在本著作探讨的范围内。

由于本著作并不聚焦于早期单兵火器的发展史，因此这里略述火器早期发展的简略过程。就单兵火器而言，最早出现的是火绳枪，之后这类火器让位于更为复杂精巧的"簧轮"式火枪。这不仅是当时火器技术进步的一个明显标志，而且也是枪械在同期战场上地位上升的显著标志。当时，由于簧轮式火枪制造复杂、造价高昂，它们最初只是富人的玩物，只有像萨克森选帝侯那样富有的贵族，才拥有足够的财力为其卫队大批量装备此类火器。

最早的簧轮式火枪由当时德意志南部和波西米亚的钟表匠制造，这类枪械普遍拥有较小口径的长枪管，可靠的打火击发装置，它们在中近距离内具有较

---

[1] 当时这类射击竞赛在欧洲每个国家和地方都有举办，包括在苏格兰的基尔温宁镇、埃尔郡，那里自1483年起每年夏天都举办被称为"Ding Doon the Doo"的比赛，意即"射下鸽子"（Knock-down the Dove），此类比赛由基尔温宁古代射手协会组织。

好的精度。这种配置的火枪不仅适用于靶场精度射击，也适用于刺客及暗杀行动。当时，德意志的一些邦国曾试图禁止枪支，特别是可以轻易隐藏的短管手枪。然而，同期一些国家的军队却看到这些火绳枪等火器的重要军事价值；或者说，这类武器适于大量未经训练的兵员使用（其使用操作远比熟练使用弓箭更为容易）。

据信，欧洲国家中首个为军队配备标准化火器的君主，是欧洲"三十年战争"（1618—1648）时的瑞典国王古斯塔夫二世（Gustavus Adolphus）。很快，欧洲各国军队开始广泛装备火绳枪，而簧轮式手枪则主要配备给骑兵。在17世纪，结构复杂且制作耗时的簧轮火枪，逐渐让位给了结构更为简单且制造方便的燧发枪。在燧发枪的成本和制造工艺简化后，大规模量产并为军队配备枪械已成为了现实。

当然，这里所说的"大规模生产"，并非工业时代所说的那种流水线生产方式，而是指无数枪匠遵循最基本的制造标准（例如，规定枪管的大致口径及其长度）而大量生产出来的枪械。按今天的质量标准看，这些火枪之间远未达到标准化的程度。但在当时的技术条件和生产水平下，如果要制造大量火枪，招募尽可能多的枪匠几乎是唯一的方式。由于枪匠在技术水平上参差不齐，因而很多枪械的质量也都各不相同；或者说，当时生产的每一支枪械都是"独一无二的"。

显然，在火器时代初期，枪械的性能虽然稳步而缓慢地提升着，但远未达到能够精确射击的地步。当时广泛装备火枪的军队，其对枪械的主要使用方式是在合适距离上对目标集群实施的齐射，因而密集的横队战术迅速成为战场上的主要兵力运用方式（双方交战的战场被压缩成狭窄的"条状"），毕竟当时步兵使用的滑膛枪在超过100码射击后，射出弹丸的性能已非常糟糕了。同时，由于黑火药时代枪械使用劣质发射药，它们在燃爆时会产生大量烟雾，导致齐射时双方横队阵地上往往烟雾缭绕，这使运用枪械对单个特定目标进行瞄准射击几乎不可能（对于在枪管内制造膛线的价值，还要等很多年才会被人们认可）。一直到18世纪中期，膛线才被发明出来。当前学术界广泛承认，膛线的出现归功于当时英国的科学家本杰明·罗宾斯和他同时代的一些学者，他们在试验中发现飞行物体的自旋有助于其在空气中保持姿态的稳定；不过类似的现象早在很多个世纪前就已被弓箭手们注意到，并早就在实践中加以运用。

有关在枪管内制造膛线的最早日期，目前仍存在着争议，这主要是因为缺乏直接证据，无法追溯回任何确切的日期或人物。还有一种可能是，早期枪械的枪管内刻有直线形沟槽（这与现代枪管内呈螺旋形的膛线有本质区别），其目的是降低枪管内的积污（早期黑火药燃爆后残余较大），但也因为这一设计阴差阳错地享受到了膛线所带来的好处。

或许，早期的枪匠在制造其枪管时出于装饰的偏好（比如枪托或枪管外侧的那些纹饰），某位大胆的枪匠将枪管沿其轴线方向扭曲（当时不少枪管外截面呈八边形）使其呈现出螺旋状的效果，这导致枪管内的直形沟槽同样被扭曲成我们今天所看到的那种螺旋形膛线的样子。当然，拥有了这种膛线后，枪械的射击性能得到很大提升。尽管当时的人们仍然对于此举可以提高精度的科学原理知之甚少，但这样的观念（在枪管内制造螺旋状沟槽能提高射击精确性）建立起来后，便迅速扩散开来。

纽伦堡的奥古斯特·库特（August Kötter）死于大约1525年，他通常被认为是扭曲膛线的发明者，当然也有观点认为早在他之前的一代人就已发明了类似的膛线。根据目前的资料，直膛线在1460年前后首次出现（但这种说法没有得到确认），接着在其出现后的10～15年里，呈螺旋状扭曲的膛线随之出现[1]。现存的最古老线膛枪，生产于1476年前后，当时它们被存放在都灵的军械库；另一支现存于世的、带有直膛线的步枪，曾是马克西米利安一世皇帝的财产，因此其生产

---

[1]　摘自J.-R.克莱若所撰写的《枪械膛线和膛线的历史：第一部分》收录在1977年7月的《武器公报》（*Gazette des Armes*），第67—70页。

年份得以被精确地追溯至1486—1493年[1]。

现今保存的文献中提及了使用这些枪械进行的射击竞赛，最早可追溯至1426年，至1472年时德意志南部各邦国以及瑞士各州已经开始举办正式的射击比赛，而且与此同时十字弓射击比赛依旧流行。1563年，在瑞士伯尔尼进行的枪械射击比赛中，枪管内采用直膛线和螺旋形膛线的枪械，已作为两类独立枪械分开进行比赛。到了16世纪末时，直膛线设计已基本上被抛弃了。当然，尽管膛线枪发明时间较早，但由于其高昂的制造成本，直至19世纪中叶突破了其制造工艺难题后，线膛枪才开始普及和流行。

与此同时，枪管的生产工艺也在发展，16世纪以后一些枪械的枪管采用铁条反复锤打而成，制造前将条铁绕在一根特制的轴柄上，再以铁锤将条铁沿轴柄砸弯形成枪管，最后再将轴柄抽出，再扭曲整个枪管使其内径呈现了特定的截面形状（如心形或星形等）。这种非圆内膛截面形状的影响仍可在19世纪出现的一些多边形孔径的枪械（如采用六角形孔径的惠特沃斯步枪，19世纪还出现其他多边形孔径的步枪）上看到。

16世纪，带有膛线的枪械很快发展成为一类带有复杂的多级扳机，改进型瞄准镜等设备的较为精确的武器。在当时的步枪上曾出现过的"管状"瞄具甚至可以令人联想到如今步枪上精密的光学瞄准镜。16世纪已经出现带有复杂到令人感到惊异的、用手轮调节风偏和射程的觇孔瞄准具的枪械。这些性能方面的提升，使得当时一些富有远见的君主开始组建线膛枪手部队。最早的线膛枪手部队出现在1632年的德意志黑森地区，黑森选帝侯从当地的猎人（Jäger）和林区居民中招募的精锐士兵精通观察、跟踪和射击，进入军队后几乎不需要训练就拥有较强的战斗力。

---

[1] 这类武器很可能是被称为"罗马之王"（King of Rome）的枪械中的一把，据记载早在1486年2月16日就获得此类称谓。1493年8月19日，马克西米利安的父亲腓特烈三世死后，他加冕成为神圣罗马帝国的皇帝。神圣罗马帝国当时装备的枪械与"罗马之王"存在着显著区别。

图3　荷兰海军将领马顿·特龙普在海战中被英国射手射杀

荷兰海军名将马顿·特龙普，在1653年斯赫维宁根海战（Battle of Scheveningen）中被英舰上的神射手以线膛枪射杀。据猜测当时英舰上的那名射手使用燧发枪，很可能是所谓的"卡头闭锁"式燧发枪，这在当时的英国很常用。特龙普被射杀对于这场海战的最终结果造成了巨大影响，虽然这场海战未能分出胜负，但荷兰舰队所遭受的损伤已经足以让英军确保在整场第一次英荷战争中的胜利。

黑森选帝侯开此先河后，其他国家的君主也都迅速组建了自己的线膛枪手部队，至18世纪时几乎所有中欧国家的军队（即便是那些小邦国、公国和骑士领等）都组建了此类部队。然而英国军方直到拿破仑战争结束很久之后，才批准为其普通士兵装备大口径的"褐贝斯"（Brown Bess）燧发枪。或许，英国人错失了这轮机会。尽管在1642—1649年英国内战期间，交战双方军队使用的主要火器属于火枪，但仍是较老旧的火绳枪，其间，英国还制造了第一支采用"可分离式枪管"设计的枪械。虽然这些下折式枪械外形酷似前装枪，但在装填时需要先拧下枪管，然后将球形弹和火药装进枪管后部的弹膛内，再将枪管拧回到枪身上；击发方面，这类枪械采用早期的燧发点火装置，通常具有较好的精度。

目前并无明确的证据表明，当时的欧洲军队已经开始在英国内战中的马尔斯荒原战役等战斗中专门安排精度过人的神射手射杀敌军部队中的军官和炮兵班组。但考虑到同期枪械发展水平，以及相当多射术高超士兵的存在，这种能力已经在悄然成长和成熟之中。1653年7月31日，在英国内战结束后不久，荷兰共和国的海军指挥官海军中将马顿·特龙普，就在斯赫维宁根海战中被英舰"詹姆斯"号上的一名神射手射杀（当时他恰位于舰只桅杆的高处），与他对阵的英军舰队由海军上将威廉·佩恩爵士指挥。

至18世纪后半叶，全球形势因英法等国在北美的冲突而出现变化。1756—1763年欧洲爆发"七年战争"，是英国及其盟国为一方与法国及其盟国为一方在北美洲和欧洲为争夺霸权而爆发的战争。经过一系列血腥的战役，英国击败法国，夺取了后者在北美的大片殖民地，最终，在1759年9月13日由乌尔夫将军指挥的英军在北美魁北克的亚伯拉罕平原上击败了法军芒特卡姆将军的军队；不久后，1759年11月20日，双方在海上进行了具有类似决定性意义的奎伯隆湾之战（Battle of Quiberon Bay）（英军再次获胜）。

法军统帅圣维朗侯爵路易斯-约瑟夫·德蒙特卡姆-加松，并未在双方于魁北克进行的决定性战事中幸存下来，交战中他被1枚燧发枪子弹打中后背，于一日后因伤死去。此战中，英军将领乌尔夫被燧发枪击中3发，但打中他的臂部、肩部和胸部的子弹并未致命，而目前也无可靠资料证明这些弹丸是法军某位神射手所为。据那些参与照顾乌尔夫将军的人的说法，使他受伤的完全是战场上的流弹。

爆发于加拿大和今美国北部的诸多战事中，由于当地复杂的地形和密布的森林，双方几乎不可能按当时传统的横队战术展开交战，因此这些战事不仅充斥着大量的遭遇战，而且还涉及各种零散、混乱的非常规作战（这也是加入双方参战的原住民部族常用的作战方式）。因而，英军和法军都充分利用了当地部族的战斗技能，他们的狩猎、跟踪和观察能力远胜于战场上的欧洲士兵，在北美特定的地理和地形环境，这些原住民特殊的战斗技巧在很多战斗中都发挥了重要的作用。

在这些不同一般部队的非常规力量中，较知名的是"罗杰斯游骑兵"（Rogers' Rangers），它由马萨诸塞殖民地出生的罗伯特·罗杰斯（1731—1795年）所创建，最初在新罕布什尔殖民地服役。由于其特殊的战斗技能，这支部队注定在七年战争中有非常活跃和重要的表现，而该部队也因此被视作今日特种部队的雏形。在衣着上，罗杰斯游骑兵部队以绿色为主，作战时总以出其不意地对敌方实施大胆的突袭和伏击而著称，同时他们还能在丛林中展开高效的情报收集活动。毫无疑问的是，在这些行动中，罗杰斯游骑兵部队不少成员出众的射击技术正是他们最重要的优势。

战争中，那些见识过、意识到罗杰斯游骑兵部队神射手价值的英军指挥官，或者在战事中招募并运用易洛魁部落侦察兵的英军指挥官们，在战争期间很快要求组建自己的线膛枪神射手部队。但那些从英国本土招募的士兵们，很少拥有出色的射击技巧，而且英国当时的枪械制造业也无法为前线提供足够数量的高精度枪械。因此，英国将招募兵源地改向中欧德意志诸邦国（如汉诺威、布伦瑞克-沃尔芬比特尔、黑森-卡塞尔和绍姆保-利珀），当地民风剽悍且很多人拥有狩猎经验，非常适宜成为士兵。而且当时，英国的很多枪械来自德意志和波西米亚的枪匠，而在18世纪50年代末威廉·格赖斯和罗伯特·威尔逊等人将来自北美殖民地的枪械送回英国国内供其大量仿制。

曾有一段时间，猎兵步枪（Jäger rifle）成为了奥地利、普鲁士甚至是俄罗斯军队的标准枪械。一开始，这类枪械主要由圣布拉西（Zella St Blasii）和苏尔（Suhl）等地产出，而且似乎在1710—1711年间被提供给一些国家军队的神射手，其中不少被挪威国王所雇佣。令人感到讽刺的是，丹麦国王查理七世就曾在1709年被一名俄国神射手用猎兵步枪击伤，而后又于1718年在战争中被使用类似枪械的挪威神射手射杀。

猎兵步枪通常拥有短粗且沉重的枪管，外形夸张且边缘突出的扳机护圈、带有格子状装饰（位于后托上）的平直枪托，枪身主要以铁或青铜浇铸装饰而成。此类枪械的枪管外径会向着枪口方向逐渐增大，枪身和枪托端同样较为厚重，这些额外的重量有助于控制射击时的巨大后坐力，通常其击发装置采用双扳机机构。大部分猎人/猎兵步枪（Jägerbüchsen）在其枪管口一侧铸有卡榫条，可安装当时流行的剑式刺刀，当然同期一些国家的军队也可能更偏好在枪管安装短剑式刺刀。

奥地利哈布斯堡王朝的M1768式步枪是当时较为独树一帜的猎兵步枪，它主要由该国边防卫队的精英射手装备使用。该枪拥有两支上下排列的枪管，两根枪管各自配备独立的燧发击发装置（后膛两侧各一）。其中，上面的枪管内带有膛线，下面的枪管则是滑膛枪管，整枪重约5千克；由于射击时后坐力较大，射手在使用它时还需要组合运用一支带叉的托架或长矛来稳定操作枪械的手臂。

18世纪，普鲁士首次广泛装备猎兵步枪，它也被称为"老军团步枪"（Alte Corpsbüchse），其生产日期可追溯至1744年，最先由腓特烈大帝为其步兵宪兵（Feldjäger zu Fuss）部队列装，至1810年被"新军团步枪"（Neue Corpsbüchse）取代。奥地利哈布斯堡王朝曾在1745年制造装备此类枪械，当时主要用于装备其猎兵部队（Jäger-Trupp，主要招募自蒂罗尔地区的枪手）。由于当时每个士兵在参战时都要自行携带所需的火器及其他装备，因此该国当时拥有的这类枪械完全没有标准化，直到1759年时才批准通过相关规定，确定其形制和主要参数。拿破仑战争期间，普鲁士军队与法军交战并经历灾难性战败后，普鲁士启动军事改革，作为改革的一部分，普军才明确了其猎兵步枪的相关形制和主要参数。当时，"Neue Corpsbüchse"式枪械是该国唯一一种带有设定式双扳机、采用燧发击发的猎兵步枪[1]。

英国方面，在美洲独立战争期间，英国军队使用的贝克步枪，可被视作同期欧洲各国大量使用猎兵步枪后，其军队火器装备升级得合乎逻辑的结果。当1776年北美殖民地爆发独立战争时，英国军队在"七年战争"前后，在火器方面遭遇的问题再次浮现出来。在北美作战的英军士兵不得不非常小心大陆军中那些射艺精湛的神枪手的威胁。

例如，"七年战争"之前在1755年7月9日的必需堡之战（又称"大牧场之战"，Battle of Great Meadows）中，英军爱德华·布雷多克少将因被弹丸击中胸部而丧生；接着在1758年7月6日的一场冲突中，乔治·奥古斯都·豪准将同样受到火器的致命射击，这两起高级军官被射杀事件广泛地被认为是敌军中的神射手所为。而且，这两名将官在战场上殒命也都对当时的战局造成了重要影响，布雷多克少将是驻北美英国陆军的总司令，而豪准将则是当时英军副司令，在他死后一天的钟琴堡之战（Battle of Carillon）之中，英军因士气受损被决定性地击败。

当时，射击静止标靶是一种非正式的、非常流行的娱乐项目，但这与那些在丛林野外生活时需要猎杀猎物所需的技能有很大不同。而在狙杀目标方面，英国人普遍欠缺经验，就其射击技巧而言，其军队中的士兵在入伍前除了有些猎鸟的经验外，几乎没什么可供应用于战场的射术。因而，当独立战争爆发后，殖民地

---

[1]　一些保留下来的猎兵步枪换装了使用火帽式弹药的闭锁装置（M1810/35），之后，有的宪兵步枪改装了图维宁柱型后膛（M1810/35/48）。部分被改装为"击针发火式国防步枪"的"猎兵步枪"直至1870—1871年普法战争时，仍在普鲁士二线部队服役。

反叛英军统治的民兵们迅速在射击技巧方面树立了自己的声誉。事实上，在独立战争初期的几次规模有限的战斗中，战斗过程及结局往往受到了神射手们的相当影响。对此，德·威特·贝利曾观察并评论称：

> "步枪赢得了独立革命"的观念，起始于这样一个时期……当地（起义民兵的精准射术）已成为（英军镇压部队）接受的事实……这种常识性的观念在过去一个世纪里更为普遍（不仅是那些爱国者，而且很难做到客观的美国作家们也普遍持此看法）。然而，如果因为接受了这种备受尊崇的观念，就想象当时美洲反叛英国的民兵和军队（基本都是）由神射手组成，这是相当不正确的。事实上，美国民兵及其军队很大程度上仅装备有老旧的前装火枪，他们虽然在射术上普遍水平较高，但在整个战争期间他们更愿意使用这些老式滑膛枪，导致线膛枪的装备比例较低。
>
> 在美国独立战争中所有主要的战役、战斗，都或多或少地采用同期标准的欧洲式战术。实际上，直到起义军掌握了能够抵挡住英军横队齐射和刺刀战术带来的心理震撼的要领并具备相应素质前，与英军进行正规野战时，战场上的天平往往不可避免地倒向英军一方。身着红色衣物的英军士兵排着整齐队列与散落在树丛、篱墙之后的反叛军交火的刻板印象，完全是纯粹的虚构与想象[1]。

独立战争期间，美洲殖民地的高级指挥官认为他们的步兵在战场上易遭损失，特别是与英军在开阔地交战，或交战中重新装填枪械时更是如此。这种情况下双方步兵通常会以"边打边跑"的方式且战且走，牺牲齐射效率换取行进速

---

[1] 德·威特·贝利二世撰写的《1775—1783美国独立战争期间的步枪》，收录至1968年12月刊第8卷、No.12的《枪械评论》，第8—11页。

度，但由于手中的线膛枪必须装填，神射手们往往很难有机会这么做。1776年8月27日，在长岛之战（Battle of Long Island）中，大陆军步兵就被英军以一场刺刀冲锋击溃。

独立战争中不少战役或战争进程也会因一些个人而改变，例如当时知名的神射手蒂莫西·墨菲。关于墨菲运用其精湛射术在1777年的比米斯高地之战（Battle of Bemis Heights，也被称为第二次萨拉托加之战）的过程中，被英军官兵所牢记，甚至成为独立战争中的"神话"；但不幸的是，要将这一过程中的事实与杜撰区分开来，显然是不可能的。

无论如何，墨菲在战争中丧生的日期是确定的，但现今存世的少量文献资源（主要包括英、法记载的18世纪末期北美殖民地叛乱的资料），仍仅模糊地记载了他确切死去的地点和日期。因此，关于他在战斗中的事迹以及丧生时间及地点等事实，至少有3份完全不同版本的"故事"，而且这些资料都宣称其记载的是"事实"。

根据现有资料推测，墨菲很可能出生于北美新泽西，时间大约在1751年，他可能于1755年3月23日在苏塞克斯县受洗，而且似乎他就在今美国东北部康涅狄格州新英格兰地区度过了他一生的大部分时间。

还有资料暗示（似乎最为不可信），墨菲于1753年生于今美国东海岸萨斯奎哈纳河中的一个名为威廉·巴斯金的小岛上。之后，他的父亲在一次印第安人的袭击中被杀，他和母亲及长姐玛格丽特则被印第安人俘虏。而墨菲不得不在印第安部落中流落了数年，之后因一名英国军官威廉·约翰逊向印第安人支付了一笔赎金后才得以脱身。在解救了他之后，约翰逊成了其养父，他再次受洗获得了"蒂莫西·墨菲"这个名字（或许他的这一名字源自其养父的姓氏）。美国独立战争爆发后，他加入了大陆军并参加了1777年在萨拉托加的战事。

当然，还有观点认为，这些有关蒂莫西·墨菲的故事或许也有另一种可能，即其他一些活跃于独立战争中的神射手被谬传为"蒂莫西·墨菲"。但无论是否存在这些误传，关于他的故事中有些部分仍被认为是真实无误的，例如1756年7月29日的《宾夕法尼亚公报》就报道，威廉·巴斯金岛在英军袭击中被攻占，当时有证据显示1764年墨菲的长姐玛格丽特最终被解救；而且当年的那名男孩（蒂莫西·墨菲）在战争结束后似乎可能定居于芝加哥，并在密歇根州的米奇里马奇纳克堡终生从事铁匠的职业，直至1840年才死去[1]。

蒂莫西·墨菲的军事职业生活也充满着争议。有资料宣称，"墨菲与他的兄弟约翰结伴"，于1776年6月29日应征到约翰·洛登上尉领导的诺森伯兰郡步兵连，之后他先被转隶至第12宾夕法尼亚步兵团，然后被调派至摩根的神枪手部队。但根据1925年阿朗佐和斯拉·康奈尔在"康涅狄格美国革命之子协会"上所作的证词，他的玄孙（同样姓墨菲）认为，他的先祖（蒂莫西·墨菲）曾在第1和第4宾夕法尼亚步兵团服过役，这引述自斯科哈里县的军事文献，以及由乔治·威默引证的关于蒂莫西·墨菲的一份资料。当然，根据现有资料，我们可以确信的是，墨菲是丹尼尔·摩根上校为组建其神射手部队而亲自挑选出的500余名神射手中的一员；此外，可以确信的是，墨菲参加了1777年10月7日的比米斯高地之战。

在比米斯高地之战的战斗中，战局一度似乎倒向英军一边，但当本尼迪克特·阿诺德将军观察到英军阵地一侧有一名骑在灰马上的军官，正督导着英军向前推进，似乎正是英军重要的前线指挥官后，他向旁边的丹尼尔·摩根下令，"那名英军的军官应该是弗雷泽将军，我很敬仰他，但他必须要死，尽你的职责吧（这句话通常被认为是摩根自己说的）"。至于接下来发生的事情，则仍存在争议。

---

[1] 已出版的、有关蒂莫西·墨菲的其他信息来源，包括1986年10月1日的《卡温顿领袖》（*The Covington Leader*）；休·T.哈林顿撰写的《步枪手蒂莫西·墨菲的神话》收录至2015年3月25日《美国革命月刊》（https://allthingsliberty.com/），其中不仅概述了相关证据，而且对有关墨菲早期经历的各种说法和假定进行了辨伪和验证。

对此，最为流行的说法是，墨菲接到射杀那名英国将军的命令后，用他的双管燧发线膛枪瞄准并迅速实施了四次射击。第一枚射弹，射穿了目标所骑马匹的屁股（另有资料称它射中并撕开了马匹的缰绳），接着第二枚射弹未命中目标但掠过马匹耳朵后面的鬃毛，第三枚射弹则命中了弗雷泽将军并击倒了他（当时并不清楚是否致命），第四枚射弹则打中了弗朗西斯·克拉克爵士。还有一种说法认为，他射出的第一发弹射失了目标，第二发弹命中弗雷泽的马匹，第三发弹药就打中了弗雷泽，第四发弹则命中弗朗西斯·克拉克爵士。

此外，关于墨菲在对英国将军射击时的具体场景也存在不少疑问。但无疑的是，当时墨菲使用的双管线膛枪，在射出两发子弹后必须进行一次装填。即便假设他在射击中的那个小插曲（他曾爬上一棵树，就着树杈休息并观察战场）是真的，他在树上进行射击并装填时肯定会浪费时间。反之，如果他在地面上随大陆军齐射完成了对目标的瞄准和射击——显然，如果要尽可能提高射杀目标的几率，这难道不是一种明智的预先措施吗？

关于那次对弗雷泽和克拉克射杀，是否只是蒂莫西·墨菲单独所做，仍有待无可争议的证据的证实。据信，根据当时曾参战之后幸存下的、年纪最大的目击者［独立战争时期曾任大陆军军官，之后当选国会议员的埃比尼泽·马顿（1755–1843）］的证词（刊发在1835年11月10日的《萨拉托加前哨报》），"那个年长的士兵，带着一支长狩猎步枪……在那一瞬间射出了弹药，那名将官随即扑倒在他的马颈上"。然而，战争期间，墨菲还只有20余岁，似乎并不符合马顿的描述。当然，由杰普撒·西蒙斯在1845年撰写的斯科哈里县的县志中暗示，摩根（在接收到命令后）当即：

> 挑选几名他最好的神射手……向他们指明了弗雷泽所在位置，而蒂莫西·墨菲……正是被挑选出的射手之一。实际上，在墨菲抓住有利时机开火前，其实每名射手都有机会向目标人物射击，甚至有的射手的机

会还不止一次；但当墨菲开火之后，英军将领才明显展现出被击中的状态。当被墨菲那枚致命的枪弹射中时，他正在策马飞驰，在中弹后，随着战马的几次跃动，这名将军带着致命伤栽倒在地上。

这可能是最早刊发的有关确认蒂莫西·墨菲个人事迹的材料了。西姆斯曾根据墨菲儿子提供的信息，对他的一生的经历有过详细的记述，包括这位神射手死于1818年，他留下的几个子女也提供了不少有关他的信息[1]。有些关于他的故事还得到一封日期为1781年11月28日（就在那次狙杀四年之后）、由约瑟夫·格拉哈姆所写信件的支持；约瑟夫·格拉哈姆是一名英国军官，在萨拉托加之战中与约翰·伯戈因将军一同被俘。信件中，格拉哈姆曾引用过一段他与摩根的谈话，其间并未提及墨菲这个人，在谈话中摩根曾称：

> 我看到英军被一名骑着灰色马匹的军官所率领，他却是个精力旺盛且很勇敢的将领；在我们再次夺取战场上的那处高地时，我对我们最好的神射手说……你们到有树的那个地方，找机会射杀那个骑在白马（实际上是灰马）上的军官。接着，几名神射手按他说的射杀了那名军官。而在英军方面，之前英军在那名骑着灰马的将领的率领下向前推进着，但他很快就倒在那几次枪声中。我只是稍稍把头转向其他地方一会儿，在看回来时就发现他已经"噗通"一声栽倒在地！他就这么死了。[2]

---

[1] 1780年10月1日，蒂莫西·墨菲娶了玛格丽塔·费克（1763—1807年，有荷兰/德国血统），后来他与妻子生育了5个儿子和4个女儿。1810年4月22日，在玛格丽塔·费克死后，他又娶了玛丽·罗伯特森（1783—1861），并与她有了另4个儿子。但不幸的是，他的众多孩子中只有2个活到了成年。

[2] 约瑟夫·格拉哈姆撰写的《美国独立战争的回忆》，收录至1883年第6卷《弗吉尼亚历史记录》（*Virginia Historical Register*），第209—211页。

结合上述种种描述，最有可能的情况是，墨菲确射出了那枚决定性的弹丸，但单纯从射击角度看，仍有可怀疑的地方。据称，那枚致命性的弹丸射击的距离达到800码，但此后约翰·普拉斯特曾亲临当时的战场进行了测试，他利用一部激光测距仪测量得出，射击距离很可能仅有330码的结论。就后一距离而言，它确在一支长枪管枪械的精确射程范围内，这也证实了墨菲射术的精良。

墨菲的目标，英军西蒙·弗雷泽准将，是第24步兵团（24th Foot）的团长，于1729年生于因弗内斯郡的巴尔曼，1776年独立战争爆发后他受约翰·伯戈因爵士指派前往魁北克指挥其所属部队。此外墨菲还射杀了弗朗西斯·克拉克爵士，克拉克拥有"白金汉郡的第七代希查姆男爵"爵位，是第3禁卫步兵团的副官，同时他还担任过伯戈因爵士的侍从武官，伯戈因爵士派遣克拉克前往参战显然非常不走运，搭上了自己副官的生命。

与人们想象的相反，克拉克并不是名高级军官，而且他和弗雷泽都不是在中枪后立即丧生[1]。然而弗雷泽将军的死仍很快对萨拉托加周边的战事造成了戏剧性的影响，直接导致了英军在这片战场上的战败，以及伯戈因爵士本人的投降。但当时没人在乎谁射出了那致命的几枪。

当然，战争中英军的神射手偶尔也有上佳的表现。例如帕特里克·弗格森上尉（1744—1780年），他同样也是后装步枪的发明者之一，而且非常幸运的是，他是那次战争中少有的能够将名字列入战史的英军士兵。1777年9月11日，他们看到战场上一名骑在马上的大陆军将领（以及其他几名骑兵），当时他正举枪瞄准着那名背对着他的大陆军军官，但他很可能因为自己的绅士风度而没有从他后背对他开枪，对大英帝国来说，一个重要的机会就这么失去了。在布兰迪万河战

---

[1] 西蒙·弗雷泽被射伤后从战场上撤离下来，当时被带到战场附近弗雷德里克·瑞德塞尔男爵夫人的一处房舍内。弗雷德里克·瑞德塞尔男爵夫人，是当时英军中服役的布劳施魏格猎兵部队以及所有在萨拉托加的英军德裔部队的指挥官的妻子，但她也在同一夜晚死去。当伯戈因爵士在战斗中宣布投降后，克拉克随之被俘，他本人死于10月13日。克拉克生于1748年10月24日，他于1770年进入近卫步兵团，并于1775年7月26日被晋升为陆军中尉。在他死去时仅是名低级军官。

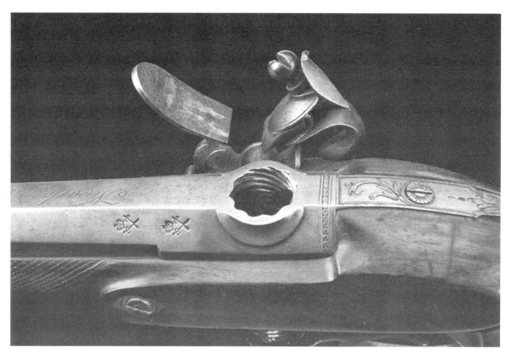

图4 弗格森曾使用过的高品质运动步枪

弗格森使用过的这支运动步枪由纽瓦克的巴伯制造，其后膛处于开启状态。使用时，只需简单地旋转扳机护圈杆，即可将后膛塞卸开。打开后膛后，再依次将球形弹、填料和发射用黑火药填满枪膛，再扳回护圈杆重新使后膛塞复位堵住后膛，使枪械处于待发状态。〔感谢詹姆斯·D.朱利亚拍卖行供图（Courtesy of James D. Julia, auctioneers）（www.jamesdjulia.com）〕

役中（几周前双方曾爆发多次短暂的遭遇战），弗格森曾向一名看着像高官的人开了枪，之后被大陆军的一枚滑膛枪弹丸命中右臂而受伤。当他从医院重返前线后，他从一名外科医生那了解到，一些受伤的士兵确认，弗格森拒绝射击的目标极有可能正是大陆军统帅——华盛顿将军。对此，这名英国人并不后悔[1]。

　　这次与华盛顿的遭遇曾经受到质疑，特别是当时他在战场上还看到两名骑在

---

[1] 摘自互联网文章《北美的弗格森社团》，http://cfsna.net/personalities/overseas/major-patrick-ferguson。

马上的人（正在勘察英军部队的阵地），而且他们穿着明确像是"轻骑兵"——当时大陆军显然并未部署这类骑兵。这两个人中的一名现在通常被认为是当时大陆军的重要骑兵将领——卡齐米日·普瓦斯基伯爵（全名卡齐米日·米哈乌·瓦茨瓦夫·维克多·普瓦斯基，1745—1779年，波兰出生），当时他是大陆军"普瓦斯基军团"的指挥官，被认为是"美国骑兵之父"。普瓦斯基还以其喜爱法国轻骑兵制服而出名。

　　现在的观点看来，弗格森出于其贵族身份背景[1]而严守所谓的"索梅特原则"，而没有开那一枪。至于弗格森改进的后膛装枪械，在当时也很有特点。他改进的线膛枪用一个可拆卸的塞子密封弹膛，实际上这种设计已出现了很多年，至少可追溯至17世纪中叶1650—1665年时发明的簧轮火枪。在射击时只需要拧开垂直旋塞（根据具体设计不同旋塞可能位于枪的顶部或底部）露出枪膛，接着，用手将球形弹丸塞入膛管（还可选择性在球形弹后方塞入填料），之后保持弹膛开放状态再装填黑火药。在完成弹、药装填后将旋塞旋回塞紧闭锁，整枪就处于待射状态。

　　率先将此折叠塞换成杠杆式卡件（同时又作为扳机护圈）的，很可能是法国人艾萨克·德·拉·索梅特，据信他曾在1704年向当时的法王展示过采用此设计的一种短管卡宾枪，并于1721年就以此设计获得了英国的专利[2]。索梅特的系统

---

[1] 弗格森是詹姆斯·弗格森和安娜·默里的第二子，他的母亲是第五代埃利班克勋爵的姊妹。老弗格森在作为苏格兰司法院（College of Justice）的评议员被提升为法官后，获得了"皮特弗勋爵"（Lord Pitfour）的头衔。1759年，帕特里克·弗格森应召进入英国陆军，并成为苏格兰龙骑兵团的一员；这无疑出于他舅舅詹姆斯·默里将军的照顾。

[2] 令人惊讶的是，外界对艾萨克·德·拉·索梅特（Isaac de la Chaumette）知之甚少，他很可能大约在1670年出生于普瓦捷（今法国西部城市）附近的罗什舒阿尔，他的家庭是胡格诺家庭。至少直至1715年时，他一直留在法国，故而有猜测认为他在1684年"南特敕令"（该敕令承认当时法国国内的信仰自由，顺利结束了当时法国国内的宗教战争）颁布后放弃了自己的宗教信仰，这导致他与他的大部分亲属都失去联系。现在仍不清楚，至1721年他向英国申请专利时是否已定居英格兰，至于他死去的日期和地点仍不为人知。

在坚固性、可靠性方面强于同期大多数后膛装填设计，之后塞缪尔·比代（逃亡至英国的胡格诺教徒，同时也是名枪匠，18世纪初定居于英国伦敦）以其设计为基础，制造了相当数量的此类后膛装火枪。当时，这种较新型的枪械与很多老式的、采用传统设计（线膛与滑膛兼有）的后膛装枪械（有的仍需要独立的紧固装置旋钮卡锁以释放枪管与后膛连接）共同存在于各国军队中。

很多英制折叠式运动型猎枪制造于1740—1770年，制造枪匠有沃格登和赫林等人，他们也曾对此类设计进行过改进，包括将旋塞与扳机护圈合而为一。通常，这些枪械需要将旋塞旋转多圈后才能暴露出后膛，因而弗格森在改进他的后膛装枪械设计并于1776年12月2日申请的英国专利（专利号，No.1139），相关专利说明中就宣称，他的设计的一项主要优点，就在于使用了快速旋紧的螺纹旋塞，只需要将与旋塞连接的扳机护圈旋转3/4圈后，即可折下枪管露出后膛。此外，他在后膛旋塞上还刻上多条较深的沟槽（它们横贯多条螺纹），其表面涂覆有润滑脂。

由于后膛暴露，这类枪械很容易积污，特别是在连续多次射击后未及时清理枪管和弹膛时，黑火药燃烧后残留物很多；有时这些积污过多后，经常会堵塞旋塞使其非常紧，必须借助工具才能旋动。对此，弗格森在各机件上涂抹润滑油就是希望减少弹膛积污对主要活动部件的影响；无疑，现代的测试及对枪械保养的实践做法确实支持他的观点。在他发明后膛装枪械后，曾多次向英军高官展示其性能，之后还曾进献给英王乔治三世，据称他的枪械可以连续多次射击而未出现一次故障。

毫无疑问，如果他的枪械只有些容易克服的小缺陷，弗格森的步枪将成为当时最杰出的枪械，其声名将远优于当时英军装备的贝克步枪，甚至成为英国军队的标准枪械。弗格森的枪械的最大优势，是其在获得较高装填速度的同时，并未影响其射击精度，它使用很简便，而且能在掩蔽物或狭窄空间内使用（比如卧姿状态下）。在精度性能方面，它也远优于同时代的前装燧发枪，例如，当时的试

图5　弗格森在国王山之战中被射杀

弗格森在国王山之战中阵亡，此木版画由查尔斯·吉恩斯所作。（Anne S. K. Brown Military Collection）

验表明，它能在200码距离内较准确地射击，还有观点认为弗格森步枪拥有足够的精度，使其能在300码距离内对目标构成有效威胁，这似乎也是合理的。就此距离而言，其有效射程至少是当时流行的长岛式褐贝斯燧发枪的4倍。

在其枪械受到英国高层重视后，帕特里克·弗格森获准招募组建一支由200余名神射手组成的精英步兵分队，其人员主要抽调自第6和第14步兵团，但美洲独立战争突然爆发后，迫使其无法及时招募足够数量的士兵（规模被压缩至仅100余人），很大程度上原因在于，此时英军各部队更看重的是尽快完成士兵的训练。随着战事展开，弗格森和他的部队很快被派往北美，他们在战场上对殖民地叛军的高效杀伤很快赢得了当时驻美洲英军司令官豪将军的赞赏。但不幸的是，弗格森在布兰迪万河的战斗中受了重伤后，他的精英神射手分队就被拆散，其枪械也被存入库房，很多再未重新使用过，相关人员则被重新编入一线步兵部队中。

1778年5月，他伤愈重返部队在新泽西地区服役，当时受亨利·克林顿爵士的指挥。1779年10月25日，他获准成为一名第71步兵团的少校军官，并在1780年5月22日被任命为卡罗来纳地区的民兵巡视员。帕特里克·弗格森抵达该地区后，大力招募亲英的反独立分子为英军战斗，当然这部分人在当地极不受欢迎，因此他在这些地区的工作非常不顺，曾经公正、热情的性格变得很沮丧和挫败。之后，他招募的缺乏训练的很多亲英分子也因为待遇恶劣不再追随他。

穆斯格雷夫磨坊之战（Battle of Musgrove's Mill）中，这部分由当地招募的亲英力量被大陆军及民兵轻松击败，弗格森和他众多情妇中的一名，于1780年10月7日在国王山之战中被击毙。他和他的步枪很快成为了历史。

独立战争中，北美大陆军使用的步枪通常被错误地认为是其后出现的那类"长枪管枪械"：它们的枪管较长且造型采用相对较小口径，枪身制造精良充斥着各种装饰性的花纹。然而，这类枪械不可能在18世纪70年代被制造出来，它们基本属于之后的时代（很可能出自1812年战争而非独立战争时期）。

事实上，第一支被带到北美并使用的步枪，通常被认为由中欧的移民带入，而定居在美洲的第一代枪匠除少量制造枪械外，也仅仅对他们最为熟悉的枪械设计进行过少量创新和修改。在当时仍是森林、高山和河流密布的美洲，短枪管的猎兵步枪并非适应地理条件与环境的理想枪械，当地的狩猎活动往往是"为了生计"，因而更看重枪械的杀伤力。相反地，在欧洲那些以娱乐和消遣为主的射击枪械，其对象大多是鸟儿和小型动物，因此使用小口径弹丸更为适宜。而在美洲，各种大型动物的猎杀需要大威力弹丸，这意味着在口径一定的情况下要确保弹丸威力需要相对较长的枪管。

此外，经济方面的原因也是影响美洲枪械发展的一个因素，当时美洲的铅原料有限，时常处于短缺状态，缩小枪械口径就可减少弹丸的用铅量，同时也可减小枪管壁的厚度。例如，在1775年时，北美只有很少的金属矿被开发，不仅制造弹丸所用的铅，而且一般铁制品也都很贫乏。当时制造枪管的工匠很喜欢用旧马掌钉打成熟铁铁条，再将其制造成铁制枪管，此类材料拥有更好的品质，可以在较薄厚度下保持相应的强度。

因而，在大量欧洲移民不断定居美洲的过程中，原本在欧洲流行的短管猎兵步枪逐渐让位于长枪管的"肯塔基步枪"（Kentucky Rifle，这实际上有些用词存在不当，因为18世纪末期当地只有相对较少的枪械真正产自肯塔基）。具体而言，以1775年美洲的"长线膛枪"（long rifle）为例，它实际上的口径约为0.50~0.55英寸，枪管内壁有6或8根深膛线（主要为适应同期的劣质黑火药发射药，减少发射药在内壁的积污）。其膛线呈螺旋状，弹丸在枪管内通常每旋转一圈前进约4英寸，但具体形制和参数并未统一。

在独立战争时期，由宾夕法尼亚和邻近州制造的枪械，实际上通常采用枫木制造其木制部件（如枪托等），拥有相对较小的枪托尾端（托踝）和较厚重的腕托；此外，枪托前端近支撑枪管的部位逐渐变细，且其后膛锁闭机构较为粗犷，与19世纪类似枪械同类部件相比尺寸更大。

至于枪械表面的装饰，一成不变地多用黄铜以及相关纹饰，但它们大多仅局限于固定护木与枪管的护木罩（nose cap/stock cap）、扳机护圈等部件，其枪托（由上至下）分别是"托踝"部位（heel，步枪枪后托后上方的部位）、枪托底板（butt-plates）和"托尖板"部位（toe plate，枪后托最后最底的部位）。此外，枪身两侧还偶尔贴有装饰性的贴片纹物。有少部分枪械设计有设定式双扳机，不过扳机尖部向后弯曲的传统单扳机更为常见。同时，枪机通常有一块阻铁，其扁平底板带有两条贯穿尾部的线条，以及平体燧石夹紧装置和一个呈一定角度的药盘/药锅。

同期，美洲还有所谓的"南方步枪"，它们通常由美洲最南端的殖民地制造并在当地使用，它在材质选择上较为粗糙，比如其木制枪托常就地取材，有的采用胡桃木、有的则用白蜡木，其枪身上的装饰也非常简单，有的甚至干脆没有装饰。大部分这类枪械仅有扳机护圈，尽管有的也配备有护木罩和枪托底板。像宾夕法尼亚出产步枪上的那些复杂纹饰，通常不会出现在这些南方的枪械上。为了随枪附配相关保养用品，其枪托有的还钻有较大直径的孔洞，使其尺寸和体积足以容下保养用的润滑油罐等物品。

1776年战争爆发后，英国陆军配用的步枪，大部分来自汉诺威、黑森和其他德意志邦国。这些枪械中的大部分与此前在"七年战争"中所用枪械仅有细节上的不同或改进。例如，1776年，威廉·格赖斯曾制造过700支0.54口径火枪，它们由英军采购后被送往北美，提供给当地英军轻步兵（他们常作为"散兵"被部署到战场上遂行突袭、袭扰和侦察等任务）。这批步枪与猎兵步枪较为相似，但采用了36.75英寸长的（外截面）八边形枪管，其闭锁装置也是英军典型的样式；平底枪托采用胡桃木制造，枪后托右侧带有可滑动的木制枪托舱盖板，扳机护圈为黄铜铸造而成。

现在，关于此类枪械的精确设计图及相关参数已经遗失，但其相关部分（部件）仍可在之后拿破仑战争（1793—1815年）期间英军使用的短枪管贝克步枪上看到。贝克步枪是英国陆军近代首次装备的标准化枪械，由伦敦的枪匠伊齐基尔·贝克设计，其综合性能远优于同期的新地式和印度式滑膛枪等，可对200码内的目标构成非常大的威胁。

在贝克的枪械设计中，并无多少非常新颖之处，其设计显示了当时荷兰枪械界对英国制枪界的影响，比如其一些部件简单地采用了合金以实现预期的性能。其闭锁机构最初采用新地式枪械同类部件的缩减版，但大约在1806年后，新生产的贝克式步枪采用了新的平环颈式燧石夹（cock）、位置升高的药盘（pan，前装枪枪机侧面用来置放引药的凹洞，有引火孔通向枪膛），并在枪机面板（lock-plate）的尾部添加了保险栓杆。1803年之前制造的贝克步枪共分为两种，分别是0.750口径的标准火枪和0.625口径的卡宾枪型，但之后的实用经验表明后一类枪械更受英军欢迎，卡宾枪型采用较轻的卡宾枪球形弹丸，射击时具有更高的出膛速度，在远距离更为精准。

更受欢迎的0.625口径短管型全长约46英寸，其枪管长约30英寸，全重约9磅。枪管口右侧铸接有刺刀座卡榫，机匣后部上方采用标准的后瞄准具，其上刻有简单的距离划分，其适宜精确瞄准射击的最远距离为200码，竖起其上的小折叠表尺时可对300码内目标瞄准射击。枪托左侧通常还设置有贴腮片，枪托右侧则印刻有黄铜覆于表面的枪托内放置小物件的暗仓，其握把较为纤细，近枪托端与铸铜制扳机护圈贴合。

其枪托尾部通常倾斜有一定角度，以便瞄准射击时抵肩片与肩部垂直贴合更自然，枪托贴腮部位（comb，枪后托托踝之前与射手脸颊/腮部相贴合的部件）向后部倾斜上升至托踝部位。这一结构有助于枪械在射击时将后坐力传导至射手的肩部，从而减少枪管口因后坐力较大而上跳的幅度，而这也是该枪改进一系列人机工效设计所希望的效果。

1800年春，英国陆军从14个步兵团中抽调人员组成"试验步兵队"，相关人员共编组了8个连，该试验部队由库特·曼宁厄姆上校指挥。当年10月，该部队被整编为"第95步兵团"，其中很多老兵曾参与过1800年8月25日英军登陆（伊比利亚）半岛，并在费罗尔（Ferrol）进行了首次战斗。当时，英军从伦敦的多名枪匠处采购了800支贝克步枪，似乎这批步枪中的大部分于1801年中期交付军方。之所以特别提及这个第95步兵团，除了其中大量老兵外，他们的军服也与众不同，同期英陆军主要身着红色和白色相间的军服，而该团官兵的军装则以绿色和黑色为主，在战场上他们主要适时承担散兵、神射手的侦察和袭扰职责，因此军装服色主要以利于伪装和隐蔽的色彩为主。

在这个团里，所有官兵的射击术不仅被高度重视，而且练习射术更受到公开的鼓励，很多在该团从过军的老兵之后在各自的回忆录中，都证明了这个团的步兵在战场上的极高作战效能。例如，拿破仑战争中1802年时，法军就很"害怕"

当面部队中有英军第95步兵团，而到了拿破仑战争末期，这个团因为战绩优越而被扩编为步兵旅。

克利福德·肖尔在其1948年撰写的《与英国狙击手共同向第三帝国挺进》（*With British Snipers to the Reich*）一书中曾提到在拿破仑时期的半岛战争（1808—1814年）中英军第60步兵团的表现，他引用法军统帅苏尔特元帅的话说，"由10个连组成一个营……装备着短管枪械，其编成内的士兵都经过挑选，个个射术精湛，他们在战场上承担着侦察、射杀高价值目标的职责，特别是战斗中专门针对敌方军官，尤其是校级或将级军官"。

此后，英军第60步兵团在伊比利亚半岛战争中参与了很多次战斗，取得了大

图6　托马斯·普伦基特以"仰卧后向"射姿射杀科尔伯特将军

第95步兵团的托马斯·普伦基特以仰卧后向（back position）的射姿射杀了远距离外的科尔伯特将军，当时他使用的是贝克步枪。艺术家哈里在其画作中再现了当时他的射击姿势，不过贝克步枪的枪机画得过于靠前了。（作者本人收藏）

量战场荣誉；至1824年该团因战功卓著而被升格为"步枪队"（Rifle Corps），1830年其单位名称前更获得了"英王"的皇家荣誉称谓（全称"英王步枪队"）。而且，1797年该团还在怀特岛的考兹招募编组了第5步兵营，该营人员主要被用作伞兵。这些官兵穿着带有红色饰片的绿色夹克，有资料称他们当时主要配备贝克步枪，但显然这是个误导；事实上，最先配备给该营的武器似乎是轻步兵使用的燧发枪，该枪与新地式枪械类似，但枪管较短且口径较小。直至约1805年时，英军装备的贝克步枪似乎才将这些滑膛枪取代；随着第95步兵团展现出线膛枪的优点，采购装备更多此类枪械的申请很快获得批准[1]。

事实上，同期英军采购贝克步枪的数量令人吃惊。至1805年底，其产量达到2757支，同时另有足够数量的枪管和闭锁装置等配件可用于组装另3000支同类枪械。至拿破仑战争结束时的1815年，英国伦敦、伯明翰等地的枪匠已累计制造了近5万支贝克步枪，而且还有数千支类似枪械被送往伊比利亚半岛武装葡萄牙的反法散兵（cacadores）。

1808年1月3日卡卡韦洛斯之战（Battle of Cacabelos）期间，在通往科伦那的路上，英军第95步兵团的步枪手托马斯·普伦基特在战斗中向远距离外的一名法军将领射出那改变战场局势的致命一枪，那一枪使法军奥古斯特-弗朗索瓦-马利亚·德·科尔伯特-沙巴奈准将受到了致命伤，之后他又射杀了科尔伯特的副官（也有资料认为是骑兵团的号兵长），当时他见科尔伯特被射倒后就立即冲到他身边，但随后也被射中。据资料称，英军步枪手普伦基特射击时，法军将领与他的距离在200～800码之间，但当时射击的实际距离肯定更靠近前者而非后者。当时科尔伯特可能判断他自己处于敌方火枪射程之外，处于较为安全的状态。例如，根据当时的记载：

---

[1] 第60步兵团于1755年在北美组建，事实上它是第62步兵团（由美洲亲英官兵组成）更改番号而来，该部队以往的一些单位曾在1748年被解散过。第60步兵团第2营在半岛（可能指伊比利亚半岛）被组建，另一个营则在1812年战争中组建。

看到科尔伯特冲在他属下的前头，因为他的制服和所骑的灰马，很容易辨识出来……（普伦基特）随即加速走出本线列位置并跑至桥边。（考虑到周边没有合适的依托）他仰躺在地上同时将他的贝克步枪架在他叠起来的右腿上，同时用右手肘部撑地并以右肩部抵住枪托，接着抬起头向目标瞄准并射击，一举击毙了科尔伯特[1]。

显然，当时普伦基特使用了现在流行的"仰卧后向"射姿，枪械被架在右腿小腿（弯曲叠放在左腿膝盖部位）。那一年之后亨利·博福伊上尉在其撰写的Scloppeteria中，将此射击姿势描述为"不仅笨拙，而且还很痛苦"，不过这种姿势在19世纪的标靶射击界已非常普及，而且在第二次世界大战期间还出现过以此为基础的衍生射击姿势（如果射击地形合适的话）。

18世纪末，法国本来也有机会编组他们的精确线膛枪手部队，在1793年时一种合适的短管膛线火枪就已装备部队。然而，拿破仑战争时期，在半岛战争中的法军指挥官及他的高级军官只是将运用高超射击技巧的散兵战术，视作"毫无纪

---

[1] 查尔斯·阿曼爵士在1996年重新印刷出版的《半岛战争史》（*A History of the Peninsular War*）第1卷，第568—569页中阐述称，那次射击实际上"是被当时的射手看来极为不凡的距离上射出的"。R.卢瑟福－摩尔在他的文章《普伦基特的那一击》（收录于1998年出版《第一帝国》24页）中，经过分析得出结论认为，当时的距离可能在"200～600米"之间。但并无相当记录，也缺乏其他可靠的目击证词证明这些结论是否正确。当然，威廉·瑟蒂斯在1996年重印再版的《在步兵旅的25年》（*Twenty-Five Years in the Rifle Brigade*）第90页描述称，托马斯·普伦基特"可能潜入到（距目标）足够近的距离以确保他命中目标"：如果步兵认为其射击距离较为正常的话，那么此距离非常不可能超过300码以外。在这样距离上，要用贝克步枪实现一枪毙敌的话，确是可能的（但也要有一定运气成分），毕竟以这种枪实现首发命中的概率依然较低。至于像此战中那样，两枪都准确命中目标，无疑表明其射击距离并不如想象中那么远。至于他在射击时采用的后仰、两腿交叠作为枪械支撑，再以肩部抵住枪托、用左手持握枪托上部以稳定枪械的姿势，无疑能为远距离射击提供很稳定的枪械支撑。同样，这样的姿势还避免了使用左手持握枪管护木，减少对射击精度的影响（根据现代射击理论，射击时一只手用力持握枪管护木可能造成枪管微弱的形变，从而影响射击精度）。

律地浪费火力的行为"，他们未意识到，正是这些不在横队阵列中的"散漫"精确火力对敌方阵列中维持战斗纪律的军官构成了重要威胁。显然地，出于傲慢与自负，法军军官认为这样的战斗完全是"毫无绅士风度、没有教养的"，但事实很快证明他们的观点完全是个可悲的错误。

火器时代的精确射击的战术，甚至同样可应用于海上，在风帆战列舰时代，双方往往在己方战舰桅杆高处部署神射手，他们负责在与敌舰对射或接舷时发现并消灭敌方战舰甲板上的军官。这在当时的海战战术中尤其重要，因为火炮射程的关系，双方战舰往往排成列相互对射甚至接舷肉搏，一旦对手在甲板上组织射击或攻防的军官被射杀，往往就意味着胜负很快就能见分晓。

因而可以看到这一时期的很多海战中，很多高级军官在战斗中被敌方神射手射杀。其中，最为著名的案例当属英国皇家海军统帅霍雷肖·纳尔逊。1805年10月21日，他指挥皇家海军主力舰队在特拉法加尔海域与法国—西班牙联合舰队爆发海战，激战中他被来自法军战列舰"可畏"（Rédoutable）号桅杆高处神射手射出的一枚弹丸命中。据称，当时在法舰上射杀他的是罗伯特·基里玛德，他曾回忆称：

（我的战舰上）两层甲板上都躺满了死去的官兵……我感觉（让-雅克·）卢卡斯舰长仍坚守在他的位置上，一些受伤的军官仍在向剩余的士兵下达了命令。在我们对面的英舰上，我看到其舰尾高层建筑上有一名军官，他只有一条手臂。我以前就听说过纳尔逊是名独臂将军，我知道那必是他无疑了。他被几名军官簇拥着，似乎他在向他们下着命令。我看到他完全暴露出来，而且离我比较近。在晃动着的桅顶，我迅速举枪瞄准了那个人，在匆忙中我向他所在的那群军官和水兵中射出了一枚弹丸，他应声倒下，他所在"胜利"号战舰上军官和水手很快就陷入了极大混乱，许多人蜂拥至那名倒下的军官身边，我射杀的那个人必

定是纳尔逊无疑……[1]

然而，纳尔逊被射杀之时，皇家海军已取得了优势，因此统帅阵亡并未对特拉法尔加海战造成什么不利影响。但情况并非总是如此，在海战中，神射手往往能够影响海战的过程与结局，比如在美国独立战斗期间就多次出现此类情况。1779年9月23日，美国军舰"好人理查德"（Bonhomme Richard）号（由苏格兰出生的约翰·保罗·琼斯指挥）与皇家海军"塞拉皮斯"（Serapis）号战舰（舰长理查德·皮尔森），在弗兰伯勒角（Flamborough Head）海域爆发激战。当时，美舰吨位更大、火力更强（至少纸面性能如此），它原本是老旧的法舰"东印第安人"（East Indiaman）号，独立战争期间被租借给美国海军；而英舰是一艘五等战舰，刚下水仅数月。

双方接战后首先以侧舷火力进行猛烈对射，"好人理查德"号舰上6门18磅炮中的3门火炮在交战中接连炸膛，不仅造成其炮组成员大量伤亡，很多火炮甲板层的水手也受伤，而且严重影响了该舰战力。接着两舰靠近到足够近的距离后，毫无疑问地将爆发两舰水手的接舷肉搏战。但很快双方的激战似乎就分出胜负，英军仓皇逃离战场，而美舰同样因受损严重未予追击，接着退出战场。

交战期间，"塞拉皮斯"号护卫舰上的火炮在直射距离内持续射击"好人理查德"号的上层和下层甲板，对其造成了可怕的损坏，但美舰桅顶的陆战队员的精准射击却使英舰军官和水手无法在顶层甲板上立足，他们大多被精确火力压制在下层甲板中。对此，英舰上的官兵曾一度反击美舰上的精确火力，射杀了超过50名线膛枪手，但他们始终未能完全压制其精确火力，无法及时上到上层甲板准备即将展开的接舷战，最后只得迅速撤离战场，避免在接舷中造成更大损失。

"塞拉皮斯"号护卫舰的舰长皮尔森不得不降下军旗投降，而约翰·保

---

[1] 罗伯特·哈维于2008年所著《标新立异者：伟大军事领导者中的古怪天才》（*Mavericks: Th Maverick Genius of Great Military Leaders*），第123页。

罗·琼斯则赢得了一次重要的胜利，脱离战斗后，两舰都因各自原因而沉没。其中，"好人理查德"号因英舰火炮对其水线下造成的破坏而大量进水，琼斯舰长下令放弃"好人理查德"号，带着舰员登上刚刚缴获的英舰，带着战俘前往荷兰共和国。"塞拉皮斯"号随后被移交给了法国海军，并在两年后在马达加斯加外海因起火殉爆而沉没。

拿破仑战争初期还曾见证过一类新的枪械武器，尽管它们应用的时间较短，但仍是那个时代最为值得注意的枪械：军用气枪（air-rifle）。在此前的很长时间内，储气式气枪产量较少应用范围也有限。它们仅应用于运动射击，直到维也纳的枪匠巴尔托洛梅奥·基然都尼[1]在1779年3月1日向奥匈帝国约瑟夫二世展示了由他改进的两种枪械：连发燧石枪和枪托储气式气枪后，其应用才有所拓展。当时，约瑟夫二世对这两种枪械印象深刻，因而采购了一些配备给军队，并在战场上测试其性能与质量。

测试结果令人感到鼓舞，因此奥匈帝国军方订购了1000支连发燧发枪和500支气枪。基然都尼很快在维也纳建立起他的枪械生产工厂，但产量一开始非常低，至1784年11月底时，仅有111支连发燧发枪和约290支气枪完成制造。至1787年秋时，也仅完成了700余支气枪的交付。

基然都尼式连发M1780型气枪，长约50英寸、全枪重略超过9磅、口径约0.51英寸，枪管孔径内有12根较窄的右旋螺旋型膛线，弹丸在枪管内每旋转一圈前进约30英寸。枪身主要框架和金属部件由黄铜制成，枪管经处理呈棕褐色、枪管前端护木通常采用胡桃木，铁制枪托式储气罐外表覆有皮革。为实现枪械的连发射，机匣后膛右侧设计有管状弹匣，其内装填有多枚弹丸，每次弹簧驱动后膛滑块，当其被推动向远端移动时，机匣后侧外的点火击锤被牵引至待发位置（同

---

[1] 基然都尼于1744年3月30日出生在科尔蒂纳丹佩佐镇（Cortina d'Ampezzo），他似乎最初想成为一名钟表匠，并接受了相关培训。1799年3月21日，他死在维也纳城郊，但他曾经的枪械研究工作仍由其助手弗朗西斯科·科利等人继续进行着，直至19世纪20年代。

时管状弹匣内弹丸进入后膛），这时当射手扣动扳机后连动装置将立即开启气体阀，使中空枪托内的高压脉冲压缩气体被释放出来，推动弹丸沿枪管射出。

这种气枪的出膛速度较低，加之枪托内压缩气体有限，其射击时前10枚弹的初速仅有975英尺/秒，试验时在连续射击到第13枚弹丸时，其出膛初速降至550英尺/秒。当然，使用气体驱动弹丸的优点也非常明确，其射击时的噪声非常低，而且其弹丸出膛时的能量并不低，相当于现代9毫米的帕拉贝鲁姆手枪弹的出膛能量水平，有效杀伤射程可达120码。就同期其他类型枪械而言，这达到了当时燧发枪的能量水平；而且，在特定的射击场景，这种气体枪械的特点非常有用。例如，射手如果能接近目标至足够近的距离，它射击时较低的噪声将使射手不易暴露其位置。此外，作为一种后膛装枪械，该气枪在中近距离内比同期的火枪更加精准。

然而，这种枪械存在的最大缺陷使其难以广泛应用，最大的问题在于充气。每次充气时，需要用压气泵为每个枪托内的气瓶打气2000余次，使其达到可工作的气压（但在此过程中曾发生过多次气瓶爆炸事件），因而，奥地利皇帝当时要求为每支气枪配备3个气瓶。无疑，对于需要在野外作战的部队来说，这几乎使该枪不具备军用价值，特别是其庞大的气泵充气装置如果要移动至阵前使用时，其庞大的体积将处于敌方火炮射击范围内。

提及基然都尼式气枪在实战中使用的唯一一份资料，源自1787—1792年的俄土战争期间，当时奥地利部队配备有200支气枪，这支气枪部队当时守卫着匈牙利（与奥斯曼帝国的）边境地区。当约瑟夫二世去世后，他的继任者利奥波德二世组建了所谓的"蒂罗尔神射手"（Tirolese sharpshooters）部队，其仍配备了不少基然都尼式气枪，另有一部分同型枪械则交由该国猎兵兵团使用。18世纪末期及19世纪初期的拿破仑战争期间，基然都尼式气枪无疑也被用于对法作战之中。当然，现在资料并未特别提及这种枪械在战争中的表现，但在当时，基然都尼式连发气枪确是神射手近距离射击的理想武器。

据估计，M1780型气体枪械仅生产了约1540支。1799年时，仅有大约300支该型枪械仍在"蒂罗尔神射手"部队中服役，另有308支该型枪械"遗失"且超过1000支枪械被废弃在仓库中。最后，在1801年时，奥军神射手部队指挥官提出将其部队的该型枪械替换为更优越的M1795型燧发猎兵步枪，他十分重视这种枪械的射程（希望使与敌方交战的最大距离翻倍）。至1801年3月时，奥军中的所有气枪都被适时地撤换，这些旧枪被收集起来存放在仓库中。保存下来的部分气枪曾在1805年重新整修并再被配备给奥军（用于对抗拿破仑的法军），至1815年拿破仑战败后，这批老枪再次被撤换下来，至1820年时被废弃。目前，仅有非常少量的该型枪械得以保存并流传下来。

就在拿破仑战争在欧洲爆发之际，美国和英国之间于1812年再次爆发战争（又称为"第二次独立战争"）。其间，美军在战场上对狙击手和神射手的运用，基本重复了独立战争早期时的战术与习惯。在海上，部署在战舰桅杆顶部的陆战队员在此次战争中有所表现。例如，美国海军"宪法"号战舰在与英舰"爪哇"号［前法海军帕拉斯（Pallas）级护卫舰"声望"号（Rénomée）］的单舰对决中，以及"宪法"号之后与英舰"战士"号（Guerrière，另一艘缴获自法国的"战利品"）的对决中，桅顶的神射手都对美舰的胜利发挥了重要作用。

1812年5月20日，在美英间战争的初期，美国海军"宪法"号战舰上的陆战队员阿德里安·彼得森中士在桅顶射击位置射杀了英舰"爪哇"号的舰长亨利·兰伯特[1]。之后几个月的8月19日，"宪法"号战舰与英舰"战士"号遭遇，双方展开激战，美舰桅顶射手再次射伤、射杀多名英舰后部上甲板的高级军官，包括其舰长詹姆斯·戴克斯；但同时，英舰上的神射手也还以颜色，美舰上的一名军官——威廉·布什中尉被其射杀，这也成为此次战争中美国海军首位在战斗中阵亡的军官。两次单舰对单舰战斗中，美海军舰只都取得了胜利，且其胜利都归功

---

[1] 但同时，英舰上也有射手射中了美舰指挥官威廉·班布里奇准将，使其受到重伤。

于在重要战斗时刻袭杀英舰高级指挥官使其陷入混乱。

1812年战争的陆上战场，其展开过程与海上战事相对独立，双方大多装备长枪管枪械（或类似的各型枪械）；单就战场上双方的神射手及远程狙杀而言，不少两军的高级军官在战场上被狙杀。例如，英国北美远征军罗伯特·罗斯少将，在占领华盛顿后他曾下令火烧白宫，而且他还指挥英军打赢1814年8月28日布莱登伯格之战（Battle of Bladensberg），但他最终仍死于美军狙击手枪下。罗斯少将生于1766年，曾在惠灵顿公爵麾下参与伊比利亚半岛战争，在这些战争经历中他因英勇战斗而不断获得晋升，至1812年战争时他已升任少将。

之后，罗斯少将继续率领英军与美军作战，至1814年9月时双方爆发新奥尔良之战，当时英军准备从美国南部登陆并寻机攻占巴尔的摩，9月12日罗斯少将在战场上被两名十余岁的美军射手击中。当时，在今天被称为"北角之战"（Battle of North Point）中，美军士兵丹尼尔·威尔斯和亨利·麦克马斯隐蔽地留在战场上掩护其他战友撤离，他们面对的是来势汹汹的英军追击部队。

随着英军的推进，威尔斯和麦克马斯选择冒险向英军队列中一名骑着战马的军官射击，他明显是英军的重要指挥官。两人选择合适的射击时机后，果断同时进行了射击，罗斯少将应声倒下，致命的一击来自那枚打中他右臂再射入他胸膛的弹丸。罗斯将军的阵前倒毙激怒了英军，就在罗斯将军坠马阵亡后不久，他们就发现了这两名狙击手并随即将他们射杀。

在战争中，类似的事件还发生过多次，约翰·普拉斯特2008年撰写的《狙击手与精确射击史话》（*History of Snipers and Sharpshooting*）中的一些章节就细致描述了当时的这个故事。当然，由于缺乏确切无疑的证明，对其中一些细节也可能存疑并引发争议。

在缺乏望远设备的前现代战场上，（实施远距离精确射击后）要完全分辨出射中目标，以及倒下的目标是否真正被射杀，仍是极为困难的事。在一些情况下，高级军官仅因为率领所属部队突击、冲锋和推进，就可能被流弹命中；但此类伤亡确有不少可明确地划为敌方的神射手和狙击手们的战果。

例如，在1815年1月8日的新奥尔良战役中，英军将领爱德华·帕肯汉爵士就被"一名神射手（射出）的弹丸"击中并毙命，但第85步兵团邓肯·麦克道格尔少校（帕肯汉爵士的副官）的证词认为，将军在此战中所受3处伤（且未对其脊柱造成致命伤）中仅有一处是枪伤。关于另两处伤，麦克道格尔认为是美军火炮射出的霰弹所伤，而这明显也是英军少将塞缪尔·吉布斯爵士受到致命伤的原因（在帕肯汉爵士被击倒后，他试图重新集结并组织英军继续战斗）[1]。

拿破仑战争的结束，意味着横队步兵阵列使用大口径前装滑膛枪主宰战场的时代即将终结。这部分地是由于性能更优越的火帽式弹药击发枪械取代了老式燧发枪，不过此时距离约翰·弗西斯将枪弹改进为自封式火帽子弹还有二十余年的时间。

在序言部分不会再详细探讨火帽式弹药枪机及枪械的发展，因为这类枪械有很多发展分支，涉及大量细节。适用火帽式弹药的枪机，尽管习惯上被认为是英裔美国枪匠以及之前的枪匠约书亚·肖、法国人弗朗索瓦·普瑞莱特等人的完善和改进，而且各式火帽式枪机发展的脉络、改进演化的传承关系也都较为模糊，因而在此不再赘述。这类枪械进入军事领域，则始于1837年英军开始使用的布伦瑞克式步枪，当时英军曾进行过测试，结果表明它与标准的燧发枪械相比，新的火帽式枪械大大降低了误击发率（降至原来的1/7）。

将膛线和击针式火帽（percussion cap）击发技术组合在同一枪械设计后，同时提升枪械的射击速度及其精度，这首次鼓励当时的枪械界尝试改进开发能够将弹丸准确射中远超200码以外目标的枪械，而200码正是贝克步枪和布伦瑞克式步枪预期的极限精确射击距离。

---

[1] 当然，此战中英军军官大量被射杀，这意味着当时的美军神射手拥有极高的射击技巧和效率，战后统计表明当时英军死于美军神射手的军官包括：3名将军、8名上校和中校、8名少校、18名上尉、54名中尉及以下军官。这些军官的阵前伤亡严重破坏了帕克南所率领英军部队的指挥体系。

19世纪初，法国军官亨利–古斯塔夫·德维勒（1800—1876）研制的亚直径枪械弹膛和路易斯–艾蒂安·德·图文因（1791—1882）设计的柱型后膛等，都在沿着正确的方向推动枪械设计的发展，尽管在当时这些设计削弱了弹丸性能（此类弹膛设计使弹丸待发时降至弹膛肩部，或承柱尖端之上）。当然，当查尔斯–克劳德–艾蒂安（1804—1879）设计的"米涅弹"，为枪械引入了自膨胀一体定装式弹丸后，又将枪械设计及性能的发展大大推动了一步（使用这种弹药并配合线膛枪，弹丸的实际有效射击距离达到500码甚至更远），当时很多人士将其视作革命性的新设计[1]。他的"米涅式弹药"（Minié）于1849年4月16日获得了法国专利（专利号No. 7978）。自此之后，远距离狙击成为战场上一种可行的战术和理念。

战争，从此与以往不再一样了。

---

[1] 包括威廉·格林纳和（似乎很有可能在）爱尔兰出生的约翰·牛顿·诺顿（1784/5—1867），他此前曾在第34步兵团服役过，据称他们在1832年时就开始新型弹药的试制，他们所设计的新弹药受到当时印度南部一些部落的影响。这些部落使用吹管类武器时，利用莲花有弹性的茎作为吹射弹药的填料，用吹管吹出弹丸时莲花茎会膨胀与吹管内径紧密贴合，从而使射弹最大程度地利用吹箭手吹气的压力。

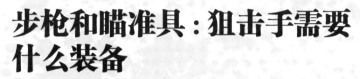

步枪和瞄准具：狙击手需要什么装备

任何一种军用武器要取得成功最重要的一项因素，在于它的威力。每一类武器都有其明确的性能参数和特点，在武器参数/性能测试技术仍非常原始的1800年之前，很多武器的性能特点与参数不可靠甚至就不存在。在火器方面，只有到了18—19世纪电动计时技术得以完善后，各种火枪与火炮的性能参数测定才迅速得以改善。

能够精确射击武器的历史发展和进步，比如从十字弓到近代的击发火帽式弹药的步枪等，已在上一章节中概略回顾。但现代语境下的"狙击手"及其"狙击战术"的运用，仍要等到19世纪后期光学瞄准镜完善并普及后，才真正成为现实。

望远镜等拓展人类视力和视野的设备，尽管其原始设计可追溯至19世纪30年代（如果不是更早的话），但这类装置与枪械的结合，直至美国南北战争时期才开始广泛应用。南北战争期间，南方神射手巧妙地将他们的戴维森式短管瞄准镜（从英国输入）与克尔（Kerr）式、惠特沃斯（Whitworth）式步枪和类似的小口径火帽式弹药步枪相结合；而北方联邦的神射手则主要使用了阿马登（Amadon）式、马尔科姆（Malcolm）式和其他类型的长管型瞄准镜。

步枪和弹药

现代枪械、弹药及发射药，从黑火药时代（燃爆能力有限、射弹速度较低）开始经历了漫长而稳定的发展，才演化至今天广泛采用无烟高能发射药（燃烧更迅速完全、膛压更高）搭配小口径高速射弹丸的状态。但无论哪个时代的枪械武器，随着射程的增加，射弹的能量都会逐渐衰减降低。

在一定距离内，假定弹丸重量一定，弹丸的出膛速度越高，其弹道轨迹越低伸平直，高速射弹在其出膛后飞向目标的途中，其弹道会以瞄准线（Line of sight）为基准，既不会显著提升，也不会下降得过快。在战斗中，这意味着巨大的优势，因为无论是是否安装有瞄准具，枪械射出弹丸将命中它预定瞄准的位置[1]。相反，如果枪械出膛速度较低、弹丸质量较重，其射离枪管后速度将随飞行距离延伸而更迅速降低（相比高出膛速度和质量较低的弹丸而言），其弹道将表现出越靠近弹道后端越为弯曲的轨迹（其弹道下降量较高初速弹药显著

---

[1] "直射"（point-blank）的术语，通常可用于表明在较短距离内的射击，此时瞄准具表尺位于最小的距离分划，因而瞄准点和弹着点将完全重合。例如，手枪在25码内、高初速步枪在200码距离内，可认为枪械处于"直射"距离内（即瞄具表尺处于最小距离的分划处）。再例如，美国陆军1909年为其M1903型斯普林菲尔德步枪制定的使用手册中，在阐述枪械"直射"的"危险空间"时，利用枪上的机械后瞄具，射手以立姿（假定枪管距地面56英寸）枪管口的仰角为0°17′57″时射击，其直射的危险空间可达719码；射手以跪姿（枪管距地面30英寸）以相同的枪管仰角射击时，其直射的危险空间约为629码；射手用卧姿（枪管距地面12英寸）以相同的枪管仰角射击时其直射的危险空间约为590码。如果枪管以完全水平（仰角为0）状态，以三种姿势射击时其直射的危险空间距离分别降至400、307和205码。当然，即便以固定后备铁瞄具被设定在特定的距离分划刻度下，弹丸在直射距离内的弹着通常也会偏低。当然，这些弹着的微弱差异在通常的战斗射击情况下几乎没有什么区别，但如果枪械适配了光学瞄准镜，射击较远距的目标时，这类因素就难以忽视。

增大）。

从狙击手的角度看，初速更快的弹丸具有相对低伸平直的弹道，即便其误判了目标的距离，弹丸仍可能命中目标；但相反，狙击手在使用初速慢的枪械及其射弹（比如第一次世界大战时奥匈帝国狙击手所装备曼利夏步枪使用的8毫米弹药，或同期法国勒贝尔式步枪的同口径弹药）时，在实施狙击时则更为重视精确地测定目标距离（以便通过距离表尺或瞄准上的俯仰调节准确预测、控制射弹弹道）。

另一方面，狙击手在射击时，通过调节射击诸元参数确保弹丸射抵目标时尽可能保持水平状态，这也非常重要。否则，弹丸可能无法通过类似细长管道这样的掩蔽物（弹丸处于非水平状态易磕碰管道内壁，造成跳弹使后续弹道无法预测），这里所称的细长管道常被用于掩蔽、保护目标狙击手；例如，第一次世界大战西线战场上，双方常在堑壕胸墙上埋设去底火炮弹壳作为观察孔或射孔。毕竟，如果弹丸需要先通过这样的管道再命中目标时，如果未能保持水平状态，弹丸与管道内壁磕碰产生跳弹无疑会减少杀伤目标的概率，此外，磕碰导致的弹丸能量迅速衰减同样不利于保持其杀伤力。

测定弹丸飞行中的速度误差及其如何影响弹丸命中目标释放杀伤力，困扰了军事和数学专家很多年。当然，这类计算需要多种学科的知识和大量复杂的运算，为便于阐述它们之间的各种关系，这时仅列出几项易于理解的有关弹丸速度、弹道和命中的关键性因素。

一枚圆柱体（头部呈球形或锥形）射弹，比同口径的球形弹丸更容易保持其飞行速度（换言之，飞行速度衰减慢），这是因为即便两者横截面积相同，但两者重量并不相同，这意味着两者在"截面密度"上存在差异，所谓的截面密度可简单地通过弹射重量除以横截面面积而得来。越长的弹丸重量越大，（与同口径的球形弹相比）其截面密度增大；当然弹丸长度不能无限制增长，长度过长会使其飞行时不再稳定（甚至在空中出现翻滚的情况）。

弹丸的外形对其飞行性能和存能效率有着重要影响。尽管平头柱形弹头在性能上优于球形子弹，但它在空中飞行时所受的空气阻力较大，而这也赋予了它独特的弹道特性，这类弹丸在短距离内命中目标会迅速减速并在目标体内充分释放其存能，但在远距离上的弹道特性则较为糟糕。与此相对应的，则是弹丸头部呈圆锥形的射弹，在很多早期军械专家（包括德维勒、诺顿和米涅等人）的努力下，这类弹丸的设计才得以完善和应用。至19世纪中期时，各主要国家装备的线膛前装枪基本都采用这种尖头弹丸。这是现代枪械史上弹药技术的一次重大进步。

以往前装枪使用的球形弹丸缺点很多，比如，其弹丸质量受限（受到口径限制）、弹丸出膛时难以保持方向一致（弹丸在滑膛枪管内边磕碰边被击发出膛）等；因而，这类前现代枪械击发的弹丸出膛中不仅射击方向难以保证，而且其射弹速度衰减很快，因此根本谈不上射击精度（甚至在短距离内也是如此）。正如当时曾有评论家所描述的，它们射出的弹丸"一发朝上、一发朝下，至于第三发到底会去哪儿？没人能回答这个问题"。

19世纪中后期出现的米涅弹（Minié bullet），是弹药发展史上的重要标志；它采用圆柱弹体配合圆锥头部，其弹体底部中空外缘向外伸出，以便适配枪管内的膛线，初步具备了现代弹药的主要特点。因此，尽管它比同口径的球形弹更重，但在当时主要仍使用黑火药作为发射药的时代，其弹道性能比球形弹已有显著提升，尤其是在中远距离上它比球形弹更易预测弹着点。此类弹药及相关枪械的出现，极大地推进了枪械使用战术的发展，以前使用球形弹的前膛装火枪时代，双方往往排成横队在相当近的距离内以齐射的方式，发挥大量球形弹在近距离内的杀伤力。但米涅弹的出现，使同期射击交战距离迅速拓展至5倍以上，尽管当时的指挥官可能仍对此非常不习惯（他们通常更愿站在"能看到敌人眼白"的近距离上指挥作战）。事实上，早在1843年美国就有人对前装滑膛枪和前装线膛枪进行过试验，结果表明很多老旧观点完全是错误的（即线膛枪的射程不远）。

就使用同口径的球形弹的滑膛枪和使用米涅弹的线膛枪而言，两者弹药都为0.69英寸，除口径以外，两类弹药的性能完全不同。滑膛线的球形弹重约412格令，这限制了其出膛速度仅有约1500英尺/秒；相较而言，线膛枪使用的米涅弹重约740格令，其出膛速度也仅有954英尺/秒。从能量角度看，两者弹丸出膛时能量分别为2059英尺磅和1496英尺磅，理论上滑膛枪射弹的能量优势更为显著（出膛能量高出约38%），也更为致命。但要注意，这只是出膛时的状态，当弹丸在空中飞行400码外，球形弹因阻力将损失更多的速度和动能（仅余下199英尺磅的能量）；而米涅弹由于其速度损失更小，仍保持有797英尺磅的剩余能量。在1000码距离时（实际上这已是滑膛枪射击距离的极限），球形弹的剩余能量将只剩32英尺磅，而米涅弹还残余有369英尺磅。在50码距离上，0.69口径的球形弹的威力几乎与0.22口径LR凸缘式弹药差不多；而在100码距离上，同口径球形弹的存能仅比0.45口径ACP弹药要高一些。

不同弹丸之间的性能和弹道差距，几乎完全取决于弹丸空气动力特征、弹道特性。此外，球形弹在飞行超过200码距离后其本身就不再精确了（200码也是最乐观的估计），而米涅弹仍能在两倍于此距离（400码）上经瞄准射中人形大小的标靶。

与同期的前装滑膛枪相比，线膛枪的射击精度和距离都有显著提高。这使得同期枪械开始向减少口径的方向发展，使用线膛及适配的非球形弹药后，弹药减少的重量（及由此导致的出膛能量降低），很大程度上容易通过增大弹药的截面密度加以补偿和抵消。此外，小口径的射弹通常拥有更具流线型的弹尖设计，有利于它在飞行时减少空气阻力。

1855年，美军将其主要装备的0.69口径米涅弹，替换为0.58口径的同类弹药，后者可广泛地适配于英制0.577口径1853式前装线膛枪（恩菲尔德系列步枪），同期该步枪替换了老式的0.702口径1851年式（米涅系列）。根据记载，当时美军对这些枪械进行了测试，在1000码距离的射击结果表明，老式0.69口径球形弹的速度仅为187英尺/秒、弹丸存能只有32英尺磅，而且由于其弹道末端降速快，弹道弯曲度较大（至1000码时，弹丸的倾斜角度达到56度），飞行时间约9.8秒。而对于0.58口径米涅弹而言，同样距离上其残余速度仍有395英尺/秒、存能约257英尺磅，弹道倾斜角度为13度，飞行时间约4.7秒。所有人都能看出，新型弹丸在性能上的提升显而易见；因而，尽管大口径弹丸在短距离内对目标拥有"粉碎性"的效果，但其被取代已是不可避免的了。

19世纪中叶，随着克里米亚战争和美国南北战争的爆发，步兵武器对敌人的杀伤距离迅速提升至令人惊讶的程度。尽管这一时期，交战各方的步枪仍主要是前装型枪械，而且它们适配了新型弹药，但这种枪械本身的缺陷却反复暴露出来，比如无意地多次装填、枪械持续射击过热导致的走火等。这些都表明后膛装枪械应该成为未来新步枪的主要装填方式，然而1861年时尽管这类后膛装枪械已经出现，但很多观察家们仍对此表示怀疑。但就在几年后爆发的南北战争中，新型枪械在战争中迅速得到广泛使用，造成了南北各州超过100万人的伤亡，这表明老式火帽式枪械已进入了历史。

随着标准的步兵武器，从1850年代的线膛前装枪（口径通常在0.55～0.60英寸之间），更新为19世纪70年代第一代后装步枪（口径约为0.40～0.45英寸之间），再替换为19世纪90年代小的口径弹仓式后装步枪（口径约在0.236～0.315英寸之间）。可以清楚地看到，步枪弹药的发展呈现出速度越来越快、口径越来越小，以及有效射击距离越来越远的趋势。例如，英国在19世纪末期研制的李–梅特福德（Lee-Metford）和李–恩菲尔德（Lee-Enfild）系列步枪，在布尔战争期间就曾出现过射中3000码以外目标的案例。

"弹道系数"是衡量弹丸弹道性能的关键指标，通常可将其理解为弹丸在飞行途中保持其速度的能力。弹丸弹道系数的确定，需要综合考虑其截面密度、弹丸的形状（包括弹头尖部的几何形状）等主要因素，这些设计特征共同影响着弹丸在飞行时所受的空气阻力。

理解弹丸的弹道系数后，就能相应地制定射表，标示出弹丸在射出后飞行途中各个距离段上的剩余速度，这反过来又能用于计算出弹丸在不同飞行距离时（地球重力因素下），其弹道的下降量；再配合枪械上开放式瞄具的距离表尺，使射手能通过调节表尺上的距离，主动调节射击时枪口的俯仰角，使射弹在射出时呈现一定的仰角，当射弹在飞行至特定距离时，其弹道下降量正好与仰射的抬高量相抵消，从而精确地命中目标。

在1900年之前，所有军用枪械弹药实际上都是圆头弹，之后这种弹药逐渐被1903年3月25日出现的德制S.–Patrone弹药所取代，它的弹丸头部呈尖形圆锥状。1904年，发明它的DWM公司申请了专利；之后，美国发明家亚瑟·格列尼奇（出生于德国考尼格–维斯特豪森的物理学家和弹道学家），发明了类似的尖头弹，并于1907年1月22日获得了No.841861号专利。不久后，各个主要国家（当时除了奥匈帝国和意大利军队外）的弹药都紧跟此趋势，将其步枪弹改为了尖头弹。尖头弹，拥有比以往类型弹丸更优越的阻力系数。因此，假定弹丸的其他条件或标准不变，尖头弹比圆头型弹丸更容易维持速度，射击距离也更远。

第一次世界大战中，大部分步兵步枪弹药的性能都相差不大。这些弹药的弹头重量从148格令/9.6克（如俄制M1908式步枪使用的M91"L型"圆头弹），到244格令/15.81克（如奥匈帝国的M1890型曼利夏型步枪的弹药）不等；出膛速度最低的俄制M91型圆头弹约为1985英尺/秒（约605米/秒），最高则是德制S.–Patrone弹药，速度达到2855英尺/秒（870米/秒）。

1918年之前，各国步枪的口径主要分布在相对较窄的范围内。例如，美国和俄罗斯使用0.30英寸（7.62毫米）步枪弹、奥斯曼土耳其帝国使用0.301英寸（7.65毫米）、英国军队0.303英寸（7.7毫米）弹药，奥匈帝国、法国和德国使用0.315英寸（8毫米）弹药等。这些弹药在尺寸上的细微差别，有时甚至被忽略，例如，德制8毫米弹药之后就被归为"7.9毫米"弹药，或者在英国人看来是7.92毫米。当时，只有两个国家——意大利和日本，在弹药口径选择上并未遵循上述的特点，两国的步枪口径选择的0.256口径（6.5毫米）。第一次世界大战中，德军步枪火力优于英国，这一点毫无疑问，相关数据可以说明这一点：比如其S.–Patrone弹的弹丸在射离枪后飞行至100码距离时，其存能高出英制步枪使用的Mk Ⅶ 0.303口径圆头弹约20%。

传统的圆柱弹体配圆钝型弹头，以2倍音速飞行时（即2235英尺/秒），通常认为其弹头阻力系数为1.69，第一次世界大战时大部分步枪射弹弹丸基本都能达到此标准。如果弹头的边缘是圆钝形，其阻力系将降至1.20～1.35（具体取决于弹头圆角的精确尺寸和角度）；如果弹头采用半球形或锥形头部，其阻力系数分别降至0.93和0.83。如果射弹弹丸完全采用锥斗形，其阻力系则降低至0.3，但它在枪管内飞行时却又不可能保持稳定。当然，这些数据表明，采用卵尖形弹头将获得更好的气动性能，其整体性能比其他的设计提高10%～15%。因此，第一次世界大战爆发以后，几乎所有的现代军用步枪弹药都迅速采用这类弹头设计。

当时各国的弹药中，除了法国的Balle Mle 86D弹药，第一次世界大战中所有各类口径的弹药，其弹丸底部不内缩而只是简单地与枪管中心轴线成直角。相反地，法国的Balle D型弹药，其弹体特别长且未被覆外甲，弹头尾端像小艇尾端一样微微内缩，小于弹头最大直径，这种"艇型尾"形状在流体力学上有助于减少乱流、降低阻力、改善其阻力系数。

尽管这种设计对于制造工艺提出了更高要求，但有助于确保弹丸在批量制造时其头部和尾部的成形保持一致，以及弹丸与膛线贴合部位的截面要足够长（使弹丸在枪管内前向运动时保持纵向稳定）；与平底式弹头尾部的设计（比如当时它取代的Balle M型弹丸）相比，这无疑有很多好处，法军当时宣称，艇尾型弹丸在远距离上拥有更好的精度。

弹丸飞行弹道和飞行时间

弹丸在空中飞行中的弹道和飞行时间，同样需要考虑。一旦弹丸离开枪管，它就将做惯性飞行并持续受到重力因素的影响，因此当射击距离较远时，重力因素对弹道下降的影响是无法忽视的。如上文所提及的，如需射击特定距离外的目标，需要抬高枪管使弹丸以一定仰角（此角度具体通过表尺上的距离分划来设定和调节）射出枪口，以便弹丸在飞行至目标时弹道下降量正好与枪管口仰起量相互抵消。越低的弹丸出膛速度，随着弹丸飞行距离延长其弹道降低的程度越大。例如，火药时代的燧发枪，其射出的球形弹丸在其弹道末端时，弹道的下降量已达到非常大的程度，甚至现代的高速射弹也无法避免这一问题，而只能减少此弹道下降量。

法国的Mle 1763勒维尔式前装枪（0.69英寸口径），其性能曾被认为是欧洲步兵用火枪在18世纪中期达到的巅峰，它射出的0.627英寸直径球形弹丸大约重370格令，出膛速度约为1400英尺/秒（此时弹丸能量最大为1605英尺磅）。如果以这种火枪射击时，抬高枪管口"1度"，弹丸将以向上倾斜1度的方向出膛，在其因重力因素降低高度至与枪械所在的水平面时，它在空中已飞行了约933英尺距离；此时，这枚弹丸的速度已降至563英尺/秒，弹头存能降至260英尺磅，这仍足以对命中的敌人造成致命伤。在此情况下，弹丸将在离开枪口飞行530英尺处时，弹道达到最高点（5.49英尺）。当然，根据理论计算，这枚弹丸飞出后到约3700英尺处时，其速度衰减至零，它将垂直向下坠落。

再看现代枪械的射弹情况。现代典型小口径步枪——美制M16A1突击步枪采用的5.56毫米SS109D型弹，其出膛速度达到约946米/秒，在飞行500米时速度降至480米/秒，至1000米时速度降至259米/秒；该枪械最大的射程约3000米，但在射至该距离后弹丸已无任何实质性的能量（也就是毫无杀伤力）。

在设定2000米射击距离内时，M16A1步枪射出的弹丸将在空中飞行约8.5秒抵达目标，而且考虑到弹丸在重力下其弹道的下降，M16A1步枪在射击时必须将枪口抬高至6° 18′，而且弹丸在抵达2000米外目标时向下的倾斜角将达到19° 51′。在类似的极限条件射击测试中，如果将该枪表尺设定为1000米，弹丸弹道的最高点仅距枪械水平面约6.9米，而如果瞄准具设定为2000米时，弹道高点（距枪械水平面）可达到令人惊讶的100米。

再以现代的瓦尔特WA2000型狙击步枪为例，该枪是瓦尔特公司启动的一项流产的枪械开发项目的产物，曾极大地影响了该公司的发展，在宣传其性能特点的资料中，就展示了当枪械与地表完全呈水平位置（无仰角）射击时，弹丸能够飞行多远才会掉落在地面。当时的试验还选择了一支Kar.98k步枪作为参照枪械，并选用两种弹药：包括0.300口径温切斯特–马格努姆弹（0.300 Win Mag）和0.308口径温切斯特弹（北约7.62×51毫米全威力中间口径弹）。当步枪瞄准表尺设定为100米时，以100米为间隔测量射弹弹道的下降量，适配击发不同弹药后形成的表格数字令人惊讶。在射击0.300口径温切斯特–马格努姆弹（其弹丸重9.7克、出膛速度为944米/秒）时，测量表明当弹丸距枪口200米时弹道下降量为6.7厘米、300米时下降17厘米、400米时下降45.7厘米、500米时下降92.6厘米、600米时下降213.8厘米。再换用0.308口径弹药后（弹丸重9.4克、出膛速度866米/秒），在各距离时弹丸弹道下降量分别为8.5、33.5、85.2、138.1和297.7厘米。

在实战中，射手经常会在单一弹匣中装填不同类型的同口径弹药，以发挥其不同的功能，可能导致在瞄准和射击精度方面的问题。毕竟这些装在同口径弹壳中的弹丸可能在结构和材质上有很多不同。例如，穿甲弹丸通常含有硬质弹芯、曳光弹尾部则装填有易燃烧发光的颗粒（标示其飞行路径），而燃烧弹则包括白磷等易燃物，这导致它们在重量上差距较大。

以典型的德制弹药为例，重弹（sS）弹丸重12.83克、钢弹芯弹（SmE/SmK）弹丸重11.5～11.6克，曳光弹（SmK L）弹丸重10.17克。类似地，俄制L型弹药的弹丸重9.6克，其重型艇尾弹D型弹弹丸重11.8克，BZT型穿甲燃烧弹/曳光弹的弹丸则重9.2克。同样类似地，英制Mk Ⅶ和Ⅶz型弹丸重174格令，其W.Mk Ⅰz型穿甲弹同样重174格令，但其G.Mk Ⅱ型曳光弹仅重154格令。

当同口径的不同类型弹丸装填在同一弹匣时，其不同质量会对出膛速度产生影响。例如，俄制D型圆头弹出膛速度为815米/秒，类似的BZT弹丸出膛速度为875米/秒。相关测试显示，当射手使用单一类型弹药时，（在枪械状态良好的前提下）准确的瞄准赋予弹丸的射击精度仍是可接受的，但如果弹匣中混装不同类型弹药，对射击精度的影响非常大。毕竟，射弹不同的出膛速度会导致弹着垂直和水平散布增大。

在第二次世界大战中，德军和苏军狙击手作战时，甚至曾使用具有"爆炸能力"的狙击弹药，以强化对对方狙击手的杀伤效果，并从心理上震慑对手。当然，很多报告混淆了利用长弹体的弹药在命中目标后弹体翻滚造成的杀伤力，与使用爆炸或燃烧装药弹丸在命中目标后产生燃爆发挥其杀伤效果的过程。例如，德制7.9毫米弹药在命中人体后非常容易翻滚，以实现其杀伤力（如对人体组织造成更大撕裂伤、空腔效应等），而装填燃爆装药的弹丸命中撞击到目标（暴露在空气中时）会立即燃烧、爆炸，从而发挥其杀伤力。

而德国的B.–Patr是一种爆燃弹药，它的弹头重10.85克，其尖端由铬合金制成（之后改用其他合金），弹丸尖端包括1个引信（由三硝基间苯二酚铅、过氧化钡和二硅化钙等燃爆物质构成）；除此之外，其弹头还含有0.4克的白磷，当弹丸撞击到目标时它会燃烧产生青白色的烟雾。

1945年1月，有关苏军狙击手使用爆炸性弹丸的报告日益增多，各国枪械界对此的关注也在增大。当时，德国陆军军械装备部门的负责人曾建议，需要立即向德国狙击手配发类似的弹药。此外，尽管德国空军，以及陆军可能也已使用B.–Patronen弹药有了一段时间，它这并非德国军方正式配发的；希特勒实际上此前禁止使用用于反人员的爆炸性弹药，直至元首本人认为合适的时机，才配发并实用类似的弹药。

1945年2月15日，希特勒批准"仅在东线配备使用B.–Patronen弹药"，2月28日，德国陆军军需部门得到训令，后勤部门不仅向德军狙击手训练分队提供B.–Patronen弹药，而且还要确保每名合格的狙击手都能获得20发B.–Patronen弹药，除此之外每名狙击手在开赴前线时还会得到90发普通弹[1]。

弹丸在飞行中的飘移

弹丸的飘移现象，可归咎于弹丸旋转，或因为飞行途中所受横向力的影响，抑或两者共同作用下导致弹丸弹道出现或左或右的偏差。枪管内螺旋状的膛线使弹丸在其内部前进时不断旋转，其出膛后继续保持旋转状态。例如，1枚7.62×51毫米规格的射弹出膛时，其自旋速度可能达到4.5万转/分，旋转状态使其在飞行途中呈现出按其旋转方向偏离其瞄准线的趋势。当然，旋转弹丸在飞行途中的飘移受很多矛盾性因素的影响。1909年4月版针对斯普林菲尔德步枪的射击手册《0.30口径M1903式美国弹仓式步枪的说明和管理规则》（*Description and Rules for the Management of the U. S. Magazine Rifle Model of 1903, Caliber .30*）就记述称：

> 步枪膛线右旋，因此射出弹丸的飘移偏右。当然，如果（右旋的）弹丸在击发时枪管有向左侧微微偏移的情况时，在排除横向风影响的条件下，弹丸总的水平偏差等于其右旋飘移量与射向左偏移量的代数和。在上述两种偏移影响因素作用的情况下，弹丸弹道的统计数据表明，在500码射击距离内，弹丸在飞行时会略微偏向其瞄准线中央的左侧，或者说弹丸因旋转导致的弹道飘移不必修正；如果射击距离超过500码，弹丸的偏移则会向右。

旋转引发的弹丸飘移在500码距离以上时，可通过后瞄准具的左右偏差调节分划加以修正，因而射手在射击远距离目标时，需考虑弹丸旋转导致的飘移对弹着的影响。例如，在1000码距离上，弹丸会向射线中央偏右的方向飘移约13英寸，

---

[1] 改编自理查德·D.劳于1996年撰写的《德制K98k步兵的狙击手衍生型号》（*Sniper Variations of the German K98k Rifle*），其内容引用自《德国狙击手》（*The German Sharpshooter*）出版日期未知。

通过表尺左右调节可自动修订约6.3英寸的偏移，因此，射手需考虑额外向右偏差6.7英寸以抵消弹丸飘移的偏差；类似地，在1500码射击距离上，弹丸会向右飘移61.75英寸，但仅能通过后瞄准表尺修正26.75英寸。

特定弹丸，可通过计算得出其最优化的自旋角速度（旋转率），并没有哪种膛线（缠距及旋转方向等特性）能够适应每一类弹药，正如弹药本身也存在着巨大的差异一样。今天的弹药生产很少出现失误或误差，因此膛线的变化可能对射弹产生相当的影响。例如，M16A1步枪为适应击发北约标准的SS109弹药，而专门对其膛线进行了修改，其原始膛线主要适应最初的美制M193型弹药；修改主要改变了膛线的缠距（弹药旋转一圈所前进的距离，缠距越小弹药旋转角速度越快），其原本的缠距较大弹丸在命中目标后容易失稳翻滚对目标造成可怕的创伤，修改后缩小的缠距使弹丸自旋速度更快、弹道更加稳定，这虽然降低了弹丸对目标的杀伤力，但提升了其弹道稳定性和侵彻力。

取决于具体方向，横向风力即可能强化或削弱弹丸自旋产生的飘移。然而，通常人们认为，风力仅能对体积极小且快速飞行的弹丸造成极低的影响，事实上并非如此。在某些情况下，横向风对弹丸弹道的影响同样很显著，例如，在100米飞行距离上，瑞士制7.5×55毫米规格弹丸（重11.25克）在经StGw. 57型步枪击发后，弹丸出膛速度约880米/秒，如果射击时（与弹丸飞行方向垂直的）横向风速约2米/秒，弹丸在100米处将偏移约15毫米，当横向风速达6米/秒时弹丸弹道将偏移约69毫米；当测量距离增大至500米时，两种风速条件下弹丸的偏差分别达到47毫米和2190毫米。这清晰地表明，即便对于训练有素的狙击手而言，要在较远距离上准确命中目标，将在很大程度上依赖对环境条件的准确测定，甚至还需要一定的运气。

并非所有同口径（或其他指标相似的）弹丸，都会有类似的弹道性能。这主要是由于弹丸不同的质量和具体的空气动力外形。例如，两种弹药：一种是6.5×68毫米规格运动弹药（弹丸重6克）、击发出膛后获得1150米/秒的高速，另一种是类似口径弹药（弹丸重9.1克）、出膛速度910米/秒，在300米距离和垂直偏向风速为2.5米/秒的条件下，两种弹丸的偏差分别为160毫米和120毫米。可以看出，拥有更大截面密度的弹丸，更有助于它抵抗横向风导致的偏差偏移。

从另一个案例中可看出，具有显著不同重量的弹丸可能获得类似的出膛速度。例如，0.222口径雷明顿弹药（弹丸重3.25克、出膛速度970米/秒）在300米距离上受到2.5米/秒横向风影响时，弹丸飞行飘移会达到310毫米；在类似条件下使用8×68S毫米规格弹药（弹丸重11.7克、出膛速度 990米/秒）弹丸飘移约为140毫米。同样可看出，弹丸的截面密度，是影响其横向飘移的重要因素。

但要注意的是，在现实的射击环境中，在弹丸飞行途中横向风的风速、风向等并不必然保持着一致，而且很少会与弹丸飞行方向保持特定角度（如垂直或相切）。这无疑使射手在估算环境因素对弹丸飞行轨迹和弹着等方面，造成极大的困难。此外，具体射击所处的环境，包括突然出现的阵风，或因建筑物、树木、高墙甚至地形起伏，导致的弹丸飞行路径上的风速和风向变化，都会对弹丸飞行中的飘移造成足够大的影响，从而影响其最终对目标的命中。

天气状况

天气和气象因素，同样对射弹产生可衡量的影响。例如，大雨天无疑会对射弹造成可预期的严重影响，大气压和环境温度等，同样可能产生类似影响。以美制M1903式步枪为例，在使用M1906型弹药时其射弹性能测试表明，当夏日昼间处于21摄氏度环境时，弹丸出膛速度可达到2700±20英尺/秒。然而，如果环境保持正常温度，或者在零下、热带环境中时，温度因素对远距离射击的影响较为显著（温度高则弹速高，反之亦然）。在温度可降至零下50摄氏度的阿拉斯加或者西伯利亚，温度对于步枪的影响相当重要。如此寒冷的天气相当不利于步枪的射击，因此必须根据周边环境对步枪进行调校，并通过试射加热枪管和枪机组件。

例如，同样的枪械在温带和北极圈内对比射击试验表明，低温环境下会降低弹丸出膛速度多达125～150英尺/秒，对特定距离外目标射击时弹着点很可能低于预期的瞄准点。此外，在低温条件下，枪械各主要部件还需要合适的润滑，以确保各动作部件顺畅地运动，否则甚至会造成枪械击发故障。比如，在第二次世界大战前的冬季战争（1939—1940年）中，苏联红军就遭遇了此类问题；但之后在第二次世界大战期间，德国人显然未汲取这些教训，因而在德军入侵苏联的1941—1942年的冬季，其攻势被"冬将军"拖住了脚步[1]。

目标的运动状态

目标运动情况，是另一个需考虑的因素。当一个人以正常步行速度移动时，如果弹丸需飞行数秒才能命中此目标时，这几秒钟的移动距离将使弹丸难以准确按瞄准线命中目标。如果人员处于奔跑状态时，则对瞄准的提前量估算造成更大困难，特别是如果目标人员足够聪明，他在途中不规则地改变速度和方向，那么要命中这样的目标则更为困难。这类移动目标，使射手面临着的重要问题，在于结合目标距离如何估算瞄准时的提前量，如果缺乏一些现代设备（如激光测距仪、环境传感器等），缺乏丰富经验的射手要想命中目标几乎是不可能的。

枪用望远瞄准镜

除了历史上少数仅依靠枪械上开放式机械瞄具的优秀狙击手外，如西蒙·海耶、伯特·肯普等人，几乎没有狙击手能在缺乏光学瞄准镜的情况下，有效进行狙击作战。

---

[1] 当时，德军光学设备上标识的"KF或Kf."缩写，表示"Kältefest"（抗寒）。当然，这些瞄准具在实战上被证明当环境温度低于−4℃时，其上的各调节钮难再旋动，当温度更低至−50℃时（这在俄罗斯的冬季并不鲜见）德国的狙击手将完全陷入困境之中。尽管为枪械及瞄准设备提供合适的润滑，有助于提升其低温下的性能，但类似问题仍无法完全解决。

据可考证的资料，第一部望远镜（非枪用）在17世纪初由两名荷兰人发明，之后这类光学设备经由伽利略·伽利莱及约翰内斯·开普勒的改进。伽利略式望远镜（第一次世界大战期间曾短暂地重新出现），主要依赖两片凸透镜（前物镜、后目镜）来放大目标景象，成像物体经物镜放大并聚焦到目镜后的位置，供射手用眼睛接收放大的影像；开普勒式望远镜，尽管同样由两片透镜组成，但其物镜能将目标景象放大并聚焦到目镜前端。开普勒式望远镜有一项显著优势，就是射手的出瞳间距（目镜与射手瞳孔间的距离）可以获得提升，但放大成像在目镜端的景象会以倒置的方式呈现；因此，这类望远镜还设计有一套额外的透镜组，用以再次倒转目标景象，使射手能看到正常的景象。

至18世纪时，科技的发展已经让人们充分理解了望远镜的原理，并得以进一步完善其功能，很多采用类似原理的光学仪器和设备被研制出来，供陆军和海军使用。因而，这一时期，望远镜持续提升放大能力（之后对远距离目标还具有标示功能等），进而应用到枪械上（使之能命中远距离的目标），都只是简单的时间问题。

在枪用望远瞄准镜出现之初，加装瞄准镜的枪械能否精确射中远距离的目标仍处于争议之中，在19世纪30—50年代里很多发明家在此方面进行了大量测试和尝试。然而，考虑此前100余年里各学科飞速发展和技术进步，比如当时照准仪已广泛作为勘测工具。事实上，管状枪用瞄准具最早可追溯回早期火绳钩枪（arquebus）的时代，但长期以来人们都难以接受将此类望远瞄准镜应用于轻型火器的做法，毕竟，在1800年之前，轻武器的瞄准装置依然非常原始。

在望远镜问世初期，最难以解决的问题似乎是早期透镜（及光学玻璃的制造）对光的不规则散射问题。这类问题此前就已被艾萨克·牛顿发现，但直到1733年时才得以解决，当时英国人切斯特·摩尔·霍尔制成了世界首块真正的消色差透镜（他通过将多块燧石透镜和冕玻璃透镜组合在一起，以减少色差）。当然，尽管霍尔现在通常被认为是早期很多重要光学望远设备的主要发明者，但当时第一个光学设备专利于1758年仍由伦敦的光学设备制造商约翰·多朗德取得，对光学望远设备的数学原理解释则由瑞典东南部乌普萨拉的塞缪尔·基斯蒂尔奈完成，相关论文发表于1760年。不幸的是，此消色差透镜的制造，受到同期高品质光学玻璃成品率低的阻碍，而且其成本很高，因此不被认为具有广泛应用的潜在价值。

此后，高品质光学玻璃制造工艺，被曾经当过木匠、制钟匠的皮埃尔-路易·吉南突破。皮埃尔-路易·吉南的父亲是法国人，其母亲是瑞士人，他本人于1748年出生于纳沙泰尔。吉南最初一直接受成为一名钟表匠的训练，在检查维护一部英国制造的望远镜后，他对其中的光学组件非常着迷，之后他决定制造出更优良的透镜。经过他个人的努力，最终在光学玻璃领域提出一项重要的发现：在坩埚中将融化后的无色玻璃持续进行搅拌，可以消除以往光学玻璃透镜对景象的扭曲。当时他不知道的是，通过搅拌使玻璃中那些影响光线散射和传播的成分（包括二氧化硅、一氧化铅、碳酸钾等）在制成玻璃器皿中分布得更为均衡。特别是较重的铅，在玻璃烧制成形的过程中很容易与其他成分分离。

1805年时，在经过30年的辛苦工作后，吉南对含铅光学玻璃的制造工艺更加完善和成熟（提高了产量同时极大降低了成本），这使应用于各种科学用途的光学玻璃得以大批量制造。当时，首批意识到这类玻璃应用于枪用瞄准具领域潜在价值的，是一名叫乌茨施耐德的商务参赞，当时他也是巴伐利亚国王的一名顾问。在他的竭力邀请下，1807年吉南受邀前往巴伐利亚与当时的光学家约瑟夫·冯·弗劳恩霍夫（1787—1826）合作，后者出生于斯特劳布。在合作期间，他们共同研制出玻璃抛光磨制设备，以制造曲率更均衡的光学透镜；此外，他们还研制了球径计（球面仪）、测日仪等，用于测量光在各种介质中的传播。当时，吉南和弗劳恩霍夫努力提高显微透镜系统、望远镜及瞄准具的性能，这些都成为了此后枪用瞄准具的出现和发展的基础。

1813年吉南返回瑞士，之后他又前往巴黎，并在那里与他的儿子艾米开了一家玻璃工厂。由吉南父子制造的消色差透镜等光学组件，提供给另两名法国光学家：罗伯特-安吉拉·考丘克斯和诺埃尔-让·勒雷布尔斯，他们于1824年因制造的透镜而获得法国鼓励国家工业协会的金质奖章。不幸的是，同年皮埃尔-路易·吉南于巴黎去世。父亲死后，艾米·吉南继续在史瓦西勒鲁瓦从事着光学玻璃仪器制造，而他很快有了新的合作伙伴乔治·邦唐；其间，他一直将光学玻璃制造过程中的搅拌过程作为最严格的秘密保守着。最后，直至1838年6月，亨利·吉南（皮埃尔-路易的二儿子）向两名法国科学协会的成员透露了这一秘密后，才得以公之于众。1840年，吉南和相关专家的光学仪器玻璃制造方面的功绩，最终得以被法国的科学促进会认可。

消色差透镜的发展，对于此后发明的枪用光学瞄准镜至关重要。据信，现代意义上的光学瞄准镜，广泛地被认为是土木工程师约翰·查普曼在1844年《给年轻神射手们的教令……》[1]中相关评述的基础上发明并研制。然而，戴维·戴维森，"戴维森上校步枪望远瞄准镜"的发明者，也被认为更早地发明了此类瞄准具。

戴维森于1811年8月18日出生在苏格兰东南部中洛锡安郡的哈丁顿[2]，他的父亲是亨利·戴维森［曾是名作家，之后成为东洛锡安（今苏格兰行政区）的警长］，母亲是玛莎·玛丽·奇泽姆。1830年，他应聘到东印度公司，成为一名殖民地低级官员，之后加入英军在孟买的部队，并获得了中尉军衔。戴维森自幼热爱运动，在印度期间因镇压当地反英运动，被派驻在阿西尔格尔堡并参与了在附近实施的多次作战行动，其间使用过各种枪械及弹药。

根据戴维森的自传，他曾通过塞缪尔·斯图丹格耶从伦敦购买过一支燧发运

---

[1] 《给年轻神射手们的教令……》全称为 "Instructions to Young Mksmen in all that relates to the General Construction, Practical Manipulation, etc., etc., as exhibited in the Improved American Rifle"，最终由 D. Appleton & Company of New York 于1848年出版。

[2] 有时他的生日也被记载为1811年9月9日，但实际上这是他的受洗日。

动步枪。当时，他曾尝试将一支抽拉式望远瞄准镜固定在枪械上。关于此次试验的具体日期已不可考，但无疑肯定是在1835年之前的某个时间。戴维森继续着他的试验，1839年他曾向詹姆斯·普迪定购过一支带有望远瞄准镜的火帽式前装运动步枪，当他在印度获得这支枪时，因为不喜欢其安装的样式及效果，便立即对该枪进行了改装。当时他已拥有一支带有光学瞄准镜的长枪，以及至少2支火帽发火式手枪。

1839年（当时他仍在印度服役），戴维森撰写了一篇名为"膛线式加农炮"（*Rifled Cannon*）的论文，该文章随后通过查尔斯·皮亚齐·史密斯[1]被提交给位于爱丁堡的英国皇家学会。据信，此时戴维森已经制造了相当数量的步枪用望远瞄准镜，之后他退出陆军现役并于1848年返回到了苏格兰。在1851年举办的万国工业博览会上，一些由哈丁顿光学仪器专家约翰·罗伯森制造的设备参与了展览，当时据报道阿尔伯特亲王对这些设备曾啧啧称奇并表达了赞赏。

1850年，查尔斯·皮亚齐·史密斯在英国科学促进会发表了一次名为"关于望远瞄准镜在枪械上的应用"的演讲。在该演讲中，他评论认为传统枪械的开放式瞄具具有以4点主要的缺陷（因此需要加装望远瞄准镜）：

> 第一，通常使用步枪进行瞄准时，采用"三点一线"的方式确保射弹能命中目标，即枪械后膛位置的后瞄具、枪管口处的瞄准准星，以及预射击的目标；但（瞄准时）这3个点位至眼睛的距离并不相同，它们无法被射手同时清晰地看到。第二，除非枪管超出常规地长，枪管前后两端的两个瞄准点（后瞄具和前准星）将无法提供足够长的纵向距离，使射手有机会准确地瞄准目标。第三，枪械机匣后部的后瞄具表尺可以调节（瞄准基线的俯仰），但如果目标距离正位于两个表尺标示距离的中

---

[1] 查尔斯·皮亚齐·史密斯于1811年1月3日出生在那不勒斯，自1846年起担任苏格兰的皇家天文学家，直至1888年离职（抗议研究机构未获得资金资助）。他死于1900年2月，并被安葬在沙罗的圣约翰大教堂。

间值时，则无法计算并调节表尺。第四，射手瞄准时如果迎着阳光，枪管口的准星的反光将使射手难以完成正确的瞄准。

因此查尔斯·皮亚齐·史密斯建议"为枪管上加装带有十字分划刻线的小型望远瞄准镜"，但这一观点与汉斯·巴斯克（义工运动编年史的作者）相左，他曾大力鼓吹同期的全枪管长度的美式瞄准具的优点。同时进行的对比性试验证明，查尔斯·皮亚齐·史密斯是对的，而巴斯克的观点则存在问题。试验中，全枪管长度的瞄准镜几乎无法适应战斗环境。此外，查尔斯·皮亚齐·史密斯也承认，尽管他向枪械加装瞄准镜的试验在1840年代中期就开始了，但戴维森类似的试验实际上在他很多年之前就开始了。

1855年1月17日，戴维·戴维森在伦敦为他的可拆卸准直管式瞄准镜申请了专利。其具体结构和原理在1855年10月20日的《机械师杂志》（*Mechanics' Magazine*）作了详细介绍。之后，戴维森与来自爱丁堡的枪匠约翰·迪克逊及其儿子和光学家亚历山大·艾迪及其儿子，共同改进和完善他的瞄准镜。其基础设计（即瞄准镜光学组件部分）很大程度上并未改变，但基座部分被逐渐修改完善。

经持续改进后，戴维森最终设计形成的瞄准镜"火器用望远瞄准镜"，于1862年12月19日获得英国专利（No. 3399/62），它依靠瞄准具管体后部可旋转的枢轴与枪身上的特制凸柱连接，管体前部（设计有游标刻度盘）的连接点通过基座前部安装点连接固定。瞄准镜还设计有内部的风偏调节和俯仰调节装置。1865年3月在英国皇家三军联合研究所（RUSI）上发布的一篇由爱丁堡步兵团志愿者D.戴维森中校撰写的论文，阐述了他的枪械瞄准镜：

> 一名冒险家，在森林里搜索野鹿时，他会发现一只望远瞄准镜……绝对是不可或缺的。军队中的步枪手，当需要对远距离外目标射击时，

同样能得到这类装置的帮助。就此而言，比如在克里米亚战争塞瓦斯托波尔围城战之前，我们的士兵就遭遇过类似的场景。一名士兵在散兵坑里伸出他的步枪谨慎地瞄准远处的一个射孔，他的手扣在扳机上随时准备扳动击发，而他旁边卧着另一名同伴，他举着望远镜观察着同一个目标。观察手紧张地看着目标射孔，当对方的士兵从那个射孔里露出头后，他就能立即给旁边瞄准的士兵以射击的信号。

面对这种场景，无疑突显出枪用望远瞄准镜在远距离精确射击时的重要价值，之后在印度和美国，类似的场景反复出现。我可能无法说清楚，在美洲枪用瞄准镜可用于对多远距离外的目标进行瞄准，但30年前，我相当确定地认为在欧洲各国征战"新世界"（美洲）之前，我已将它带到印度并在当地应用过，比如在德干高原上猎羚羊时，它就发挥了非凡的作用。

除此之外，当时由迪克逊制造的瞄准镜带有网格分划线，用于供射手估算目标距离，如果必要的话，还能根据目标距离标示枪口的上仰量。这是一种非常现代的设计理念，只有之后到了20世纪后半叶出现的各类瞄准具上，才出现了类似的功能；而这也削弱了卡勒斯公司（Kahles）所宣称的，他们率先在类似功能（即弹丸弹道下降量补偿）方面进行探索的观点。

1900年5月18日，戴维·戴维森在爱丁堡纽英顿去世，此时戴维森爵士作为"巴思的骑兵指挥官、退役印度军队军官"，在枪械瞄准镜领域作出了很多突破，但在当时他的成就很大程度上并未被人们所意识到，直至2010年经由斯蒂芬·罗伯茨广为宣传后，他在该领域所做的很多工作才得以被完全地重新发现[1]。

---

[1] 斯蒂芬·罗伯茨撰写《戴维森的望远步枪用瞄准具》一文 (©2010)，可通过以下网址访问：www.springfildarsenal.fies.wordpress.com，但现在该文已不可访问。

另一名在枪械瞄准镜方面作出重要贡献的人士，是约翰·拉特克利夫·查普曼。他于1815年1月9日出生在林肯郡的里夫斯比。他一生的经历充斥着很多未知的因素，就连他的家族及血统都存在不少空白。例如，有资料称他的父亲是机械工程师威廉·查普曼（1749—1832），但相关受洗记录又表明约翰·拉特克利夫的父母分别是约翰·查普曼和伊莎贝拉·里昂[1]。查普曼似乎在1842年赴北美定居（具体年份不详），之后他所开发的望远瞄准镜似乎才得到认可。有文献认为，早在1835年时的美国东部，一些较为简单的望远瞄准镜就已得到应用，但很少有证据或事实（如果有的话）足以支持此观点。在他撰写的著作中（据称写于1844年，尽管其在1848年才出版），约翰·拉特克利夫·查普曼曾对他的相关经历作如下阐述：

> 意识到枪用望远瞄准镜有时确有其用处，但就我所知，它们从未如预期的那样表现出应有性能……我现在将描述在瞄准方面取得的进步，这正是之后通过我引入的枪用望远瞄准镜实现的……瞄准镜的管体长约3英尺1英寸、其直径约为5/8英尺，几组透镜固定在管体内……其全重约10盎司；其管体的制作非常精良，绝不是一片铁皮弯折而成。管体的前端下端，是一片鞍型基座连接，它用焊接的方式固定在管体上……整体管体很稳固地固定在枪械上，（如果固定不牢的话）步枪射击时产生的后坐力通常会使瞄准具晃动，甚至破坏它与基座和枪身之间榫接……管

---

[1] 伊莎贝拉可能出生时取了"伊莎贝拉·萧勒"的名字，文中提及的名字是在她嫁给约翰时才换用的；至1814年7月5日时，伊莎贝拉定居在里夫斯比。这可能意味着当时她与约翰·拉特克利夫已育有孩子。约翰·查普曼很可能于1841年去世，因为当年的人口普查统计数据记载着伊莎贝拉·查普曼已成为其家庭的户主。至于对约翰·拉特克利夫·查普曼身世及背景的错误记录，很可能源于对约翰·查普曼（1801—1854），这名传教士、激进的政治家、纺织机械制造商和"大印度半岛铁路"（公司）的创建者及后来的管理者的记载混乱。自1850年以来，约翰·拉特克利夫·查普曼的名字被列于美国联邦和纽约州各年度的人口普查记录中，直至1850年时记录中记载他以"农夫"的身份而去世。

体前部与基座和枪身之间的榫接结构通过2枚螺丝与其前部的鞍型基座连接，同时它又是管体俯仰调节的枢轴……

查普曼似乎曾向纽约州尤蒂卡的摩根·詹姆斯（约1815—1878年）供应过瞄准具，詹姆斯曾是当时该地最有声望的枪匠。当时他所制造的枪械，基本都是打靶用重型火帽式前装步枪，为了追求提高射击精度，基本上都配备有帮助射手准确射击的瞄准镜，按今天的标准看，这些瞄准具大都较粗陋，但在当时它们却是极前卫和高端的。

摩根·詹姆斯曾被这些望远瞄准镜与枪械的安装方式所吸引。因此当时他也试验过设计新的装配方式，不仅要确保瞄准具管体内的透镜组尽可能保持稳定，而且在枪械射击后坐力冲击下仍能不移位，以避免瞄准线偏差。考虑到当重型打靶用枪械（拥有的更大自重，有利于吸收射击时的后坐能量）逐渐让位于轻型运动枪械时（如果要射击一些快速移动的目标，减少枪械重量使其拥有更适宜的操控性就成为必然），确保瞄准具与枪身的稳固连接及其内部透镜组的安装固定，就更加重要了。

摩根·詹姆斯似乎还从其他一些兼职制造光学设备的枪匠那里采购瞄准具。比如乔治·H.费里斯，他于1820年1月8日出生于纽约州尤蒂卡市。费里斯在1850和1860年美国联邦人口普查，以及1875年纽约州人口普查的记录中，被列为"枪匠"（当时他已婚，且有4个孩子）。1880年联邦人口普查时，仍将他的职业列为"枪匠"，1885年他于家乡去世。现在，只有很少的由费里斯制造的瞄准具留存于世，在少数保存下来的枪械上仍可看到标示着"詹姆斯和费里斯"（James & Ferris）的字样。

19世纪下半叶，在北美枪械和瞄准具界，首次针对枪用瞄准具的重要改进由纽约州锡拉丘兹的威廉·马尔科姆完成。马尔科姆于1823年10月13日生于苏利文，当年他的父亲（苏格兰人）在锡拉丘兹附近开了一家店铺。根据1860年联邦人口普查，马尔科姆的职业被记录为"枪匠"，而至1865年纽约州普查，以及1870、1880年联邦人口普查时他被列为"光学仪器商"。他自幼接受过一定的科学教育，这对他之后转行从事光学玻璃仪器的生产助益不小，在从事该领域的生产期间，他曾耗费很多年时间试验各种透镜，不断完善他的光学设备生产技巧。

1855年，马尔科姆意识到现有的光学透镜存在着严重的缺陷——当时透镜在成形时，目标景象的边缘呈现畸变光晕使其非常不清楚，导致此问题的原因在于当时光学玻璃表面加工技术不成熟，使得透镜各部分镜体缺乏准确一致的聚焦，这极大地削弱了透镜的适用性。受同期欧洲（尤其是法国）在光学技术方面发展的启发，他开始尝试制造品质更好的消色差透镜，具体而言，他通过细致地在瞄准具管体透镜组内插入2块或多块薄透镜片，使每块旋转呈略微不同角度的镜片衍射分散掉一些光线，实现消除色差的目的。如果这样的透镜组合能"补偿/抵消"入射"白色复合光"中不同波长组成光线，透镜组成像边缘处的冠状光晕就能消失。

威廉·马尔科姆不知疲倦地试验和工作，最终制造出"无畸变透镜"，它的整个表面制造工艺和精度都非常高，能够准确、锐利地还原成像物体的边缘部分。这一进步，使之前用过查普曼式瞄准镜的人顿觉耳目一新。因此，马尔科姆很快获得大量投资，开始以商业化规模生产他的新型光学设备和瞄准镜，其间锡拉丘兹的威廉·A.斯威特可能也参与到该瞄准具的商业生产活动中。

马尔科姆的枪用望远瞄准镜迅速被大量安装到当时的运动枪械上，其管体后部与基座（或枪身）紧固位置处设置有左右风偏和俯仰调节装置，其放大倍率可调（从3倍至20倍）。得益于高品质的透镜工艺，它的成像效果较好，还可针对采购者的视力情况定制调节透镜焦距；当然这也意味着他的瞄准镜售价不菲，而且在当时尽管它的性能非常突出，但这仍限制了它被转售时的价值，毕竟除非接手的购买者视力情况与出售者相似，否则它将无法发挥出应有效用。因此，尽管这款瞄准具给他带来了大笔收入（根据1870年普查记录，当时他拥有的不动产就价值3万美元，这在当时算是笔巨款），但他的产品普及度仍无法与同期那些可大规模生产、广泛使用的产品相媲美。

1890年7月12日，威廉·马尔科姆死于纽约州锡拉丘兹，死时他经济拮据，仅能靠他的妻子和4个孩子中的两个供养生活，毕竟晚年时他已无力再继续制造他的瞄准具。他死后，其瞄准具也不再可能从商业市场上获得了[1]。但无论如何，他的努力帮助奠定了现代光学透镜制造业的基础，而这至今已发展成为一项世界级的工业领域。

现代枪用瞄准具的性能指标

有关更多现代枪用瞄准装备（如光学瞄准镜、红外瞄准具、图像增强设备、激光测量设备等），将在后续章节中详细阐述。通常而言，枪用瞄准具的关键性能指标包括：

放大倍率

枪用瞄准具的放大倍率，可简单地表述为射手使用瞄准具从目镜中看到物体景象的大小，与他以裸眼观察同一物体的大小之间的比例。瞄准具在实用时的真正放大倍率，有时可通过以下简易方法估算：射手在用一只眼通过瞄准具观察目标，同时以另一只裸眼观察同一目标，大致比较两只眼看到物体的大小。

或者还可以用以下方法测量。用一张薄纸片覆盖住瞄准具目镜端，并将瞄准具指向一束亮光；然而，将纸片向后撤离目镜端，那束亮光经瞄准具在纸面上形成的光圈会随着纸面远离目镜端而逐渐缩小，直到光圈达到最小之后，它又会逐渐变大。用这种方法可简单地测定出瞄准具的"视点"（eye-point），或者说射手使用瞄准具时眼睛距目镜端的最佳距离（这一距离也被称为"出瞳距离"）；

---

[1] 马尔科姆于1869年失去了自己的右眼，当时他在测试枪械时一枚弹药出现炸膛事故，而到了生命的最后阶段，他的身体出现了严重的心脏和呼吸系统问题。

早期光学瞄准镜的缺陷

早期望远瞄准镜应用的最大阻碍，在于无法制造出质量足够高的透镜及透镜组，这使其最远的可识别标记观测距离只能达到500码左右。在19世纪中期，当时的技术和工艺几乎不可能磨制出能避免扭曲入射光的单片透镜。此外，同期光学镜片的缺陷就包括：

色差/像差： 当时的透镜无法将入射光聚焦到单一点上[1]。

球面像差： 是由于镜片外缘的入射光线被聚焦到球面焦点之前所致，（球面镜片不同部位）聚焦焦点不一致导致成像模糊。当时，如果能精细地磨制镜面（使镜片聚焦性更一致）就能减少此球面像差，但这（对镜面磨制）必须建立在不破坏镜片基本的色修正的基础上。理想的"等光程/消除球差"的透镜，需要修正球面像差，使镜面各部位都能将入射光聚焦到同一位置。

图像失真： 当透镜表面磨制工艺较差时（球面像差），入射光经透镜成像后，成像会非常扭曲或模糊。检测透镜的图像失真特征，可将透镜置于一堵砖墙或类似网格状图案前的适当距离（聚焦到墙面上），看成像的水平或垂直线条是否笔直，以及它们是否同时在整个视野中集中。"无畸变的"瞄准镜针对透镜及透镜组的图像失真、彗形像差和像场弯曲进行修正。

彗形像差（coma）： 当镜片无法折射入射光线使其聚焦穿透过镜片时，其成像边缘往往出现拖影性的模糊。

---

[1] 通常"白光"是由多种波长不同的色光组合而成，如果瞄准具的透镜或棱镜组校调有问题时，光经过透镜后会出现模糊的成像，而且在成像景物的边缘出现可见的多彩光晕或电晕。如果通过多层薄玻璃叠合来聚合（各层玻璃透镜的）焦点，每层玻璃以不同角度衍射或"弯曲"入射光中的特定波长的光，就可以减少成像边缘的光晕和模糊。

同样还可测出瞄准具孔径（sight aperture），它是上述过程中形成最小光圈时的光圈直径。得到这些结果后，用瞄准具孔径除以物镜直径，就能得到瞄准具的放大倍率。当然，除非各个环节非常精确地测定，这一方法测量形成的放大倍率可能不准。

由于人眼观察能力的局限，使得所有物镜超过12毫米直径的现代瞄准具都能起到拓展人眼视力的效用。但要注意的是，瞄准具采用大直径物镜，对于提高观察物体细节的分辨率并没有影响；毕竟大直径物镜端只是让更大的透光量进入瞄准具内部光路，而与提高目标细节的分辨率无关。

要测算瞄准具（成像的）相对明亮度，同样可用上述测定的一些基础性能参数。具体而言，将瞄准具物镜的有效直径，除以瞄准具孔径的量值，结果再平方即成像的相对明亮度。例如，一部6倍率瞄准具，其物镜直径为40毫米、瞄准具孔径为5毫米，那么其成像后的相对明亮度即为（40/5）^{2}=64。

透光性/透光率

这一指标受到人眼虹膜的限制，人眼的虹膜会根据环境光亮度自动调节。但在昼间光亮度好时，人眼虹膜直径通常不超过3毫米；因此，任何相对明亮度大于10的都可被视作浪费；相反地，在黄昏和夜晚等环境中，人眼虹膜可扩大至略微超过5毫米，其最适宜相对明亮度为25～30。具有较大直径物镜的瞄准具，可提供相对明亮度最高达100，这使射手用肉眼可在一些情况下（如环境光亮不足以使肉眼虹膜完全张开的状况时）看到物体细节。

分辨率

在小透镜直径的望远瞄准镜中，其（对观瞄物体的）分辨率都受限于人肉眼的分辨能力。通常，人肉眼对物体细节的分辨率（视敏度）最大可达到1弧分（MOA），即1度的1/60。因此，呈现出一幅经放大的景象（比如通过瞄准具看到的），要测定人眼对放大景象的视敏度，可用1弧分除以此瞄准具的真实放大倍率。例如，1支4倍率的瞄准具，可将人眼分辨率提升至1/4弧分（或15弧秒）。

视野

瞄准具的视野，可通过将瞄准具的视角度数除以其放大倍率得出。假如某个瞄准具拥有一面巨大的物镜，其目镜也同样要增大，否则仅增大物镜直径并不能提高其视野范围。如果瞄准具视野过于狭窄，将其射手通过瞄准具观察的范围变小，更难以及时获取目标。如果目标是静态的，瞄准具视野大小并不太重要，但如果要搜索、追踪战场动态目标，瞄准具视野性能的重要性就突显出来。例如，在100码距离上，假定瞄准具的透镜尺寸不变，当瞄准具为3倍率时视野可达到41英尺，放大倍率增至9倍率时视野缩窄为15英尺。

上文提及的吉南开发的消色差透镜的方法，于1848年因邦腾前往英国（逃离法国大革命的乱局）而传入英国；抵达英国后，他与来自伯明翰的钱斯兄弟合作继续从事光学玻璃制造。他们建立了一处烧制玻璃工厂，制造望远镜透镜组所需的硬制光学玻璃，很快他们制造的高品质光学玻璃出口至奥地利、瑞士和德意志诸邦国等地。这种消色差透镜的技术很快就在欧洲各界传播开来，但因制造工艺限制，其产量始终受到局限。对于这种玻璃及其制造工艺，其发展很大程度上应归功于法国人，但之后他们却并未赶上这一轮普及。甚至在1917年时，这种状况仍非常明显：

图7　美国南北战争中的巴拉德式步枪

巴拉德式步枪于南北战争期间问世并投入使用，但其成功仍要等到马丁对其的改进，图中No. 5 "太平洋型"步枪，其生产时间大约在1880年，它适配有全尺寸长度的马尔科姆瞄准具（带有双十字刻线和银色的目镜）。这种步枪的出现使得战场狙击持续得到发展。［Courtesy of James D. Julia, auctioneers (www.jamesdjulia.com)］

我们习惯了……轻易获得优质的光学玻璃或设备，很容易忘记当时获得这种材料需经过多么严苛的过程……军用光学玻璃需要实现其质材在化学和物理方面的"均衡"——比如使其内部不再出现"条纹"（熔融玻璃冷却成形时其化学成分变化受陷后形成的线条）、"气泡"（熔融玻璃冷却时易挥发物质形成的气体受限存在于玻璃体内形成的非均质膨胀）和"混杂物"（各种影响玻璃光学性能的有害杂质）等。玻璃体成形后还需要降低其内部应力，这可能导致其光学特性的变化。同时，在制成光学器皿时还要保持其整个具有合适的、均匀的折射率和分散率

（色散系数/阿贝值）。外观上，玻璃体应呈现出高透明度、不能有明显因化学杂质带来的其他颜色或色斑；最后，它还需要持久和稳定的质地[1]。

枪械的精度性能

每一种抛射性的武器，无论它是古老的十字弓，还是最新的0.50口径远程狙击步枪，都有其固有的性能局限。当然，这类武器历经了很多个世纪的发展演化过程，这是无可置疑的，但即便其性能再发展仍然只能在预先明确的性能"边界"内发挥其作用。这里所说的"边界"通常分为两类："内部边界"，源自枪炮及其弹药内在固有的特性；"外部边界"，则更多地指它们在使用环境中的受限因素，比如抛射/射击的距离、导致射弹偏离的横向风以及目标的运动状况等。

关于对目标射击时，为什么相同的枪械、射击条件以及最重要的——采用相同的瞄准点，前后射击几乎无法命中同一弹着，存在着种种理论来阐述其因由。从击针撞击底火，引爆弹壳内发射药，弹壳内急剧升高的发射燃气压力，到压力升高至顶点进而推动弹丸脱离弹壳进入枪管内膛线。接着枪膛在枪管内进行一段压力近乎平衡的时段（尽管它非常短），即弹膛内压力的潜在增大（如弹丸被卡未继续沿枪管向前移动，此时发射药燃气所在体积不变，因而弹膛内压力增大就从潜在成为现实），被弹丸向前运动导致燃气体积增大所抵消。可以看出，随着弹丸在枪管内迅速前移，弹丸之后的封闭空间体积（弹膛和枪管）越来越大，直至弹丸飞离枪管，弹膛内压力迅速降低。

如果枪管过短，当弹丸离开枪口时它仍可能获得短暂的发射药燃气加速。如果枪管的长度较为理想，弹丸在离开枪口时在短时间内将获得较稳定的出膛速

---

[1] 斯图尔特·威尔斯撰写的《第一次世界大战如何改变了光学工业》，收录至2016年1月的《光学和光电新闻》。

度，而如果枪管长度超过此平衡点，枪管壁与弹丸质材的摩擦可能足以克服稳定降低的燃气推力，如此，弹丸实际上在出膛前会损失一定速度。

因此，枪管长度无疑能对射弹的弹道性能产生重要影响。例如，对于德军在第二次世界大战时期使用的Kar.98k步枪的枪管长度而言，可能就无法充分发挥出标准德制7.9毫米弹药的威力。这正可以解释为什么Zf.Kar. 98式步枪［Zf.（Zielfernrohr），即"瞄准具"］的精度射击试验总是无法给人以惊喜，甚至德国人最终也不得不承认，这款步枪（在精度上）无法匹敌同期的优秀狙击步枪，比如苏制Obr. 91/30g型莫辛–纳甘步枪、第一次世界大战时期长枪管型Gew. 98式步枪（这两种枪械在战争中被证明是优秀的狙击步枪，但不可否认的是它们也都较为笨重）。

在枪支射击时，击发弹丸的弹道受很多因素的影响，即便弹丸本身再完美无缺，击发过程仍不免受到影响。如果当我们扣动扳机时就知道会发生什么，那么在弹丸从枪管口呼啸而出后到它射抵目标时，这段短暂的时间里会发生些什么呢？毫无疑问，弹丸出膛速度的一致性，与其飞抵目标时的弹道性能之间存在着一定的关系；因此，一支枪如果其射弹的出膛速度不一致，将极大地影响其命中和精度。

当然，当弹丸经由枪管从枪口冲出，使用计时器测算它们的速度时，其出膛速度可能只有很小的波动；但同样导致其出膛速度波动较大的原因，可能是枪管内膛线本身存在问题。当然，计时器可以探测发现弹丸因膛线过紧而挂钩弹丸外覆金属，但无法探测膛线缠距过"长"（或者说膛线沟槽无法赋予弹丸足够快的角速度），使射弹在枪管内前进时无法获得足够快的旋转角速度，使其出膛后丧失足够的螺旋稳定性。

反之，如果膛线缠距较短，弹丸自旋速度过快而导致其偏离其预期的弹丸路径，因此膛线缠距不合适的话，要实现弹丸的精度同样都不太可能。当然，确保弹丸获得一致的出膛速度和能量，只是实现其击发精度的起点；正因如此，大多数经验丰富的枪匠，在设计并制造膛线的类型与缠距方面，很少犯严重的错误。

测定一支枪械潜在射击精度的合理方法，（即便在所有影响、限制性因素都被认可和确认后）仍有待研究和测试。毕竟，靶场上各种目标及场景的设置，很少能够再现实战场景中的真实情况，即便有时通过偶然性也可能获得较佳的结果。

这些靶场精度射击试验，通常具有这样的特点，在特定设置的设计场景下，由射手使用枪械对一定距离内标靶靶心射击，射出弹洞后由报靶人员将弹洞用纸片贴住（之后再继续进行射击），通常这类射击不过超过5次。当然，从测试角度看，10次射击无疑更为可靠，毕竟其间出现3或5次良好命中的可能性比较高；因而，如果后续射击结果较为糟糕，对其射击精度判断并不会受到过多影响。

在进行射击精度测试时，决定以多少发弹药为一群组相当重要。通常，以5发为一组进行测试射击是很好的选择，如果受试枪械能够在5次群组射击取得较密的弹着群组，将是较理想（想要的）结果；但如果这些不同群组射击时弹着散布较大，情况又会如何？很少有公开多群组射击精度测试结果，呈现出各群组弹着非常密集的状况，通常各个群组（甚至群组内各射弹）的弹着之间分有数英寸的分散度。

因此，在测试一支枪械及其适配弹药的射击精度时，人们通常连续击发25发弹药（分为5个群组），这一数量既不太多（足够的样本数量），又足以确保测定所需的统计学要求，减少因偶然偏移弹着对整体精度判定的影响，同时规避短期内测试射击导致枪膛加热后对精度的影响。

例如，以标准的苏制Obr. 91/30型莫辛–纳甘步枪为例，以其向300码距离外的标靶进行弹着精度和散布测试，测试采用20世纪50年代苏联生产的同一批次弹药，以每5发为一群组（共25发弹、5个群组）进行弹着散布测试。有时为方便起见，只使用5发弹进行单群组精度试射，会减少测量同一张标靶上25个弹着精度时的难度，但也导致了一项额外的问题，即每次射击的瞄准点可能出现变化。当然，为了试验的目的，这也绝非一个无懈可击的解决方案，毕竟简易条件下射手只能简单地利用光学瞄准镜中的十字划线压住预定瞄准点，以尽可能确保射击瞄准的同一性。

如果完成了5组5发弹群组的射击，形成了相应的弹着后，弹着区尺寸、分布量化值等情况就可能计算得出。最简单的一种方法是分别测量每组5发弹着群所构成的圆（以群组中相距最远的两发弹着为直径）的直径，这可用于粗估弹着密集及枪械的精度，但仍无法取代分别测量各弹着距瞄准中心位置距离的详尽测算。当然，上述简易方法可能也会很有误导性，简易测量并不必然是一种相对公平的衡量方法，只有需概略、整体衡量枪械精度射击能力时，才可能运用到类似方法。

过去，很多衡量枪械射击精度的方法或，被提出、验证和探讨争鸣过，事实上，英国陆军一度使用一种被称为"品质因数/优值"（Figure of Merit）的图示来反映枪械的射击精度；此类图示在克里斯托弗·罗德的教科书《1850—1864年英国士兵的轻武器》附录IX中有明确详尽的阐释，其中尤其探讨了这种方法的优点与缺陷。

这种图示方法，就像大多数类似的方法一样，基于从各弹着群中心位置，描画圆形，以便将各弹着置于圆内，其与圆心形成放射状的纵向距离位移图，本章后续探讨弹着精度问题时，主要采用此类方法（当然也有一些重要改进）。

接受上述运用群组弹着纵向距离位移图测算其精度的原理后，接着需要确定相关距离和各类时间值，毕竟25发弹着（5组5发弹着群）必须都被测量到。有时，这5个群组的弹着，各组弹着中心出现的分化情况（重合、密集或分散）可能难以预测或不那么明显。这时又将再次运用标志在标靶上的瞄准点。

以第一个5发弹着群组为例，各个弹着之间的距离及其与射击瞄准点的间距都需要逐一测定。之后，这些距离细节将被标绘在一套两维坐标轴体系下（x轴和y轴）。一旦所有5个群组的所有射弹的相关距离信息都被标绘后，就可进一步形成类似下表的数据集。

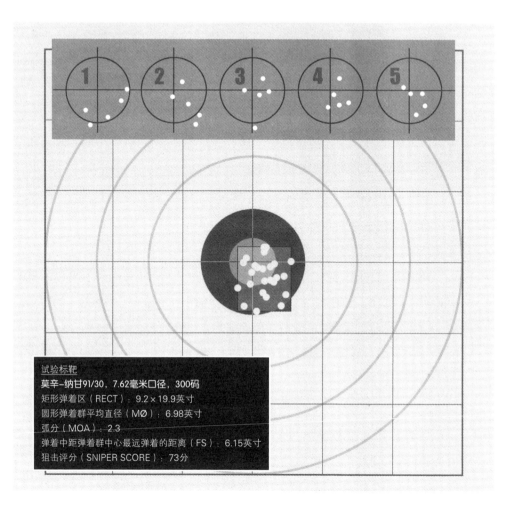

图8　苏制Obr. 93/30型莫辛–纳甘步枪的弹着散布

（下文中类似的各型枪械弹着散布图）每次射击试验仅评估一支枪械，标绘出各型枪械射击25发弹药后的弹着位置，以便阐释其射击精度的情况。标靶纸面尺寸为6×6英尺，其中心有一个直径为8英寸的靶心圆［又称"牛眼"（Bull's eye）］。圆形标纸外用矩形框定，所有弹着都位于此框内，其尺寸长×宽皆以英寸计（RECT）；结合其靶心，显示25发弹着的散布情况。完成射击后，以弹着群中相距最远的两枚弹着为直径画圆，即为弹着群的平均直径（MØ，单位为英寸），弧分（MOA）即为该型枪械在此距离上的射击精度度量；FS，是指弹着中距弹着群中心最远的弹着的距离。如果所有弹着都散布在直径为8英寸的靶心圆内（包含任何射在靶心圆边缘的射弹），那么枪械被认为具有相当高的精度，能够实现"一击必杀"；（在特定距离上）该枪作为狙击枪械的适宜度被为100（SNIPER SCORE），甚至更高（如果弹着密集度更高）。

在下表中，每发弹着与预定瞄准点之间的间距（分解为水平和垂直两个维度的间距值），将被列入表中。如果弹着位于瞄准点的右侧（水平），则在上表中标示为正值，反之如果弹着位于其左侧（水平），则标示为负值；类似地，如果弹着位于瞄准点上方（垂直）同样标示为正值，如位于其下方（垂直）亦标示为负值。如图所示，表中各数值前的"＋/－"号对于后续计算25发弹着的实际中心位置具有重要作用。

如下表所示，表中A—系列数字，表示所有弹着距瞄准点的水平间距。其

Shot number	A	C	E	B	D	F	G
1	−2.52	−4.54	20.58	−4.44	−1.98	3.93	4.95
2	+3.78	+1.76	3.11	−0.36	+2.10	4.40	2.74
3	+0.90	−1.12	1.25	−0.96	+1.50	2.24	1.87
4	+0.72	−1.30	1.68	−8.40	−5.94	35.31	6.08
5	+5.46	+3.44	11.86	−2.46	0.00	0.00	3.44
6	+2.46	+0.44	0.81	+2.46	+4.92	24.18	4.94
7	+6.72	+4.70	22.13	+0.12	+2.58	6.64	5.36
8	−1.50	−3.52	12.36	−7.50	−5.04	25.43	6.15
9	+3.24	+1.22	1.50	−3.12	−0.66	0.44	1.39
10	+3.12	+1.10	1.22	−0.84	+1.62	2.62	1.96
11	+1.86	−0.16	0.02	−5.22	−2.76	7.63	2.77
12	+3.72	+1.70	2.90	−3.30	−0.84	0.71	1.90
13	+2.10	+0.08	0.01	+2.52	+4.98	24.78	4.98
14	+5.76	+3.74	14.02	−5.52	−3.06	9.38	4.84
15	+4.92	+2.90	8.43	−7.44	−4.98	24.82	5.77
16	−0.18	−2.20	4.82	−1.80	+0.66	0.43	2.29
17	−0.48	−2.50	6.23	−3.72	−1.26	1.59	2.80
18	+2.10	+0.08	0.01	−3.24	−0.78	0.61	0.79
19	+2.04	+0.02	0.00	+1.74	+4.20	17.62	1.34
20	+1.80	−0.22	0.05	−1.14	+1.32	1.74	1.34
21	+2.46	+0.44	0.20	−5.94	−3.48	12.13	3.51
22	−1.56	−3.58	12.79	−0.18	+2.28	5.19	4.24
23	−1.08	−3.10	9.59	+0.66	+3.12	9.72	4.39
24	+0.42	−1.60	2.55	−0.66	+1.80	3.23	2.40
25	+4.14	+2.12	4.51	−2.70	−0.24	0.06	2.14
	(19 shots) +57.8			(5 shots) +7.5			
	(6 shots) −7.4			(19 shots) −68.9			
Totals	**+50.40**			**−61.44**			**87.23**

中，可看到19发弹着位于瞄准点右侧，其余9发则位于瞄准点左侧。具体而言，19发位于瞄准点右侧的弹头，其偏差间距在+0.4～+6.7之间，而其余左侧6发弹头的偏差间距则在–0.2～–2.5之间。

如果将所有右侧弹着的具体偏差值相加，总数即为表中所列的+57.8，类似的右侧所有弹着的偏差总值为–7.4。而这两者再次相加后，可得到+50.4的数字，这表明各群组弹着总体形成的弹着群中心位于预定瞄准点的右侧。当所有25发弹药都完成击发后，所有弹着中心距瞄准点的平均偏差就能容易获得，用总偏差量+50.4除以击发弹数（25），到+2.02的平均偏差。

在确定了5个群组弹着群的左右偏差后，我们需要再重复上述过程形成上述25发弹在垂直方向上的偏差（B列），以陈列出所有弹着相对于瞄准点上下的不同位置。从上表中可看出，25发弹着中只有5发具有正值（意味着它们位于瞄准点上方），其范围在+0.1～+2.5之间；另有19发弹着是负值（意味着它们位于瞄准点下方），其范围在–0.2～–8.4之间，最后还有1发弹着没有可测量的值。可以清楚地看到，这些弹着的中心必然位于瞄准点的下方，因为这些弹头位于瞄准点下方偏差的总值为–68.9，而所有正值（瞄准点上方）仅为+7.5。

两者相加后总和为–61.4，因而，与上文处理过程类似，可以得出这25发弹着在垂直方向上距瞄准点的实际平均偏差为–2.46英寸。由于此结果是负值，因此25发弹着的整体"中心"实际上落在瞄准点下方。

定位各射弹群组的中心，将使各单发弹着距瞄准点的间距以更直观的形式表现出来。上表中，A列和B列，就列出所有各发弹着在水平和垂直方向上偏离瞄准点的间距，它们既可单独计算，也可用于计算均值。同样地，可从上表中发现，各群组所有25枚弹的平均弹着位置位于瞄准点偏右约2.02英寸、偏下约2.46英寸。因此，可根据此平均弹着结果有效校调枪械的瞄准设备。以上表为例，平均弹着在水平方向上约为"＋2"，意味着需对A列所有数字加上"+2"；而平均弹着在垂直方向下偏下2.46英寸，意味着需要对B列所有数字减去"–2.5"（当然，减去一个负值，实际上是对B列中所有数字加上"2.5"）。

这进而列成C列和D列的数字。要注意的是，应用上述修正时，可能意味着之前被判断为"正值"的水平弹着数字，现在可能成为一个"负值"，类似地，之前被认为是"负值"的数学，经修正后也可能成为"正值"。这些仅表明了，尽管这些弹着间距点随机分布于瞄准点的右侧或下侧，它们实际上也可能位于群组中心（正如所看到的，它与瞄准点并非一回事）的"左侧"或"上侧"。

在图9中可看到第5群组中有一发弹着，正好精确地位于垂直轴线上，它显然对于垂直方向的偏差计算没有影响，因此它在此方向上的偏差赋予为"0"，其对整组弹着偏差总量和平均值的计算也没有影响。

再接下来，是从这些典型的弹着分布中对枪械弹着精度特点作更好的理解。在上述图示的北面显示了瞄准点的位置，它实际上已经确定，是多个群组的中心（并非某个特定群组弹着的中心，而是所有5个群组按次序射击后形成的弹着中心）。例如，从B列弹着中心距G列弹着中心的间距，可通过利用毕达哥拉斯定理

图中是一个5发弹着群散布示意，显示了如何判断每发弹着与25发弹群中心位置的距离。

A：将B发弹着投射到垂直轴上线（A点）。
B：各单发弹着点。
G：25发弹弹着群的中心位置。
P：瞄准点。

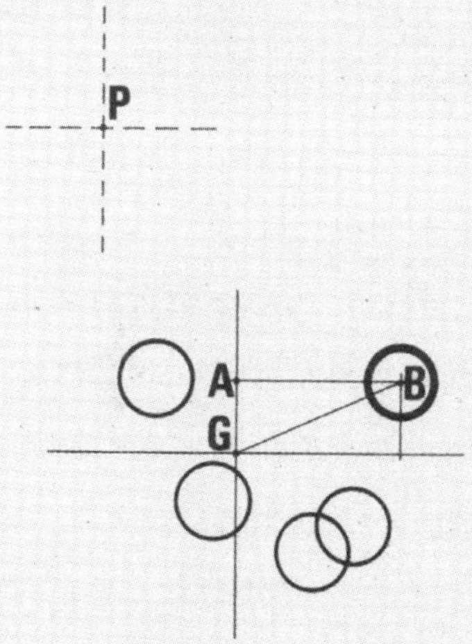

图9　如何判断个别弹着散布点距散布群中心的距离

简单计算得出。

因此，BG两列弹着中心间距的平方值，等于AB两列间距平方值加上AG两列弹着中心间距的平方值。AB是弹着群中心的水平偏差间距，上表中经修正的C列，而AG则是源自经修正的D列而得出的弹着群中心的垂直偏差间距。对于第一组射弹弹着，AB的值是–4.54、AG是–1.98，毕竟这组弹着经计算的弹着群中心有位于瞄准点偏右和偏上的问题。利用$BG^2=AB^2+BG^2$的公式，$BG^2=4.54^2+1.98^2=20.58+3.93=24.51$。上各级中E列和F列显示的分别是C列和D列的平方值。

记录下此经计算得到的值，24.51实际上是BG间距值的平方，因而还需要对其进行开平方处理，24.51经开方后得到4.95英寸的数值；故而第一群组弹着中心距瞄准点中心约5英尺。所有这些过程反复对其他4组5发弹着的散布情况进行计算，直到通过分析发现所有弹着中距瞄准点中心最近的弹着是第18次击发（仅偏离0.79英寸），最远的是第8次击发（偏离达6.15英寸），即上表中G列的数据。最后一列中的值将全部累加起来，得到87.23英寸，它表示所有25发射弹弹着（距瞄准点的）总体偏差点，而不考虑其各群组分别的偏离情况。

上述持续处理和计算的结果，可用于形成有关枪械精度的最后结论（尽管这类数据通常用于靶场条件下的射击及精度测试），但今天的射手在实战背景下更多探讨的是所谓的"弹着群直径/弹着群分布"，这些衡量精度的方式亦应当与他们的偏好相一致。

例如，在对标靶进行多群组精度射击后，所有弹着的平均纵向偏差（所有弹着的总偏差量除以击发数）是3.49英寸（25发弹弹着的总偏差量87.2英寸）。当然，弹着散布所形成圆的直径两倍于其半径，因此，弹着平均纵向偏差为3.49英寸，圆直径则为6.98英寸，这个圆可以视作这组弹着散布的"平均群（弹着散布）直径"（MGD），它是对试射群组弹着散布的直观表现。平均群直径很可能小于5发弹着（同群组射弹）的平均弹着散布直径，也可能小于所有射弹散布的矩形区域，这种方法虽然粗陋，但却能最小化测试射击中一些偶然射偏弹着对整体精度的影响。如果过程中出现实质数量的射偏弹着，或某个被认为正常的群组的射弹弹着与其他群组弹头出现较大偏差，其平均群（弹着散布）直径可能表现得较为糟糕。

在100米距离上以H&K公司的5.56毫米口径G41 Zf.突击步枪的精度测试射击为例，以其进行30发弹的弹着测试。射击完成后，（剔除明确存在问题的弹着后）其整体弹着群形成圆的平均半径为10.3毫米（0.406英寸），或者平均直径为20.6毫米（0.812英寸）。在射弹中，出现1发明确有问题的射弹，它距弹着群圆中心的间距达到30.3毫米（1.19英寸），如果将其纳入整个弹着群，该枪的弹着群组散布圆的直径将达47毫米（以10发弹为一群组，3个群组弹着散布圆的平均直径），或者以60.6毫米直径圆可将所有30发弹散布着的弹着全面覆盖在内。当然，此"平均群（弹着散布）直径"（MGD）允许射手排除那些（无法避免但却不时）偶然出现的问题弹着，得以较为准确地测算枪械及配用弹药的射击精度。而根据该型枪械的性能说明，其在100码距离上精度可达到0.7弧分（MOA），即在100米距离偏差最大不超过0.206厘米，与实弹试射时的表现相一致。

结合相关条件，可对单套枪械及其配用弹药组合的射击精度性能进行可接受的理论性预测。这涉及运用一系列统计学概念与公式（以便推理过程符合数学上的基本原理），包括标准偏差、置信限度等。结合现实试验条件，这套数学工具可对整套系统（特定枪械及其弹药组合）的射击精度情况作出较符合实际的预测（尽管有时不同枪械与弹药组合在不同射击条件下，其表现出的精度无法真正进行比较）。

例如，在预测某枪械与其适配弹药的射击精度时，可将试射群组的每个单发弹着（位置）与此类枪械的平均精度之间的差距定义为"d"，其平方值为"d^2"；之后，累计求和所有弹着的d^2值，再除以射弹总量n（即d^2/n），对其商求平方根，即可得到待测算弹药在相关条件下精度的标准偏差"s"。

接着，再结合运用置信界限（C），可对各种情况下特定枪械与弹药组合

（假定使用同一种弹药）的精度特性作出理论上的预测和评估，而不仅仅局限于针对特定情况下使用某种弹药试射所获得的相关数据。

置信界限（C）的值可以提前适当地设定。例如，针对特定枪械与弹药组合，在特定条件下射击的精度，可首先分析设定其精度达到98%（C=2.33），但经验暗示相同枪械与弹药组合在该条件下精度或许仅能达到95%（C=1.95）更为现实，这意味着25发射弹中允许有1发出现无关乎其精度的偶然性射偏。

在1987年出版的第四版《气枪手册》[1]（*The Airgun Book*）中，特定枪械与弹药组合（在具体射击条件下）精度的最终表达式 δ 的推导过程中，实际上蕴含着经典的数学统计学原理和解释；这里的 δ 是实际上是弹着散布的平均弹着群直径，它受到散布圆直径均值（之下/之下）的限制，这些具体的限制数值又可通过 C 乘以 s 再除以 n 的平方根而获得（如果试射使用25发弹，那么 n 的平方根即为5）。

以苏制Obr. 91/30型莫辛–纳甘式步枪的精度试射为例，它的符合条件的限制是1.36。因而这意味着，采用一支步枪及相应的弹药组合，其任何射出的弹丸（或多次击发弹丸）有95%的几率，弹着位于以瞄准点为圆心，直径为3.49 ± 1.36英尺的圆内。其精度低限"δ –"则可以被忽略，因为射弹弹着散布在平均半径的圆内，只有那些位于此平均半径圆外的弹着可能影响射击精度（拉低其水平）。

由于直径两倍于半径，因此上述的圆直径为9.79英寸（6.98 + 2.72），其精度高限"δ +"同样是重要的结果，它可用于预测步枪在多大程度上将能够实现"一击必杀"。射手看一眼目标标靶（然后向标靶射出5个群组的弹药），标靶上的弹着肯定会是散布在以瞄准点为圆心的一定范围内，而不会集中散布在中心（而且还会有少量明显射偏的弹药，属于偶然因素带来的不确定性）。显然，弹着群散布越密集，其精度表现越好；反之，在弹着群的相同平均半径圆内，弹着散布越开放、间距越大，"δ +"值越高，意味着枪械及该种弹药组合在精度方面表现越

---

[1] 这套弹着散布衡量系统于20世纪80年代开发，用于区分不同威力气枪的弹着散布波动情况，但该衡量系统同样容易适用于其他射弹类武器的弹着散布。

糟糕。

有观点认为，特定枪械与适配弹药在精度测试时，多群组弹着形成的散布圆的平均直径与精度高限"δ+"之间的比值，可帮助狙击手预测射出弹丸命中目标的概率。这种想法并没有什么数学理论上的依据。莫辛–纳甘步枪试射后形成弹着散布的平均直径是"δ+"值的51%，但如果标靶标心就是个8英寸的圆的话，用上述方法来预测显然没有什么意义。

具体而言，按上述试射弹着散布平均直径形成的圆，如果落在靶心内（即便"δ+"值已超过其圆），那么狙击手的命中概率将升至73%。如果两个平均直径和"δ+"值落在靶心"牛眼"内，步枪命中此圆内的概率将超过100%，理论上就能做出"一击一杀"或"一击必杀"。

在特定距离内，射击结果还可能与某个常数［比如射击时常用的"弧分"（MOA），即1度的1/60］有关联，1弧分等效于步枪在100码射击距离内，其弹着散布分布在一个以1英寸（尽管真正的转换关系是1.047英寸）为直径的圆内[1]。

关于"弧分"（MOA）用于衡量枪械精度时，存在的一个问题在于，它无法应用于公制单位，它本质上是一种英制衡量方式：在100码距离上的弹着，落在1英寸为直径的圆内，相当于100米距离上29.07毫米的圆；而且其公制转换并非简单的比例转换关系。

此外，运用弧分（MOA）的概念也有好处，它是一种对实际弹着散布直径的直观表述，而弹着散布的"平均群（弹着散布）直径"（MGD）精度衡量系统［也被称为"平均精度投影"（MAP）方式］，则包括使射手能对枪械及其配用射弹进行较可靠的精度预测的具体要素。

---

[1] 小于5%的差异，即便在.50伯朗宁弹药可有效射击的距离内也并无任何重要意义。在1500码距离上，此误差小于3/4英寸。

射弹随距离增加其精度随之降低

随着射击距离的增长，要预测弹着或测算其精度情况的难度也会显著增加。曾经有观点认为，一支枪械及其配用弹药，如果其组合的射击精度为1弧分（MOA），那么在100码距离上弹着群散布将分布在直径为1英寸的圆内，射击距离为200码时散布是2英寸，射击距离为500码时散布约为5英寸，以此类推射击距离延长至1000码时弹着群散布将为10英寸。这显然是极为错误的，弹丸在飞行时距离越远、速度衰减越快，而且弹丸自旋导致的飘移，这两项因素是直接影响、削弱上述线性关系的最主要因素。

当射击距离增加时，弹丸精度无疑会迅速削弱；当然，通过提高弹丸速度并采用更优越的弹丸外形设计（降阻且提高稳定性），会改善其精度特点。但无论如何，当射击距离超过了弹丸"直线飞行"的预测范围后，其弹着群的尺寸肯定会稳步增大。因而，对远距离上弹着精度的预测问题，可简化为评估衡量数量级的问题。

以使用北约标准5.56毫米弹的AR18步枪为例，试射25发射弹、在100码距离上弹着群散布的平均半径为2.0英寸（2 MOA）；距离延长至200码时，散布增大至5.4英寸，300码时为8.2英寸，400码时为12.4英寸，500码时为16.4英寸。这一简单试验表明，一支步枪及其配用弹药如果在100码距离上拥有2弧分（MOA）的精度时，随着射击距离增大其精度不会按距离增长而线性增加，在200码上其精度会降至2.7弧分，500码时进而降至3.28弧分。

上例使用的5.56毫米SS109D型小口径步枪弹，其出膛速度为946米/秒，飞行至100米距离时速度降为831米/秒，200米时降至734米/秒，500米时降至480米/秒。可以看出，弹丸飞行至500米时，其与出膛速度相比降低至约一半（约54%）；与此同时，其射击精度的表现甚至更糟糕，下降至初值的64%。

再以使用北约7.62毫米标准弹的L1A1型步枪为例，其在100码距离上射击精度为2.2弧分（MOA）、200码距离时降至2.6弧分、500码距离时降至2.8弧分，其射弹随距离增加其精度降低并未达到AR18步枪那样的下降量级。当然，这与该枪配用的7.62毫米AA77艇尾型弹有关，该弹比相对较轻的5.56毫米SS109型弹更能保持其飞行速度。它在出膛时速度约为840米/秒，飞行至500米时速度降为约515米/秒。可算出，在这两个距离标准上，其弹丸速度降低约39%，而精度则降低仅约27%。

根据上述两个例子中的相关数字进行数学推导，证明弹丸速度（随距离增长）的改变量与其精度之间的合理相关性，无法简化为将速度损失引入某个等式后直接计算得出。当然，这类试验表明，将弹丸速度损失与其精度削弱联系起来，可以提升一种广泛的比较基础（如果使用可供比较的枪械与相应弹药的话）。

步枪与射弹的实际射击精度

在1850年前的时代，很难找到可供追溯和研判的射击精度试验及其结果，而在此之后，随着全球各主要国家加速进入工业化阶段，导致各种精确测量技术与设备的出现，才使得对枪械精度的认识有了实践依据。当时很多人士基于多种测量体系，如前文提及的枪械"品质因数/优值"（Figure of Merit）图示系统等，尝试分析衡量枪械及弹药的射击精度。

抛射/射弹性武器（Projectile Weapons），大致分为以下几类：

1.原始抛射/射弹性武器
这类武器包括十字弓、火绳钩枪（arquebuses）和早期的前装滑膛火枪（muskets）等，在中世纪甚至中世纪之后的一段时间里，几乎不可能找到有关这类火器的合理且可靠的精度测试记录。现存的一些长弓、反曲弓、十字弓等，当然无法冒险进行此类测试，毕竟测试时武器本身要承受相当大的压力。甚至模拟这些武器的制成品进行的竞争性测试也不可信，毕竟现代技术制造的此类武器不可避免地对其性能造成了影响。

在古代世界里，使用此类武器最知名的弩手是威廉·退尔（William Tell），他来自瑞士的乌里。根据当前的记载（起源于约1474年魏斯·布希·冯·萨伦的记述），哈布斯堡王朝皇帝企图将乌里（Uri）并入到他的疆域内，因而指定盖斯勒作为德意志地区阿尔多尔夫的"Landvogt"（古高地德语，即行政长官），他到任后为震慑当地民众，将自己的帽子挂在村广场上的一根长杆上，要求当地民众经过广场时必须向他的帽子鞠躬以示忠诚。当然，在1307年11月18日，退尔因拒绝向他的帽子鞠躬而被搜捕。盖斯勒告诉退尔称，只有他射下他儿子头上顶着的1枚苹果，他的妻子（以及他的幼子）才有可能被宽恕。当然，退尔在众目睽睽之下用十字弓一箭将他儿子头顶的苹果剖射成两半。

尽管退尔的传说有欧洲中世纪传奇的影子，或者确基于一些事实，但现世人们通常认为其真实性并不足为信。就算此类故事有其真实性，退尔使用十字弓射击时的距离也可能很短，或许不超过15码距离，在此距离上一箭命中一只苹果并非不可能。

当然，这类故事几乎并未涉及当时十字弓的性能如何（更为突显威廉·退尔本人的射击技巧）。或许，表现当时射手射艺高超的可接受的标准，即所谓"一厄尔箭、射中一百步外物体"的标准。这里所称的"一厄尔"（an ell），是中世纪对布匹长度的计量单位（也称为"布码"[clothyard]，也是当时英制弓箭的长度），约为今天40～45英寸（98～11.25厘米）的长度；"步"（pace）通常被认为长约28英寸（67.2厘米）[1]。通常，中世纪的弓箭手比今天男性的平均身高要低上不少，因此其一步长约25～26英寸（61.25～63.7厘米）。但在缺乏更多信息的情况下，此类标准和要求很大程度上对衡量射手及其武器的精准度是无关紧

---

[1] 除这里所说的"步"（pace）用于步枪瞄准及射击领域的专用距离单位外，还有俄系衡量单位"arshin"，它相当于27.99英寸，以及奥地利系衡量单位"Schritt"，相当于28.53英寸。

要的。

中世纪的十字弓，可以在75码距离上将25支弩箭射进直径约40英寸的圆内，相当于弓弩的精度达到53弧分（MOA）。无疑，要对当时弓弩类武器的射击精度作出有根据的判断和结论，还需要更多细致研究，不过今天使用这类冷兵器的猎手认为十字弓类武器的最大有效射击距离（即可精确射击的距离）并不会超过40码。

至于早期的火器，如前装滑膛火枪，其精度性能同样难以准确衡量和测定。尽管早期英、法以及其他一些国家对此曾进行过很多试验，但根据记载当时试验者更为关注的是如何以火枪齐射射中一定距离外人形大小的目标，而绝非追求单支火枪的命中率。例如，英军长期使用的"褐贝斯"燧发枪便以精度低下而闻

图10　威廉·退尔射中他儿子头顶苹果的画作

威廉·退尔在相对较近的距离内用十字弓射中他儿子头顶的苹果，这不仅救了他们父子俩，而且还激励着当地民众反抗外来统治并促进了瑞士联邦的建立。图中木版画刊发在1554年Cosmographica上。

图11 英制布伦瑞克式步枪的弹着散布

名，由于枪管内壁与球形射弹之间存在较大的间隙，枪弹在出膛时几乎不会沿枪管轴线直线飞出，如果使用它在100码距离上射击弹着群能在30英寸的圆内，就几乎可算作奇迹了（按今天的标准看，其精度约为30弧分）。再例如，1835年，英军在伍尔维奇使用当时装备的"新地"式燧发枪（New Land Pattern Musket）进行的射击精度试验，其结果仍非常糟糕，它在100码射击距离上弹着散布范围上下达56英寸、水平达72英寸，当射击距离提高了200码时散布距离大到根本无法记录。

2. 初步具有精确射击能力的热兵器

这类武器包括如美洲长步枪、英军制式燧发步枪，以及早期的火帽式前装步枪（如"布伦瑞克"式前装枪）。然而，这类武器中也不乏一些具有较好射击精度的。图11所示即为布伦瑞克前装火枪，在200码距离上的射击弹着情况，根据图示它的精度表现被证明远好过预期；事实上，19世纪30年代曾针对该枪进行的测试表明，它在100码射击距离上可以达到能够实施狙击射击的程度，或者说使用它在特定距离内有机会命中目标的头部。

3. 火帽式前装线膛枪

这类武器包括19世纪中期英制P/53型恩菲尔德式步枪（使用0.577口径弹）、奥匈帝国M/54型洛伦兹式步枪（使用0.58口径弹）、俄制"6线"口径（俄制单位1线（line）约等于0.1英寸）Obr. 1856g型步枪、法制17.8毫米Mle 1857型步兵步枪（Fusil d'Infanterie），以及美制0.58口径M1855和M1861型斯普林菲尔德步枪。

这些结构类似的前装线膛枪，在19世纪50和60年代里曾经历短暂的发展全盛期，但这一时期并未持续太久，前装线膛枪很快就被性能更优越的采用金属分装式弹药的后装线膛枪所取代。前装线膛枪，精度性能最优越的，较以往的前装滑膛枪大大提升了可精确瞄准的射击距离；但其使用的自膨胀弹丸在量产时其质量一致性难以保证，毕竟以当时的工业水平和认知程度，并未能意识到枪械各部件制造保持严格的公差容限的意义。

当时的惠特沃斯步枪，特别是其中使用0.450口径六角形截面弹丸的衍生枪型，在精度方面就是个例外。根据1857年《泰晤士报》上刊登的该型枪械的射击精度结果，与同期0.577口径的P/53型恩菲尔德式步枪相比，此前试验的0.450口径惠特沃斯步枪有很大的提升。图12和图13所示，即为两种步枪在500码距离上进行射击的弹着图示，简单地通过向其他相关测试标靶中随机添加另5发弹的弹着，以便对它们进行25发弹的弹着群散布进行分析[1]。

如图所示，P/53型步枪的精度表现并不突出，很可能是由于当时使用的质量低下的弹药所致[2]。但惠特沃斯步枪在500码距离上获得如此好的精度，甚至比很多第二次世界大战时期出现的现代步枪（在同等距离上）表现得更好。导致其拥有如此高精度的原因，可能在于其制造过程非常严格地遵循了相关误差标准。例如，其枪管直径的制造精度达到了0.450+0.001英寸，相较而言，第二次世界大战时期英制No.4 Mk Ⅰ型步枪的枪管制造精度仅为0.303 ± 0.002 英寸。

因此，19世纪50年代制造和装备的惠特沃斯步枪，其主要部件制造的精度要求达到了20世纪40年代同类部件制造误差容限的1/4。而且，其使用的弹药也按此高标准要求生产，在这些基础上惠特沃斯步枪才能拥有难以置信的射击精度，但同时其精度受环境因素影响较大。同期在南北战争中，南方邦联军队神射手们对该枪的使用经历正说明了一切，正如当时外界观察到的：这种步枪极端易受到射弹质量和环境因素的影响，比如射弹污损、环境过热或湿气太重时，都会影响其枪管与弹药的配合，因此其枪管需要定期清洁。这种由约瑟夫·惠特沃斯制造的

[1] 其间，在需要进行25发射弹弹着分析而实射之数又未达到25发弹（如仅20发弹）时，随机数生成器（将在试验数据范围内产生作用），可被用于生产额外射击的弹着数据。当时，此方面仍存在争议，但由于这时所引用的测试数据并非想直接比较各个枪械之间的差异，因而一些小的误差可被忽视。

[2] P/53步枪在其他的测试中曾获得过更好的成绩，但这些测试中的精度往往八九不离十。1867年进行的一次类似测试（经综合适修正后）其MØ为35.09英寸、δ+为48.78英寸、MOA为7.0弧分。最远的射弹弹着落在距弹着群组中心32.18英寸的位置，而该枪械的"sniper score"仅为3（完全不适宜狙击用途）。

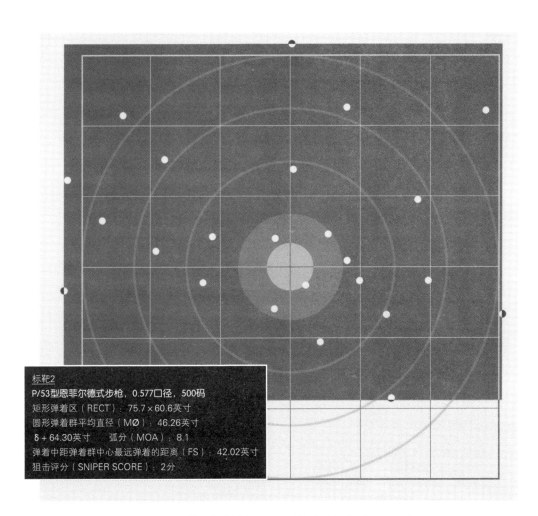

图12 英制P/53型恩菲尔德式步枪的弹着散布

图13 英制惠特沃斯步枪的弹着散布

枪械，满足了当时他对理想枪械的所有要求，但不适应恶劣的战场环境。

4. 火帽式后膛装枪械

19世纪中后期，早期后膛装枪械的出现极大地提升了枪械的射击精度（与前装滑膛枪相比），但其精度仍无法与同期使用自膨胀弹药的前装膛线装步枪相比较。图14是夏普斯公司为美国陆军生产的1859式步枪的弹着散布情况，而这也是南北战争中柏丹和他的神射手们出色表现的物质基础，当然该枪在精度上较为优良，但仍未达到同期惠特沃斯步枪的精度水平（图13）。

这类枪械还包括德莱塞式击针枪（Dreyse Zündnadelgewehre），不过该枪的火帽式弹药被埋入纸制弹壳内，而亚口径的卵形弹丸则位于其内。德莱塞式步枪的射击精度较为糟糕，而且其射程也出乎意料的近。同期法制Mle. 66型崔斯波特式击针枪也与德莱塞式步枪类似，但其与枪管内膛线贴合更好的弹药性能更为优越，与德莱塞式步枪相比，后者的弹丸依托于纸壳间接获得膛线赋予的旋转角速度，而且崔斯波特式步枪的口径为11毫米，弹丸弹道性能（及其精度性能）上显著优于德莱塞式步枪，称得上是第一代后装步枪的代表。

5. 第一代金属弹壳后装步枪

第一代采用全金属制弹药的后装步枪仅流行了很短一段时间。它们是以前那些前装线膛枪持续演化后，使用自容式全金属弹的后膛装枪械，它们的枪管口径也与此前那些火帽式枪械类似。例如，当时英制施耐德式步枪，就是从P/53型恩菲尔德式前装膛线枪转化改装而来；类似地，同期交付给美国陆军的第一批"斯普林菲尔德活门步枪"（Trapdoor Springfields rifle，当时将前装枪改装成后膛枪时使用得最多的闭锁方式，将枪机用一个铰链连接固定在一边[前方或侧方]，装弹时将活门/盖板用手翻开、装完弹翻回去，活门/盖板依靠自身重量维持在闭锁位置，同期最著名的包括英制施耐德式枪械和美国斯普林菲尔德兵工厂的活门式系

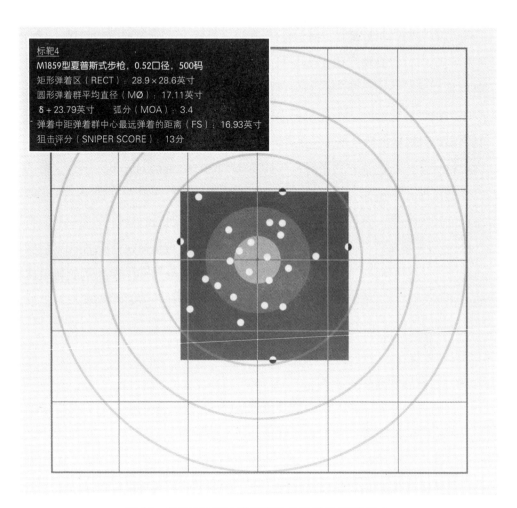

图14 美制M1859型夏普斯式步枪的弹着散布

统），就是由M1855式和M1861式前装膛线枪改装，使用0.58口径边缘发火弹药的改进后膛装枪械。这类枪械的精度提升（正如施耐德式步枪射击弹着标靶图示，其精度略优于前装膛线步枪），通常很大程度上源自其使用的自溶式金属弹药的性能更为一致。当然，这类弹药弹丸糟糕的弹道气动外形使其精度性能无法全面提升。

6. 第二代后装步枪

改装大口径的火帽式前装膛线枪（成为后膛装枪械），被证明只不过是一种暂时性的措施，同期各国军事当局逐渐都意识到新的后膛装枪械采用更小的口径将是有益的，这不仅有利于降低单发弹药的重量，而且弹药在弹道性能上更优秀，从而提升射击精度。此前，弹药口径通常在0.4～0.5英寸之间，0.433口径（11毫米）和0.45口径占据着主流。19世纪70年代初期，英国进行了轻武器弹药的测试，证明使用0.450/577口径弹药的马蒂尼·亨利步枪，其弹药精度优于法制崔斯波特（Chassepot）击针枪，但马蒂尼·亨利步枪使用的颈部收窄的弹药，尤其是在其量产初期，弹药质量的一致性并不好，导致其弹道性不一。同期美国陆军斯普林菲尔德活门步枪使用的直壳式0.45–70口径弹药，在很多方面是一种更优越的弹药，这些步枪的射击精度也都较好。图16所示，即为手动装填弹药的M1873型斯普林菲尔德步枪在500码距离上的典型弹着散布情况。

随着可靠的全金属弹药的广泛出现，枪械射击精度大幅提高，相关射击爱好者对精度射击的兴趣大增，各国和国际性的射击比赛日益兴起，相关射击靶场距离更是逐渐提升（有的甚至超过1000码距离）。火帽让采用金属定装弹的步枪拥有了较强的竞争力（精度提高），比如虽然当时惠特沃斯步枪在精确性方面通常优于施耐德式步枪，但是潮湿条件下弹药点火的不确定性仍是惠特沃斯步枪不可逾越的弱点。而在此基础上更进一步开发的第二代后装步枪，无疑拥有更优越的射击及弹道性能。但这些性能上的改进并不总能反映在战场（如同期南北战争）

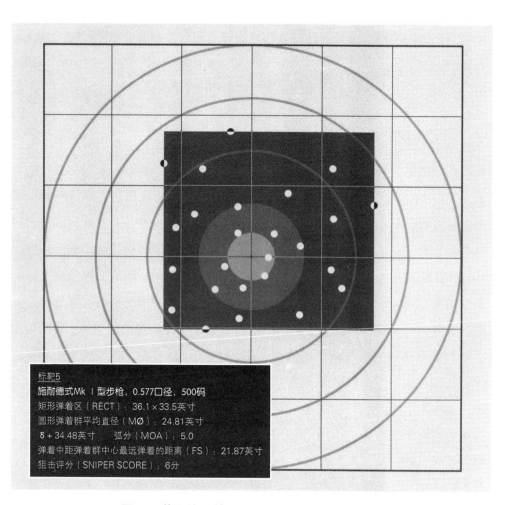

标靶5
施耐德式Mk Ⅰ型步枪，0.577口径，500码
矩形弹着区（RECT）：36.1×33.5英寸
圆形弹着群平均直径（MØ）：24.81英寸
δ＋34.48英寸　　弧分（MOA）：5.0
弹着中距弹着群中心最远弹着的距离（FS）：21.87英寸
狙击评分（SNIPER SCORE）：6分

图15　英制施耐德式Mk Ⅰ型步枪的弹着散布

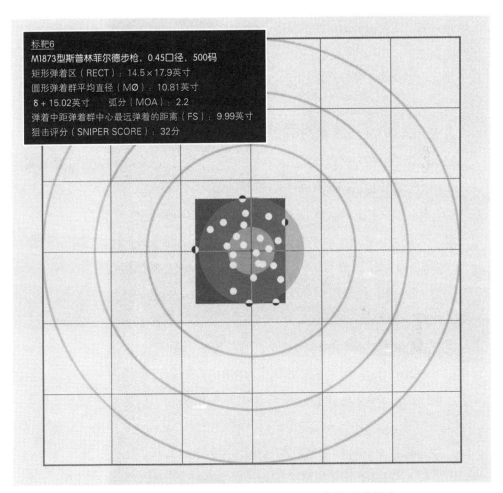

图16　美制M1873型斯普林菲尔德步枪的弹着散布

上，虽然与"狙击相关的概念在南北战争结束后就逐渐被交战双方淡忘了，但北美的野牛猎手和远距射击爱好者仍延续并继承着精确射击技巧，而且同期日益复杂、精准的瞄准镜以及人们对此类望远瞄准设备的接受度不断提升，这些物质因素和条件都促进着狙击技术的发展。例如，当时美国科罗拉多州丹佛市的著名枪匠约翰·洛厄，就曾在无准备情况下使用夏普斯–博查特式（Sharps–Borchardt）步枪向200码外的标靶射击了50次，其弹着群形成了23英寸直径的圆形区域。

7. 使用无烟发射药弹药的小口径步枪

1909年出版的美制M1903式步枪（0.30口径）的使用手册中写明其射击精度，在100码距离上弹着散布可在1.1英寸的圆内，200码距离上弹着散布在2.3英寸的圆内，500码距离上弹着散布在5.9英寸圆内，1000码距离上散布在13.3英寸的圆内。以今天弧分（MOA）的精度表示方法，该步枪在100码距离上精度约为2.2弧分，200码距离为2.3弧分、500码距离为2.4弧分，而1000码距离为2.7弧分。

尽管0.30–06口径规格的弹药在远距离上的性能，通常比一些尺寸上相似的弹药更为优越，相关数据表明了1945年之前使用的一些狙击步枪在弹道性能上的特点。例如，Obr.91/30型莫辛–纳甘步枪的精确射击距离在800米以下，这反映了当时俄国人对狙击的认识（他们明显认为800米是狙击步枪精确射击的最大有效距离）。前文图8图示中的弹着分布似乎可支持此结论，其在300码距离上精度约为2.3弧分（MOA），对于一支步枪而言此精度被认为足以实现命中该距离下目标的头部，然而按今天的标准看，此精确标准不免令人失望。当然，这并非特别挑选的狙击步枪（只是1支加装成品光学瞄准镜的步枪），其射弹弹着的散布表明，它击发的弹药可能远称不上理想。例如，在其射弹弹着图示中25发弹中只有13发具有较高精度（能够命中特定距离上的目标人员头部），不过最边缘的弹着距弹着群中心仅有6英寸左右。

同期，英制No.4 MkⅠ型步枪，其精度能达到在100码距离内实现5发弹着中

图17 阿富汗战争中的美军士兵

照片拍摄自阿富汗战场，展示了当地典型的战场环境：炎热、干燥、崎岖多山。图中美军狙击手装备的M21型狙击步枪（7.62毫米），它可适配现代化的光学和光电瞄准镜，以及可高精度测量距离的激光测距仪。较之两次世界大战时期的狙击装备及作战，现代化狙击系统使狙击手能更加便捷地完成任务。（美国陆军照片）

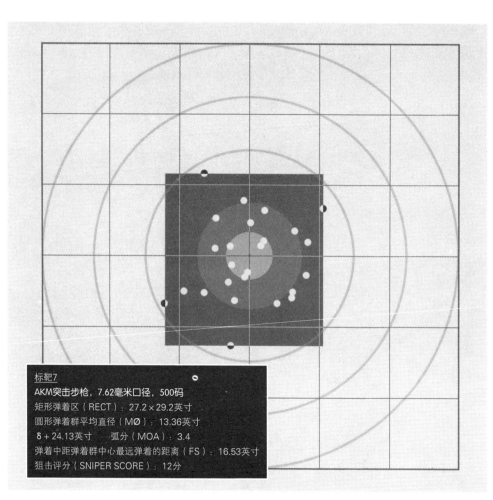

图18 苏制AKM突击步枪的弹着散布

的4发落在3×4英寸矩形框内，这被认为是可接受的，但也有个别枪械通常能将所有弹药射入以上矩形一半的区域内。这意味着它的精度按今天的标准看可达到1.5～1.8弧分（MOA）。而同期最好的狙击步枪，其精度可达到1弧分（MOA）甚至更高。

再以苏联时代制造的AKM步枪和捷克生产的vz.58型步枪进行测试，这两种枪械在尺寸和性能上较为相似，其中AKM步枪在100、200和400码距离上弹着群散布的平均直径分别为2.4、6.4和14.8英寸，vz.58型步枪在这几个距离上的散布分别为2.0、5.6和13.0英寸。这两种步枪使用的苏制M43型7.62×39毫米规格弹药，击发后飞行400码距离后其出膛速度将从2325英寸/秒降至1050英寸/秒。在此距离上，弹药速度降低了约55%，这分别导致两种枪械的在该距离上的精度下降了54%（AKM步枪）和63%（vz.58步枪），不过后者在远距离上的弹着精度依然更高。

这类步枪还包括同期出现的多种半自动步枪，比如7.62毫米的SAFN和FN FAL步枪、H&K公司的G3步枪和美制M14步枪等。下图19所示，即为7.62毫米阿玛莱特公司AR–10步枪（AR–15/M–16系列步枪的前身）的弹着群分布图。就同期的步枪精度水平看，这一枪械与弹药组合的精度并不出众。虽然其整体散布达到了3.0弧分（MOA），但试射的25发射弹中每一发都落在"头部杀伤"区。因此，其适宜作为狙击步枪的"sniper score"达到391，这不仅突显了该枪具有较好的"一击一杀"的精度特性，而且还体现出该枪单发射弹弹着会较为密集且靠近靶心（如果其瞄准具设置得当且正瞄着靶心中央的话）。

8. 现代超小口径步枪

在20世纪60年代初，现代化的0.223口径（5.56×45毫米规格）弹药就成为美国陆军的通用弹药，它与配用的M16系列步枪一道，成为美军的标准轻武器系统。当时，美军开发小口径弹药，是希望获得一种具有高初速，在近、中距内具

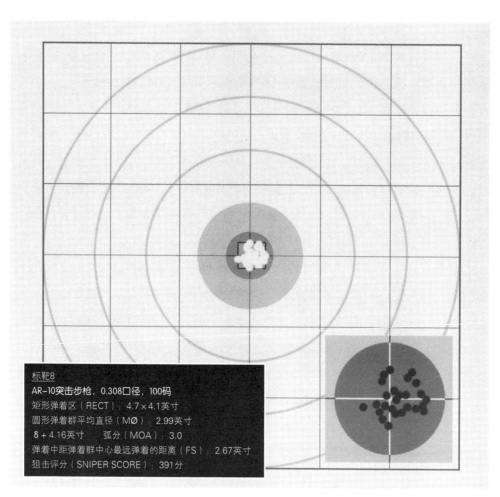

图19　美制AR-10突击步枪的弹着散布

标靶8
AR-10突击步枪，0.308口径，100码
矩形弹着区（RECT）：4.7×4.1英寸
圆形弹着群平均直径（MØ）2.99英寸
δ＋4.16英寸　　弧分（MOA）：3.0
弹着中距弹着群中心最远弹着的距离（FS）：2.67英寸
狙击评分（SNIPER SCORE）：391分

有较高精度的轻量化弹药。但不幸的是，这类弹药尽管在300码距离内具有非常优秀的精度特性，但最初美国以该口径定型的M193系列弹药却在实战中被证明性能并不稳定，因此它之后被更为传统但性能略弱的比利时SS109弹药取代。从狙击角度看，当前除了在一些特定的环境中，狙击手很少使用0.223口径的狙击步枪，毕竟此类小口径弹药在射程上远逊于7.62×51毫米规格的0.308温切斯特弹药"全威力中口径弹"或类似的0.30–06规格弹药。

9. 精确射击步枪

这类步枪基于同期的标准步枪精制而成，在射击精度方面拥有更为优越的表现，也被称为专用型精确射手步枪。例如，美制M24型SMS和M110 SASS狙击步枪，其使用M118LR型0.308口径弹（弹丸重175格令，出膛初速2600英尺/秒），其在800码射击距离上弹着散布仅为7英寸的圆（精度达到.875弧分）。

当前，这类步枪的发展趋势包括为其适配更具威力的弹药，它们拥有更远的精确射击射程。例如，美军特种作战司令部的MK13 Mod5精确步枪，使用0.300口径温切斯特–马格努姆弹（7.62×67毫米规格），其弹丸重190格令、出膛初速达到2900英尺/秒，在1200码上的弹着散布仅为11英寸的圆（精度约为0.92弧分）；英制AI L115A3型狙击步枪，使用.338口径阿普拉·马格努姆弹（8.59×67毫米规格），其弹丸重300格令、出膛初速达到2800英尺/秒，在1500码距离上弹着散布可控制在11英寸的圆内（精度约为0.73弧分），这保证了其在远程上拥有了精确命中的能力。

据称，苏联研制的SVD狙击步枪，在精度性能上达到了与M24 SMS狙击步枪类似的水平，但针对其弹着精度的分析方法和得出的结论仍高度存疑。

10. 大口径反器材/远程狙击步枪

近年来，这类步枪日益受到重视和普及。尽管它们的发展向上可追溯回第二次世界大战初期的PTRD（杰格佳廖夫）和PTRS（西蒙诺夫）式反坦克步枪。第二次世界大战期间及战后，随着防护力持续增强的坦克装甲日益普及，这类枪械迅速变得过时，但在舍弃了原先的使命后人们发现这类大口径步枪是一种高效的远程反人员/反器材武器系统。当然，在形成完整的高精度枪弹体系前，在第二次世界大战后的一些战争中诸如0.50口径伯朗宁重机枪（BMG），偶尔也会被用于远程狙击；但相当长时间里，这种武器适用的弹药的设计并不主要用于实现远距高精度射击。过去几十年里，这类武器的弹药性能有了巨大的提升，但在精度上它们仍难以达到"比赛级精度"水平。例如，根据公布的数据，美国陆军LRRS大口径狙击步枪使用的Mk211型弹（0.50英寸口径的弹丸重671格令、初速为2900英尺/秒），在1000码距离上弹着散布仅能控制在25英寸的圆内，射击距离提升至1500码时弹着散布扩大至37英寸（相当于2.5弧分的精度）。这意味着使用这类武器对超远距离目标实施的狙击，很大程度上既依赖于射手的技能，同时他的好运气也不可或缺。

2 殖民地战争和美国内战：狙击手的诞生

克里米亚战争中的狙击作战

克里米亚战争，爆发于1853年10月，至1856年3月结束。这场持续多时及代价极端高昂的战争，爆发于沙皇俄国和英法支持的奥斯曼土耳其帝国之间（1855年萨丁尼亚王国曾向战场上派出几个团与英、法联军共同对俄作战）。这场战争表面上的原因，是信奉伊斯兰教的奥斯曼土耳其帝国对当地基督教少数民族的迫害，但实际上战争起源于双方对扩张的相互猜疑与警惕。具体而言，英国和法国担心俄国会利用逐渐削弱、败坏腐化的奥斯曼帝国的优势，进一步向地中海和中亚地区扩张自己的势力，这将影响到在地中海地区占据传统主导地位的英、法的利益。另一方面，沙皇则怀疑英国和法国以牺牲奥斯曼帝国为代价，蓄意阻碍俄罗斯向中亚和地中海方向的领土扩张。

这场战争是近代史上极为残酷的一次战争，双方的伤亡极为惊人。英国方面，战争共导致2万余人丧生，但其中仅有2755人在作战行动中阵亡，其余的2019

人因伤以及16323人因病在战争期间死去。法国方面，则有10240人在作战行动中丧生，另有2万人死于战伤，而因病致死的人数更高达令人震惊的6万余人。奥斯曼土耳其帝国方面，在战争中损失了9.5万～17万人（根据不同信息来源估计的损失差别极大）；俄罗斯方面的伤亡同样骇人，据估计总伤亡高达约40万人，其中14.3万人死亡[1]。

在当时的英国国内，克里米亚战争最常引起人们谈论和回忆的包括：塞瓦斯托波尔围攻战，阿尔马河之战（Battle of Alma）、因克尔曼之战（Battle of Inkerman）巴拉克拉瓦之战（Battle of Balaklava）、"轻骑兵旅冲锋"之战，以及当时因糟糕的战场医疗条件和对伤病的低效处理，所导致的大量死亡与残疾。这场战争虽然名为"克里米亚战争"，但战争范围远超过出克里米亚区域，虽然主要战役发生在克里米亚半岛，但英法同样也在欧洲和远东地区努力压制俄罗斯的势力。

这场战争还见证了电报和铁路等现代技术在战争中的首次运用，它们在战争中发挥了巨大的作用；类似地，战争期间现代传媒（记者）还首次自由地进入战场采访报道实况，他们的战地拍摄和采写的报道，首次影响了公众（主要是英法国内）对战争的态度。对于直接应用于战场的武器，这场战争同样是巨大的"试验场"，各国同期最新的枪械都被投入战场上经历炮火检验，新的线膛枪，如英国陆军当时使用米涅弹的大口径P/51型步枪，就逐渐被性能更好的P/53型恩菲尔德式步枪所取代（尽管战争末期很多英军士兵仍配备着老式的滑膛枪）。

当然，战争期间英军使用的常规步兵武器，首先要提及P/42型滑膛枪，它采用1850年火帽式枪机，更早则可追溯至拿破仑战争时期的印度式"褐贝斯"滑膛燧发枪；该枪发射大口径的球形弹丸，可称得上精确的射程只有75～80码远，如果射击距离过200码后基本就没什么准头可言，因此在更远发射距离上通常采用密

---

[1] 克里米亚战争的伤亡事实，可参考 Trevor Royle 于1999年所著《克里米亚：1854—1856克里米亚战争》（*Crimea: The Great Crimean War*, 1854–1856），很多其他资料也可参考。

集步兵齐射的方式使用。之后，英军换装了P/51型步枪，它使用同期的新式自膨胀弹药，将步枪准确射击的交战距离提高了10倍，而代价则是枪械射击时非常剧烈的后坐力。

有膛线的前装枪的出现，极大地刺激了各国对射击术的需求。1853年1月，英军禁卫步兵旅接收了首批P/51型线膛前装枪，该旅四分之一的步兵连装备了这种枪械。但根据时任英国陆军总司令哈丁勋爵的指令，这批枪械将仅配备给军中最为熟练的射手。随着克里米亚战争爆发，英国陆军大批前往战场，其中只有第4步

图20　克里米亚战争中描绘英军战斗的画作

画作描绘了1854年9月20日阿尔马河战役中英军高地步兵旅的战斗场景。这是战争中英军与俄军进行的首次主要战役。是役，英法联军击败了俄军。摘自当时的《伦敦新闻画报》。（courtesy of Philip J. Haythornthwaite）

兵师还装备着P/42型滑膛枪。

P/51线膛前装枪的精度为掌握射击技术且熟练使用的射手可以偶尔命中900码外的目标，不过该枪的后照门瞄准具并未设定这么远的距离划分。按现代估计的方法，它可以在400码距离上以75%的概率命中人形标靶、600码距离上命中概率降至60%，更远至800码时命中概率仅为25%[1]。当时，拉格兰勋爵的一名副官，名誉少校萨默塞特·高夫·考尔索普（1831—1912）曾上报称，参战步兵旅中一名叫作赫伯特的步枪手，就曾在马背上用这种步枪射中约1000码（据当时的估计）外的一名俄军哥萨克军官，当时赫伯特就是将步枪照门调节在900码的表尺位置上。

1854年10月18日，英国陆军第1禁卫师指挥官下达命令，要求每个步兵营都编成一个由神枪手组成的分排，这个分排由10名士兵和1名军士组成，且人人都必须射术精湛，每个分排由1名上尉军官和1名中尉指挥。该分排指挥军官主要由上级任命，而非选挑而来；或许师长自信地认为，近卫师的每名军官都有能力监督指导此神枪手分排的作战行动。当时，军官们挑选这个神枪手分排的成员时，遵循着一些基本的标准，包括他要来自乡村，最好有打猎的经历（无论是猎过兔还是其他大型动物，抑或只是狩猎场地的勤杂服务人员），而这正意味着他们有较好的追踪和射击技能。

由陆军中校约翰·罗斯爵士（他的祖父罗伯特·罗斯少将，是曾在美国第二次独立战争时期火烧美国白宫的英军指挥官，但在1812年战争中被美军神枪手击毙）撰写并在1897年出版的《克里米亚战争中的冷溪禁卫步兵团》（*The Coldstream Guards in the Crimea*）一书中，在评价克里米亚战争中1854年10月（组建神枪手分排）的命令时写道：

---

[1] 米切尔·斯普林曼所著《克里米亚的神射手》（*Sharpshooter in the Crimea*），其中引用的信息由当时知名的前装枪神射手W. S."比尔".柯蒂斯提供。

"神枪手们将……努力提升他们利用各种战场地物隐蔽的能力，比如利用障碍物在地上挖出洞以便藏身等（即当时常见的散兵坑，很多神枪手就利用散兵坑隐蔽），同时他们还要携带……相应的补给，以便一旦隐蔽好后可以在没有外援的情况下支持更长时间。如此，他们才能在敌方的观察和火力下求得生存。"……"神射手们在接近他们必须占据的位置时，必须迅速、分散地展开行动，每个人都要根据各自担负任务的实际情况，运用自己的智慧完成潜伏和隐蔽。每个人都应根据他所能找到的掩蔽物或依托，选择最适合自己的位置并灵活地进行伪装。"

英军当时的狙击作战原则不仅可应用于同期的战争，同样也可应用于不到100年后爆发的第二次世界大战中，在距离克里米亚不远的斯大林格勒发生的狙击作战。

禁卫军神枪手们的首位指挥官是杰拉德·里托海尔斯·古德莱克。他于1832年5月14日出生在法林登，其父亲是托马斯·米尔斯·古德莱克，母亲则是爱德华·巴克男爵的女儿伊米莉亚-玛丽亚。杰拉德很享受他出生的阶级给他带来的生活环境，其成长经历循着传统英国贵族的成长轨迹，包括5岁时入伊顿公学，在那里他热衷于参加各种运动和比赛。1850年6月18日，通过"交钱购买"的方式，他获得了第23步兵团（即皇家韦尔奇燧发枪团）的少尉军官任命（一说是第21步兵团）。1851年6月27日，杰拉德作为一名用金钱获得晋升的军官（由少尉升为中尉），调任冷溪禁卫步兵团[1]。

该禁卫步兵团于1854年1月18日离开英格兰，前往克里米亚战场。抵达战区后，古德莱克被先后被晋升为中尉和上尉。至1854年10月17日至11月27日时，他

---

[1] 在克里米亚战争爆发期间，很多英国陆军军官花钱买官或任职职位，这解释了为什么其军中如此多的军官出身于贵族和地主阶级。此外，英军不少禁卫军军官都拥有两个军职头衔：一个用于其所在的部队（如步兵团等），一个较高的头衔则用于整个陆军体系中。

图21　克里米亚战争中英军禁卫军神射手指挥官杰拉德·里托海尔斯·古德莱克

受任指挥禁卫步兵部队的神枪手单位。当年10月26日，在抗击俄军的一次全面进攻中（英军也将其称为"小因克尔曼之役"），他因在作战中表现英勇，指挥得力，而被授予维多利亚十字勋章。

战争中，古德莱克并不只想着如何防守，他认为进攻才是解决俄军在战场上大量散兵坑中隐匿的持续射击英军士兵和炮兵神枪手的最好办法。当时的俄军中，除了普通士兵，还有很多具有高超作战技巧的"散兵"（skirmishers），其中不少射击技巧精湛。为满足领土扩张需要，俄军一直从芬兰的雪原（当时芬兰只是沙俄的公国，直至1917年才获得独立）、西伯利亚的不毛荒野和中亚的大草原地区招募猎人，这些经验丰富的猎人被证明一旦进行了合适的训练走上战场上后，就会成为非常高效的狙击手。

在武器方面，俄军的装备仍非常原始，主要以老式的前装滑膛枪为主，当然，也有少量线膛枪。相较于英军同期装备的线膛式米涅式步枪，俄军首款出现的类似枪械是Obr. 1854g.式步枪，但该枪直到1855年才被配发给克里米亚前线，此时距俄军战败战争结束已经很近了。因此，战争的大部分时间里，俄军的神枪手们主要使用所谓的Obr. 1843g.型步枪，实际上它只不过是英军19世纪30年代布伦瑞克式步枪的俄国仿制品[1]。当然，即便如此，这些俄军中的精英士兵仍以其落后的装备给英国和法国军队造成巨大的威胁，迫使英法联军在面对俄军的防御阵地时不得不冒着消耗大量弹药的风险，消灭每个被发现的俄军散兵坑[2]。

战争中，杰拉德·里托海尔斯·古德莱克的运气较好，他幸运地带领着部队

---

[1] 战争期间，古德莱克曾修复了一支俄制M/54线膛前装枪，他将该枪称为"击针枪"（needle rifle）。这可能被一些研究者或作者质疑，他们认为此术语（即"击针枪"）通常用于指代不久后普鲁士装备使用的 *Zündnadelgewehr*（"德莱塞"式击针枪），这意味着他可能错误地以为俄制枪械与之后真正的击针枪有一些相似之处。

[2] 特雷弗·罗伊尔于1999年所著《克里米亚：1854—1856克里米亚战争》，引用蒂莫西·高英于1883年完成的回忆录《一位士兵的故事/来自底层士兵的声音》（*A Soldier's Story, or a Voice from the Ranks*）中的相关内容。

经历了阿尔马河之战（Battle of Alma）、巴拉克拉瓦之战（Battle of Balaclava）以及乔尔纳亚之战（Battle of Chernaya），甚至针对塞瓦斯托波尔的漫长围攻战他也曾参与过，至1890年4月5日他去世时已晋升成为英国陆军中将。然而，被集中编组由他指挥的神枪手单位，却在因克尔曼战役之后被解散。1855年2月，古德莱克曾记录称最初跟随他的30名神枪手中，13人已在战争中阵亡，5名因伤重无法再战斗，1人获得委任晋升。该单位被解散的原因，正在于这类神枪手并不可多得，因此当大部分人损失后无法及时为其补充，因而此类单位本身就没有存在的意义了。

在撰写于1865年的7卷本《登陆克里米亚》（*Invasion of the Crimea*）一书中，A.W.金莱克曾描述道：

> 毫无疑问，英军禁卫步兵部队神枪手单位的军官[1]和他的下属们，清楚地知道，他们要尽可能接近敌人，在敌人的眼皮底下……才有机会发挥他们的优势；但我相信，至少他们参与这类危险行动的动机，如果不是因为被强制而勉强参与的话，那么肯定是出于对射击和冒险的热爱（对此，他们几乎也不会否认）。

当然，英军在克里米亚战争中运用了狙击战术，但至少在1855年夏季之前，这类战术主要仍是像俄军一样，在战场散兵坑中潜伏"固定的狙击手"为主，有时甚至利用俄军的狙击散兵坑（它们可能位于英军前线数百码范围内）。但在战争之后，英军似乎对狙击手及狙击作战的认识也迅速淡化了。当然，克里米亚战争中，主要参战国的狙击手们仍使用线膛前装枪作为其主要武器，它们在战场上经历了各种检验，反映出同期枪械技术仍不足以让优秀的射手充分发挥其设

---

[1] 三名最初的军官分别是冷溪禁卫团的古德莱克、禁卫掷弹兵团的卡梅伦（他之后很快受伤），以及苏格兰禁卫燧发枪团的巴林（因其行为受到军法调查而被解职）。

计能力。此外，这场战争可能也是"戴维森式望远瞄准镜"（Davidson telescope sight）首次应用于战场狙击行动，但不幸的是，目前仍无确切证据证实这一点。

美国南北战争中的狙击作战

美国南北战争爆发于1861年春季，当时北方联邦陆军主要装备斯普林菲尔德式线膛前装步枪，这种受到当时军方欢迎的前装步枪于1855年获得批准生产和采购。当然，至战争爆发时，军中仍保留有相当数量的老式火帽式燧发枪在使用中，这种前装滑膛枪械使用约0.54口径的球形弹。

战争首先在美国东部打响，从一开始战争就导致南北双方的巨大伤亡。随着损失增加，双方不得不大量征召义务兵进入战场，部队规模迅速膨胀；因此，双方对枪械的需求，远超当时南北双方各自的枪械产量。当时，北方政府的斯普林菲尔德军械厂、哈珀的渡船军械厂以及其他私营枪械生产承包商（包括柯尔特和雷明顿军械公司）都全力投入枪械生产，更多的下游承包商和供应商先后加入枪械生产活动。在当时大量生产的各类枪械中，一些根据政府的订单生产，还有大量枪械则是各类承包商认为他们的枪械产品性能非凡而主动生产的（尽管往往不能满足政府的要求）。

19世纪50年代，美国国内枪械工业界曾出现过一段研制生产后膛装枪械的热潮（军方对此强烈抵制和反对），因而同期出现了大量关于后膛装枪械的专利设计，有许多型号进入了实际生产阶段，并向军方交付了几百支到上万支不等。

前膛或后膛装弹的设计，其性能表现在平时可能并不明显，但两类枪械同时装备部队后，部队不仅有机会评估后膛装枪械的优越性，而且还能试用当时较为先进的金属制弹药及连珠枪。在这段枪械设计急剧变革时期，很多成功设计的枪械使它们的发明者获得了大量财富，而也有一些发明家中途放弃错失了时代的机遇。但无疑可以明确的是，随着这场内战走向终点，刺激人们不断设计新枪械的热情很快消退了，很多军方未付款的枪械订单也被政府断然取消了。

例如，后膛装枪械的一个最重要的优势，是它可以轻松地重新装填弹药。对于在战场的士兵们而言，这非常重要。他们在战场上，需要时刻掌握并确认他的步枪是否装填有弹药，有时紧张的战斗场景会使他们在击发枪械后忘记枪械内是否仍有弹药。比如，出现重复装填的问题，这是很影响步兵战斗效率的事。事实上，南北战争后期的葛底斯堡战役中，曾有线膛前装枪被装填多达23次，还有数以千计的前装枪被重复装填了3~10次[1]。

然而，内战中双方的狙击手们则面临着完全不同的问题。例如，当时由温斯洛·霍默创作的联邦军神枪手的画作，在1862年的《哈珀周刊》上以雕版画的形式出版，画中显示出当时北军狙击手在树上潜伏时为一支极重的前膛装步枪进行装填时的困难。具体而言，他要花时间先向枪管中倒入火药，再以通条压实火药，再取出通条并由枪管口倒下新的球形弹丸，再以通条压下弹丸至弹膛部位。至于射击时，这类枪械击发后通常会施放大量烟雾，使其位置被暴露。无疑，后膛装枪械在狙击作战方面的优势十分明显。

根据对当时各类数据的统计，南北战争中使用数量最为庞大的后膛装枪械，仍是枪管较短的卡宾枪。当然，这些后膛装卡宾枪通常不是为了获得其较高的射击精度（尽管许多人会在超过膛线前装线的射程外，使用这种后膛装枪械射击），而是看中它的轻便，例如，当时出现的斯宾塞式步枪，其使用的弹管式后膛供弹方式就广受好评。但是，在1861—1865年之间，北方联邦政府采购的35000

---

[1] 西奥多·莱德利少校撰写的《后膛装火枪》一文，收录于1865年《美国勤务杂志》第3卷第69页，其中宣称当时联邦军曾从战场上找回27574支被丢弃的火枪，经检视发现其中24000支有过装填经历，12000支重复装填了2次、6000余支重复装填在3 ~ 10次之间。但莱德利除在书中记述这些数据外，并未给出其他支撑性证据。

支后装步枪，也并非都是如此[1]。

战争期间，夏普斯式步枪是联邦政府采购的最受欢迎的单发后装步枪，它也是联邦军队中专业的神射手们采用的第一种后膛装枪械。1848年9月12日，克里斯蒂安·夏普斯因为后膛式枪械的下降式闭锁系统设计取得了专利，而早在内战爆发之前，他就已针对该闭锁系统进行了长达13年的研究和完善。因此，战争爆发后，其新枪械的生产初期的困难已被克服，故而其有了保证的产能迅速满足战争时期军队和商业市场的需求。

该枪的闭锁系统采用创新性设计，枪械的扳机护圈实际上也是一根杠杆，当射手向前下方压下杠杆时，机匣后部的闭锁系统向下在坚固的铁制框槽内滑落开锁，让弹膛暴露出来，接着弹药被压入弹膛，闭锁系统重新升起完成关闭。这时，射手可压下扳机施放侧击锤，以击发火帽完成弹药击发。

第一次采用此新闭锁系统的枪械于1849年4月由宾夕法尼亚州米尔克里克的丹尼尔·尼博斯成功制造。他们在生产时略微改进了原来的设计，即后膛闭锁系统以倾斜的方式向下滑动，而非1848年专利图纸中标示的垂直模式。同时夏普斯取得专利的弹药底火系统，也被应用于枪械设计上。这是一种与弹药分离的底火，它位于弹膛铰链盖之下。之后，美国军方将这种枪械命名为"1849式步枪"，军方对它的第二笔采购合同则要求对其进行改进，使其可使用1848年取得专利的梅纳德式带状底火（由爱德华·梅纳德发明，它使前装枪能更快速地重新装填）。

这些后膛装枪械为确保后膛密封严密，其铁制部件在后膛闭锁部件的断面处设计有铂基合金的密封环，在闭锁部件的表面有一个特殊的铂合金密封环，它的作用是可调节的腔套，目的是防止气体泄漏。当时，由尼博斯制造的步枪，采用

[1] 根据《1861年1月1日至1866年6月30日枪械采买和制造摘要说明》（the Summary statement of purchases and fabrications from January 1, 1861, to June 30, 1866），联邦当局采用了35支巴拉德步枪、4612支柯尔特式转轮步枪、900支格林式步枪（Greene）、1731支亨利式步枪、583支梅里尔式步枪（Merrill）、9141支夏普斯式步枪、12471支斯潘塞式步枪（Spencer）和1575支霍尔式步枪（Hall），还有很多其他步枪被参战官兵私人采购。

简单的后枪机组件闭锁设计（back-action locks），其杠杆式枪机采用独立的锻造部件，枪机杠杆紧密地与扳机护圈贴合着。

1851年秋季，夏普斯建立了自己的枪械公司，尽管当时其枪械生产仍主要委托给佛蒙特州温莎的罗宾斯和劳伦斯公司具体进行。生产期间，其专利步枪的生产流程已被简化，比如，其扳机护圈与枪机杠杆被整体化锻造，枪械击锤则被安装在后枪机组件闭锁机构内。1850年，以夏普斯设计为原型衍生的短管型卡宾枪，接受了美国陆军与海军的广泛测试，最初该枪在测试获得极大成功，但之后在延长测试项目中，它的后膛出现惊人的气体泄漏。1853年，美国军方采购了200支1852式卡宾枪，它们被交付给陆军部队，其中包括由克里斯蒂安·夏普斯于1852年10月取得专利的碟状底火系统[1]。这款步枪的金属部件大量采用黄铜制部件，其仍保留了铂基合金制成的后膛密封环和可调节的弹膛衬套（类似设计曾出现在1851式步枪上），此外在击发系统方面该枪仍采用传统的外部式击锤设计。

从1853年至1855年间，该枪由罗宾斯和劳伦斯公司制造，之后在1855年至1858年间，当夏普斯的枪械公司具有生产能力后又继续进行了生产。同期，美国海军和海军陆战队共采购了204支1853式步枪。这批交付枪械设计有黄铜纹饰、单个枪管箍，枪管口下设计有刺刀卡榫（可安装较长的剑形枪刺）。同期在1853年至1856年间，美国陆军采用了400支与之基本类似的1853式卡宾枪[2]。

南北战争前，美国国内的枪械发明家们还与英国共同开发了1855式步枪，1856年1月英军最终订购了6000支0.56口径的1855式卡宾枪。与此同时，1855年4月，美国陆军订购了400支采用0.52口径弹药的1855式卡宾枪。这些枪械采用带式底火，它位于枪体左侧后部，以及直颈式击锤。枪管前端的护木较短，由单个紧固箍与枪管固定，相关金属部件主要由黄铜制成，少量由钢铁制成。当然，陆军

---

[1] 美国专利9308号"装填火器的方法"，该专利申请于1852年10月2日获得批准。

[2] 1857年反奴隶制的马萨诸塞-堪萨斯救济委员会采购了200支该型枪械。之后，又有一批该型枪械被约翰·布朗获得，用于武装当地反奴隶制的组织。

仅采购了25支全枪管型1855式步枪，它们拥有全长度的枪托、3个枪管箍，以及枪管口的刺刀卡榫。1856—1857年间，美国海军也曾采购过200支同型号短枪托型步枪。

针对该枪的广泛试用表明，夏普斯的铂金合金密封环系统在大量使用后，其密封效果并不理想，特别是枪械在大量使用后后膛部件磨损，其密封性更无法保证。为解决此问题，很多设计师投入到相关工作中，其中卓有成效的改进来自康涅狄格州哈特福特的希西家·科南特，他针对该步枪的后膛密封模式设计了一个可膨胀的闭气环，该设计于1856年4月1日取得专利；事实上，在该设计取得专利认证之前的几个月时，它就已投入量产[1]。据称，夏普斯枪械公司曾向科南特支付了8万美元，以获得使用其专利闭气环的生产授权，但之后它的使用经验表明，新的附加的可膨胀闭气环仍不像其推广者所希望的那样有效密封。直到1859年12月，由理查德·劳伦斯发明的改进型闭气密封组件取得专利后，此类枪械的后膛漏气问题才得以有效改观[2]。但该设计出现时间太晚，很快被称为"新型"的M1859型步枪出厂后，这类问世并实用了至少一年的密封附件就失去了用武之地。

M1859式夏普斯步枪，也被称为"新型"步枪（New Model），在其枪机内主弹簧与抛壳机构之间设计有一外马镫状部件和转环，它的后膛闭锁机构采用垂直打开方式，后照门瞄准具采用全新设计，弹药方面采用新的球状底火机制，使其能使用火帽式击发设计。

1859年9月9日，美国海军向夏普斯枪械公司订购了900支采用0.56口径弹药的M1859式步枪；接着在1861年6月，又向华盛顿特区的生产商约翰·米彻尔订

---

[1] 美国专利第14554号"后膛装火器的一种改进"，该专利申请于1856年4月1日被授予给康涅狄格州哈特福特的希西家·科南特。

[2] 美国专利第26504号"后膛装火器的一种改进"，该专利申请于1859年1月20日被授予给康涅狄格州哈特福特的理查德·S.劳伦斯。

购了1500支使用0.52口径弹药的同型枪械。这些枪械的枪管配备着全尺寸长度的枪托，枪管与护木间用两个枪管箍固定，枪管口部设计有刺刀卡榫可装配剑形刺刀。

美国陆军于1861年6月首次采购M1859式步枪，当时陆军向位于纽约州的生产商C.C.比恩定购了109支使用0.52弹药的"带刺刀座的夏普斯长枪管型M1859式步枪"。至1865年6月底，联邦军队共订购了9350支各公司生产的M1859式系列步枪。其中，除了600支配备36英寸长枪管的枪械外，陆军采购的步枪通常与海军订购的枪械类似，区别则在于陆军型的30英寸枪管采用3枚枪管箍固定，而海军型枪管只有2枚枪管箍固定。为提高可靠性，其枪机闭锁的易损部件和部位采用表面硬

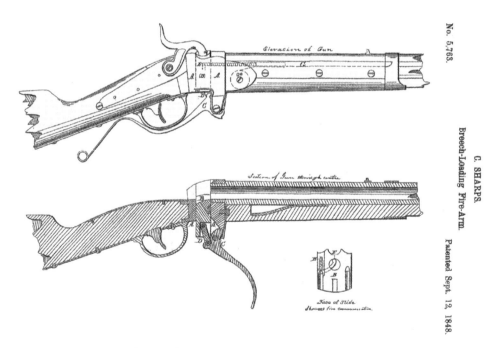

图22　克里斯蒂安·夏普斯获得的首份枪械专利结构简图

注意图中枪械枪身上套在扳机护圈上的独立杠杆，许多早期火器都采用这种设计。（华盛顿特区美国专利局）

化处理，枪托右侧还设计有一个弹衬盒（前装枪装填弹丸时包在弹丸外的纸片或布片，以免弹丸在直径较大的枪膛内乱滚）。此外，这款枪械上还设计有当时大部分官兵都较为接受的刺刀卡座，该环状卡榫位于前瞄准准星基座的外围，当然个别州战时采购的该型枪械上则采用传统的剑式刺刀基座。

夏普斯公司的枪械在1950年代和60年代获得的声誉，很大程度上源于美国陆军的神射手（Sharp Shooters）部队在战场上的运用。这支由神枪手组成的单位成立于1861年秋季，在海勒姆·柏丹的直接负责下组建。南北战争爆发后，北方军队对高性能步枪的需求大增，1862年1月27日联邦军陆军订购了1000支M1859式"神射手式步枪"，其枪管长约30英寸，设计有特制的两段式扳机，可以让射手在击发时更易控制。接着在同年2月6日，又订购了一批同样数量的该型枪械。这几批枪械生产批号为54500～57800，它们的枪管上刻有椭圆形的花体"JT"，代表着当时联邦政府的军械核查人员约翰·泰勒的名字缩写。

在M1859式步枪的基础上，夏普斯的公司继续改进完善，形成了M1863式步枪，战争期间大约生产了5000支全长型和至少6.5万支短枪管的该型步枪。与M1859式相比，M1863相对较小，为识别这两种枪械它的枪管上刻有"MODEL 1863"的字样。在具体的改进方面，M1863步枪后膛闭锁装置处的易拆卸螺栓得到改进，使用更紧固的照门瞄准具，取代了之前型号的直立式闭锁装置和易损坏的弹簧座。它的后膛部件被证明非常坚固，足以适应当时威力最大的几种运动型弹药。当然，夏普斯公司并未一直延续它们的辉煌，至1881年时，日薄西山的"夏普斯枪械帝国"最终停止了生产。

美国南北战争期间，还见证了枪械方面的另一项重大改进。枪用光学瞄准镜首次大量应用于战场狙击，当然在战争之前类似的试验已进行过很多年了。北方联邦军队使用的光学瞄准镜通常被认为以马尔科姆式瞄准镜为主，这在第一章中已有阐述；但同期，北方军队在佛蒙特州和其他一些地区作战时，也曾使用过查普曼瞄准镜。通常，这类瞄准具的问世归功于L.M.阿米登，但在一部存世的该型瞄准镜上却明显地刻着"L. AMADON""B.FALLS."和"VT"等字样。

查阅当时美国的人口统计资料和其他记录，表明利安德·A.阿米登（也被拼写为Amiden或Amidon）于1814年生于新罕布什尔州。在1850、1860年联邦政府进行的人口统计中，他被登记在佛蒙特州的贝洛斯福尔斯，而且标注为是一名钟表匠。至1870年的资料中，他被仍标注为"钟表匠"，当时他拥有的不动产价值约6000美元，个人私人物品价值约3000美元。1878年12月12日，他被记录在佛蒙特州罗金厄姆去世[1]。阿米登式瞄准镜做工精良，但其光学系统的品质远不如马尔科姆瞄准镜，当然两种瞄准具都采用单透镜光路设计。

由于数量比较少，挑选出来配备这些光学瞄准镜的射手，主要是那些具备高超射击技巧的士兵，他们往往在一些战役中以手中的装备发挥重要的作用，比如利用枪上的瞄准具完成战场侦察，或直接射杀高阶军官、炮兵操作人员、传令兵等战场上具有较高价值的人员等。通过自己的远距离精确射击能力，他们可以有效歼灭敌军的通信人员、从河对岸或类似受保护的地区威胁己方的观察哨，甚至整个营地。

战争期间最值得关注的，而且无疑也是最具影响性的，正是海勒姆·柏丹于1861年组建的几个团级单位，这些团在其发展最高潮时编成的员都达到上千人。海勒姆·柏丹于1824年生于纽约州，根据1850年美国联邦政府人口普查资料，他曾接受过机械技师的职业培训，之后考取相关证书成为一名执业机械工程师。在机械领域，他很早就展现了自己的创新思维，他有过不少发明，并通过申请专利赚得盆满钵满，比如他曾发明过一种淘金的机器，可利用汞齐等化学药剂将金子从含金矿石中大量分离出来。而且，海勒姆·柏丹还热衷于射击，在战前的美国他就已被认为是当时最优秀的神枪手之一。

---

[1] 他的死亡记录和遗嘱，包括其工厂的详细库存和各类物品，但这些文件中他将自己的名字拼写成Amadon，这很可能与"利兰·摩根·阿米登"［L（eland）M（organ）Amidon］相混淆，后者于1836年10月生于佛蒙特州。利兰在19世纪50年代举家搬往威斯康星州定居。

利用他在商业上取得的成功（正如有时他所宣称的，他的成功并不涉及其家庭背景），海勒姆·柏丹得以接近当时有影响力的政客们[1]。但在很多人看来，他也不是一个受欢迎的人物。他在商业上的运作手段可以说是非常冷酷，例如，当时美国陆军少校军官亚历山大·戴尔之后升任军方军械署主管，就视海勒姆·柏丹为一名肆无忌惮、寡廉鲜耻且只讲利益的商人。当时甚至也有暗示认为，他生产的柏丹式弹药（尽管这在世界上很出名），实际上是斯蒂芬·本纳特的成果，后者当时是斯普林菲尔德军械厂的负责人。据称，1869年时柏丹曾表示出访问斯普林菲尔德军械厂的想法……之后，他意识到本纳特（作为政府雇员）不能申请对他设计的弹药获得法律的专利保护，因此，他立即将本纳特的发明成果用自己的命名申请了专利。

1861年，当内战首先在萨姆特堡爆发之时，海勒姆·柏丹立即游说北方联邦的战争部批准他招募并组建由神枪手组成的新单位，即之后被称为"神射手"（Sharpshooter）的团级部队。1861年8月2日，该新单位正式建立，他则被任命为联邦志愿役上校，并指挥"第1美国神射手团"（1st USSS），该团编有10个连，根据在各地的招募进度，在1861年8月至1862年3月间相继在新罕布什尔州、纽约、芝加哥、威斯康星和佛蒙特等地组建。接着在1861年年底的3个月时间里，亨利·波斯特上校受命又在缅因州、芝加哥、明尼苏达州、新罕布什尔州、宾夕法尼亚州和佛蒙特州等地又招募了8个连的射术出色的志愿兵，组成了第2美国神射手团[2]。

他的观念被上层接受后，海勒姆·柏丹立即着手开始招募民间的精英射手，

---

[1] 海勒姆·柏丹是约翰·柏丹和汉娜·埃尔德里德的儿子。他的父亲是荷兰后裔，在1850年美国联邦的人口普统计记录上被列为"农夫"，当时仍拥有一处价值5000美元的地产。

[2] 他在联邦军队中被广泛地认为是名能力较欠缺的战场指挥官，柏丹于1864年1月2日辞去了自己的职务，接着他离开军队转而全力经营自己的生意。自1864年8月（第1团）和1986年2月（第2团），这两个神射手团被撤编。

比如他向外界公开招募广告，招收那些能在有准备的情况下从600英尺/180米外（或无准备时从300英尺/90米外）将10枚子弹连续射入标靶上直径约5英寸圆圈内的人。当前，在军队中考核官兵的射击技能并不使用这样的标准，但民间却也不乏愿意一试并满足此类标准的射击爱好者。实际上，在考核射击时标准把握得并非十分严格，应试者平均往往会有50次射击机会，其平均10次射击的弹着能达到

图23　美国南北战争中的海勒姆·柏丹

海勒姆·柏丹（1824—1893），图中他穿着联邦陆军的上校军装，
当时他正指挥着美军第1神射手团。（华盛顿特区美国国家档案馆）

标靶5英寸（或更小）的圈内就算合格。当然，如果其间一旦出现射失脱靶的情况，则会立即出局。

最初，参加应试的志愿者们都自行携带步枪，他们都存着一种希望，就是如果自己通过考核成功进入军队服役，那么军方将向他们支付60美元，以补偿他们自行携带入伍的枪械。当然，这从未兑现过。

这些枪械通常都是个人自用的运动步枪或打靶用枪。当时，曾有一名观察家记录称，这些步枪的重量各异，分布在17～50磅之间，平均约为25～30磅。大部分击发口径相对较小的弹丸，一些甚至还附配有全尺寸长度的望远瞄准镜。作为追求精度的枪械，它们的做工普遍较为精良，其射击精度水平与20世纪的狙击步枪相比也毫不逊色。例如，当时由著名制枪匠爱德温·韦森（1811—1849）及其继承者制造的运动步枪就被认为是最精良的精度步枪，类似地，同期也有许多其他的枪械制造商能够提供高质量的枪械及弹药。

然而，当时没人意料到的是，接收这批射术精湛的地方爱好者和他们个人枪械进入部队服役后，军方的弹药供应变得更为复杂，例如，它们的弹药种类繁杂、口径各异（想要标准化几乎不可能），这本身就令保障军官头痛万分。柏丹很快意识到这个难题，因而他决定订购夏普斯公司的后装步枪配备给神射手团的官兵，但这一决定显然当即触怒了联邦老迈的陆军司令温菲尔德·"老顽固"·斯科特将军，而且同样也得罪时任军工署主管詹姆斯·"保守佬"·雷普利准将，当时这些固守成见的高级军官对后膛装枪械的"敌意"众所周知。

为了解决现实的问题，柏丹只能采用"迂回"的方式推广能精确射击的后膛装枪械和他的神射手团，比如通过向时任联邦总统亚伯拉罕·林肯展示他的小伙子们的技能。经过各种努力，最终他还是仓促订购了1000支后装步枪（不久后又订购了另一批）。但不幸的是，当时夏普斯公司并无法立即从库存中向柏丹和他的部队提供这批枪械。因为柏丹对枪械的设计和改进提了很多意见，包括采用设定式扳机等，但为满足这些要求需要耗费时间来改进其制造设备与工具（因而也

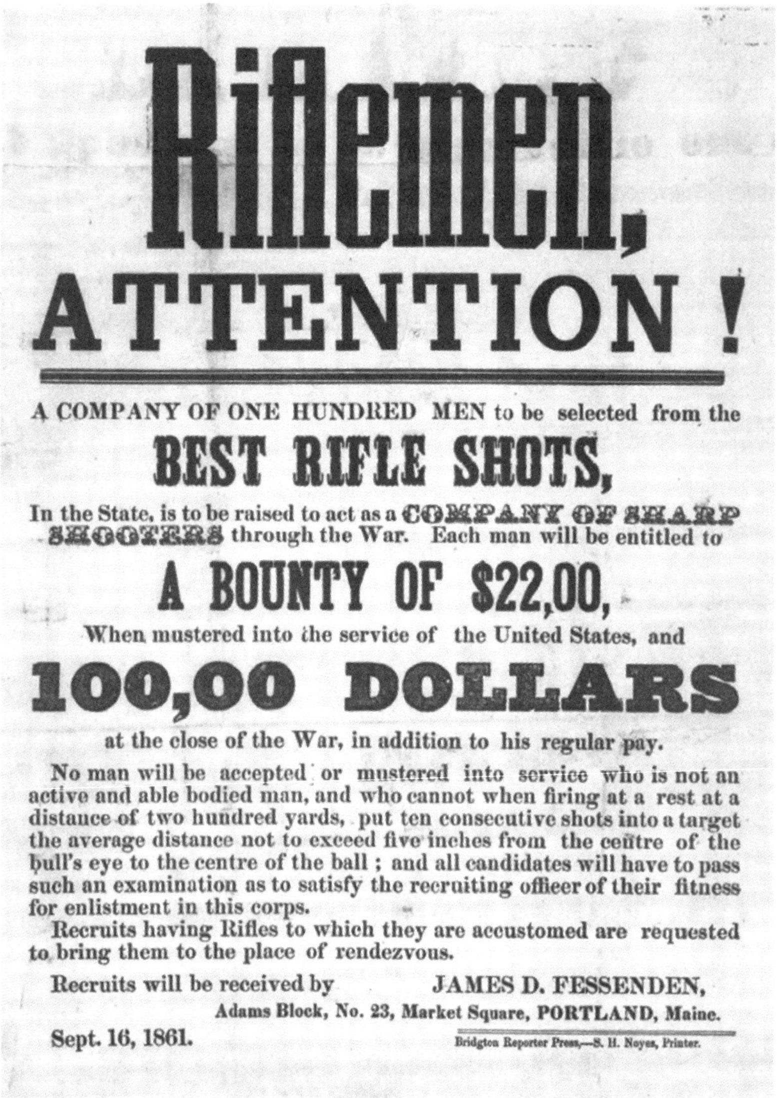

Riflemen,
ATTENTION!

A COMPANY OF ONE HUNDRED MEN to be selected from the

BEST RIFLE SHOTS,

In the State, is to be raised to act as a COMPANY OF SHARP SHOOTERS through the War. Each man will be entitled to

A BOUNTY OF $22,00,

When mustered into the service of the United States, and

100,00 DOLLARS

at the close of the War, in addition to his regular pay.

No man will be accepted or mustered into service who is not an active and able bodied man, and who cannot when firing at a rest at a distance of two hundred yards, put ten consecutive shots into a target the average distance not to exceed five inches from the centre of the bull's eye to the centre of the ball; and all candidates will have to pass such an examination as to satisfy the recruiting officer of their fitness for enlistment in this corps.

Recruits having Rifles to which they are accustomed are requested to bring them to the place of rendezvous.

Recruits will be received by JAMES D. FESSENDEN,
Adams Block, No. 23, Market Square, PORTLAND, Maine.

Sept. 16, 1861.

Bridgton Reporter Press,—S. H. Noyes, Printer.

图24　美国南北战争中柏丹印制的神射手招募宣传品

海勒姆·柏丹公布的传单，鼓励具备相应资质的射手加入联邦的神射手部队。注意这张传单中明确指出，允许应征射手携带他们的枪械入伍，而且还对射手的技能提出了具体要求，即能够在200码距离上将10发射弹射进标靶中心直径不超过5英寸的靶心范围。（作者本人收藏）

不了了之）。据称，柏丹还曾试图订购斯潘塞公司的连珠枪，但该生产商当时正全力满足军方订购的卡宾枪订单，没有多余的产能满足柏丹的要求。枪械短缺问题，最终在1862年1月得以解决，当时2000支柯尔特公司的0.56口径转轮步枪被提供给柏丹的神射手团，但这批枪械的交付，后来被证明完全是场灾难，神射手团的那些志愿者们甚至威胁发动兵变，只为获得夏普斯后装枪，显然，柯尔特公司的这些枪械并不受他们欢迎。

柯尔特公司的转轮步枪（4发弹容）被证明具有足够高的射击精度，例如在1861年联邦第12肯塔基步兵团的警戒哨曾使用这种步枪在大约300码距离上，用8枚弹药击毙了4名邦联军的骑兵。但这种枪械因4枚弹药置于转轮内，当连续射击枪械过热时，或击发时从弹轮中溢出的燃气容易诱发其他未射弹药被误射。当时，曾有射手在使用柯尔特的4发转轮步枪时，因其枪管较长且较笨重，故而除一只手持续握把和扳机外，会用另一只手托在转轮圆柱体下部作为支撑，这时如果枪械出现误击发的故障，射手有可能永远失去自己的手臂。

神射手团的官兵在获得这批枪械后，确在战斗中使用过它们；1862年夏，夏普斯公司的后膛装枪械终于交付给这些精英射手，柯尔特的转轮步枪得以收回。在之后的交战中，包括血腥的钱斯勒斯维尔战役、葛底斯堡战役等，神射手团带着他们的夏普斯后装枪参加了这些战斗。后膛装最重要的一项优势，在于装填时非常方便，尤其是射手在卧姿或处于掩蔽物之后时（这类射姿或位置，使用前装枪装填时非常不便）。神射手团的官兵接受过在战场环境下利用任何自然障碍物或掩蔽物的训练，再配合后膛枪的装填便捷性，更容易发挥出他们的战场价值。

在对神射手团官兵的运用上，柏丹较为沮丧，他原来是想将他的神射手团集中部署并投入战场，但他的整个团却经常被拆分成小队的侦察巡逻组或狙击小组，分散投入战场上自行寻求战机或单纯作为侦察斥候使用。有时，这些狙击小组会被指派给其他单位的军官指挥，运用他们的技巧在战斗中及早消灭任何发现的邦联军军官、对方的神射手或火炮组成员。在担负这些任务时，他们的精确射击能力最为被看重，因此有时他们会弃用夏普斯后装枪，转而使用自带的自制精确射击步枪（它们往往放在随行的行李马车里），这些枪械的各种配件和设计都为实现更远的高精确射击而优化，比如带有重型瞄准设备、小口径弹药等。

柏丹及其神射手团的成功，也鼓励了联邦军其他单位组建各自的神射手单位，包括当时隶属于波多马克集团军的密歇根志愿役神枪手第1团的"K连"，这些志愿服役人员几乎都来自渥太华以及本土印第安奥吉布瓦部落和波塔沃塔米部落的精英枪手。

此外，战争中还涌现出第66伊利诺伊老兵志愿步兵团（西部神射手团），它最初是柏丹的西部神射手单位，之后以第14密苏里志愿兵团西部神射手单位而闻名。一开始，它由约翰·弗里蒙特少将在圣路易斯市组建。其中大部分招募的志愿役官兵来自当时较为荒凉且居民多擅长狩猎、射击的俄亥俄、密歇根、伊利诺伊和密苏里州。据称，该团神射手单位的选拔标准更为严苛，他们要能在200码距离外连续射击10次，所有弹着都要在标靶上直径为3英寸的圆圈内，这一标准无疑与第二次世界大战时期的很多狙击步枪的射击精度毫不逊色。

西部神射手单位的志愿服役人员们大多自带着猎鹿步枪，有的枪械由当时著名的枪匠圣路易斯市的贺拉斯·迪米克制造。这些枪械有时又被统称为"迪米克步枪"，它们通常配备有劳伦斯申请了专利的瞄准具，可以击发特制的"瑞士追击兵"米涅式自膨胀球形弹，这些弹药是迪米克专门挑选出来以便充分发挥其制造枪械的性能。至1863年底时，联邦军神射手部队装备的不少迪米克步枪逐渐被新的采用杠杆枪机的亨利式连发步枪所取代，这种步枪大部分都由士兵们自行购买。同期由伊利诺伊州州长理查德·耶茨指挥的第64伊利诺伊志愿步兵团中，不少士兵也自行采购了类似的步枪；也正因此，该团的神射手单位常被称为"耶茨的神射手"。

战争期间，北方军队装备的斯潘塞和亨利式连发步枪有效地增强了轻武器火力，而且其更具优势的是，这类连发枪在完成首次击发后可立即进行第二次、第三次击发。当然，所有这些枪械及其使用的弹药，在较远距离上都缺乏较好的性能表现，毕竟此时弹药的发射药性能仍相对较弱，且钝头弹丸在弹道性能上也不易在远距离上保持速度与能量。与其相较而言，当时一些专为远距离射击制造的前膛装填火帽击发式枪械和夏普斯公司的单发火帽式枪械，更适宜进行远距离精度射击。

战争中，南方邦联军的神射手们在缴获北方军队的夏普斯系列枪械后，也非常喜欢使用它们，即便他们往往缺乏合适的望远瞄准镜也是如此。在瞄准镜方面，邦联军的惠特沃斯式步枪多配备戴维森式瞄准镜，但其数量较为有限，甚至俘获的联邦军枪械上瞄准具都会被取下以便自己使用。对此，当时南方邦联军的艾萨克·牛顿·香农中尉有很清楚的描述。

香农于1833年6月9日出生于田纳西州中心点镇，1861年5月23日，香农应征加入第1田纳西州志愿役合编团，并成为该团E连的一名列兵[1]。之后他加入了奇姆姆的步兵旅（该旅在1863年9月19—20日奇卡牟加战役后得到了"梅尼旅"的称号），并成为该旅神射手单位（使用惠特沃斯步枪）的一员。战争结束后，1865年5月1日他在北卡罗来纳州中北部格林斯博罗城被假释。1875年，香农与妻子贝蒂·李，以及他们的孩子定居在田纳西州中心点，直至1883年8月3日他在迪克逊去世。他在射击方面的声名，在其死后因一篇文章而更广为人知——《胡德军中的神射手》，该文刊发在1907年3月刊的《邦联退伍老兵》杂志上[2]。

战后，香农的回忆录证实了战前南方的反联邦情绪有浓厚的民众基础，这不仅见于当时南方不少人士的独立战争回忆录中，也存在于很多南方棉花产区的奴隶主心中。内战爆发时，南方人士担忧联邦的胜利将导致北方加剧对南方重要原料产地的剥削。因此，战争爆发后，随着北方对南方封锁的延续，不仅很多走私商人往来于欧洲与南方邦联之间获取利益，大量英国制造的军火也被输入至邦

---

[1] 香农的单位似乎可能被改名，或几乎立即被并入第9田纳西州步兵团（由道格拉斯上校指挥）。

[2] 《胡德军中的神射手》，收录至1907年3月No.3《邦联退伍老兵》（*Confederate Veteran*）第124—125页。

联。在步兵武器方面就包括大量恩菲尔德式前装线膛枪，它们主要由伦敦军械公司等生产商制造。

克米里亚战争期间，P/53型恩菲尔德式线膛前装枪广泛进入英国陆军服役，当时这种枪械在不确定的背景之下为英国陆军所采用。这种全新的采用0.577口径弹药的枪械实际上是此前P/52型前装枪（使用0.702口径弹药）的改进型，而后者实际上又是更古老的布伦瑞克前装枪和P/42型滑膛前装枪的深度改进型号。但该枪本身过于笨重，而且击发时会产生巨大的后坐力而使用不便。当然，在英国国内枪械企业改进P/53步枪期间，另一种枪管孔径呈椭圆形的兰开斯特步枪通常被认为在射程上超过同期常见的恩菲尔德线膛枪。因此，当时很多人将带有膛线的P/53步枪（枪管内有3根缠距较大的膛线，弹丸在枪管内前进78英寸，在旋转膛线的作用下旋转一圈），视作一种容易导致反复装填弹药的过渡性设计。之后，英

图25　美国南北战争中马萨诸塞州第1神射手团的士兵们

照片拍摄于1861年，该团的神射手们的合影。注意图中士兵们都拿着重枪管型、配有瞄准镜的火帽式步枪。[Courtesy of James D. Julia, auctioneers (www.jamesdjulia.com)]

国陆军在克里米亚战争中的经验表明，恩菲尔德式步枪在持续射击后其机匣和枪机内的积污速度和程度远比想象得更快、更严重。

除了查尔斯·兰开斯特外，他的椭圆形枪管孔径枪械因其优异的性能，也被英国军方认可，获得了"P/55萨珀和迈纳斯步枪"的型号，并为探索枪械膛线设计，对类似的异形内膛枪械进行了大量的试验。展开相关试验的人士包括皇家炮兵军士长罗伯特·摩尔，他曾提议试制五角形和六角形孔径的枪管，他认为这类不采用传统膛线的枪管孔径设计有利于减少射击时的枪管积污。摩尔设想的枪械最初在1843年就在恩菲尔德军工厂进行了试制，但后续试验并未取得任何有益结果。在1852年，法国枪械工程师伊萨姆巴德·布鲁内尔（很可能并未意识到摩尔的尝试）也曾委托当时英国著名的枪匠韦斯特利·理查兹，试制了一种枪管孔径为八角形的步枪；很明显的是，尽管当时克里米亚战争已经爆发，但英国国内对枪械的各种设计改进仍然广泛进行着。

因而在1854年，英国政府下属的军械委员会与工程师约瑟夫·惠特沃斯（1803—1887）接触，后者当时已是倡导机械精确测量和标准化的主要工程界人士。当时，英国政府希望惠特沃斯就皇家轻武器工厂安装新的枪械生产设施提供（标准化生产和设备测量方面的）建议和指导，以及开发更精密的枪管膛线机械加工设备。

惠特沃斯在参与此工作后，立即注意到当时英国的众多枪匠对此缺乏一致的意见，而且其枪械制造过程中也缺乏各种科学的评估、衡量方法（比如对各种类型的膛线）。而且，在此过程中他意识到自己对膛线制造工艺及标准方面存在的忽视，因此他还就此向韦斯特利·查理兹以及很多其他英国顶尖的枪匠探讨并征求其意见，之后劝说军方军械部门资助建立一座500码的枪械测试靶场（该靶场于1855年3月完工）。

至1857年，惠特沃斯经过研究和测试最终为其试制的高精度线膛前装枪明确了0.577英寸口径，而且它的枪管采用六边形孔径设计，为此还特制了六边形轮

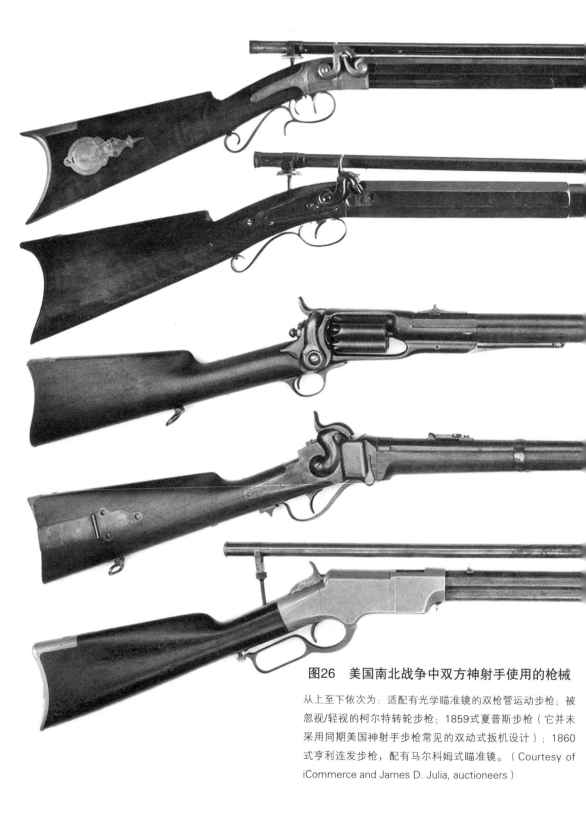

图26　美国南北战争中双方神射手使用的枪械

从上至下依次为：适配有光学瞄准镜的双枪管运动步枪；被
忽视/轻视的柯尔特转轮步枪；1859式夏普斯步枪（它并未
采用同期美国神射手步枪常见的双动式扳机设计）；1860
式亨利连发步枪，配有马尔科姆式瞄准镜。（Courtesy of
iCommerce and James D. Julia, auctioneers）

廓的射弹。经过测试表明，在理想条件下，该试验枪械在射程上大大优于同期的P/53型枪械。当时的《泰晤士报》曾报道过该枪械的试射结果，并对它能在500码射击距离上较准确地射中直径为6英寸的圆圈内印象深刻；相较而言，在此类射击距离上，恩菲尔德式步枪的弹着散布更大，而惠特沃斯试验步枪能实现更为密集的弹着散布（弹着集中在直径为12英寸的圆内）。

尽管军方仅采购了较少数量的惠特沃斯0.577六角形孔径远射步枪，但无疑的是，越小的枪管孔径在射程和精度方面表现越好。1848年，兰开斯特还曾试验过0.451口径和0.500口径的线腔枪，1856年时采用0.500口径的P/53型步枪的衍生型也得以试验。所有这些枪械试验的结果，都通报给了惠特沃斯，后者于1859年试制了多种采用从0.450口径至0.490口径的圆形孔径枪械。对圆形孔径枪管的缠距方面，他认为较小的1∶12缠距（弹丸在枪管内每前进12英尺就旋转一圈）特别值得重视。但令人觉得讽刺的是，他的枪械与采用0.450口径枪械及较小缠距膛线的P/53型步枪进行了对比性试射，惠特沃斯却抗议后者侵犯了他的专利权利，不过他自己也大量吸收了摩尔、布鲁奈布、兰开斯特、韦斯特利·理查兹和其他当时知名枪匠的枪械设计要素与特点[1]。

不久后，相当数量的采用0.450口径的P/62和P/63型惠特沃斯步枪得以制造，并提供给大英帝国各类部队进行广泛的实战试用，但最后来自印度部队的试用报告直至1865年才最终提交回英国国内。但此时，枪械发展已出现重大变化，所有人都知道前装枪械的时日无多了。美国南北战争时期，率先应用于战场的德莱塞击针式步枪和很多其他步枪、卡宾枪的实战使用表明，后膛装枪械以及适配其设计特点的分装独立弹药，拥有着巨大优势。

至于惠特沃斯试制的枪型，在实战试用也暴露出不少问题，比如在炎热、干

---

[1] 约瑟夫·惠特沃斯爵士是个很有趣的人，他希望以19世纪来在枪械方面取得的技术进步为基础，制定相关的枪械衡量标准。但同样，他也是个无情的、毫无道德原则的人。19世纪50年代时戴维·戴维森与惠特沃斯结识，他对惠特沃斯自由借鉴各种未经专利保护的设计印象深刻。

燥的条件下其枪管孔径的积污问题严重，对枪管洁净的要求较高。例如，该枪在射击1000次后其枪管就变得很"脏"了，而兰开斯特的椭圆形枪管步枪，虽然也存在着积污较快的问题，但在枪管积污情况下仍能保持其射击性能（在相同试验条件下，后者的弹着散布比惠特沃斯步枪更为密集）。基于此，惠特沃斯的试验及其步枪很快走进历史。

当然，同期在美国国内，故事的发展又另有不同。惠特沃斯步枪在当地的声誉，并未受到同期英军的影响，反而因当时美国国内崛起的"志愿者运动"而获得好评，这类运动缓和了当时美国公众对法国入侵的担忧。这些"志愿者"中的

图27　美国南北战争中的狙击手温斯洛·霍默

图中是描绘南北战争期间最著名的狙击手温斯洛·霍默的画作，图中显示了他使用的重型枪管的火帽式步枪，它曾对南方邦联士兵造成了很大损失。基于此画作创作的版画作品曾被刊发在杂志 *Harper's Magazine* 上。（作者本人收藏）

许多人都来自（欧洲移民至北美的）贵族和上层中产阶级，他们对射击运动的热衷使伴随着同期美国枪械及射击运动的快速发展。

这股热潮导致的直接后果，包括1860年正式成立的"美国步枪协会"（NRA），以及各地兴起的公共射击靶场。此后，美国步枪协会在温布尔顿举办了创始射击比赛，而比赛的开幕式正是由维多利亚女王亲自以一支放置在巨大机械支架上的惠特沃斯步枪打响。当她把挂在扳机上的绳扣拉动后，参加比赛的射手的第一枪就命中了距400码外靶心中心约1.25英寸的位置，其表现甚至可媲美今天的许多狙击步枪。

1861年，美国南北战争爆发，面对北美交战双方对各种高端枪械的巨大需求，因此同期很多英国枪匠向北美输出了大量比赛级枪械以及小口径枪械。这些步枪对北方联邦士兵造成惨重的伤亡。南方邦联赴欧洲采购枪械的代理人，比如迦勒·休斯，就将英国和其他欧洲国家作为南方军的主要武器来源地，这些外界输入的武器极大地改善了南方类似枪械产能低下的问题。事实上，北美大陆的主要枪械制造能力几乎都分布在"梅森—迪克逊"一线（南北战争时南北方的分界线）以北。据称，英国国内著名枪匠惠特沃斯及其他很多人就安排生产了大量枪械供应给南方。

当然，并无明显的证据表明，南方从英国获得数以千计的高品质惠特沃斯式步枪。最可能的情况是，南方代理人从英国实际上只采购了250支该型步枪运返回南方，至于战争爆发后北方军对南方的全面封锁以及对各种枪械走私船的打击，很可能也使南方损失了100余支此型枪械[1]。此外，交战中，双方还是以各种渠道获取了大量额外的惠特沃斯、克尔和其他类型的线膛前装枪械，特别是很多双方的军官私人购买了不少此类枪械。其中一些枪械还附配有戴维森式瞄准镜，尽管戴维森本人是一名虔诚的天主教徒，而且旗帜鲜明地反对南方的奴隶制，但他很

---

[1] 当时，在南方邦联军队中服役的惠特沃斯步枪的数量不可能加以确认。除了由南方政府和军队经走私渠道采购不少外，很多官兵无疑亦私下通过商业渠道买了不少。

大程度上并不了解惠特沃斯等枪匠对美国的枪械交易输出情况，直到战争结束十余年之后他才获悉这些情况。

现今存世的这类枪械表明，当时南北双方从正式渠道采购的惠特沃斯系列枪械，都属于"次等的军用比赛级步枪"，其枪管与护木以两个枪管箍固定，且枪管口部的护木罩距枪管口非常近，使其无法再安装刺刀基座。为提高枪械的可靠性和耐久性，它们的击锤制造得较为厚重，机匣后部是弧形页式惠特沃斯照门，其表尺可以后瞄具前端为枢轴向上翻动，而其枪管口部的前端采用可横向调节的平直片状准星。此外，它们通常还缺少在"上等"同类枪械枪机锁板上可看到的

图28　惠特沃斯步枪接受测试

图中惠特沃斯步枪被固定在一套机械测试台上，在1860年"美国步枪协会"进行的比赛开幕式上，英国维多利亚女王打响了第一枪。

安全螺栓，而且它们的枪托通常也采用普通木材制造。

根据一些现存当时南方军队使用枪械上的系列编号（"B、C"系列），邦联军很可能自1861年秋季开始向欧洲采购枪械。这类枪械的枪机锁板上要么刻着"惠特沃斯步枪公司（曼彻斯特）"（尽管有这类标识的枪械数量较少），或者刻着"曼彻斯特军械和步枪公司"（此类标识更为常见），抑或在枪械扳机护圈后部刻着"次等"的标识[1]。

邦联军通常将他们的精英射手编组在独立的单位中，如果需要再将这类单位配属给编制更大的步兵战斗单位。在军队中，这些射手主要担负类似狙击手的任务，包括精确火力压制、消灭敌方的野战炮兵炮组，专门袭击北方军的军官（只要有机会的话）。

南方邦联军队的第一支神射手单位于1862年5月3日组建，这实际上受到罗伯特·罗德上校的启发。当时，南方发布"第34号命令"，授权各步兵旅组建自己的神射手营，其人员主要由所在旅抽调的、具有精良射术的官兵组成。当然，要培训这类射手，以及在战场上磨砺他们的狙杀技能可能会很耗费时间，因此当南方邦联在将他们投入战场后，首先获得的战果却并不乐观。这部分地是因为当时南方军中拥有高超射击技能的士官并不多，因此即便组建了专门的神射手单位，但充实这类部队的仍是一些后备役或临时性的人员，因而南方军的军官们挑选人选的标准，更多的是看能否立即抽调并编入，而非他们的射击技巧。此外，一些指挥官较为保守，他们也不愿使用这些可能威胁到他们位置的"讨厌的神枪手"[2]。

---

[1] 直至1869年10月7日，惠特沃斯才获得准男爵的爵位，他所发明改进的军械直至1869年11月1日才获得专利授予（日期似乎是如此）。当然，该枪多年来还非正式地在其lock-plate上刻着一个"冠饰"作为其商标。

[2] 当时，一些南军指挥官勉强运用其狙击手，但通常也是因为他们害怕（因使用狙击手而受到北方的）报复；事实上，当时在南北战争期间，南军有时以狙击手射杀北军军官或士兵后，只要其位置暴露就会立即招致对手火炮的猛烈攻击。

但邦联军队的神射手逐渐适应战场，他们的战场效能逐渐发挥出来，毕竟随着更多的人参与到狙击作战中，能够在战场上幸存下来的都是最优秀的射手。更多的南方军队也意识到他们的神射手在惠特沃斯和类似的高品质线膛前装枪支持下，所具有的战场价值。例如，在十字钥匙之战（Battle of Cross Keys）中，南方军的第1北卡罗来纳步兵团的神射手单位甚至推进潜伏至足以威胁到联邦军后方地域的位置，在完成阻击和狙杀任务后又安然返回南方军自己的阵地。

在"七松之战"（Battle of Seven Pines）中，南方军罗德将军率领的步兵旅，其下属布莱克福德指挥的步兵营在邦联军发动主攻前，就先与敌人的警戒巡逻分队交上了火。南方军意图将这些精英射手作为训练有素的散兵加以运用，这很快就收到了效果。在葛底斯堡战役中，麦高恩所辖步兵旅下属的神射手部队，自1863年初以来就在威廉·哈斯凯尔上尉的督导下进行着严格训练，投入战斗后他们很快消灭了驻守比利斯农场的联邦军并占领了该地，证明了自己的价值。至于配属戴维斯和亚契所辖步兵旅的神射手分队，在战斗中击退了联邦骑兵部队后，又根据形势发展变化试图在己方邦联部队展开主攻之前，消灭联邦军部署在赫尔脊的小规模步兵部队。葛底斯堡战役，无疑被证明是第一场神射手在战场上发挥了预期作用的重要战役[1]。

当南方军像威廉·邓洛普少校等军官，都能确保只抽调最优秀的射手成为神射手单位的成员后，南方军神射手的技能很快得到改善，毕竟对于参与培训的射手而言，只有能在距离800码以外的地方击中人形大小的标靶时（当然，这样的标准过高，实际上他们需要使用配备了望远镜瞄准具的惠特沃斯型步枪才能达到），他们才算合格，能够被称为神射手。

---

[1] 例如，约翰·富尔顿·雷诺少将（根据其姐姐后来的证词），在此战中被狙击手射杀（射弹命中他的颈部），是被从高到低俯射中的。因而有解释认为，当时是一名位于树上或谷仓上的神射手所作，但也有人认为少将是在当时战斗尾声期间，被当面第7田纳西步兵团齐射中的流弹打中颈部而亡。除此之外，在葛底斯堡战役中，斯蒂芬·欣斯代尔·威德在联邦军第5炮兵团炮位阵地附近所受重伤，射伤他的很可能也是一名对方的神射手。

战争中有不少联邦军高级军官死于南方邦联军神枪手，比如55岁的约翰·塞奇威克少将，他与随从在1864年5月9日的史波特斯凡尼亚郡府之役（Battle of Spotsylvania Court House）中倒在邦联军神枪手的枪下。对此，当时曾任其参谋长的马丁·麦克马洪上校（之后晋升为少将），回忆了他被射杀的过程：

当时我已下达了必要的命令，指挥所属部队向右翼进发，当他们开始执行行进命令时，敌人阵线中出现少量射击火光，其中部分来自他们的神射手。当子弹呼啸着迎面射来时，一些人躲开了。当时将军正含笑说着"你们在干什么小伙子们！这样零星的子弹都要躲的话，当他们排着横队形齐射开火时你会怎么做……我真替你们惭愧，敌人在这么远的距离上连头大象都打不中！"但几秒钟之后，我们的防线中一名士兵离开了己方队列并走到了将军的正前方；与此同时，邦联军阵中又传来一声枪响，神枪手射出的子弹发出一阵尖啸，似乎离将军所在的位置很近。那名他前面的士兵也感觉到了危险，他几乎立即卧倒在地。将军看着他惊慌地躲避着，似乎有点不太满意他的表现，他轻轻地踢了一下这名士兵的脚，向他说"怎么了，小伙子，你这么躲避那子弹，我真为你羞愧"；接着，他又重复着刚才对南方军队的嘲讽"在这个距离上他们连只大象都无法命中"。那名惊慌的士兵站起身，不好意思地向将军敬了个礼，细声说道："将军，我曾经这样躲过一次炮击，如果我不那么做，它们会带走我的脑袋。我相信这样躲避是有效的。"塞奇威克少将听他这么回答笑了起来，向他说道："好吧，小伙子，回到你的位置吧。"

接着，对面防线上再次响起第三轮子弹齐射的声音，沉闷、凝重的声音中断了将军和士兵的对话。当我正准备重新指挥部队做好准备时，将军将头慢慢转向我，我猛然看到大股鲜血从他左眼下的面颊部位喷射而出，接着他全身瘫软往地下倒。此时，我和他的距离如此之近，以至于我立即想扶住他的身体，但惯性仍使我们两个倒卧在地[1]。

据信，射杀塞奇威克少将的射手来自南方邦联军第12和第15南卡罗来纳步兵团，这致命的一枪很可能是南方军神射手使用惠特沃斯步枪射出的适于远程精确射击的六边形弹丸，但这类个案可能永远难以被证实。之后，为报复南方军队对他们的"约翰叔叔"（即塞奇威克将军）的狙杀，北方联邦军第6佛蒙特州步兵团的神射手们立即向南方军发起攻击，他们在杀死了一名南方神射手后，因敌方已经撤离，不得不退回联邦军的防线一侧。对于南方神射手射杀塞奇威克将军的那次狙击，具体的射程已不可考证，但据同时代一些评论人士的观点，南方神射手可能在800码外向塞奇威克将军射出了那枚弹丸。

除了塞奇威克少将外，北方的威廉·海恩斯·莱特尔准将也是南方神射手的受害者。他在奇卡牟加战役（Battle of Chickamauga）期间，曾率领部队对南方军阵地实施过一次反攻，其间他在马上被敌方的1枚子弹击中。据之后南方军队提供给"南方邦联女儿联合会"[2]的材料显示，当时在阵中的南方军队认为，射杀莱特尔准将的神射手是第16亚拉巴马州步兵团的希拉里·加里森·沃尔德雷普，但除此之外并未其他独立的证据加以证实。还有信息认为，当时南方军在阵中的布拉克斯顿·布拉格将军下令进行了这次远距离狙击，（由于距离过远）因而沃尔德雷普不得不在枪械瞄准表尺习惯设置的位置基础上，又增加了200码的距离划分。

至战争中后期，南方军队神射手们主要使用的小口径惠特沃斯步枪，以及更

---

[1] 摘自马丁·托马斯·麦克马洪少将的讣告，其刊于1906年4月22日的《纽约时报》上。

[2] "南方邦联女儿联合会"于1894年9月10日在田纳西州纳什维尔成立，最初由一些小团队合并而来。在其发挥的诸多作用中，包括"在战争后以及南方重建过程中，记录南方邦联女性（在战争中）所经历的艰难困苦，以及她们为恢复所做的努力与贡献"。相关内容发表在《UDC杂志》（UDC Magazine）中。

为传统的克尔式前装线膛枪（0.451口径弹药）都是由伦敦军械公司制造，它们对北方联邦军造成巨大的伤亡。当然，同样仍有很多其他类型的精确步枪在南方邦联军中服役。

战争中另一位南方知名的神射手，是约翰·W."老杰克"·辛森（1807—1874年），他曾是一处位于田纳西州斯图尔特郡的种植园园主。内战爆发后，他的儿子乔治和约翰在一次外出狩猎时被北方军队俘虏并关押，在这之后愤怒的老杰克拿起了武器。他的两个儿子被北方指控是针对联邦军队的游击队员，因此被处决，两人的头被斩首后又被扎在矛尖上，树立在辛森一家的农舍外。

事实上，内战爆发前，老辛森对双方发起战争的理由并未表明什么态度，就像他对自己生活着的南方所奉行的奴隶制抱有矛盾的心态一样。但是，他的两个儿子的死使他改变了态度，他很快成了一名四处流浪的"刺客"，却又不效忠战争的另一方（尽管他之后因宣传需要而被南方宣扬为"邦联英雄"）。

死后，他的墓碑上刻着这样的文字"南方邦联田纳西州侦察兵约翰·辛森上尉"，但这很可能只是他死后被强加的身份；或者，这只是简单地暗示了他曾与由密西西比河中部流域罗伯特·辛森（1863年9月18日在交火中被射杀）领导的游击队之间可能存在的联系。当然，约翰·辛森使用的步枪流传了下来，那是0.50口径的火帽式远程步枪，它拥有41英寸长的枪管。利用这支巨大的步枪，他曾称自己在（令人高度怀疑的）1000码距离外射杀了超过100名北方士兵（参见第一章中对步枪射弹弹道的探讨），但对此说明抱有怀疑的声音也很多。在他走上战场后，老辛森从未在战斗中被北方寻得过踪迹，联邦甚至悬赏过他的人头，但他仍不时在北方军队活动的区域里保持着活动。最后，约翰·辛森死于1874年。

实际上我们可以根据20世纪狙击手训练手册中的内容，来解读辛森在战场上的行动。他独立行动且准备充分，可以耐心地长时间潜伏、观察，巧妙地利用地形和光影并谨慎选择射击位置，充分利用自然环境和地物伪装潜伏隐匿自己的行踪，狙击时对目标的挑选眼光毒辣、射击果断且致命，从来不在不必要时在某地停留过长的时间。汤姆·麦肯尼中校在其撰写两本书——2009年出版的《约翰·辛森的一个人的战争》（*Jack Hinson's One Man War*）和2016年出版的《战场狙击手：内战中超过100次狙杀》（*Battlefield Sniper: Over 100 Civil War Kills*）中，阐述了辛森的传奇故事[1]。

狙击作战领域技术的进步

南北战争结束之后，军方对枪械的需求无疑迅速减少，同期北美枪械商业市场上立即充斥着各种类型的战争剩余物资。很多原来军方使用的夏普斯系列步枪和卡宾枪也立即出现在这类市场上。当然，在1866年1月时，美国海军仍装备着2351支各式夏普斯公司的枪械，而陆军的库存中此类枪械数量达到约5万支。当时正处于前装与后装枪械混用过渡的时期，但随着民间射击爱好者（如热衷运动射击的人和猎人等）意识到后膛装枪械的优势，前膛装枪械再也无法获得以往的地位了。1867年11月2日，美国军方与夏普斯公司签署枪械改装合同，由后者将军方装备的多型火帽式前装枪械，改装为使用标准0.50–70中央式底火弹药（0.50–70的意思是弹药口径是0.50英寸、发射药重约70格令）后装枪。一些枪械还被改装为使用0.50–67–87规格的凸缘底火式弹药，它类似于0.56–50规格的斯潘塞式弹药，但改装在安装击锤和抛壳装置时遭遇困难。

最终，理查德·劳伦斯选中了S型击锤，它能够被安装在现有的后膛装设计枪械中，接着改装工作全面展开。在1868年2—10月间，共有31100支卡宾枪完成改装，接着在1869年7—10月间，1086支步枪完成局部改装。对这些枪械枪机的改装由夏普斯公司完成，但不少枪械枪管磨损严重，需要重新制造枪管或者重刻膛线，这些工作主要由斯普林菲尔德军械工厂完成。这些改装后的枪械一直在美军方服役，直至19世纪70年代中期，美军方采购了全新的1873式斯普林菲尔德步枪

---

[1] 摘自相关家族的族谱及互联网资料。

替代它们为止。最晚至1890年时，美国政府仍在各种拍卖会上出售其火帽发火式前膛装枪械。事实上，至1880年以后，全球主要国家的军队实际上已将小口径单发后装步枪作为其步兵的标准轻武器。在这一时期，枪械的性能已有较大提升，而且弹药底火的可靠性也随着技术的进步而提升，毕竟早期弹药在这方面并不总是值得信赖。

因而在19世纪末期，几乎所有的大国军队很快装备了后装步枪，以及与之配用的金属壳体的弹药，大量高可靠性枪械弹药的出现立即减少了军队内对狙击专业人员的需求。这一定程度上是由于工业化生产的新枪械拥有较好的性能，它们能在更远距离上精确射击并由普通士兵所掌握，故而很多神射手就不再被认为是必要的了。例如，自从英军装备贝克式和布伦瑞克式步枪以后，英军再未为其挑选出来的精英射手们配备专业制造的高精度步枪。但是，即便是一直以来坚持使用猎兵步枪（有的附有特制瞄准具）的普鲁士和奥地利军队，在其他国家的军队主要使用米涅式或类似的线膛前装枪械及弹药已经很久后，他们才在19世纪70年代放弃使用这些枪械。

就在美国南北战争结束后不久，紧接着在欧洲大陆爆发了普奥战争，这场战争也被称为"七周战争"。在这场战争中，奥地利获得巴伐利亚和其他一些南德意志小王国的支持。对于这场战争，大部分军事观察家都有理由预期奥利地会取得胜利，但他们显然没考虑到普鲁士军队装备的德莱塞式后膛装"针击枪"（Zündnadelgewehre）。

当时，奥地利军队仍主要使用前装枪，即M54洛伦兹式步枪，虽然它可在更远距离上精确射击目标，但普鲁士军队的德莱塞式步枪则在射速方面拥有更大优势，尤其是步兵在卧姿射击时，这种优势更加明显。普奥战争中，普鲁士军队赢得多次主要会战胜利，奥军方面虽然也取得一些胜利，但却付出惨重伤亡的代价。

对战争中双方的表现，人们一致认为奥地利军队的野战炮兵被证明更具效率，虽然普军已装备了一些后膛装火炮，但这种设计显然更适合枪械（比如他们装备的针击枪）。同期不少观察家认为，战争中普军枪械的高速射击使其具备了重要优势，奥军射击1次的时间，普军往往已能射击6次，普军甚至会偶尔遭遇弹药短缺的问题。具体而言，普军的针击枪型号包括M.41和M.62型德莱塞式步枪，它们枪身较长且较为笨重，多为普通士兵装备；至于普军中较精英的步兵，比如其散兵（skirmishers）、猎兵（Jäger-Bataillone）等，则主要装备M.65型短重枪管型针击枪，它们配备有更好的瞄准设备以及可设定式扳机（此类设计有助于提升精度）。

普鲁士出乎意料的胜利搅动了同期欧洲的实力平衡，曾经不可一世的奥地利哈布斯堡帝国经此一战黯然失色。1870年，普鲁士在巴伐利亚和其他很多于1866年转换了阵营的德意志小邦国的支持下，与拿破仑三世执政的法国爆发了普法战争。如果说普奥战争，是装备后装步枪的一方首次在大规模战争中取得对使用前膛装步枪对手的压倒性优势的话；那么1870—1871年的普法战争，则是交战双方都广泛装备后装步枪后首次进行的战争。

此次战争中，普鲁士仍装备着自1866年就使用的德莱塞式针击枪，而法军则使用Mle1866式步兵步枪，它采用法国已进行十余年开发的后膛装填栓动式枪机设计（即"崔斯波特"针枪击）。这次战争，双方武器装备保持相似的水平，但由于法军糟糕的战场指挥和统帅，战争以法军的全面溃败而结束。法军在此前还曾寄希望于他们秘密研制的多管式"米特拉约兹"连射机枪（Mitrailleuse），但实际上它并非一种有效的野战火炮，其真正用途（通常被忽略了）仍是步兵支援。

自普奥战争结束后，普鲁士军队的野战火炮已有了较多变化，普法战争时这些火炮已被认为性能较为落后了，尤其是落后于法国的火炮。然而，法军普通步兵装备的步枪与德莱塞式步枪相比也各有千秋。例如，法军针击枪在远距离弹丸精确性方面远优于普军针击枪，但其可靠性仍存在很大问题，比如其后膛使用的印度橡胶制成的密封垫圈，在枪械连续射击弹膛升温后就会变脆而不再可靠。

相较而言，德莱塞式后膛针击枪的故障率较低，当然枪械磨损加剧后，其后膛在射击时也会有少量发射药气体泄漏，而且使用的弹药也存在缺陷，这种弹药采用纸制外壳在温度较高时易于燃烧。因此，德莱塞式步枪只能采用较少的发射药，降低弹丸出膛初速，其弹丸有效杀伤距离相对有限（且其弹道末端速度衰减很快，弹道轨迹呈弧形）。相比，法军后装步枪使用弹药的直径略小，具有更好的弹道系数、速度更快、弹道更平直低伸且射程更远。英国人曾在19世纪70年代末期对当时几种后膛装枪械及弹药进行试验，结果表明法军崔斯波特式后装步枪的射击性能并不逊色于同期顶尖枪械及弹药的组合，当然其主要问题仍是持续射击能力不足。

普法战争中，双方爆发过多次主要战斗，不论其最终结果如何，单就具体战斗而言，法军经常能在战斗层面上取得对普军的较大优势。但不幸的是，法国最高统帅部却在战争中最关键的时刻因恐惧而瘫痪，即便当时法军在梅茨还有超过14万人的大军，但这仍无法改变战争进程。最终，法军在未经主力会战的情况下，拿破仑三世在色当向普军投降。

随着法国陆军的战败投降，至少在普鲁士眼中，战争已经结束了。但他们显然没想到，在他们继续驻扎在法国境内达成最终的政治解决方案之前，当地的法国自由射手和游击队以及很多武装平民等，不断地袭扰着各地的普军部队。根据普军当时的记载，在法国中部曾有多达300个"武装匪帮"在四处游荡，他们一有机会就向当地的普军岗哨和营地射击，打完后就立即消失。其中不乏经验丰富、射术精湛的猎人，他们精于潜伏观察普军的情况，伺机射击后就隐没于当地的丛林中。对此普军极为恼火，他们曾处决过俘获的法国游击队、烧毁过当地村庄，并对法国平民进行最严厉的惩罚。但这一切都毫无用处，法国人继续着他们的斗争，直到战争结束普军撤离他们的国土。

在战争后期对普军的袭击中，法国的射手和游击队们使用的武器包括各种运动步枪，以及军用的Mle66型后装步枪。特别是其间法国平民们使用的不少高精度步枪，也都来自英国和美国，包括夏普斯、斯潘塞公司的枪械，以及雷明顿等公司当时标志性的滚动式闭锁步枪。当时，这些枪械都能在较远距离上准确射击目标。

目前没有明确的证据表明，法国国内反普游击队和自由射手采用了现代意义上的狙击战术或射击技巧，比如刻意消灭发现的普军军官、信使和重要装备操作人员（如野战炮组等）。他们的大部分攻击活动只是想给普军制造持续不断的混乱。当然，也有少量普军中的重要人士的阵亡，可归咎于法国"狙击手们的子弹"。

1867年在二元的奥地利–匈牙利帝国建立，以及之后1871年初德意志帝国成立后，这些德意志国家军队中就编成有被称为"猎兵营"的精锐力量。在装备方面，德意志帝国主要装备枪管稍短但几乎与M1871型毛瑟步枪完全相同版本的步枪，而奥匈帝国则装备着沃恩德尔式（Werndl）步兵和猎兵步枪。

美国南北战争期间，双方都在其步枪上配备有光学瞄准镜，但在同期及之后欧洲爆发的战争中，这类枪械附件却并不常见，很多人甚至都未曾听闻。当然，当时也曾有部分人士对枪械瞄准镜进行过测试对比，但这几乎并未激起欧洲人对此的热情。例如，英国人就曾尝试将望远镜用支架夹在两支马提尼–亨利式（Martini-Henrys）步枪机匣枪机组件的一侧用于测试，此瞄准镜还可根据要求调节射击的距离。当时刊在《英国军用马提尼式步枪》上由巴里·坦普尔和伊恩·斯科纳顿拍摄的照片中，这些瞄准具管体普遍安装位置较高（造成瞄准基线较高），射手使用瞄准具时，其出瞳距离也保持得非常不合理，这些都意味着当时欧洲军队普遍未适应枪用望远瞄准镜的使用[1]。

对此，可以预期的是，各国对这类枪用瞄准镜缺乏热情，而且这类设备过于脆弱，或者有的又较为笨重，因此显然较少派上用场。对于射击来说，光学瞄准

---

[1] 瞄准具当时的糟糕性能，意味着查普曼设计的瞄准具的光学技术与工艺仍非常原始，这种状态一直未得以有效改进，直至19世纪50年代美国的威廉·马尔科姆才改进瞄准具光学系统的性能。

镜能放大远处物体，极大地促进瞄准与观察，但受限于当时小尺寸光学透镜组的制造工艺和精度，并无法显著提高光学瞄准镜的使用效果。例如，由爱丁堡玻璃技师D. 费舍尔和J. 费希尔制造的"戴维森上校步枪用望远瞄准镜"，曾在1887年7月和9月被安装到马提尼式步枪上进行了测试，结果无疑令人相当失望[1]。最终，测试得出结论，枪用瞄准镜可供射手更好地瞄准，但它们"易损性较高"，有时还会"损伤射手的眼睛"。这实际上与此前英国皇家轻武器工厂主要负责人的意见类似，他曾在1881年1月11日对1880年由特别军械委员会进行的类似试验进行了评价，"有关枪用望远瞄准镜，我不想发表任何意见，它并不成熟，例如镜片破碎时碎片会刺伤射手眼睛之类的问题根本无法得到解决"。

因此英国军方和枪械界失去了对这类枪用光学瞄准镜的兴趣，这种情况一直持续至第一次世界大战之时。其间，这类枪用光学瞄准镜除了在少量狩猎爱好者圈中流传外，外界很少使用，甚至在运动射击界一般的观点仍认为，枪械上使用这类辅助装置是一种"对运动精神的亵渎"。同期的法国和德国军队在这方面的发展也乏善可陈，但在涉及光学瞄准镜的一些基础学科和工艺方面，同期德国却取得了令人惊讶的进步。例如，他们当时在光学玻璃制造、透镜制造等方面取得重大突破，光学透镜组的质量得到很大提升，因此他们制造了不少高品质的光学测距仪和双筒望远镜。

1871年至1899年间，全球仅发生少数几次相对规模较大的战争，比如1898年美国与西班牙之间爆发的短暂但却决定性的"美西战争"。大致在同期爆发的第二次布尔战争，则紧接着美西战争之后展开。这次战争是英国与当地土生白种人——布尔人之间，为争夺当地钻石资源和威特沃特斯兰德金矿资源的控制权而爆发的一次战争。

非洲大陆最南端，早在17世纪时荷兰东印度公司曾在此处拓殖，但到了1806

---

[1] B. A.坦普尔和I. D.斯科纳顿合著《英国军用马提尼式步枪：1880—约1920年的0.40口径和0.303口径马提尼步枪》（*A Treatise on the British Military Martini: Th .40 and .303 Martinis 1880–c. 1920*）第294页。

年时，英国击败了位于布劳乌堡区的当地殖民者，并于1814年吞并了这些殖民地。1934年，英国控制的南非殖民地放弃了奴隶制，接着他们又在1848年吞并了纳塔尔（Natal）地区，这迫使很多当地南非白人（早期荷兰欧洲殖民者的后裔）进行所谓的"大迁徙"（Great Trek）以拓殖、寻找新的土地。

"南非共和国"（Zuid-Afrikaansche Republiek），也被广泛地称为"德兰士瓦"于1852年宣告成立，接着在1854年，奥兰治自由邦共和国（Orange Free State）成立。直到19世纪70年代末，英国才意识到这些由当地白人后裔成立的国家的重要性，并试图重新夺回德兰士瓦等地区。

第一次盎格鲁—布尔战争爆发于1880—1881年，其间灾难性的马尤巴山战役（Battle of Majuba Hill）充分展现了英军战术的呆板与低效，这些继承自英国之前在滑铁卢或克米里亚半岛的战术，完全不适应南非的战场环境。毕竟，当地布尔人拥有非常出众的战斗技巧，他们往往避免与英军进行正面战斗，因而第一次布尔战争英军并未完成征服目的，当地荷兰人后裔建立的南非共和国和奥兰治自由邦共和国等的独立地位得以延续。

1886年人们在非洲南部发现大量黄金，导致了大量人员涌入这一地区开采金矿。保罗·克鲁格和南非共和国政府清楚地意识到，大量外界人口的涌入最终可能导致其主权的丧失，因此拒绝给予欧洲淘金者在当地的任何公民权利。1895年，当地爆发了不幸的"詹姆森突袭"（Jameson Raid）事件，大量来自罗得西亚的淘金者涌入南非共和国，对当地的政治稳定造成了灾难性的影响。

1899年9月，英国政府要求南非的布尔人政府给予外来者当地的投票权利。对此，当地政府断然拒绝了英国政府的要求，当年10月9日，克鲁格要求所有由英国派往罗德西亚与南非共和国和奥兰治自由邦边境地区的部队，在48小时内撤离边境地区，他们显然忽略了英国的战争意志，以为可以用这种方式吓阻英国人。对此，英国人拒绝了其要求，随后，当地的两个布尔人白人国家于1899年10月11日向英国宣战。战争爆发后，布尔人立即深入开普敦和纳塔尔的殖民地区域，包围了雷帝史密斯、金伯利和马弗京（今南非北部城市）等地。

第二次布尔战争爆发后，英国人在第一次战斗中表现得更好，但他们的伤亡人数却高得令人担忧。之后在1899年12月10～17日，英国度过了他们的"黑色星期"，他们接连遭受了3次重大的挫败：先后在斯托姆贝赫、马赫斯方丹和科伦索三地受挫。更糟糕的是在1900年1月24日爆发的斯皮翁科战役（Battle of Spion Kop）中英军遭受重大挫败。是役中，英军占据着山顶的防御阵地，而且当地被云雾笼罩着非常易于其防守，但在行动实施时当地天气却变得晴朗，英军所占据

图29　布尔战争中的布尔人部队

照片拍摄于1900年，一队布尔人步兵正占据一处位于马弗京郊外的浅壕（如果该照片最初的备注可信的话）。图中，大部分士兵装备着德制毛瑟式步枪，尽管其间也间杂着一两支马提尼–亨利式步枪。（作者本人收藏）

的山顶阵地遭到周围几处更高山地的瞰制，布尔人占据了这些周边山地，在晴朗的天气条件下以炮兵和精确的步枪火力挫败了英军[1]。

斯皮翁科战役，无疑终结了英军将领雷德弗斯·布勒爵士的职业生涯，他当时是英军驻南非的总司令。因为之前的挫败，他被英国陆军元帅罗伯茨勋爵（也被称为"坎大哈的罗伯特"）所取代。后者在上任后，立即委任了陆军少将基奇纳勋爵作为他的参谋长，以及一名被授予陆军上尉军衔的美国人弗雷德里克·伯纳姆作为其侦察兵领导人[2]。

在1900年2月14—27日爆发的图盖拉高地之战（Battles of Tugela Heights）中，英军再次遭受惨重损失，虽然最终英军取得了胜利，但重大的伤亡使英军意识到他们必须从布尔人采取的战术中汲取经验教训。正如布勒将军所说的，"尽管射击阵列线应排成横队，但步兵的推进应以散兵线为主，推进时注意后方炮兵的战术支援，（在防御时）充分运用地形地物和土工作业形成的工事，就像敌方所做的那样"。

对于当地的布尔人来说，战争中他们熟练地运用了狙击战术，而对英国人而言，他们对狙击战术的不适应就如同两次世界大战初期他们所遭遇的尴尬一样。英国人的问题，在于他们在这方面仍非常呆板，战争爆发后他们仍采用几十年前在各种会战中常用的横队战术；事实上，他们之前在非洲的殖民战争中，使用类似战术时就曾遭受过灾难性的挫败，比如在伊斯安德哈瓦纳之战（Battle of Isandlhwana）中的情况[3]。

---

[1] 当这些幸存者从战场上撤离后，清点战场发现约350人阵亡，另有约1000人受伤；布尔人的损失（合计伤亡）约为300人。

[2] 罗伯茨还曾指派了一些在阿富汗和印度服过役的英军官兵担任指挥职责，那些地区自然条件和环境与南非有些有似。

[3] 伊斯安德哈瓦纳之战，发生于1879年1月22日，1837名英军和数量不明但相对较少的平民遭到12000～15000名祖鲁族武装的进攻，此役中英军损失了52名军官、727名士兵，其中共471人阵亡。祖鲁方面的伤亡据信达到了1千余人。这场战斗中，英军第24步兵团第1营（1/24th Foot）甚至全军覆没。

第二次布尔战争的第二个阶段，见证了英军逐渐占据主导性优势的过程，这很大程度上归功于英国强大的实力，以及他们在当地的情报收集能力（包括对战场的侦察、测绘等，这些使其对即将展开会战的战场有更深刻的理解）。1900年6月，英军占领南非共和国当时的首都比勒陀利亚，战争似乎即将要结束了。英军统帅罗伯茨元帅于当年12月向基奇纳转交了指挥权，他洋洋得意地返回了英国。但事实上，对布尔人的战争并未真正结束，布尔人在正面战场上无法战胜英军，因此他们转换了思路针对英国人采取了广泛的游击战，使这场战争又持续了很长时间，直至双方最终于1902年5月底签署和平条约才完全结束。

战争期间，双方都有过残酷的暴行纪录，其中不乏一些标志性的事件，比如在特威夫滕发生的悲剧（也被称为"Battle of Groenkop"）；当时，由克里斯蒂安·德·威特率领的布尔人武装曾占据了一处"不可攀爬的"山坡及山脊，并从那里对之下的英军部队实施猛烈打击，对后者造成很大损失。是役，英军遭受更大的损失（68死、77伤），相较之下布尔人仅11人阵亡、30余人受伤，而且最后布尔人武装占据了英军所在山地，并缴获了很多枪械。

为彻底瓦解当地白人的抵抗，英军不得不在很多地区实施"焦土政策"，并在很多地区建设易于防御的碉堡和工事，以便完全封锁和局限布尔人游击队的活动区域。甚至更恶劣的是，英军还驱逐大量当地布尔人，将他们迁徙赶进集中营，这最终使英国人占据了上风。战争最终结束时，当地由布尔人建立的两个国家——南非共和国和奥兰治自由邦共和国被并入了英国的殖民地。1910年，"南非联盟"成立，此前的联邦承诺变成了现实。

为了赢得布尔战争，英国在人力和财务方面付出了"惨痛的"代价。持续数年的战争中，约50万英军部队卷入了在南部非洲的作战行动，8882人在战斗中丧失、14210人死于战争期间的疾病，934人在行动中失踪、22828人在战争中受伤。与之相对应的，约40万布尔人被迫与英军作战（包括来自很多国家的志愿者），约6000人在战斗中丧生[1]。此外,英国为彻底征服当地的欧洲白人后裔,在战争期间广泛建立了"集中营",间接导致了超过26000名男人、女人和孩子死于非命,这对英国的威望和形象造成了不可估量的伤害。同时,这场战争还标志着英国全球工业和经济领先地位的终结,正如战争之后英国出口贸易明显下降所预示的那样[2]。

单纯就军事而言,这场战争也给了英国很多教训。布尔人在战争中越来越经验老到,他们日益娴熟地运用其野战火炮;而且,英军还忽略了布尔人利用骑兵发挥的高度机动性,他们灵活出其不意地广泛打击、袭扰当地英军,直到英军意识到这些骑马的步兵在战场上的重要价值后才醒悟过来。此外,由于英军未能意识到在防御作战中充分利用堑壕等防御工事的价值,他们因此付出了太多的生命代价。事实上,在30多年前的美国内战中,充分发挥防御工事作用对于防御作战一方战斗力的提升已经得到了清晰的展现。最后,布尔人在射术方面也被认为普遍优于英军,这使后者在交战中遭受更大损失。

尽管布尔人的战士,就单兵而言,并不如英国常备军士兵那样接受过良好的训练。但当战争爆发后,所有布尔人所需配备的就是一支步枪,一匹马和有限的补给品,他们不缺乏战斗的意志。事实上,从士兵素质角度看,大部分布尔人都拥有良好的战场观察技能,很多人具备出色射手所需的条件,在当地白人社群中他们经常举行射击比赛;毕竟,在当地的环境中要想生存下来并不容易。在与英国爆发战争后,这些背景和条件使布尔人很快能组织起强有力的武装,使英国面临艰难的局面。通常,小规模的布尔人分队,就能击败数倍于他们的英军部队,

---

[1] 当时在战争爆发时,南部非洲的布尔人(两个布尔人国家:奥兰治自由邦共和国和南非共和国)总共约25万人,故而战争导致布尔人损失了约6000人(另有2.6万人被英军关进了集中营)后,对当地人口结构造成显著影响。

[2] 在1900—1914年间,英国在全球贸易份额中的比例迅速下降,这意味着其国力已相对衰落。相反地,德国则抓住机会持续打击英国,他们不仅在布尔战争期间支持布尔人,还在全球各地英国看不上的地区拓展其贸易版图。

他们充分利用对当地地形的熟悉和了解，往往在英军疏忽的时机和地点发起突袭（比如从英军意想不到的地方发起夜袭）[1]。

对于这场战场中双方对狙击的运用，目前还没有证据表明，双方有意运用狙击战术来消灭对手的军官或火炮炮组人员，但在很多次战斗中，仅仅由于布尔人普遍更高超的射击技能和水平，胜利的"天平"明显更偏向着他们。

在武器方面，交战双方在步兵的基本武器方面几乎没有什么更多的选择。英国士兵们在战争爆发前4年才开始装备0.303口径的李–恩菲尔德式步枪，因而英军中仍存有很大数量的老式李–梅特福德式步枪，它与前者最主要的不同在于枪管内的膛线，它们也是战争中步兵武器的主角。另一方面，布尔人南非共和国和奥兰治自由邦共和国的主要步兵武器则是1893式西班牙制毛瑟系列步枪（各种衍生型），它使用7×57毫米规格的弹药。据称，为了准备与英国人的战争，布尔人曾向路德维希·勒韦公司（Ludwig Loewe & Co.）采购了37000支毛瑟系列步枪，之后在1897年1月1日后，又从德国相关的军械及兵工厂订购了类似枪械[2]。布尔人采购的枪械中大部分都是全尺寸长度的，但也有一些短管型步枪和部分卡宾枪。其中最多的是所谓的1895式步枪，它拥有圆柱形的枪机头（而非其最终的平底型枪机头），其机匣左侧壁设置有一个切口，射手可以方便地伸进拇指将弹药压入机匣内弹仓。

由于布尔人分批次采购其所需步枪武器，加之战争中后期英国对战区实施禁运，导致不少枪械不得不通过走私渠道进入战区。因而，布尔人装备的枪械种类繁杂，比如有些步枪的拉机柄是前后直拉的，而另一些则在向后拉时向下旋转

---

[1] 在科伦索之战（Battle of Colenso）中，约8000名布尔人部队击溃了2.1万人的英军部队，交战之时英军正试图渡过图盖拉河，布尔人抓住战机击敌于半渡。战斗中，布尔人的炮兵和轻武器火力导致145名英军阵亡、约1200人受伤、失踪和被俘。布尔人方面，据报道称仅8人阵亡、32人受伤。

[2] 当最后一批订购枪械仍在德国时，布尔战争就爆发了，这些枪械最终被出售给智利。现存的这些枪械上还刻着"O.V.S."（奥兰治自由邦共和国）的标志。

一定角度朝着枪托拉动。这可能仅仅只表明枪机与枪械本身不匹配，因为很多枪械只能以零件的形式走私进战区，在装配时出现错误，至少在保存至今的少数当年的枪械上，可以看到这类枪身序列号（表明枪械类型）与枪机类型不匹配的情况。

英军装备的李系列步枪的枪机操作循环更快，而且它采用的10发弹容的分拆卸式弹夹，在理论上比内部弹容仅5发的毛瑟式步枪更有优势。当然，在任何时候如果从左侧向机匣内弹仓装填弹药时，李系列步枪的弹夹及装弹很容易出现卡弹故障，而毛瑟系列步枪则可以依靠弹夹快速装填。

毛瑟系列步枪的7毫米弹药弹道性能更好，其弹道更平直低伸，如果射手射术精湛、战场条件适宜，它们在远距离上拥有更高命中率；而英军李系列步枪的0.303口径弹药的弹丸更重，其弹丸外形更有利于飞行，在远距离弹道末端仍能保留相当能量，因而更具杀伤效率。此外，英军还装备有少量配有齐射瞄准具的步枪（尽管很少使用），这使其能够在相当远的距离上进行较准确的齐射[1]。

除了战前采购的各类毛瑟系列步枪外，布尔人还在战争中使用各种能找到的运动步枪，它们很少配备有瞄准具，当时大部分布尔人士兵更多地将这些瞄准镜视作其射击时的"负担"，而非"资产"。由于采购的毛瑟步枪有限，加之战损，使布尔人经常面临缺少枪械的状况，因此从战场上缴获的李-恩菲尔德式步枪也被广泛用于作战。在对步枪武器的应用方面，布尔人显然效率更高；简单而言，熟练射击技巧的布尔人在拿到英军的枪械后几乎能立即发现其枪上瞄准设备的错误设置，并在瞄准时进行相应的调整。例如，李-梅特福德和李-恩菲尔德式步枪的前准星，其与枪管上的基座是一体的，无法左右横向调节，因而布尔人在使用它们时会根据其后瞄准照门的情况，灵活地调节瞄准方式（如在需要适应左

---

[1] 枪身前护木左侧的瞄准具表盘式表尺最远可调节至2900码。当时在南非的试验表明在此距离上的（以齐射为形式的）压制火力，可用于弥补单支枪械射击不准确的缺陷。

图30　布尔战争中布尔人指挥官托比亚斯·斯马茨将军

托比亚斯·斯马茨将军（1861—1916），是布尔人在图盖拉之战中的指挥官。但在之后的作战中，他因违抗军令纵火焚烧一个叫布雷默斯多普（Bremersdorp）的村镇而遭受降级处理。尽管如此，他仍继续参加战斗直到战争结束，图中斯马茨带着一支6.5毫米口径的挪威产M/94型克拉格–约根森式步枪。（作者本人收藏）

右偏差时，适当"提前"或"滞后"于目标的横向移动方向）[1]。

战争期间，布尔人使用的其他步兵武器还包括韦斯特利·理查德·马提尼式步枪和一些M1894型步枪（使用0.44-40口径的温切斯特弹），以及在上一次布尔战争中缴获的单发1871式11毫米口径毛瑟步枪和英制马提尼-亨利式步枪；除此之外，他们还获得了一大批原本不想要的葡萄牙制单发8毫米Guedes式步枪，它们通过英国和南非的多个中间商从"奥地利武器制造公司"（Österreichischen Waffenfabriks-Gesellschaft）采购而得。当然，从狙击步枪的角度看，所有这些武器都并非理想的狙击用武器，因此，大部分枪械都只用于配备普通士兵。

战争期间的战场照片显示，部分布尔人士兵还曾配备过挪威产6.5毫米口径克拉格-约根森式（Krag-Jørgensen）步枪（M/94式）及其骑兵短管卡宾枪衍生型（M/95式），它们很可能通过商业走私渠道获得（最有可能是由德国人控制的比利时军械公司向布尔人输出了这类枪械），这些枪支原本是挪威政府为其军队订购的。

在普通士兵的射击技能方面，无疑布尔人更占优。而且通常有理由相信，布尔人更优越的射击术对英国军队造成了较长期的影响。此外，由当地反抗英军的布尔人自由民以及英军的一些精锐士兵组成的各类非正规单位（前者如托尼克罗夫骑乘步兵，后者如英军的洛瓦特侦察兵），在布尔战争中发挥出各自独特的作用，例如前者以其机动性和战场上的神出鬼没而著称，而后者则发挥了出色的战场侦察和观察功能。

洛瓦特侦察兵（Lovat Scouts）部队，由西蒙·约瑟夫·弗雷泽（1871—

---

[1] 李-恩菲尔德式步枪的前准星略向左偏移0.23英寸，用以补偿其射弹在空中飞行时向左飘移的倾向。1900年10月22日的英国政府（军备）《变更项目表》第10393段中的内容暗示，该步枪曾在英国经过修整，为其加装了可拆卸式前瞄准准星，通过销钉定位安装在枪管口的准星缺口内。这样的准星设置理论上可用于调节枪械的瞄准点，但并无证据表明这些枪械曾用于在南部非洲的战事。

1933）组建，他本人也是第16任洛瓦特勋爵[1]和第23任弗雷泽家族的族长；1890年夏他从牛津大学毕业，不久后被委任为英国陆军"女王直属卡梅伦高地团"的指挥官。1894年，弗雷泽调到女王禁卫骑兵团任职，但3年之后他辞去了军职重回故乡。在第二次布尔战争爆发后，（鉴于前线英军不断失利）西蒙·弗雷泽意识到他的家乡——北苏格兰的很多狩猎场看守人、追猎者、助猎者以及很多农夫，以其出色的野外技能能够为英军提供战场上的重要帮助，因此在上报军方后，他招募当地拥有出色野外技能的志愿者组成了"洛瓦特侦察兵部队"。

1900年1月，洛瓦特侦察兵已做好投入战争的准备，接着他们从英国上船并前往南非参加第二次布尔战争。抵达南非后，该侦察兵部队被配属给皇家苏格兰高地警卫团（或被称为"黑卫士团"），当时弗雷泽上校任该团副指挥官。加入该团后，洛瓦特侦察兵主要担负战场观察和调查，布设电话线路以及操作利用日光反射信号发送信息的系统等任务。

在战场上，他们的角色并不包括遂行那些我们现代意义上的"狙击"作战，不过他们有机会也会向布尔人射击。19世纪末北苏格兰地区仍维系着封建领主制度，权力仍集中于少数贵族领主，那些被派往南非的"家臣"们面对着的布尔人也基本属于这种情况。因此，交战双方都编有那些拥有精湛射术和野外狩猎与生存技巧的精英步兵。

1901年7月，当英国认为战争即将结束之时，洛瓦特侦察兵部队就被解散了。极具讽刺意味的是，洛瓦特侦察兵们的潜行、追踪经验非常适合应用于游击战战场，而这正是主要战事结束后当地布尔人对付英国人的主要战术。在后续零星交战中，英军又不得不从这些洛瓦特侦察兵中抽调人员组建了两个连的"帝国义勇兵"（Imperial Yeomanry）部队，但这些专精于野外行动的少量力量在布尔战争

---

[1] 也有资料认为，弗雷泽可能是第14世洛瓦特爵士。

完全结束时再次被解散[1]。

在参战的英军洛瓦特侦察兵中，经历最丰富和有趣的是弗雷德里克·拉塞尔·伯纳姆，战争中他不仅被侦察兵部队的领导人罗伯茨委任为部队的指挥官，还参与了该部队的多次实战，但他本人却并非北苏格兰人。伯纳姆于1861年5月11生于美国明尼苏达州蒂沃利的一个洛科塔苏族印第安保留地，他的父亲是一名传教士，其童年和青少年时代并未接受正式的教育。当他年仅12岁时，他的父亲死去了，当时他选择留在加利福尼亚，而他的母亲和弟弟则返回了爱荷华州。

在他十来岁的时候，伯纳姆参加了被称为"欢乐谷战争"（1882—1892年）初期阶段的战事，欢乐谷战争本质上是亚利桑那州的两个敌对家族和他们雇佣兵之间的谋杀战争。在之后美国陆军与当地印第安部落爆发的被称为"阿帕奇战争"的一系列战斗期间，他加入美国陆军作战，其间他从印第安人武装身上学习到了野外追踪和射击等技能。在当时混乱的西部和各种武装冲突中，他持续磨炼、专精着各种单兵战斗技巧。后来，到处游荡的伯纳姆迁居至图姆斯通，并成为皮纳尔县的副警长，1884年2月6日他与布兰奇·柏力克结了婚，并搬到加州帕萨达纳市经营着一处橙园。但这种稳定的生活并未持续很久，他很快就又回归流浪生活，1893年他乘船来到南部非洲德班，展开了又一段冒险的淘金历程。

到非洲后他先是在马塔贝勒定居，其间参与了1893年和1896年的"马塔贝勒战争"，并为"英国南非公司"（类似于东印度公司的殖民机构）服务。在那里，他遇到了罗伯特·巴登–鲍威尔[2]，他们都对各种野外单兵作战技能感兴趣，因此进行了大量交流与探讨问题。而且，他们还曾共同执行过一次暗杀任务，两

---

[1] 他们只是在1903年被重新改组，成为第1、第2洛瓦特侦察兵团。这两个团随后参加了第一次世界大战，并在战斗中充分发挥了他们的战场经验。

[2] 罗伯特·斯蒂芬森·史密斯·巴登–鲍威尔少校，在首次与伯纳姆会晤时他刚被委任为军官，他曾撰写过两本该领域的作战手册，分别是1884年的《侦察与搜索》（*Reconnaissance and Scouting*）和1885年的《骑兵入门》（*Cavalry Instruction*）。

人在经过经典的"伪装潜行"行程后，潜入当地马塔贝勒人的精神领袖——姆利莫（Mlimo，非洲部落尊奉的神及其祭司）所藏身的洞穴中，杀死了对方。

因此，在罗伯茨抵达南非并着手组建他的洛瓦特侦察兵分队时，他就向当地英军指挥官弗雷德里克·卡林顿将军提出请求，由其向他推荐一名合适的指挥官。卡林顿将军立即向他推荐了弗雷德里克·伯纳姆，毕竟在此前的马塔贝勒战争中，伯纳姆就给他留下了深刻的印象。但当时伯纳姆正在克朗代克地区进行冒险，接到英军高层的征召后，他立即着手返回南非。

1900年2月15日他抵达非洲并被委任为陆军上尉，正是帕尔伯格战役（Battle of Paardeberg）开战前的数日。抵达战场后，他耗费了不少时间侦察了布尔人防线后方的地域，收集了大量关于对手部署的重要情报；其间，他曾两次被俘，其中一次是故意被布尔人俘获以获取相关情报，之后他两次逃脱返回军中。1900年6月2日在遂行一次破坏任务时，他曾遭受重伤，当时他骑着马逃离布尔人的追击时，马匹被射中，他则因被压在马身之下而受伤。

完全康复后，伯纳姆按英军指挥官的命令前往英国受勋，此时他已被晋升为少校，这不仅是英军对他在战争中的英勇果敢的认可，也是对他为英军所作贡献的承认。在英国他获得了英王爱德华七世颁发的优异服役勋章。尽管伯纳姆在南非的事迹很快就被遗忘了，但到第一次世界大战期间，巴登–鲍威尔、塞卢斯和其他一些人率先引领英军采用的很多侦察、狙击技巧，都可追溯至伯纳姆在布尔战争时期所传授的经验与贡献。

战争结束后，外界普遍的看法是英军单兵的射击技能通常较为糟糕，而布尔人则大都是一流的射手。事实上，在英国和英军里，无论是义务兵或是志愿役士兵中，都不乏优秀的射手，但是他们配用的枪械确实很糟糕，而且很少有人意识到在获得新枪后进行归零校射的必要性，这极大地抵消了个别士兵的出色射击技能。但战争在事实上突显了军中精英射手的价值，并且暗示了未来战场上狙击手的价值。

图31　布尔战争中的英军狙击手弗雷德里克·拉塞尔·伯纳姆

弗雷德里克·拉塞尔·伯纳姆少校（1861—1947），巴登-鲍威尔的挚友，罗伯茨勋爵的侦察兵负责人和洛瓦特侦察兵（Lovat Scouts）的指挥官。伯纳姆还是军事侦察领域内具有影响力的教官。该照片拍摄于英王爱德华七世为他颁发优异服役勋章（DSO）后不久。但不幸的是，他的家人相继先他而去，他的女儿在第二次马塔贝勒战争中死去，他的幼子在泰晤士河中溺亡。但在20世纪20年代，他和他的长子因发现油田而发了大财。

此外，布尔人相比远征的英军拥有一项重大的优势——对战场自然环境和当地社群极为熟悉，这使他们在战场上屡屡占得上风。例如，布尔人广泛运用自然地形、地物特征来伪装隐藏其攻击行动，并充分发挥其单兵个人的潜力，而不单单只看到己方与英军巨大的数量劣势。毕竟虽然在某些情况下，大规模攻击可能会起作用，但只有当地形有利于大批部队机动及攻击行动时，类似行动才会奏效。但实际上，布尔战争期间除了少数几次大规模交战符合上述情况外，英军在大量交战中基本都无法取得地利或环境的优势。战争期间双方的伤亡数量雄辩地证明了这些论断。

性能持续提升的光学瞄准镜

在第二次布尔战争爆发前，枪用望远瞄准镜领域的发展仍处于停滞状态。当时，虽然在美国内战时期已经出现马尔科姆式瞄准具，且这种瞄准镜在当时表现出令人惊讶的性能，但通常仅能调节至适应个别射手的视力。这导致其本身成本很高，也极大地限制了其产量。南北战争中，北方的射手们在行动中持续展现了此类光学瞄准镜提高远距目标观察能力的优点，这意味着射手通过瞄准镜可以看到更大的目标图像，或者在一定程度上，提高对恶劣环境中目标的观察能力。

欧洲和美国的枪械产业界重新对此类装备表现出热情，源自当时19世纪末光学技术的进步，以及同期类似产品商用市场规模的扩大，这很快降低了此类望远瞄准镜的价格，使其达到了军队能够大量采购以及射击爱好者能够担负得起的程度。19世纪，光学的技术发展最先以英国和法国为中心展开，之后德国崛起成为新的光学技术发展中心。当时德国科学家恩斯特·卡尔·阿贝曾构想过高放大倍率的显微镜，但因缺乏合适的透镜及透镜组而无法成功，之后他在硼硅酸盐光学玻璃的发明者弗雷德里希·奥托·肖特劝说下，于1884年从"斯科特和基诺森玻璃技术试验室"（Glastechnische Laboratorium Schott & Genossen）公司跳槽加入了卡尔·蔡司公司[1]。1886年，高性能的光学透镜开始商业量产，尽管蔡司死于1888年，但1889年卡尔·蔡司财团（Carl Zeiss Stiftung）的成立不仅确保了该公司的未来发展，而且也标志着德国在光学玻璃及望远镜领域建立长期优势地位的开始。

这一时期，德国的光学装备研制和生产商在该领域取得了多项主要的突破，例如阿贝式棱镜双筒望远镜，便通过将双筒望远镜的两个物镜分离得尽可能远，为观察者提供对目标物的立体视觉，1893年7月9日蔡司获得了此类望远设备的发明专利，并于1894年将其商业化投入市场[2]。1905年4月14日，多名德国光学家[3]在德国国内为其发明的一种"由两片'屋脊棱镜'构成的图像反转式棱镜系统"申请了180644号专利，这项技术使人们可以在更细小的镜体内获得更好的光学望远性能。1906年它进入商业市场。德国生产商们为这类双筒望远镜注册了"Dialyt"的商标名称（第149303商标注册案），并在1911年9月30日获得德国政府批准。

同期，在该领域另一位重要的发明家是柏林的沃尔特·杰拉德[4]，他设计出了首部套接的望远镜镜体，并取得多项专利，比如1910年3月15日在法国取得的第

---

[1] 蔡司出生于1816年，他曾于1846年11月17日在耶拿开办了一处工场，专门为光学仪器制造各种透镜。他曾在1847年制造了自己的首部显微镜，并在1857年向外界介绍推出第一种成功的组合式显微镜。

[2] 阿贝并非首个设计这类正像棱镜（erecting prism）的人。尽管他设计的棱镜式望远镜于1873年时就已在维也纳参加过展览，但意大利光学仪器家伊尼亚齐奥·波罗曾在1854年获得过一个棱镜仪器的专利。第一种屋脊型棱镜（roof prism）由亨索尔特首先运用，它可能是1880年代法国人阿希尔－维克多－埃米尔·道贝舍的设计成果。

[3] 当时，卡尔·蔡司·施蒂夫通也拥有部分专利。蔡司于1928年获得了专利的主要部分，直至1964年亨索尔特才能单独出售以该专利生产的产品。

[4] 沃尔特·约瑟夫·爱德华·杰拉德，是一名胡格诺教徒的子女，他于1883年9月7日出生在柏林。他曾发明多种光学和电子设备并以其申请、获得了多项专利，但这并不意味着他真的制造了这款枪用瞄准镜并冠以自己的名字。也有观点怀疑认为，杰拉德的事业由奥伊吉在1912年继承下来，或者这些瞄准具就一直是由奥伊吉制造的。

413618号专利，"瞄准设备封装"（Enveloppe pour lunettes de visée）。他的新设计使大直径的物镜（或上镜）聚光能力得到提高，这意味着此类望远设备注定会取得非凡的成功。

因而在1914年时，多家德国光学望远设备生产商主导了全球绝大部分高品质光学仪器和设备的生产。在英国，情况则正好相反，很少有光学家准备紧跟德国人的发展脚步，设计类似的光学设备。事实上，在第一次世界大战爆发英国陆军最终承认了狙击手的价值时，他们立即面临着缺乏合适的枪用望远瞄准镜的窘境，只得四处拼凑引进类似的设备，英军中的狙击手们更无法在此领域获得标准化的设备及训练。

反观美国情况则要好一些，美国陆军曾试验了配备纽约奔流工具和光学公司制造瞄准具的克拉格–约根森式步枪。该公司于1895年创办，他们最初主要生产车床和机械工具，之后迅速拓展至光学仪器的研究和生产领域。20世纪初，美国发明家小亨利·德–曾（Henry De Zeng Jr）[1]对其发明的一种枪用望远瞄准镜——"可安装于枪械上的望远器具"申请了专利（美国专利号681202），1901年8月27日政府通过了该专利申请；之后1902年1月14日他又为早在1900年5月28日已投入应用的一种望远瞄准镜申请了专利，并获得第691248号专利的保护。

1900年2月17日，受美国军方召集，由陆军军械署的多名军官组成的军官委员会，包括约翰·格里尔少校、弗兰克·贝克上校、约翰·汤普森和奥都斯·霍尼等，在斯普林菲尔德工厂参与了一系列枪用瞄准镜的测试。至当年5月底测试完成，委员会着手撰写测试报告，并于当年6月8日上报。其间，奔流公司的3种瞄准具接受了测试，分别为8倍、12倍和20倍放大倍率的瞄准镜，小亨利·德–曾参与

---

[1] 小亨利·劳伦斯·德–曾于1866年1月7日出生在纽约州的日内瓦，他与自己的父亲同名。他对外称自己是撒克逊贵族家族的后裔，当年他的先祖在美国独立战争末期定居至美国，并资助创建了一家生产有色玻璃的工厂。他年轻时曾在标准光学公司接受过工程师的训练，但在1890年时成为一名视力测定方面的专业医生。现在，他被广泛地认为是研制开发医用眼底镜，以及其他几种光学和光电医疗设备的先驱。

了测试活动，其间他还向军方介绍了他的公司提交的几种枪用瞄准镜的原理和性能情况。对此，该测试委员会在报告中阐述这些瞄准具时称：

> 对2000码距离外的实弹射击进行测试……测试结果使委员会对瞄准具形成了正面的观点，即应用枪用望远瞄准镜在模糊、多雾天气条件下或远距离上，对提高射击效能具有特别的价值……委员会还认为，枪用瞄准镜适宜供美国军方使用，进而他们建议，后续采购更多瞄准具交付部队，以便在野战条件下进行实战性测试。如果发现部队对此设备较为满意，可进一步采购更多数量瞄准具配备部队，如此，各级部队编配的大量神射手们在作战时将具备更显著的优势。

该报告由当时担任斯普林菲尔德兵工厂指挥官的弗兰克·菲普斯中校批准，继而被提交给陆军军械委员会由其做出最终决定。1901年2月，美国陆军获得6支适配了奔流公司产8倍瞄准镜的M1898式克拉格–约根森式步枪（编号包括有278148、278769和278777等）；其中4支被送往驻菲律宾的美军部队，1支交付给弗吉尼亚州门罗堡的美军部队，最后1支交付给堪萨斯州利文沃斯堡美军部队。

然而，报告对瞄准具的观点本身并不全面。在之后的部队实用测试中，一些射手认识到了瞄准具的优势，它们使射手能够向相对更小的目标射击，抑或能在更远距离外、昏暗光线条件下射击。但也有一些射手则认为瞄准具过于笨重，它们通过支架安装在枪支机匣后部左侧，影响了射手以右颊贴腮靠上枪托进行瞄准的动作（抬高他们的右颊以便眼睛对准瞄准具目镜，这使其无法让脸颊贴紧枪托），使瞄准射击时非常容易疲劳。就像大多数栓动式步枪一样，克拉格–约根森式步枪在抛壳时向上抛出，因此在机匣上部添加尺寸较大的瞄准具后，枪械在抛壳时可能磕碰到瞄准具。

在试用中还发现，1套瞄准镜出现了因枪械射击时的后坐力而导致其透镜分划被震坏的情况，对此奔流公司宣称可采用不易被损坏的"十字线分划"来替代，而且部分瞄准具的左右和俯仰调节装置偶尔会松脱，但其整体使试用部队印象深刻，并很大程度上受到官兵欢迎。当然，此时美军方做出用新狙击用枪械取代克拉格–约根森式步枪的决定，继而决定采用新的毛瑟—斯普林菲尔德步枪作狙击步枪，新枪的研制随即展开，而同期美军方对枪用望远瞄准镜的采购则暂时被中止。

这一时期，德–曾/奔流公司瞄准具不仅获得美国陆军的青睐，而且还成功地推向商业市场，这刺激了其他公司竞相进入该领域。之后，当军方再次展开此类竞争性测试时，奔流公司的光学瞄准镜分部被斯蒂芬斯公司[1]收购，接着军方更看重了华纳和斯韦齐公司的瞄准镜，该公司原来是家机械制造商，因业务多样化拓展而进入光学玻璃及仪器领域。

华纳和斯韦齐公司由武斯特·里德·华纳（1846—1929）和安布罗斯·斯韦齐（1846—1937）共同创建，两人相遇于1866年，当时他们仍是新罕布什尔州艾克赛特机械公司的学徒，之后他们一起到了康涅狄格州哈特福特的普拉特&惠特尼公司工作。1880年，两人离开普拉特&惠特尼公司并在机械工具加工领域形成了两人伙伴关系。之后，华纳和斯韦齐决定在俄亥俄州的克利夫兰安顿下来，两人如此决定的原因，在于芝加哥的位置太过于偏西，难以满足他们对未来市场的预期。1881年8月，两人在克利夫兰的卡内基大道开设了一处工厂开始生产。最初，他们的产品包括转塔车床/多角车床、望远镜等小型设备，他们对望远镜这类光学仪器之所以感兴趣，则源于武斯特·里德·华纳对天文学的热情。1900年，

---

[1] 奔流工具&自行车公司和奔流工具&光学公司先后被合并，接着在1895年搬迁至布法罗（纽约州西部伊利湖东岸），整合这些企业后共享了相关知识与人员。1902年时，在一次竞标以获得生产德–曾式望远瞄准镜的生产权利时，马萨诸塞州其可毕（Chicopee Falls）的J.斯蒂文斯军械&工具公司用重金购买了奔流。斯蒂文斯保留了奔流公司此前的经理F. L.史密斯，并由其负责开发后续的光学瞄准镜，最初他们仍以奔流公司的名义向市场上推销它们（该商标一直持续使用至1940年），但同期仍继续与哈丁兄弟公司进行机床及工具的生意往来。

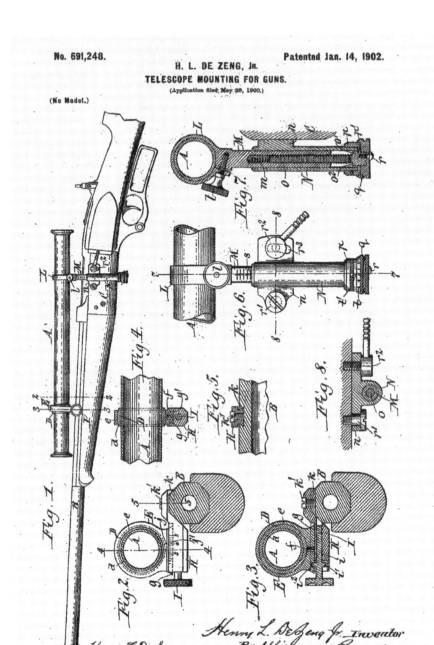

图32 奔流公司光学瞄准镜专利结构简图

德-曾设计的光学瞄准镜，它安装在当时较新型的"野人"M1899型杠杆式步枪上。（华盛顿特区美国专利局）

两人在俄亥俄州成立华纳和斯韦齐公司，最初他们从车床类产品获得的利润远高于光学设备产品的利润。

华纳和斯韦齐公司的望远瞄准镜的核心，是安布罗斯·斯韦齐[1]当时取得的一项专利。它在设计上较传统的"管状"瞄准具（如马尔科姆式瞄准具和德–曾的设计）有激进的改变。该瞄准具实际上是斯韦齐为陆军和海军开发的测距仪的枪用衍生型，它内部包括一套棱镜透镜组，它能使由多个部分组成的目镜端得以与管体孔径中心线相偏离（此核心设计取得了专利）。因而与现有的"直型"模式的设计（目镜和物镜中心与管体中心线重合）相比，瞄准具本身可以制造得更为紧凑。

当然，一定程度上该瞄准具的设计并不如宣称的那样具有创新性，它作为一种枪用瞄准镜实际上与此前由阿道夫·考尼格为蔡司公司设计的棱镜式瞄准具相类似。最终，该型瞄准镜进入量产阶段，生产了少量实物供军方测试和商业销售，公司于1901年11月14日向美国政府申请了专利，该申请于1902年9月9日获得审批（专利号708720）。此外，蔡司公司的"棱镜式瞄准具"在设计上与其类似，但它的目镜中心与管径轴线重合，而且其设计比斯韦齐瞄准具更为简化、结构上更加坚固；相较而言，斯韦齐的瞄准具对相对简单问题的设计解决方案，更为复杂。

在1905—1907年间，华纳和斯韦齐公司的枪用瞄准镜接受了美国陆军步兵委员会的广泛测试，它被适配到新的M1903式步枪（又称"斯普林菲尔德步枪"）上，该瞄准镜在试制完成后，率先在老式步枪上进行了测试。对此阶段测试的结论报告表明，该瞄准镜的性能已经被广泛接受，但唯一令军队不安的是，该瞄准

[1] 斯韦齐（英裔）曾在枪用光学设备领域获得多项美国专利，包括1903年9月获得的"垂直基线测距仪"专利（专利号737794），和1906年2月（与戈特利布·费克迩共同）获得专利［用于保护望远瞄准镜内的普罗棱镜（Porro Prisms），其专利号是812464］等。至于他于1910年7月19日取得的专利（专利号964709），有时它们也被与M1908和M1913式瞄准具联系起来，但实际上此受保护的且经较大修改设计的专利从未完全被应用过。

具的成本高达80美元，甚至比步枪还要昂贵不少。针对军方的关切，斯韦齐同意尽可能地简化设计，接着军方采用了该公司简化后的6倍率的"1908式步枪用望远瞄准镜"进行大规模的野战测试。

1909年，华纳和斯韦齐公司向军方交付了1000具该型瞄准镜，它们被适配到称为Star Gaged的步枪上（为安装瞄准镜进行了专门精选），这批带瞄准具的步枪又被提供给军方那些具备优异射击技能的士兵。瞄准具通过一个导轨式支架安装在枪械机匣后部左侧位置（支架本身再通过3枚螺钉与机匣牢固地连接在一起），如此使瞄准具能稍偏离机匣中心线，这样方便射手从机匣另一侧的装填口填压弹

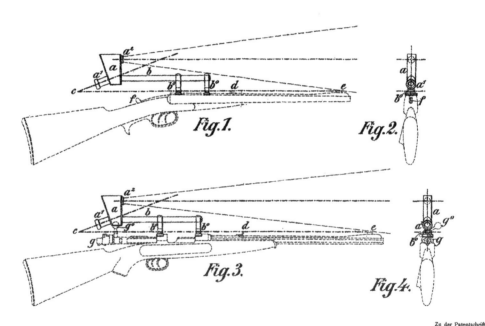

Zu der Patentschrift
№ 133552.

图33　德国卡尔·蔡司瞄准具专利结构简图

该瞄准具于1901年7月27日获得德国专利（专利号133532），它是一种改进型棱镜组光路瞄准具。注意图中目镜与瞄准具管身呈一定角度，第一次世界大战中这种瞄准具仅有较少数量在实战中应用，使用该瞄准具取得较好战绩的包括英国人利斯特·格林纳。〔德国国家专利与市场总局〕

药。当然，以当时的标准看，该瞄准具及其安装支架臂仍较为复杂。

在射程方面，瞄准具的俯仰调节手轮最大可步进调节至3000码的瞄准距离，其左右风偏调节轮向左可调节38个分划点，向右可调节46个分划点，该左右风偏调节装置位于盒式瞄准具左侧前部位置。而且它安装在支架臂后能够以其前部为枢轴垂直和水平转动。基座支架由钢制成，瞄准具则主要由铜合金制成，外表都涂装为黑色[1]。

当这批瞄准具交付部队后，那些以往仅使用过开放式机械瞄准的士兵们非常高兴，上报结论最初也非常令人鼓舞。因此从1910年开始，M1903式步枪和M1908式瞄准具被大批采购并交付部队，当时美国陆军每个步兵连和骑兵连均配备有两支该型狙击步枪。同期，一些陆军野战火炮部队也配备了马克沁机械的消声装置，直到它们被再次评估认定效果较差才被取消[2]。

然而，随着华纳和斯韦齐公司的瞄准具在部队被长时间使用，它们的问题也逐渐开始暴露出来。当然，瞄准具本身的放大倍率仍是可接受的，且其观察视野也出乎意料地宽广（达到视距的7%），但其内部透镜组的直立安装模式却削弱了

---

[1] 此结构简图包括其内部结构和外部外观，方便阅读和了解其结构。当然，射击时的后坐力较容易震松其图上虚线所示的部件，它们常可能碰坏瞄准内用腐蚀刻在透镜上的瞄准分划线。而且此瞄准具相对较大的放大倍率使此问题更加明显。

[2] 此机枪消声装置由康涅狄格州的哈特福特马克沁静音火器公司制造，其最初作为一种枪用辅助设备接受过测试。之后其"J"型消声装置获得批准采购，但主要用于狙击步枪，使射手在射击时不必因声音而暴露其位置。1912年军方将其与另一种参与竞标消声器（由摩尔设计）分别与马克沁机枪适配进行测试，但结果使美国陆军确信为机枪配备消音器并没有什么作用。

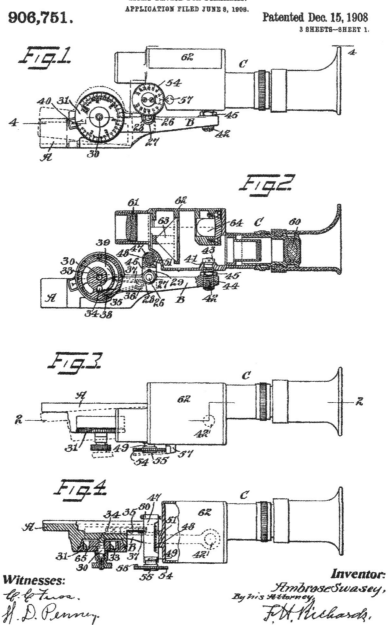

图34 华纳和斯韦齐式瞄准镜的专利结构简图

图中是华纳和斯韦齐式瞄准镜定型时申请专利的结构简图，完成申请后它仅被略作修改后就被大量制造进入现役。（华盛顿特区美国专利局）

其性能。此外，其相对亮度（光传输指数[1]）仅有11.1，毕竟光在通过棱镜组抵达目镜端时就已被吸收掉相当一部分。

它的整个光学透镜和光路设计较为普通，但棱镜组过于精密和娇贵，无法承受过于激烈的动作（如猛烈的后坐力）。不过即便如此，瞄准具本体与基座的连接，以及基座支架与枪身的连接较为稳固，足以保持瞄准具与枪身相对位置的稳定（归零校射后能保持更长时间）。考虑到射手安装的方便，基座支架下缘设计有两个沟槽，用于卡固瞄准具上的安装弹簧闩。由于设计经验的问题，该瞄准具的人机工效也存在问题，比如其出瞳距离仅1英寸，较易引起射手视疲劳；瞄准镜目镜端还安装了橡胶眼杯，这个设计虽然可以缓解出瞳距离过近导致的射击后坐使瞄准具冲击射手眼部的问题，但仍并未完全解决出瞳距离过近的问题。

1913年，华纳和斯韦齐公司在对其瞄准具进行一些修改后，得到美国陆军认可。尽管这次改进看起来微不足道，但实际上涉及的项目数量仍较多，包括将其放大倍率降至5.2倍，提高了相对亮度至14.8，瞄准具上部结构得到强化，俯仰调节轮上以"十字形旋钮"取代了原先的滚花式指轮，以及在目镜调节环上添加了一个夹紧螺钉等。

当1914年夏季加拿大编组了远征军赴欧洲参战时，以及之后1917年春季美国也组建了远征军前往欧洲时，华纳和斯韦齐公司生产的M1913型瞄准镜已是美加远征军狙击手们的标准装备。在欧洲的战斗经历表明，尽管它们的性能较开放式瞄准具有较大提升，而且加拿大狙击手们在战斗中也充分发挥了它们的作用，

---

[1] 相对亮度，可简单地通过将瞄准具物镜的有效直径（毫米数量）除了放大倍率后，再求商的平方，即为其相对亮度。因而，一支传统的4×20瞄准具（物镜直径为20毫米），其相对亮度为25（20÷4=5、5^2=25）。目前，各界广泛认为，人类肉眼虹膜的直径（这控制着外界进入人眼的光量）在昼间时约为3毫米、在黄昏或暗光条件下为5毫米、在完全黑暗的夜间时达到7毫米。因此，当入射人眼的光束超出虹膜直径时，多余的光完全是浪费，但在昏暗条件下4×20瞄准具（相对亮度为25）将实质性地使所有可用的光都予以通过。一部光学仪器其相对亮度为11时，其亮度是非常糟糕的，所有M1908型华纳和斯韦齐公司瞄准具即便在昼间时其性能都是低下的。

但其基本设计仍存在着缺陷。例如，该瞄准具适配的M1903型步枪，其枪托与瞄准具目镜配合时的人机工效设计较差（加拿大军队的制式罗斯系列步枪及其直线型枪托与该瞄准具的配合则相对较好）。此外，还存在个别部件因制造工艺而导致的尺寸误差较大，以及瞄准具安装基座在使用过程中需要持续不断的调节等问题。

事实上，在1914年前，相关厂家就已试图改进温切斯特和斯蒂文斯式等较成熟的瞄准镜，这类瞄准具采用传统的"直线型"透镜组设计，但这些努力基本都没有成功[1]。比如，他们尝试了很多新的安装基座，但即便是0.30-06口径规格的弹药在击发时较小的后坐力，经常仍足以震松瞄准具上的风偏和俯仰调节装置，甚至在极端情况下还可能损坏物镜端的瞄准分划线（十字刻线等）。

很多早期出产的望远瞄准镜的出瞳距离相对较短，这主要源于当时透镜组设计方面的不足，因此如适配后坐力较大的枪械及弹药，瞄准具的管体很可能冲击到射手眼部。为此，华纳和斯韦齐公司最先尝试在其瞄准具目镜端加上橡胶制眼杯，射手在使用瞄准具时眼睛被眼杯罩住后，通过其形成的负压将瞄准具目镜端压在射手眼前（当时这也是其重要特色）。

---

[1] 德国曾在1913年测试了4倍率的葛尔茨式瞄准镜，结果表明其性能远优于华纳和斯韦齐公司的设计，
    甚至比温切斯特和斯蒂芬式瞄准镜都更好。

第一次世界大战：
走上前台的狙击手

19 14年夏，第一次世界大战在欧洲全面爆发，当时大部分人认为这场战争很快就会结束，所有人都认为"战争会在当年圣诞节时结束"，各国军队对他们的进攻力量充满着信心，怀揣着各自的理由走向战争。但从战争一开始，人们就意识到他们对于战争的憧憬过于乐观了。德国人笨手笨脚地将他们的"施利芬计划"付诸实施，他们希望在短时间内从低地国家攻入法国境内并再次占领巴黎，进而赢得战争。然而，当他们进军到马恩河时就已悲哀地发现，战争已不再可能于短期内结束。在马恩河防线，英国远征军和法军在强大火力支援下，挡住了德军推进的步伐。

从战术层面上看，假设当时德军使用的是英军的李-恩菲尔德式步枪，而英军使用德军笨重的毛瑟步枪，设想这场战役可能出现的不同结果，无疑是件非常有趣的事。而这场战争，可能也是最后一次仅凭某款步兵轻武器设计就改变了历史的案例。与德军的毛瑟步枪相比，英军的李-恩菲尔德式步枪具有更好的射速。1915年交战方曾在战场上进行过轻武器速射试验，结果表明，老练士兵使用德制毛瑟98式步枪时每分钟能击发12~15发子弹，而使用英军的SMLE步枪在相同时间里则可射击24~27次（采用桥夹手动压弹装填），如果在事先准备好充足的弹匣，两种枪械之间射速对比可能更加悬殊。

作为一款战斗步枪，德制毛瑟系列步枪的主要缺陷在于枪机运作、击针击发和供弹机制不够理想，相较而言李–恩菲尔德式步枪由于其枪机闭锁卡铁（locking lugs）直接位于枪机头处（而非机匣弹匣仓后部），因而毛瑟步枪尺寸更长，也更笨重。此外，毛瑟步枪的拉机柄位置也不甚合理，射手在低头击发完1枚弹药后需要将头抬起，再向后拉动拉机柄完成抛壳和上膛等动作（否则拉机柄后向运动时会碰到射手的脸部）。而且，毛瑟步枪的弹容量只有5发弹，相较而言英制SMLE步枪的弹容量则达到10发。当然，纯粹从射击精度角度看，毛瑟步枪具有一项重要优势，它的弹药威力更强、弹丸射出后的弹道特性也比英制步枪更好，因而在远距离上射击精度更优。

1914年底，欧洲西线的战线在低地国家和法国西北部一线胶着并停滞下来，双方从比利时北海海岸、绵延横跨法国东北部至瑞士边境地区形成了漫长的防线。双方企图在运动战中迅速消灭对手主力的希望彻底破灭了，沿着战线双方逐渐形成堑壕防御体系，尤其是在德军防线一侧，多层堑壕、各种筑垒工事、碉堡和掩蔽所纷纷建立起来。在这种作战环境，之前双方军队对士兵进行的速射训练以及步兵手中的轻武器发挥的作用越来越少，而炮兵和机枪则成为支撑整个防御体系的主要火力。而且，随着战事拖延、战争规模迅速扩大，战前经过严格训练的常备军很快殆尽，越来越多的志愿兵和义务兵成为双方作战的主力，这些士兵既未接受过严格训练，又缺乏常备军的战术素养，但双方军队的最大问题仍出自各军队中的各级领导层。这一点尤其成为英军的问题，第一次世界大战时期英军的军官团大多来自其国内贵族阶级，他们对以往战争传统的崇尚近乎固执且决策非常愚蠢，与此同时，又对同期新出现的战争技术表现出轻视，因此他们在战争中经常带领部队实施无畏的进攻和冲锋，造成了大量无谓的伤亡。雪上加霜的是，很多英军高级指挥官都是骑兵出身，无视德军要塞和防御堑壕体系中的现代火炮和机枪对骑兵突击的毁灭性杀伤力。在战争爆发后的第一个冬天，英军挣扎在皮卡第（法国北部省份，位于佛兰德地区英吉利海峡附近）的泥淖中，体验着现代技术对传统战争的颠覆与苦楚。

战争中，双方军队很快发现，战场上最为危险的武器是敌方的野战火炮和纵深的榴弹炮，以及用于收割集团冲锋的机枪火力，在机枪倾泻出的无穷弹雨中，对手的密集步兵冲击注定只是一场自杀性冲锋。

在欧洲西线战场，很多德国军官的回忆录都证实，当年他们在战场上看到英军推进时的震撼景象，他们（英军）顶着德军如雨点般的机枪子弹在泥泞中向前跋涉，人员不断在弹雨中倒下，但后面的人仍勇敢坚定地向前行进着。他们尊敬英军士兵的勇敢，但也对英军军官会命令实施这样一种自杀性的进攻感到疑惑。毕竟，杀伤他们的是无论是火炮还是机枪，那些冲锋的步兵即便能够分辨也毫无意义。

德国参战的狙击手及其枪械

对德国人而言，现代战争最先使其意识到的是，一旦战争像1914年下半年那样凝滞下来后，形势就走向了死局。在这种形势下，部分德军高层考虑招募拥有出色射击技能的射手，比如来自森林地区的猎兵、猎人和原住民等，他们不仅拥有出色的射击技巧，还非常适应由复杂地形构成的战场环境。而且由于地理因素，德军招募此类人员更为便利，中欧的黑森林在第一次世界大战爆发时仍很大程度上保持着原始风貌，其中散着各种野生动物（如野猪、鹿、狼，甚至是熊）。相比之下，英国国内虽然同期也流行运动射击活动，但当地缺乏类似中欧黑森林那样的自然环境，因此其射击目标/对象更多集中在野鸟，而非大型动物上。毕竟，熊这类大型动物自铁器时代就已在英伦三岛上完全消失了，据信英伦三岛的狼早在1742年就已在苏格兰绝迹，野猪也是类似的情况。因此，至第一次世界大战时，德国选募优秀猎人参军的选择比英国多得多。当然，英国国内也有热衷于狩猎野生动物的人群，但他们只能冒险前往海外帝国殖民地磨炼他们的狩猎射击技巧，比如狩猎加拿大麋鹿，印度的虎，非洲的狮子、猎豹和野牛等。

随着西线堑壕战逐渐成为主要的作战样式，德国人很快意识到他们需要为其狙击手配备合适的枪械和狙击器材。因此，战争中，德国人在战争开始后，就迅速获得一批狙击枪械——数百支适配有杰拉德、葛尔茨和蔡司式等商用望远瞄准镜的猎枪（Jagdgewehre），同期德军还试验性地为少量标准Gew. 98式步枪配备4倍率葛尔茨瞄准镜，验证其用于狙击的前景。根据汉斯-迪特尔·格茨的记录，1914年12月德军将狙击步枪首次配发给巴伐利亚集团军。

当时，民用步枪基本都使用过时的Patrone 88型弹药，而非经改进的S型弹药，同时为了防止出现事故，射手会在枪械枪托左侧添加一套锡板冲制成的弹药套，用它来盛装Patrone 88弹药，这种弹药外形上以其圆头弹丸为显著标志，有时还会标注"仅用于Patrone 88弹药，不适合S弹药"的标识。这些可精确射击的民用枪械并非被设计用于堑壕战环境下使用，比如很多枪械都配备有设计精良的商用设定式双扳机，但在泥泞的堑壕战场这种设备很容易被阻塞。

在堑壕战场的泥泞中，狙击的价值很快突显出来，但各参战国普遍都缺乏合适的狙击用枪械。当时，各国很多军方人士都努力解决此问题，例如拉蒂博·维克多·阿玛迪斯公爵[1]，就自掏腰包尽可能多地收集运动步枪，对其进行精度测试；对此，他希望收集20000支这类枪械，但目前并无证据表明他真的收集到这么多数量的枪械，但最低至少有5000支此类精确运动步枪被投入到战争中。这种

---

[1] 维克多·阿玛迪斯，与赫尔佐克·冯·拉蒂博、福斯特·冯·科维、普林茨·霍恩洛厄（1847—1923）等人，是西里西亚的政治家和贵族。他曾参与过普法战争，其所在部队为波茨坦轻骑兵团，战争结束后获得了普军的荣誉少将军衔。此外，他还是名熟练的猎人，认为神射手配备合适的枪械及光学瞄准镜能够在战场上发挥巨大价值。

枪械种类繁杂，既包括各种口径的传统栓动式步枪如黑内尔式步枪、曼利夏式步枪和毛瑟式步枪等，也包括双管型后膛装弹的霰弹枪、铰链式双管步枪，甚至是"德里林格"（Drillinge）和"维尔林格"（Vierlinge）这样的3管、4管型线膛/滑膛枪。

当时德军军队列装狙击步枪的仍主要是8毫米口径、带弹匣且射击精度较优的步枪，且其中仍有部分因为其枪机强度并不足以发射性能更强的S型尖弹而只能使用Patrone 88型圆头弹。然而在战争初期，德军狙击手也有限度地使用了发射6.5×54、7×57、7.65×53和9.3×72毫米等规格的弹药的步枪，当时这些民用弹

图35　第一次世界大战中德军狙击手的作战场景

此照片据信拍摄于1916年3月，德军第91后备步兵团的狙击手使用的是98式狙击步枪（Scharfschützen-Gewehr 98），其适配有4倍率的光学瞄准镜，它通过独立基座安装在枪械上。有理由怀疑该照片是当时摆拍的场景，图中一名观察人员正使用堑壕战中常用的潜望镜对外观察，至于图中狙击手（似乎是名军官）从堑壕上的射孔伸出枪械对外射击，但射孔明显很大并不足以为他提供对反狙击的充分防护。〔贝利西斯档案馆，慕尼黑（Bayerisches Hauptstaatsarchiv, Munich）〕

药依然有一部分民间储备可供使用。

然而，这些都不是长远之计，真正的解决方案无疑仍是以现有军用步枪为基础，提高其射击精度性能并配备相应的瞄准具，使其成为真正的狙击步枪。因而在1914年底，德国步枪测试委员会定制采购了1.5万支步枪，即所谓的"附瞄准具98式步枪"（Zielfernrohr–Gewehre 98），后来该枪也被称为98式狙击步枪（Scharfschützen–Gewehre 98）。

Gew.98式步枪不仅经历了长期的测试改进，而且也是毛瑟和GPK公司之间长期"争斗"的产物，这两家公司之间的争斗甚至可包括追溯回1888年德意志帝国"步枪委员会"（Reichsgewehr）对步枪的选型活动。Gew. 98式步枪的前身，要追溯回19世纪末期德军使用的Gew. 88式步枪，该枪基本上就是同期法国勒贝尔式步枪以及带桥夹装填弹仓的转栓式曼利夏式步枪的简单复制和组合，在实战中被证明具有严重的缺陷[1]。

尽管如此，但19世纪末期的Gew. 98式步枪仍然是一种比同时代毛瑟C/88型步枪更好的枪械，后者更加笨重且故障率高。当然，大约一年后，毛瑟公司就开发出一款新的步枪，并被比利时军队认可；之后在对1893取得专利的该步枪进行了一系列改进后（包括枪托内的弹仓），又在西班牙军队的步枪造型中获得青睐。19世纪末期，德国认识到Gew. 88式步枪已逐渐老旧需要替换，尽管此时德国已生产了很大数量的该型枪械（很多该型枪械甚至在第一次世界大战中服役），因此，德军在19世纪90年代初着手研制试验新型毛瑟式步枪。最初的成果，就是Gew. 88/97型步枪，它基本上由GPK设计，但试验表明这种枪械存在很多缺陷。故而，德军在1898年4月5日正式决定采用Gew. 98式步枪。在与GPK公司的竞争中，毛瑟公司显然笑到了最后。

---

[1] 当时，在德国各界的一些圈子里流行这样一种说法，它是所谓的"*Judenflinte*"（即"犹太人的步枪"），这就是一项用以削弱德国军队士气的阴谋（当时很多德国的枪械、弹药和发射药的生产企业都是犹太人的产业，因而将其斥为"犹太人的步枪"适应了同期德国内的反犹思潮）。

Gew. 98式步枪是20世纪初最为典型的通用步枪，它枪管较长且全枪重较大，但其射弹威力较大且在中远距离上射击精度高（可在600米距离上准确命中单个目标）。Gew. 98的最核心部件，是其栓动式枪机，生产商早在1895年10月30日就申请取得了德国专利（DRP 90305），与1893式步枪的栓动式机枪相类似（但位于拉机柄柄头设计有第3个闭锁卡铁，它对同一位置上的另两个类似闭锁卡铁起着补充的作用）。枪机设计上的完善，使枪机具有足够的强度能够可靠地完成对大威力8×57毫米弹药的一系列操作；但这也造成机匣左侧侧壁较薄存在潜在缺陷的问题，因为机匣内部的改造需要减少左侧侧壁厚度以使射手能够向弹仓内更方便地压入弹药。

98式狙击步枪，其实并非全新射击的枪械，只是经特别挑选的精度较高的Gew. 98式步枪。为适应狙击用途，它的部分部件经过改造，包括其拉机柄杆向下折弯一定角度，为配合折弯的拉机柄右侧枪托被削去一块成为凹坑，后期枪托右侧的这个凹坑采用磨制形成。这样，枪械在安装瞄准具后，枪机闭锁时拉机柄下端将不会磕碰到木质枪托，这不仅使射手更方便持握枪械，而且在射手向上操作拉机柄时不会碰到机匣上部的瞄准具。

据估计，当时的德军内部普鲁士、撒克逊和符腾堡等军团共需要18421支狙击步枪。此外，当时巴伐利亚也为其部队定购了750支狙击步枪，这是其需求量的很少一部分。由于产量有限，这类特种枪械在德军各军团中的配备量不一，例如，巴伐利亚军团至少每个步兵或猎兵连能够分配到1支狙击步枪，至1916年8月时这种枪械的比例提高到每个连分配到3支。战争期间，德军似乎更偏好于将他们的狙击手作为独立的作战小组，赋予其更大的行动自由以遂行狙击行动。

在战争中应用狙击战术的初期，德军中几乎没多少人认为狙击手需要由高度专业化的士兵担任，更未意识到他们仅需要配备1支带瞄准具的步枪。对此，同期鼓吹狙击手意义和价值的人士H. V. 赫斯基思–普里查德就评论认为：

　　（1915年时）德军步兵部队配备带望远瞄准镜步枪的比例似乎达到每个连队6支的水平。但德军对这些狙击步枪的使用和管理却非常有趣，枪械会由列兵射击使用，但并非真正配备给这些列兵，而是由他们的上级管理士官负责，后者负责列兵对狙击步枪的使用；作战时，狙击步枪轮流在实际射击的列兵与管理它们的士官之间转换，列兵在射击后会将枪械交给士官，由其运用枪上瞄准具检视射击结果[1]。

　　第一次世界大战德军中，大多数狙击用步枪配备有4倍率的望远瞄准镜，它采用环式基座与枪械相连。有消息认为，德国军事当局曾指定其狙击步枪配备葛尔茨和蔡司的4倍率瞄准具，但战争要求迫使他们使用所有可获得的瞄准具。其间，为德军提供此类瞄准的生产商包括：位于柏林的奥托博克公司、位于德国东部拉特诺的恩斯特·布施公司、位于夏洛腾堡的沃尔特·杰拉德公司、位于柏林–勋伯格的C.P.葛尔茨公司、位于韦茨拉尔的M.享索尔特公司、位于维也纳的卡勒斯公司、位于柏林的Landlicht Zielfernrohrbau、位于柏林的光学–工业公司（"O.I.G."或"Oigee" "Luxor" 牌）、位于布伦瑞克的福伦达和佐恩公司（"Heliar" 和 "Skopar" 牌）和位于耶拿的卡尔·蔡司公司等。战时由这些公司生产的瞄准镜，其放大倍率从2.75倍至6倍不等（尽管6倍率的瞄准具并不常见），但大多数仍保留至今的第一次世界大战期间德军狙击瞄准镜都是4倍率。

　　这些瞄准具与其基座在出厂时通常未固定，它们通常分开放置并由军方分别采购，备齐后由军方的军械人员或工厂将其组装在一起，无疑此时德军并未意识到狙击步枪在安装瞄准具后及时校射归零的意义。现在流传下来的这些德军瞄准具基座，大多刻有 "S.& H." 的铭牌，这表明它们很可能出产自位于苏尔的枪械

---

[1] 赫斯基思·弗农·赫斯基思–普里查德所著《在法国的狙击》（*Sniping in France*），及其于1920年的《关于侦察、观察和狙击的科学训练》（*With Notes on the Scientifi Training of Scouts, Observers and Snipers*），第31页。

制造商施密特和赫伯曼公司，以表明它们的生产方。由于资料缺乏，在得出有关这些瞄准具及其基座的更多结论前，仍需要收集更多证明并进行研究。

显然，这一时期的德军瞄准具基座形式各异，并无统一标准。大部分常用基座采用爪夹式紧固件，安装时只需将其一端夹住枪身再用旋钮螺丝、卡闩与枪身固定住。但鉴于同期德军步枪装填设计，射手在装弹时需要向后翻转连接在机匣左侧的基座，空出装填口完成装弹动作。由于当时德军配备瞄准具的枪械，除了标准的Gew. 98式步枪外，还有其他繁杂型号，因而一些瞄准具安装的位置偏机匣左侧，这类狙击步枪并非真正的98式狙击步枪。

德军最初设计狙击步枪的经验不足，因此其枪械上的瞄准具普遍安装位置较高，方便射手向位于瞄准具之下的机匣顶（或一侧）装填口装弹，并操作拉机柄完成枪机闭锁、开锁等动作。而且，为保留步枪上的机械式瞄准照门，瞄准具安装基座通常采用易装卸的设计（这显然对保持射击精度不利）。这类设计无疑是对射击性能的妥协，在德军看来保持步枪标准的机械瞄准照门可能是非常有用的，但将光学瞄准镜安装位置提升，将提高狙击手瞄准基线，使其在战场上更不容易隐蔽自己。

S.-Gew. 98式狙击步枪尽管与同型标准步枪相似，但现在已很难看到这款狙击步枪，因为当时在战争期间使用它们的射手常常会在被敌方俘获之前将手中的枪械破坏掉。该枪瞄准镜上有凸起的距离调节鼓，最初配发给巴伐利亚军团的瞄准镜上只有3个距离刻度分划（200/400/600米），但之后由普鲁士、撒克逊和符腾堡等军团装备的同型步枪上，其瞄准具距离刻度分划更为精细（从100～1000米，每100米一个分划调节刻度）。早期的这些瞄准镜，很少设计有左右风偏调节装置，但为解决风偏对射弹的影响，一些枪械在瞄准镜后基座上设计有风偏调节钮或螺丝，通过使基座左右横移来调节风偏影响，但事实上在真实战场上这样的设计及其操作，会导致瞄准镜管体出现扭曲，更可能破坏瞄准镜内透镜组对焦，甚至在一些极端情况下导致瞄准镜的永久性损坏。

第一次世界大战中，德国还首次为他们的狙击手提供了第一种穿甲型弹药，用于击穿在堑壕战中英、法军防御工事观察孔上覆盖着的、用于掩护遮蔽的薄铁罩（板）。例如，1915年底发布的一份官方文件就描述了当时的情况：

> 由于K型穿甲弹药（S.m.K.）的生产困难且较为昂贵，因此德军狙击手只有在精确射击时才使用它们。而且K型穿甲弹也仅提供给配备了狙击步枪（带望远瞄准镜的Gewehr 98式步枪）的狙击手们……当时德军狙击手主要使用两种带瞄准具的步枪：其一是配备瞄准具的标准Gewehr 98式步枪，德军最早于1914年底定购了首批1.5万支用于狙击的Gewehr 98式步枪；其二是配备瞄准具的猎枪，当然，所有这类猎枪都是被征用来的。第二类狙击步枪，在战场可靠性、勤务性方面不如98式步枪，而且只能使用Patrone 88型弹药；但由于在征用前经猎人们调试和良好维护，因而与军用步枪相比它们在300米距离上通常具有更好的精度。在征集到军队后，它们只被提供给拥有较好射击技能的老兵，例如在傍晚或黄昏，需要进行精度射击但一般步枪精度又难以满足需求之时，以充分发挥这些猎枪的性能。除用于狙击外，狙击手们还使用望远瞄准镜观察敌方前沿，并将观察到的敌情记录在笔记本上，有时需要射击时他还会将弹药消耗情况和确认的射击结果记录下来。为发挥这些神射手们的效能，当时德军狙击手们是免于前线的各种勤务职责的[1]。

战争期间，德军还为其少量的卡宾型98 AZ式步枪（Kar. 98 AZ）配备过光学瞄准镜（配备给狙击手），这种短管型步枪于1908年1月16日获得军方审批，用于装备德军的骑兵和炮兵部队，由于这些兵种特殊的作战需求，因此普通全尺寸步

---

[1] 一些英语出版物中有所引用，包括丹尼尔·W.肯特于1973年在安阿伯市 出版的《1888—1945德制7.9毫米军用弹药》（*German 7.9 mm – Military Ammunition 1888–1945*），第9页。

兵步枪并不适宜他们使用。这还可能是由于当时德军内S.-Gew. 98式狙击步枪缺乏所致，一直到1915年时这种专用型狙击步枪的产量都有限。当然，Kar. 98 AZ式步枪并不是一种优良的狙击步枪。例如，它的精度不如Gew. 98式步枪（尤其是经过精度测试并配备瞄准具的S.-Gew. 98式狙击步枪），而且它在击发时枪口焰较剧烈，经常射击时枪口焰会烧蚀枪管口部的刺刀柄（当安装刺刀时），因此往往需要对刺刀木制手柄进行处理（使用薄钢片包覆）。现在流传下来的一些照片显示，德军在1918年曾装备过一些配备有光学瞄准镜的Kar. 98 AZ式步枪，但这些照片中实际上部分拍摄日期只能追溯至"自由军团"（Freikorps）和"（魏玛共和国）国防军"（Reichswehr）时代初期。

在拥有了合适的武器后，德军狙击手很快就使对峙得毫无准备的英、法联军吃了苦头。因德军狙击手喜欢瞄准敌方士兵头部射击，当这类伤亡持续上升时，无疑使英、法军事当局日益重视这类问题。事实上，因头部受伤而死，在当时的堑壕战中非常常见，榴霰弹、空爆炮弹的弹片命中士兵头部都会造成致命伤，但医护人员很快就注意到因步枪弹命中头部而致死的案例日益增多。为此，当时法军曾为其前线步兵配备过一种硬合金无边头盔，这种由薄钢板制成保护头部的防护用品由奥古斯特-路易斯·亚德里安设计。法军设想士兵们先将这种头盔戴在头部，再套上他们日常的军用平顶帽（képi），实战表明这种防护用品在更好的解决方案出现前还是很有效的。之后，这种头盔被称为"亚德里安头盔"（Adrian helmet/ Casque Adrian），法军于1915年5月大规模采用这种头盔，至1915年夏时法军已配备了超过100万顶这样的头盔。

当然，这种头盔存在着一项重要的缺陷，其盔体的钢制材过薄，射弹很容易就能穿透盔体杀伤穿戴者，而且它的构成部件过多穿戴起来较为不便；在此基

图36　第一次世界大战中配用不同瞄准具的Gew.98式狙击步枪

德军Gew.98式狙击步枪配用的瞄准具，从上至下依次为：3倍奥托博克瞄准镜、4倍沃尔特·杰拉德瞄准镜、3倍Oigee "卢克索"型瞄准镜和4倍Landlicht的Model "O"型瞄准镜，它们是当时较为典型的瞄准具。它们安装在枪械上时其位置较高，不利于狙击手在射击时降低其自身，易暴露在敌方观察哨或狙击手的火力威胁下。[感谢詹姆斯·D.朱利亚拍卖行供图（Courtesy of James D. Julia, auctioneers），www.jamesdjulia.com]

础上，新的亚德里安头盔得以开发并广受欢迎[1]。甚至当时很多英国军官也会自行购买这种头盔以便在前线使用。因此，现在存世的这类头盔中，有的贴附着英军的团徽，而非法军的兵种标识徽章。1915年7月底，近500顶亚德里安式头盔交付并储备在豪格（Hooge），据称这批头盔被投入到当时伊珀尔突出部的作战行动。

同期，赴法国参战的英国远征军为其步兵配备的军帽，仍是标准的英制织物军帽，缺乏基本的防护能力。随着战争的进行，这种缺陷再也无法被忽略了，因而英军迅速于1916年为其军队大规模配备了头部防护用品（布罗迪式头盔），这较以往不仅是个巨大的进步，而且直接将前线官兵的头部伤比例减少了80%。另一方面，参战德军也有类似经验，他们战前使用的皮制或毛毡的尖顶盔（此前普军最典型的头盔）根本无法抵御射入的子弹或炮弹弹片，因而从1916年起，德军开始为其官兵批量配备钢制头盔。

英国参战的狙击手

最终，相当多的有关德军狙击手战场活动及战绩的报告，不断上报英国军事当局，这改变了他们对狙击的观点。就像以往那样，英国决策层曾经认为正确无误的观念（比如第一次世界大战时期的机枪、第二次世界大战时期为潜艇等，最初就被认为是一类缺乏"道理正确感"的战争手段，不应被英国"绅士"所看重），但在实际战场上因忽略这些"战争手段"而大吃苦头后，才重新正视它们的战场价值。

---

[1] 亚德里安头盔被设计用于抵御重11.35克（175格令）、速度不超过120米/秒（394英尺/秒）的各种碎片、射弹；英军的布罗迪式头盔则需通过特定防御测试，包括抵御171格令（11.09克）重、速度达到750英尺/秒（229米/秒）的弹片或射弹。1915年11月时，随着锰钢得以应用于头盔制造，英军要求将能抵抗弹片的速度指标降至700英尺/秒，但此类头盔的性能显然优于同期法军的类似头盔。

随着堑壕战期间英军因德军狙击作战而伤亡的人数持续上升，英国陆军中越来越多的人士开始重视狙击手和狙击作战的问题。其中就包括不少曾在英国海外殖民地（特别是印度）服役的军官，他们中的不少人在海外征战中就积累了很多精确射击的经验（比如当时在非洲殖民地，贵族军官们就常以狩猎、猎鸟等射击运动作为其消遣）。因此，当他们来到西欧前线，看到德军以精确射击大量杀伤己方人员后，他们才意识到狙击在战场上的价值，但这些中低层军官的层级显然还不足以迅速影响英军最高当局的决策。同期面对德军防线，英军仍采用大量实施步、骑兵冲锋的传统作战方式，这让成千上万英军官兵在战场上被德军马克沁机枪射杀（在当时英军发动索姆河战役期间，就尝试过一次这样的冲锋，最终仍以大量损失而告终）。当这样的行动反复失败后，无疑对英军造成巨大的震撼，并促使其重新思考狙击手与狙击作战的价值。

对此，在英军决策层做出适当反应之前，很多出身贵族或地主阶层的军官，就已充分利用了他们手中的权力做出改变。例如，从现行军械体制外获得适于精确射击的运动步枪，并提供给前沿拥有射击技巧的官兵，他们可能希望这种"狩猎/追逐的刺激"杀伤更多的德国佬。曾参加第一次世界大战的英国士兵朱利安·格伦费尔（以其战争诗人的身份而广为人知），就在其参战期间的很多诗作中赞颂英军在战斗中的"贵族行为"，当时其他一些文人也有类似的观点，这展现了第一次世界大战堑壕战初期人们对战争行为、战争道德的普遍观点。

朱利安·格伦费尔于1910从英国牛津大学毕业后不久，加入英国皇家龙骑兵团（Royal Dragoons），不久后他离开英国本土前往印度服役。格伦费尔是个多才多艺的人，他热衷骑马、熟悉运动枪械射击，并且非常喜欢狩猎。1911年，他随着自己所在的团前往南非，在海外服役期间他经常参加狩猎和射击竞赛。当第一次世界大战爆发时，他所在皇家龙骑兵团立即返回英国本土并在1914年9月抵达；接着10月5日，他和战友们作为英国远征军的一部分登陆法国北部，参加欧洲战事。

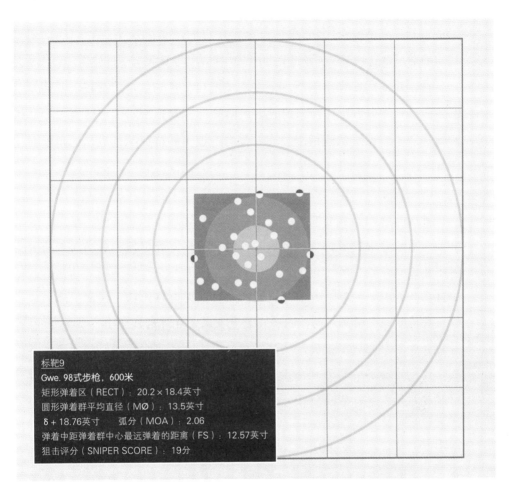

図37中弹着精度内容:

标靶9
Gwe. 98式步枪，600米
矩形弹着区（RECT）：20.2×18.4英寸
圆形弹着群平均直径（MØ）：13.5英寸
δ＋18.76英寸　　弧分（MOA）：2.06
弹着中距弹着群中心最远弹着的距离（FS）：12.57英寸
狙击评分（SNIPER SCORE）：19分

图37　98式步枪的弹着精度

除了极少数枪械外，枪械制造时各部件的公差容限通常会对其射击结果造成很大影响。20世纪初，一般的标准步枪在精度性能上都不会超过M1903式斯普林菲尔德步枪，该枪在500码射击距离上的精度约为2.3～2.7弧分。1896—1899年针对Gew. 98式枪械原型枪的精度试验表明它拥有较好的精度，Gew. 98式步枪在600米（656码）射击距离上的弹着散布形成的圆的直径为13.5英寸，测试时的No.74原型枪使用6毫米弹药；类似地，使用7.65毫米弹药的No.9原型枪，在1200米（1312码）射击距离上的弹着散布约为直径29.23英寸的圆。两种弹着精度结果分别相当于各自射击距离上的2.06弧分和2.23弧分精度。

在进入战场初期，时任陆军中尉的格伦费尔非常兴奋。他在著作中写道，"我无法形容我们的人有多么兴奋，第一次直面凶猛的火力，它们的猛烈强度甚至超出我最大的预期，在我此前的生命中从未如此激动和兴奋，我崇尚去战斗"。当然，几周后在亲历了战场的现实情况后，他承认"（战场上的现实）像凶残野兽般令人不快"[1]。意识到战场上偷偷摸摸的狙击对他所认为的"高贵道德"的影响后，格伦费尔就像很多同时代的卫道士一样，从他自己的角度对"狙击"进行阐释：

> 进入战场后，我和我的战友们就始终担忧德军的狙击手，我向上级申请要求离开堑壕潜伏进入敌人的前沿，同样以我不错的射术教训德国佬，并曾进行过尝试……上级告诉我要我带着一个分排悄悄前往前沿，但对此我并不以为然，如果那么做的话，就是自寻死路。因此，他们只能让我单干……带着我的步枪，我浸泡在满是泥泞的战场上，以每分钟1码的速度逐渐向德军堑壕防线前沿蠕动，在此过程中我不断倾听和观察敌方可能的动静（尽管我自己也认为这时距敌人仍有较远距离不可能听到或看到什么）。从我所在的防线出发后，我向右翼方向逐渐爬去，那里是距离我最近的德军第10（师）防线所在地。花了约30分钟，我爬出约30码，此时我已能看到了德军堑壕，接着我停留下来等了很长一段时间，但什么也没发现……之后我听到一些德国人的交谈，并看到1名德军士兵在距德军堑壕之后约10码外的一堆灌木丛中抬起脑袋。但我无法向他射击，我当时潜伏的位置太低了，要想向他射击需要起身抬高枪械，但这样无疑会使我立刻暴露。所以我只能继续缓慢隐蔽地爬向德军堑壕前的矮护墙处……到了德军堑壕跟前，从我所在的位置通过德军堑壕上

---

[1] 维奥拉·梅内尔于1917年在伦敦出版的《朱利安·格伦费尔……摘自都柏林评论》（*Julian Grenfell … Reprinted from The Dublin Review*），第10页。

的观察孔没有看到里面的德军士兵。之后，那个在堑壕线之后10码外的德军士兵再次抬出头来，接着我看到他笑着和什么人说着话，我抓住时机悄悄据枪瞄准了他，甚至从瞄准具里看到他的牙齿不时闪着光亮。之后我缓慢地扣下了扳机，枪响之后他呻吟着倒了下去[1]。

1915年1月1日，在完成了两次类似的潜伏狙击行动后，朱利安·格伦费尔因为他的勇敢行为获得了优异服役勋章（DSO）。当然，他的这些适度的鲁莽行动并未获得普遍的认可，但他的上级仍对他的大胆行为印象深刻，"对于他的潜伏狙击活动，我觉得关注得有些过头了……肯定有人胜任这些行动，但这类行动的风险也非常高，此前就曾在一天之内有2名实施类似行动的军官丧命于德军狙击"。

1915年5月13日，朱利安·格伦费尔在一次潜伏进德军阵地前沿并进行观察时，被1枚炮弹弹片击中了头部并嵌入他的大脑中。经过多次抢救，他最终于5月26日死去。大约1个月后，就在距朱利安·格伦费尔受伤不到1英里的阵地前，他的弟弟比利·格伦费尔在一次组织糟糕的阵前冲锋行动中，被德军机枪子弹命中阵亡。

朱利安·格伦费尔在阵前潜伏和狙击的方式很大程度上得益于此前他在殖民地从军时期习得的狩猎和潜行技巧。这些技巧虽然非常有效，但并不能寄望单靠它们克服敌方狙击手的威胁。他曾冒着极大风险潜行接近德军堑壕防线，同期加拿大派往欧洲战场的远征军中，也有部分来自美洲狙击手以类似的方式进行狙击作战。显然，在第一次世界大战时期的单人狙击战术远称不上成熟，这与之后被广泛接受的狙击战术及模式——即编组并运用两人制狙击小组（狙击手及其观察助手），仍有相当的差距。

---

[1] 维奥拉·梅内尔于1917年在伦敦出版的《朱利安·格伦费尔……摘自都柏林评论》（*Julian Grenfell . . . Reprinted from The Dublin Review*），第12页。

图38 第一次世界大战中英军狙击手朱利安·格伦费尔

朱利安·格伦费尔，其父亲威廉·格伦费尔（1855—1945）于1905年获得"白金汉郡塔普洛德斯伯勒的男爵"的爵位（该爵位的首位男爵），他的母亲埃塞尔·普里西拉·费恩（1867—1952）生于伦敦威斯敏斯特。朱利安和他的弟弟杰拉德·威廉·"比利"·格伦费尔按当时英国贵族的通常轨迹完成其学业：伊顿公学、牛津贝利奥尔学院、牛津大学，之后朱利安进入英国陆军，成为同届大学候补生中率先加入军队的贵族。他最为人们所称道的是在战争中作了那首关于战争的诗——"投入战斗"（*Into Battle*），1915年在他阵亡不久后发表。（作者本人收藏）

当然，对于当时朱利安·格伦费尔使用的具体的狙击步枪的型号，已不可考。根据当时流传下的信息，可以推断他很可能使用一支0.256口径的曼利夏式步枪，但并无实际证据证实这一点。当然，对于他使用的瞄准方式，根据他寄给友人的信件可以确认，他并未使用专用的光学瞄准镜，而仅依赖枪械本身的机械瞄准照门。

在英国军方为部队配备制式狙击步枪之前，不少英国军官曾私自采购一些高精度的栓动式步枪。当然，这也引发了一些后勤方面的问题。例如，这些运动步枪很少能使用0.303口径弹药，而主要使用当时运动步枪流行的弹药。这可能部分地由于当时英军内部对军用弹药的偏见所致，很多人士认为军用弹药不仅质量糟糕不适宜精度射击（这在战时有一定合理性），而且其威力不足以适应狙击这类"危险的游戏"。例如，当时英军步兵典型装备的Mk Ⅳ型0.303口径弹药，弹头重约215格令，击发后出膛能量约为2200英尺-磅、飞行速度约为2150英尺/秒；相较而言，当时运动步枪通常使用的0.275口径的马格努姆弹药（由霍兰德&霍兰德公司开发，2012年投入商用射击领域），其出膛能量约为2600英尺-磅，其160格令重软尖弹头的飞行速度约为2700英尺/秒。

不幸的是，1914年时英国的枪械贸易因战事而被扰乱。英国国内对精确射击枪械也出现了一些错误的认知，他们认为只有手工制造的精确枪械才是可接受的，因此英国国内此类枪械的研发都在顶尖枪匠之间进行，他们也乐得如此，似乎这样可以满足他们对枪械"贵族气质"的要求。而且，这些手工制枪械还主要使用黑火药作为弹药的发射药，错过了同期工业化弹药所使用的硝化纤维发射药。显然，这样的做法极大地限制了这类强调精度的枪械的产量。

在这一时期的狙击作战中，0.280口径罗斯系列枪械弹药取得了非凡成功，这款弹药由F.W.琼斯设计，自1906年就由位于伦敦的英国伊利兄弟公司（Eley Bro）制造，很多人认为这种弹药是同类小口径弹药里精度表现最优秀的，而且它也是出膛速度很快、弹头质量最轻的弹药。例如，0.280口径罗斯枪械弹药的弹头重

150格令，出膛能量达到2610英寸–磅、出膛速度高达2800英尺/秒。1908年在英国比利兹的射击竞赛中，罗斯式步枪和它配用的.280弹药取得了巨大的成功，但这也掩盖了它的很多潜在问题。

在英军李–恩菲尔德步枪用作狙击作战，其平庸的性能日益受到批评之时，罗斯运动步枪及其弹药一时被认为非常适合军用狙击；与此同时，德军也向前线配备了S.–Patrone狙击弹药，这是一种采用尖头弹丸的运动型弹药。对此，英国人肯定不愿就此落后。无疑，0.280口径弹药的杀伤力在对低防护目标时非常高效，但正如同期很多评论家所观察的，这种弹药的穿透力不足，在狩猎场景下使用这种弹药的射手，如果用它向大象或犀牛这样的动物射击时，很可能无谓地丢掉自己的性命。

为提升0.280口径罗斯式步枪及弹药的性能，英国很快开发了0.303口径的同型步枪及弹药，加拿大远征军的狙击手们使用着新步枪及弹药在战场上证明了它是一种非常有效的枪械。但现在并无明确证据显示当时有很多私人拥有的0.280口径罗斯式运动步枪及弹药，作为狙击武器在堑壕战场上非常有用，即便该型步枪的弹道平直低伸拥有无与伦比的精确性。

第一次世界大战战场上使用罗斯式运动步枪获得出色狙击战绩的狙击手，最知名的是英国人莱斯特·卢埃林·格林纳，他的名字经常被列入加拿大远征军狙击手的名单中，并使用这款步枪在战场上取得了54次狙杀战绩。格林纳曾在拉格比公学接受狙击培训，根据同期《泰晤士报》的报道，在学校时他担任过该校15人足球队和8人射击队的队长。在战前和战争期间，他多次展现出自己出色的射击技能，例如在1910年"阿什伯顿盾牌"射击比赛、英国比利兹每年举办的射击竞赛中，格林纳"从未射失过一次标靶"。

1913年6月27日出版的《伦敦公报》，在刊出的一篇报道中写道，"下士学员L. L.格林纳（拉格比公学）毕业后被委任为皇家沃里克郡步兵团第5、第6营少尉。当第一次世界大战爆发后，格林纳很快被派往西线，1915年3月他似乎仍在该团1/6营服役（仍缺乏具体确证的证据）"。

1915年6月14日，德军在比利时波鲁捷斯特（Ploegsteert）附近皇家沃里克郡步兵团防御阵地的堑壕中引爆了1枚巨大的地雷，打开了英军防线缺口。为了牵制德军进一步的进攻，格林纳以其出色的狙击射击杀伤了多名德军，配合所属部队守住阵地。他也因此而获得了军事十字勋章（Military Cross）。不久后，在一次射击榴弹的练习时，1枚雷管在他手中爆炸，弹片打中了他的右眼。1915年9月他不得不回到英格兰养病，一年之后他的（右眼）视力完全丧失，被认为不再适合赴前线服役。

但格林纳并未就此放弃，并以临时上尉军衔（1917年6月30日被正式任命为上尉）作为狙击军官返回前线服役。1917年12月5日，在西线康布雷战场，英军皇家沃里克郡步兵团在德军的一次进攻中拼死击退了德军（大约数周前，德军曾丢失了这处阵地，因此他们希望以进攻重新夺回该处阵地），重返前线的格林纳在这场战斗进行到激烈阶段的白刃战斗中阵亡，时年仅24岁。在他死后不久，他曾使用过的罗斯式步枪及其上安装的蔡斯光学棱镜瞄准具，在法国战场上被寻回。

第一次世界大战进入1915—1916年期间，欧洲战场西线的狙击作战不再只是个别官兵独有的"消遣项目"。随着战争的持续，大量具备出色射击技能的普通士兵在狙击作战中崭露头角。这些官兵既有战前就已成名的枪手，也有热衷于猎兔和打乌鸦的农夫，以及那些拥有丰富潜行追踪猎物技巧的苏格兰高地士兵。

当然，他们的狙击生涯都很短暂，毕竟索姆河战役交战双方都遭受了惨重伤亡，而且他们的经历也大多不为人知，但还是有少数英国狙击手的名字被流传下来，这主要归功于马丁·佩格勒[1]和其他人的努力。根据现有的流传下的英军狙击手的资料，他们都是资深军士、具有不同的背景等。

例如，亚瑟·乔治·富尔顿曾在1908年奥运会上代表英国参加了多个射击

---

[1] 马丁·佩格勒于2008年所著并在伦敦出版的《第一次世界大战中的狙击》（*Sniping in the Great War*），其中包含对战争幸存者采访的节录。

图39　第一次世界大战中英军狙击手莱斯特·格林纳

莱斯特·格林纳于1893年4月出生于沃里克郡的阿什顿。他是老查尔斯·爱德华·格林纳（当时伯明翰枪械制造界知名的专家）的次子，母亲哈里特·赫顿·洛尔蒂（生于赫里福郡）。而他的祖父威廉·惠灵顿·格林纳同样是枪械和射击方面的知名权威，还曾撰写过《现代后膛装枪械》（*Modern Breech-Loader*）和《枪炮及其发展》（*The Gun and Its Development*）这样的家庭背景使格林纳自幼就对枪械和射击非常感兴趣。（照片摘自拉格比斯回忆录）

项目的比赛，并在军用步枪组比赛中取得了银牌；1912年奥运会上他再次夺得银牌，接着在300米三点位军用步枪射击项目中获得第6名的成绩、在600米自由式步枪射击项目中取得第9名的成绩。第一次世界大战爆发后，他加入伦敦步兵团第16步兵营服役，战争期间富尔顿中士成为一名战绩卓越的狙击手，其狙杀战绩据估计不低于130人。在漫长的堑壕战中他幸存下来，战后他退役返回英国得以善终，最终于1972年去世。

另一名英军知名狙击手——沃尔特·亨利·福克斯，他于1881年4月1日生于英国伯明翰市，父亲是乔治·福克斯，母亲是芬妮·斯通。他是一名身材矮小却取得出色狙击战绩的士兵，据信至少完成了100次狙杀，但有关他服役期间的狙击经历和相关细节的很多资料现在已不可考。福克斯于1914年加入皇家威尔士燧发枪步兵团，被分配到该团第2营，战争爆发后他因出色的射击技能很快晋升为连军士长，在1915年《伦敦公报》的报告中曾提到了福克斯的行动。1916年8月9日，他因为"在前线的出色表现"而被委任为少尉。现在的英国陆军文件显示，至1918年初时，他仍在皇家威尔士燧发枪步兵团服役，当时已晋升为陆军中尉军衔[1]。

英军埃塞克斯步兵团第2营的列兵约翰·蒂宾斯于1887年10月3日生于萨默塞特郡温斯福德，父亲卢克·蒂宾斯是一名教师，母亲是罗斯·安·埃林厄姆。他的父亲也曾在英国陆军服役，从军期间习得第一流的枪械制造技巧，并曾在1906年撰写出版了《和平时代的现代步枪射击，战争与运动》（*Modern Rifle Shooting in Peace, War and Sport*），约在1910年时又出版了《步兵的伙伴》（*The Rifleman's Companion*）一书。至第一次世界大战爆发时，他们父子两人从军时都在埃塞克斯步兵团服役（尽管两人分属不同的地方营队）。随着战争爆发他们所在的部

---

[1] 有些资料认为，他之后转隶至皇家飞行队，但其服役记录似乎并未清楚地记载这些情况。根据相关记录，至少发现有两名军官都叫沃尔特·亨利·福克斯，其中一人曾在南斯塔福德郡步兵团（确认其1915年3月16日已晋升为少尉）服役。

队即将赴欧洲作战时，卢克·蒂宾斯被宣布不再适合赴前线服役，因而只有他的儿子约翰·蒂宾斯随所在的第2营于1914年9月19日渡过英吉利海峡在法国海岸登陆。

约翰·蒂宾斯，参战前就已在射击领域获得国际性的荣誉，战前自1908—1913年间除1912年外，年轻的约翰·蒂宾斯每年都在英王射击竞赛中进入比赛最后阶段。1909年他曾赢得温布尔登杯射击比赛的名次，1911年又在军用枪械总决赛中取得好成绩。1914年11月26日，在阿尔芒蒂耶尔（Armentières）附近战场，他在为其维克斯机枪取冷却水后，在返回己方阵地途中被德军射杀。而在此前半年不到的战争时间里，约翰·蒂宾斯据信取得了38次狙杀战绩。对于他的阵亡，杰拉德·宾斯替德上尉（他本人于1915年4月的一次行动中阵亡）曾评论称，蒂宾斯为自己赢得了"拥有出色射击技能的勇敢狙击手"的声誉，这一声名早已流传到埃塞克斯步兵团之外。

第一次世界大战期间，在少数几位享有知名声誉的英军狙击手中，还包括亚历山大·"山迪"·麦克唐纳。他于1884年生于英国佩思郡柯克迈克尔市的戈尔斯皮，父亲约翰·麦克唐纳，母亲叫玛格丽特。1911年英国人口普查时，亚历山大·麦克唐纳被登记在戈尔斯皮的邓罗宾肯内尔，当时他还是萨瑟兰郡一处庄园的猎场看守人。第一次世界大战爆发后，他在戈尔斯皮应征入伍，并加入了西弗斯高地人步兵团的第1/5营（萨瑟兰和凯思内斯郡营级特遣队）

亚历山大·"山迪"·麦克唐纳是一名优秀的战场匿踪潜行老手和老练的射手。在赴法国前线后，他在与所在部队对阵的德军攻防中取得了出色的狙杀战绩，以至于获得了"狙击手山迪"的称号，甚至还有词曲作者根据他的事迹为他撰写了流行歌曲[1]。他的狙杀战绩据信达到97人，但在1916年11月13日亚历山大·麦克唐纳随所在部队向博蒙特哈梅尔推进途中被德军射杀（很可能死于德军

---

[1] 那首歌名为《狙击手桑迪》，其歌词可参见马丁·佩格勒所著《第一次世界大战中的狙击》，第196页。该歌词由E.A.麦金托什中尉撰写，但中尉本人于1917年11月21日在康布雷战役（Battle of Cambrai）中被杀。

机枪），阵亡时他的军衔为陆军中士，死后其遗体被安葬在迈利森林公墓。

约翰·赫伯特·费尔罗，生于1874年，他的父亲是乔治·费尔罗，母亲是爱玛·伊丽莎白·费尔罗。1895年10月24日，他加入英国陆军维多利亚女王步兵团的志愿役营。从军期间，他很快成长为一名优秀的射手。据称，他曾在比利兹的国王射击竞赛中赢得过奖牌，但对当时史料的研究表明，他很可能仅进入过此次竞赛的最后阶段比赛，但这足以证明他具有非凡的射击技巧。

至1915年夏季，已晋升为连军士长的约翰·赫伯特·费尔罗在其所在的伦敦步兵团1/9营内组织了一个狙击手分排。他和他的狙击手们很快在战场上证明了自己的价值。但在1915年8月24日，费尔罗在战场上被一名德军狙击击中，当时他正通过防线上的一处观察孔向外观测。德军的子弹击穿了他的头部，他当即阵亡。

关于约翰·肯尼思·福布斯在战争期间的狙击生涯，最为人们所熟知的是，他曾是英国阿伯丁大学的毕业生。第一次世界大战爆发后，他响应国家召唤前往法国参战，1915年9月25日时，他隶属于戈登高地团第4营，但就在这天死于德军之手。1916年，关于他的回忆录《学生，中士狙击手》（*Student and Sniper Sergeant*）出版。该书由威廉·泰勒和彼得·迪亚克撰写，后者曾是福布斯读大学时的朋友，该书是当时出版的、以狙击手为主题，且流传至今为数不多的书籍之一。约翰·福布斯于1883年4月12日在阿伯丁的老马哈尔出生，他的父亲叫亚历山大·福布斯，母亲叫杰西·基思。1901年在苏格兰人口普查期间，他从阿伯丁大学毕业并获得了神学学位，之后他受聘到英国班夫郡的一所学校成为一名神学教师。1915年2月19日，约翰·福布斯随所在部队登陆法国海岸，此时他已成为一名狙击手教官。对于他的射击技术和前线参战经历，马丁·佩格勒曾评论称：

尽管这些狙击界的先锋的职业生涯都很短暂，但经他们总结的经验和教训仍持续流传至今。就福布斯的经历来看，他在参军后很快就在所在团组建了第一个狙击连。他挑选了16个射术精良的小伙子，所有这些人他都很了解。对于狙击作战在战场上的作用，他有超乎寻常的远见[1]。

就像伦敦步兵团的费尔罗等狙击手一样，戈登高地步兵团第4营中接受福布斯训练的神射手们，在他们所在的战线上取得了非凡的成功。与费尔罗一样，福布斯也是死在阵前。1915年9月25日英法协约国军队在实施第二次贝拉瓦尔德战役（Second Battle of Bellewaarde）期间，他在前沿被1枚德军炮弹碎片命中阵亡。同样不幸的是，就像其他出色狙击手一样，他的事迹并不广为人知，直至《学生，中士狙击手》一书出版。

事实上，在整个第一次世界大战中，英国陆军狙击手中只有一名获得过维多利亚十字勋章。他就是来自南斯塔福德郡步兵团第7营的列兵托马斯·巴拉特。托马斯·巴拉特于1875年5月5日出生于伍斯特郡的科西利，父亲叫詹姆斯·巴拉特，母亲叫沙拉·安·贝利斯。托马斯·巴拉特是战时英军最具声望的"战场猎手"和狙击手，当时1917年9月4日出版的第30272期《伦敦公报》曾对他的战场英雄事迹细节进行过报道。

第一次世界大战期间，对英国的狙击手们来说，要获得一支合适的步枪非常困难。当时英国国内只有由斯莫尔·希思创建的伯明翰轻武器和金属公司（1902—1919年）和鲍创建的伦敦轻武器公司，能够以工业规模制造适宜精度射击的栓动式步枪。然而，李–恩菲尔德系列步枪的枪机，尽管从军事角度看其设计具有很多优点，但就精确射击来看，它并不被运动射击界人士青睐。这部分是因为当时英国国内对其枪机"美国设计"元素的偏见所致（例如当时在《军械和爆炸物》和诸如《工程》《工程师》等杂志刊出的文章等），部分是因为他们认为这种设计存在技术缺陷。

---

[1] 马丁·佩格勒于2008年所著并在伦敦出版的《第一次世界大战中的狙击》，第59页。

英国BSA公司于1892年正式开始商业发售"李"系列步枪（Lee Rifle），它的枪机设计源自同期常规的枪械设计。1896年，BSA公司对恩菲尔德步枪的膛线进行了修改，但其外观上仍与此前采用梅特福德式枪管的枪械相同。至此，李–恩菲尔德步枪在之后服役的近一个世纪里都大体保持着相同的设计，最初该枪的枪机上刻有商业标识"LEE SPEED PATENT"。

大约在1902年，BSA公司生产了所谓"No.1式高初速运动步枪"，该枪仍是李–恩菲尔德系列的衍生型枪械，它的生产一直持续至第一次世界大战爆发[1]。该系列运动步枪通过更换枪管可使用多种弹药，包括7×57毫米规格毛瑟枪弹、0.303口径英制军用标准弹药、8×51毫米R型勒贝尔式步枪的弹药或0.32–40口径温切斯特弹药。它的全枪长约43.5英寸、枪管长约24英寸，枪重7磅8盎司（空弹仓）。

No.1式高初速运动步枪的枪机直接取自李–恩菲尔德Mk.I型步枪的部件，击发组件（击针、扳机阻铁等）则采用李–梅特福德步枪的样式，它的拉机柄则与同期的军用卡宾枪拉机柄类似，上翻并后拉拉机柄打开枪机。枪械的握把采用典型的英式步枪设计，但其枪管部件的前护木较短（约为同类枪械的一半），其握持位置采用触感较好的红木、角质物或硬化橡胶。在枪管上方有一根全长形的金属肋，它一直延伸至枪匣后部的瞄准照门，照门设计有可调节表尺，最远可对1000码距离的目标进行瞄准，枪管前部的珠状准星两侧有护翼。

同期，一些英国国内的顶尖枪匠（如约翰·里格比、韦斯特利·理查德和W.W.格林纳等人）利用取自BSA公司李系列步枪上的枪机部件自行设计组装了不少运动步枪，通常可以根据这些枪械枪机上BSA公司的标识判断它们的来历。当然，李系列步枪的枪机也存在着重要的缺陷，当时的材料工艺决定了它的结构

---

[1] 这类步枪，采用"Lee Speed"枪机组件、可适配弹匣，是一种用于运动射击的卡宾枪，它的口径只有0.303英寸一种规格，其No.1型（专供军官配备）长约40.5英寸、重7磅6盎司（空仓），枪管长21英寸。其可拆卸式盒式弹匣可容纳5发弹药，其机匣后部瞄具的表尺最大的调节距离为2000码。它还采用军用枪托，以及英式步枪上典型的手枪式握把，其枪托和前护木上的格子纹饰可用于分辨No.1型步枪（还可适配P/88式剑式刺刀）与其他BSA公司制造的运动步枪（及其他类似军用卡宾枪）。

图40 第一次世界大战中各国装备的几种典型狙击步枪

毛瑟栓动式运动步枪，第一次世界大战欧洲西线的英军和德军狙击手，甚至一些法军军官都曾使用过该枪。图中从上至下依次为：（1）毛瑟公司制造的"Type B"型"袭击步枪"（Pirschbüchse），它使用7×57毫米规格弹药，枪管长60厘米，1912年开始制造。（2）非常早期的0.275口径HV型步枪，其枪机采用1900的设计，由约翰·里格比公司制造，生产数量为1783支。其最初适配的瞄准具与枪身编号一致。该型步枪曾售予威廉·阿尔伯特·克里斯蒂（他曾在行政部门任职员，1902年他曾带该枪前往巴西东北部的纳塔尔），据信在1914或1915年时他曾返回欧洲西线服役。（3）大威力的0.425口径WR型快速毛瑟步枪（附配现代的枪托），在大战爆发前不久，它由韦斯特利·理查德公司为沃尔特·洛克公司（加尔各答、拉合尔和德里）所制造。注意图中它配备着1909年取得专利的拓展弹匣，该枪及其射击威力被证明在击穿德军堑壕上的射孔防护物方面非常有效。（4）采用毛瑟式枪机的0.303口径Mk Ⅶ型"尖顶弹"运动步枪，它由约翰·里格比公司定制，其产量约为4442支。它适配有奥尔迪斯公司的望远瞄准镜（由里格比公司的基座与枪身相连），1915年4月10日南非出生的约翰·哈罗德·卡斯伯特（曾就读于伊顿公学），曾从约翰·里格比公司购买过这种枪械，卡斯伯特是英军优异服役勋章的获得者，战争爆发后应征加入苏格兰禁卫团。1915年4月15日，卡斯伯特随部队在法国登陆，但当年9月27日在Loos的战斗中他在率领一次突击推进时不幸阵亡。〔感谢詹姆斯·D.朱利亚拍卖行供图（All images courtesy of James D. Julia, auctioneers），www.jamesdjulia.com〕

强度不高，如果连续发射口径大于军用0.303英寸的弹药，枪机可能出现断裂等问题。

BSA公司还曾以No.1型运动步枪为原型进一步衍生出"重枪管型No.1"型运动步枪，它可使用0.375口径凸底缘硝基发射药高速弹药，与原型使用的0.303口径运动型弹药（弹头重215格令）相比，0.375口径弹药的弹头重270格令，其弹丸出膛速度与0.303口径弹药相当。由于弹丸重量加大，其出膛能量比No.1型步枪增大约25%，而这一口径也是枪械采用的李系列枪机所适用弹药的极限。韦斯特利·理查德公司在改装该系列运动步枪时，还试图以李系列步枪的枪机适配0.375/0.303组合口径高速弹药，它的弹头重约215格令、出膛速度可达到2500英尺/秒（弹头上附有42格令重的炸药），但这些枪械在试制出来后都遭遇了与高膛压相关的问题，很少能够保留下来。

毛瑟式和曼利夏式步枪的枪机部件，其质量和设计等方面的声誉显然要高过李系列步枪。这些其他欧洲国家设计的枪械被认为更加坚实、可靠，能够适应任何能装进其枪膛的弹药。英国国内的枪匠对这些枪械的改装最早可见于19世纪90年代，当时一些瑞典制造的1896年式毛瑟步枪的枪机由乔治·吉布斯向英国国内供应，之后由于布尔战争中毛瑟步枪的表现，使它在英国公众中名声大噪，以至于当时英国国内甚至流传关于这种步枪的"迷信"：据说，在南非，如果英军士兵用一根燃着的火柴点燃三根香烟，而这又被布尔人的神枪手觉察的话，那么那三名吸烟的英国士兵就非常不幸运了，布尔人看到第一根被点燃的香烟会准备瞄准，等点第二根香烟时他基本已完成表尺调节等细节调整，等点第三根香烟时瞄准着火光击发出的弹药必然会射中第三个英国士兵。然而事实可能并非如此夸张，但这无疑表现出当时英国国内对毛瑟步枪优异性能的推崇。

因此，一些英国运动步枪生产商很快从德国奥伯恩多夫的毛瑟公司进口了大量毛瑟步枪枪机（配枪管）部件，并在英国完成组装，这成为同期英国最好的运动步枪。当然，毛瑟公司当时主要产量都提供给德国陆军，因此除了政府主导的

图41　毛瑟运动步枪的射击精度

这种步枪的精度表现远优于S.–Gew.98式步枪。图中弹着散布示意是7毫米的C.98/08型毛瑟连发袭击步枪（Repetierpirschbüsche），在400米（437码）射击距离上弹着平均散布在直径6.02英寸的圆内，相当于1.38弧分（MOA）的精度。在此距离上，25发测试射击中的19发直接命中直径8英寸的靶心范围内。

一些军械出口项目外，英国通过商业渠道获得的这类毛瑟步枪数量有限。

相较而言，位于奥地利的格赛尔莎夫特兵工厂（Waffnfabriks-Gesellschaft）也是毛瑟枪械"卡特尔帝国"的一部分，以其库存向奥匈帝国的曼利夏式枪械供应毛瑟的枪机部件。因此，英国国内的一些运动步枪采用毛瑟的军用直拉式枪机设计，当然这些枪械能流传至今的已非常稀少。因此，很大程度上英国查尔斯·罗斯爵士设计的第一支步枪无疑正衍生自他获得的、采用毛瑟直拉式枪机的步枪（由曼利夏的公司制造）。

19世纪末期，步枪设计出现变化的基础来自1892年出现的一种采用全新设计的枪机，当年一种采用所谓"转栓式枪机"（turn-bolt）设计的步枪开始在罗马尼亚试验，而这种设计最终也被应用于德国制造的1888式"帝国步枪"（Reichsgewehr）。对此，曼利夏（Mannlicher）非常生气，因而以专利侵权为由对德国政府提起诉讼。经调解，最终曼利夏本人与德国政府达成解决方案，德国得以继续生产采用此设计的枪械，同时他对相关专利的合理权利也获得了保护。之后，1888式帝国步枪成为同期罗马尼亚和荷兰军队的步枪，后续类似设计的枪械在换装"施奈尔卷式弹匣"（Schönauer spool magazine）后又被希腊军方采购。

在英国的运动射击界，曼利夏系列枪械是尤其受到青睐的步枪。同期的英国射手们通常都赞同这一观点，曼利夏运动步枪的转栓式枪机的位置，使其可在装填过程的前段进行上下翻转操作（上下翻转时伴随着前后拉动以开闭锁枪机），其操作过程比毛瑟步枪位于桥式机匣后部的直拉式枪机更顺畅。此外，与该枪机设计适配的卷式弹匣，在供弹方面也比直排的毛瑟式供弹或李系列步枪可拆卸式弹盒供弹（其供弹可靠性或低故障性取决于弹匣口部的精确制造工艺）更为可靠。当然，同期英国的枪械进口商经常为此类步枪选配采用与斯太尔公司制造（该步枪曾供应给罗马尼亚和荷兰军队）的单列式供弹弹盒类似的弹匣的步枪。

至于在枪机强度方面，毛瑟式步枪或曼利夏步枪的转栓式枪机设计都差不多，而同期有耐久性测试表明，1910型罗斯式步枪的枪机强度远强于上述两种枪械。相较而言，英国国内的枪匠们始终更偏好毛瑟步枪的设计，这样更容易改进使用口径和威力更大的弹药，当然这样不可避免地会使枪械面临一些结构上的风险。早在1913年，毛瑟公司就抱怨过英国那些精力十足的枪匠们对毛瑟步枪的各种衍生改装。因为同期英国曾出现过一种采用改进型毛瑟式枪机但配用0.404口径弹药的运动步枪，而同期英国知名的枪械零售业者南安普敦的R. H.穆勒还为其进行了广告推销，对此毛瑟公司非常恼火。

在1914年前，英国国内就流行着很多采用毛瑟枪机和大口径弹药组合的运动步枪，它们的性能都不错。例如，使用0.404口径无底缘硝基高速弹药弹和0.416口径里格比弹药的步枪等，特别是后者其弹头重410格令、出膛速度约2370英尺/秒，威力在今天看来也非常出众。

在这些运动步枪上，一些枪匠们为提升其精确射击能力，还曾在枪械机匣后部击发组件上加配了可折叠的瞄准具，这无疑是一种倒退。但在当时，这在曼利夏系列步枪上非常流行，由于击发组件上附加了额外的重量，使射手在扣动扳机后整个击发行程的速度被拖慢。根据现有此类枪械的试射，1888式德军毛瑟式步枪的击发间隙时间（从扣动扳机到完成击发弹丸出膛）约为8～9毫秒，但由于添加瞄准具后，这一时间延长至11毫秒[1]。

1914年夏第一次世界大战爆发之时，毛瑟和曼利夏系列运动步枪几乎一夜之间就在英国国内商用市场上消失，除此之外，市面上只有等待出售的少量改进型运动枪械，以及仍连接着枪管的枪机部件可供出售。毫无疑问，这类枪械及零件身上的日耳曼"标记"对英国人来说似乎意味着一种耻辱。因此，很快地，原产

---

[1] "击发间隙/闭锁时间"（lock time），其起止时间：从射手向扳机施加压力扣动扳机，激活扳机阻铁施放击锤，到击锤完成击发行程至撞击膛内弹药底火时为止。整个过程通常非常短不会影响瞄准，但如果击发间隙时间较长，且其在完成过程中枪械出现移动，将使弹药击发偏移。对于一些1914年前的步枪而言，其击发间隙约为8～10毫秒，相较而言，现代很多栓动式步枪的击发间隙预期仅有2～3毫秒。

于加拿大的罗斯系列运动步枪在英国的靶场和大型动物狩猎场获得了相当的成功（作为毛瑟等德系运动步枪的替代品），尽管这种步枪采用富有争议的设计。但不久后，这类加拿大产枪械也很快消失在民用市场上，因为其生产线的产量已主要向供应加拿大军队倾斜（尤其需装备同期赴欧作战的加拿大远征军）。

总体看，1914年大战爆发之初各国步兵使用的步枪，很大程度上仍是1900年前后的设计。当然，在众多国家中，英国可能是个例外，当时其步兵装备的SMLE系列步枪已取代了此前长期使用的李–恩菲尔德系列步枪。但之前发生在南非的布尔战争经验，显然误导了英国军方。布尔战争中，交战双方的骑兵曾发挥过较大的作用，因此，战争后英国军方迫切希望装备一种通用型步枪，它结合了骑兵卡宾枪的轻便灵活，又有普通步兵步枪的精确性和可靠性。因此，1901年一种被称为"No.1 改进型步枪"的枪械出现了，在进行了持续测试后，它被改进完善成了SMLE Mk Ⅰ型步枪，英国军方于1902年12月正式采用了它。当时，英国未考虑到大规模量产此步枪在初期遭遇的困难如此之严重（任何新设计枪械都不可避免地会遇到类似问题），以至于英国军方不得不放弃了最初的采购装备计划。针对该枪在性能和量产上出现问题的改进仍在持续着。至1903年9月，它的改进型号替代了军方最初的采购合同，但量产又出现了问题；类似的一幕又出现在1906年9月，英国军方再次对新改进的枪械签下了合同。其间，该枪的改进包括为其添加一个固定点，以保持弹匣的卡定位置，这也是1903年以来英国海军采购的同型枪械的主要特点，同期至1906年10月时英国陆军采购的同型枪械也具有了同样的设计。

英制SMLE系列步枪（SMLE步枪，即"李–恩菲尔德弹匣式短步枪"的缩写）与长枪管型李–恩菲尔德型步枪有显著的不同。就SMLE系列步枪而言，尽管它的枪托部位仍保持英国独有的样式，但其枪管和前护木长度被缩短了，而且枪管外围还添加了全长度的护套以保护枪管，枪管口部分量十足的护木罩不仅被设计用于保护前准星，而且其上还附有刺刀卡榫。机匣后部的照门式瞄准具也由以往的样式，改进为可调节的弧形页式后照门。

SMLE系列步枪的供弹设计上还在机匣部件新增了几个弹药装填导槽，但这一设计被证明是该系列Mk Ⅰ型步枪上最糟糕的设计。其中一处导条位于机匣内，被枪机头支撑并顶住，而另一个导条则位于机匣内弹匣适配口的后端；这两个导条材质较脆弱，成为给该型号枪械在使用中带来故障的潜在设计。相较而言，其他国家的同期枪械上，比如毛瑟系列步枪，从未考虑采用此类设计，毛瑟步枪自1893年西班牙型枪械机匣内，设计有两个刚性的机匣桥导条，用于引导机匣内供弹。

由于战备需求，英军的订单使SMLE系列枪械很快进入量产，其中1903年1月英军审批通过了经改进的Mk Ⅱ短管型步枪的生产，这进一步促进其量产。Mk Ⅱ短管型步枪并非一种新枪，而是以多种枪械为基础改进而来，其原型枪涉及多种型号枪械，包括Mk Ⅰ和Mk Ⅰ*型李–恩菲尔德系列步枪，以及Mk Ⅱ和Mk Ⅱ*型李–梅特福德式步枪等。此外，英国军工部门和相关企业还进行了很多改进，因此同期英国枪械的型号非常繁杂，很不容易搞清楚。

Mk Ⅲ型步枪，于1907年1月获得审批，该枪设计有装弹桥夹导槽以及较轻的护木罩。1910年，英军列装了高速的Mk Ⅶ型弹药，因而对配用它们的枪械的瞄准具提出了更高的要求。因此，对于一些老式枪械，对其瞄准具的改进主要涉及给距离表尺添加更远的距离分划，或改装全新的表尺。Mk Ⅲ*型步枪，则是第一次世界大战爆发后以Mk Ⅲ型步枪为基础的应急改进型号，它于1916年1月获得军方审批。在这种枪械上，其后瞄准具表尺上的远距离分划已被撤换，同时添加了新的矩形击发部件。Mk Ⅲ和Mk Ⅲ*系列步枪中，具有较高射击精度的枪支，其编号后会附有"T"字母标识，表明它是专门被挑选出来应用于狙击作战的型号，可以加配光学瞄准镜。

使用0.303口径弹药的李–恩菲尔德式Mk Ⅲ系列步枪（包括短管型及其弹盒等部件），最初仅由位于米德尔塞克斯郡恩菲尔德洛克的皇家轻武器工厂生产，之后伯明翰轻武器公司、同城斯莫尔·海思的BSA枪械公司、伦敦轻武器公司、伯明翰的标准轻武器公司、伯明翰第一国家步枪工厂等都参与到该枪械的生产中；同期，英国的很多海外殖民地工厂，包括位于澳大利亚新南威尔士州利思戈的澳大利亚政府军械工厂、印度伊莎波尔的印度政府轻武器工厂等，也都生产过该系列枪械[1]。

加拿大参战的狙击手及其枪械

赴欧参战的"加拿大远征军"（CEF），主要装备着罗斯系列步枪。虽然该枪的前身是第一流的运动枪械，但该枪最终沦为20世纪最受诋毁和中伤的军用步枪。事实上，在第一次世界大战前1899—1902年的第二次布尔战争期间，罗斯军械公司曾拥有过短暂的辉煌，因为当时英国拒绝向加拿大军队提供其李–恩尔德系列步枪，加军因而只能将目光转向罗斯系列步枪。当然，尽管这种枪械在设计上存在着一些技术缺陷，但要从国家拥有自己的枪械产业、本国军队装备本国生产的步枪的角度看，就能理解当时加拿大军方所作的决定。

通常，罗斯系列步枪的设计被认为归功于查尔斯·罗斯爵士，一位富有机械设计天赋但又非常固执的工程师，他于1893年在英国取得了自己的首个枪械设计专利。当然，他也不排斥其他的设计，比如为配合自己的枪械设计，他就采用了1890式曼利夏步枪上的直拉式枪机设计……尽管这种奥地利枪械的枪机设计在很多军用枪械试验中表现得很糟糕。例如，该枪机抛壳过程就受到大量非议，但这并未阻止当时的奥匈帝国军方于1895年采用该步枪（使用8毫米口径弹药）作为其标准的步兵武器。

毫无疑问，罗斯系列步枪的枪机在条件理想的情况下操作非常顺滑流畅，此

---

[1]　1926年交付的英制SMLE系列步枪，被定为"No. 1 Mk Ⅲ"或"No. 1 Mk Ⅲ *"型步枪，其余型号均被宣布淘汰。

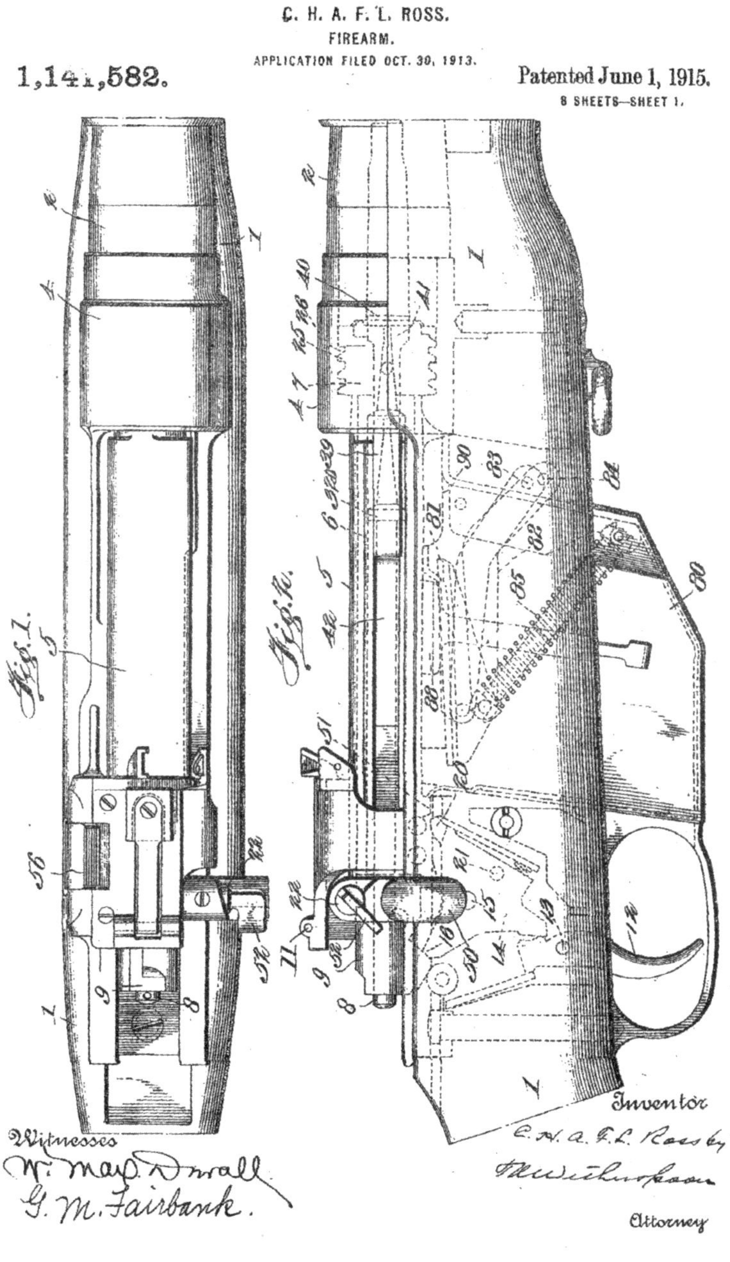
C. H. A. F. L. ROSS.
FIREARM.
APPLICATION FILED OCT. 30, 1913.
1,141,582.
Patented June 1, 1915.
8 SHEETS—SHEET 1.
Fig. 1.
Fig. 2.
Witnesses
W. May Dwall
G. M. Fairbank.
Inventor
C. H. A. F. L. Ross by
Attorney

图42　罗斯Mk Ⅲ型步枪的专利申请简图

该型步枪于1915年获得美国专利。［美国专利局，华盛顿（US Patent Office, Washington, DC）］

外，当以正确方式操作枪机使其正确闭锁时，其枪机非常坚固和可靠。当然，在其生产过程中，如果质量控制未跟上，那么在使用期间它的各种问题就会出现。例如，在1906年进行的耐久性射击试验中，部分罗斯式步枪的枪机就在观摩其射击性能的（加拿大）皇家西北骑警单位的人员面前出现故障，当时步枪枪机泄漏导致击发时大量发射药燃气从后膛窜出，使射手的一只眼睛被冲瞎；导致皇家西北骑警部队立即将本单位配备的罗斯系列步枪召回。1909年，这些被回收的枪械被返厂，交换回一批改进型的同系列Mk Ⅱ型步枪。

加拿大军队配备的罗斯系列步枪，由魁北克的罗斯步枪公司制造。其中，装备量较大的Mk Ⅲ型于1911年夏天获得加军方批准定型，它采用0.303英寸口径弹药，也被称为军用"M1910型"步枪，或者被错误地称为"M1912"型步枪。总体上看，Mk Ⅲ型步枪是一种笨重的、难看的步枪武器。表面上，它与所替代的步枪较为相似，但实际上内部结构有很大不同。1914年第一次世界大战爆发时，Mk Ⅲ型步枪正是当时加拿大军队主要装备的轻武器。

Mk Ⅲ型步枪的枪机头采用三头断纹螺丝和双列轴承凸轮设计，其设计更多地源自罗斯系列步枪的设计（毕竟该设计最初被设想为一种可适用高威力运动步枪弹药的可靠枪机组件）。故而它的枪机采用垂直闭锁方式，而非（军用枪械常见的）水平闭锁，这还有利于提升枪械在供弹过程中的可靠性（适配其直排装弹的弹匣）；这使Mk Ⅲ型步枪能够用桥夹快速装弹，而Mk Ⅱ型罗斯步枪则不能。

罗斯 Mk Ⅲ型步枪，设计有钢制弹仓，采用0.303口径弹药，枪械采用手枪式握把，最初型号为折叠式觇孔式后瞄准具，其表尺分划最远可设定至1550码。该枪全长约50.36英寸、重约9.85磅（空弹仓）、枪管长度为30.25英寸，枪管内刻有4根阴膛线。该枪配备较长的枪管，有助于提高射击时准确度（尽管实际上这并未发挥多少战斗价值），枪管口还配备有刺刀卡榫。

1914年9月，在第一次世界大战爆发后，英国政府当即从加拿大订购了10万支Mk ⅡB型罗斯系列步枪。根据1915年10月21日英国政府留存的（军备）变更项目表第17690段（'L.o.C. § 17690'）的记载，这批枪械的瞄准具与加拿大军队自用的同型枪械有所不同。实际上，这批枪械的交付断断续续地持续着，至1917年3月后续未交付的枪械订单被取消。此时，英军已接收了66590支步枪，它们主要由加拿大政府魁北克罗斯步枪公司出产。这批交付英军的罗斯步枪中，相当一部分用于射击训练，至1917年春时约4.5万支该型步枪被拨付给皇家海军，用于替代不受欢迎的日制有坂式步枪。第一次世界大战结束后，剩余的该型枪械被储存起来。但到1940年第二次世界大战爆发时，这批残存在仓库中的枪械再次被取出，用于武装英国乡土防卫军（Home Guard）和海军的商船队。

该枪的射击测试表明，就机枪部件的可靠性和坚固度而言，罗斯系列步枪是当时各种军用栓动式步枪中名列前茅的（如果不是最强的话）。但在战争期间，该枪的弱点却被无情地暴露出来。例如，该枪械在保养状态良好的情况下，各主要部件的动作正常、顺畅，但一旦污物（尘土等）进入机匣、枪机等部件，则非常容易发生卡弹故障，或者持续射击机件过热时故障率也会迅速提高。很多当时参战官兵，在其回忆录中都描述了战场上遭遇该枪"顽固的"枪机故障的场景。

导致其出现问题的原因，部分可归咎于枪械本身的"好质量"。加拿大产枪械机匣部件及其弹药制造精度较高，其公差容限小于英军制造的武器及弹药（尤其是考虑到战时制造工艺和水平），因此罗斯系列步枪，其枪膛、枪机和枪管通常比同口径规格的英制SMLE步枪略小，因此这批步枪在使用加拿大制造的高规格弹药时问题并不大。但是，战争期间，随着英军为这批步枪配发本国产的粗糙弹药时，因制造公差等原因导致一系列故障，比如卡弹、抽壳困难等。更为雪上加霜的是，第一次世界大战西线的堑壕战中，士兵们几乎每天都在泥泞中行动，随时保养手中枪械使其处于洁净状态几乎完全不可能。因此，当时英国陆军指挥官道格拉斯·海格爵士，在劳埃德·乔治的支持下，命令将前线的罗斯系列步枪全部收回。

尽管罗斯系列步枪保养要求高，但其精度较高的优点同样受狙击手们的青眜，英军在前线的狙击手们就被允许保留这些加拿大制造的罗斯系列式狙击步枪，只要他们熟悉这些枪械，并能有效杀伤德军就行。当时，英军最具经验的狙击手，就非常熟悉这种枪械及其弹药，比如他们甚至能在黑暗条件下以触摸的方式分辨出英制弹药，毕竟这些弹药按罗斯步枪的标准看，它们要么尺寸上制造公差较大，要么存在质量瑕疵，无法正常地装填进枪械弹仓或枪膛。甚至有一些狙击手会自己改造弹药，以使其更好地适配罗斯系列步枪。

至于Mk Ⅲ型罗斯步枪在设计和制造上最糟糕的一个特点，则在于它的枪机头，在击发过程中，枪机套管在机匣内移动后会在抽壳器之下转动。如果机匣内的枪机套管能使枪机头回复到正确的位置的话，这一特性本身并无什么问题；但如果机匣内枪机组件及部件组装不正确或运动行程导致各部件位置出现偏差的话（即枪机套管无法使枪机头回复到正确的位置），很容易使枪件在反复击发时出现闭锁困难。如果在击发弹药及枪机运动过程中，（因未预料到的猛烈冲击）未能及时停止在正确位置，后续继续操作枪械的话，枪机有可能脱出机匣，甚至打到射手面部造成潜在的致命后果[1]。

1916年11月11日，罗斯枪械公司新改进的大直径枪机头（用于取代原来设计的枪机头，它在实战中被证明过于脆弱），在英国政府留存至今的（军备）变更项目表第17690段（L.o.C. § 17690）描述了该情况。当时，赴法国的加拿大军械官员为了防止机匣内枪机错位，曾临时性向枪机衬套上钉上铆钉或螺钉。这一改进尽管达到了预期效果，但来得却太晚了，未能使前线英军撤消做出让大部分罗斯系列步枪退出现役（转而改用英军更习惯的SMLE系列步枪）的决定。

这批撤回的罗斯系列步枪中，一些因状态糟糕被废弃，一些作为军援送给了俄罗斯，另外还有一批则被交付给皇家海军，当然，最后还有一批超过1400支枪，由于维护保养状态较好保留下来作为陆军的狙击步枪。在这批1400支枪中，

---

[1] 涉及1905式罗斯系列步枪枪机组件的事故曾被报道过。这些事故可能是由于枪机内闭锁卡铁与相应机件啮合失败，或扳机扣动释放击锤时后膛仍未完成闭锁导致的。

又有500支具有较高射击精度的稍做改进后加装了1913式华纳和斯韦齐式瞄准镜，确保其使用.303高精度弹药时能够对2400码内的目标进行精度射击（分为两组枪械分别在1915和1917年接受了改装）；最后，这批枪中还有907支枪，加配了由温切斯特连发军械公司生产的A5型瞄准镜。在加配瞄准具时，光学瞄准镜通过基座固定安装在机匣后部左侧，以避开机匣另一侧的抛/装填口。纯粹就精度表现看，罗斯系列步枪（尽管在堑壕战的泥泞中有着糟糕的故障率），但可能也是1918年之前最为精确的步枪，非常适合狙击应用。例如，在当时进行的一次现代狙击试验中，有经验的射手就使用该枪在200码距离上连续将20枚0.303口径的弹丸射进标靶中心直径4英寸的圆内；同时期的狙击手赫伯特·麦克布赖德还曾提及过，曾有人在300码距离上使用该枪将40发弹丸射进标靶中心直径约6英寸的圆内。此外，还有来自罗斯军械公司的文献称，该系列步枪中使用0.280口径特制弹药的型号，曾创造过在500码内实现多发弹着散布在直径4.2英寸圆内的成绩。

加拿大军队派往欧洲参战的远征军中，招募有很多来自国内荒原森林中的猎人，他们拥有出众的射击和潜行、伪装技能。对此，很多加军的高级军官从一开始就意识到他们的潜在价值，这与英军相当不同，后者的高级军官们未能及早意识到狙击的价值。因而，第一次世界大战期间加拿大军队中涌现出很多拥有较高狙击战绩的狙击手群体，包括来自加远征军第3营的彼得·克劳斯·安德森少校，他不仅指挥着一支专业的狙击手部队，据称在战争中他还亲自狙杀超过150名敌军。

彼得·克劳斯·安德森少校于1868年4月24日生于丹麦，他的父亲是尼尔斯·乔真·安德森，母亲叫安娜·克劳森。当安德森一家移民至加拿大时，彼得还是孩童。在移居至加拿大亚伯达省后，他在当地的森林中度过了自己的少年时代，并掌握了精湛的射术等狩猎技能，成年后他还是名成功的商人，在斯特拉思科纳经营并拥有着一座大型制砖厂。1895年1月，安德森与安娜·艾伦结婚，当时他已成为加拿大陆军第101埃德蒙顿燧发枪团的一名民兵军官。当第一次世界大战的战火在欧洲点燃后，他转入现役并于1914年9月23日前往欧洲，此时他被编入远征军第9步兵营。在他参战期间，除了担负狙击任务外，还曾有一次非常惊险的经历。在第二次伊普尔战役期间，他曾一度被德军俘获，但在被押送至后方战俘营时他找到机会逃离德军，并辗转途经丹麦、瑞典和挪威等国返回英国。

在他的回忆录《我，那就是我：逃离德军战俘营和其他冒险经历》（*I, That's Me: Escape from a German Prison Camp and Other Adventures*）中，就专门阐述了那段非凡的经历。不久后，他又返回西线战场，战争结束后他获得了陆军中校的军衔。1945年8月他死于加拿大温哥华。

图43 M1913型华纳和斯韦齐式瞄准镜

该型瞄准镜是第一次世界大战中美军和加军远征军的标准枪用观瞄设备。尽管该型瞄准镜采用棱镜组光路设计使其非常简洁、紧凑，但从性能上看该型瞄准镜并不出众，而且在调节其观瞄参数时非常复杂，在堑壕战中其使用并不方便。（Courtesy of James D. Julia, auctioneers, www.jamesdjulia.com）

战争中，加拿大远征军的狙击手很快就获得了自己的名声。其狙击手群体中包括威廉·詹姆斯·克利福德（1878年1月19日生于安大略省布兰普敦，父亲威廉，母亲艾伦·玛丽·克利福德），他也曾在1911年赢得过英国比利兹举办的国王射击比赛，成为首次获得此奖项的加拿大人。1910年11月他与温妮弗·雷德结婚。1914年11月12日，他在多伦多应征入伍，并作为加拿大远征军第19步兵营的士兵赴欧参战。

1915年5月22日，他和所在部队渡海抵达英格兰，接着被配属给第4步兵旅司令部，当时他是一名军械中士；当年9月，他与部队前往法国并在战场成功地担负了一名狙击手的职责。据信，他在战场上获得了至少150次狙击战绩。1916年4月，他离开了陆军部队和狙击生涯，被委派到加拿大皇家飞行部队任职。但是在1917年4月25日的一次空中战斗中，加入第48战斗机中队的威廉·克利福德被报告称"行动中失踪"，当时他正在加来海峡省上空，而在前一天的4月24日，官方就宣布他在战斗中阵亡。然而，他的遗体始终未见踪迹。

詹姆斯·默多克·克里斯蒂，生于苏格兰，19世纪80年代中期随父母移民加拿大，他的父亲约瑟夫定居在加拿大马尼托巴湖附近。1911年加拿大人口普查数据表明其父是当地的一名农夫。小克里斯蒂出生后在当地度过一段愉快的童年，从小就跟着父亲在北美的森林中打猎，但在1909年10月他在一次狩猎中，还曾被一只灰熊攻击过。当时，小克里斯蒂用罗斯步枪（可能使用0.280口径弹药）命中灰熊的胸部和头部，但那只受到致命伤的灰熊仍继续冲向他并咬中了他的头部，致使他的下颌和面颊受了重伤，同时还撕伤了他的一只手臂和肩部。幸好灰熊很快就死去了，詹姆斯·克里斯蒂得以逃命，由于受伤严重他失去了一只眼睛，以及一大块头皮；之后，他顽强地杵着枪蹒跚行走了8英里，回到镇上得到治疗并有幸活了下来。当然，他受的伤非常严重，而且导致的破相和伤残一直困扰着他的余生。

战争爆发后，克里斯蒂大约于1914年8月12日在温尼伯湖附近应征入伍，10

天后他随其他应征者被送到渥太华。为了参军，他向军方招募人员瞒报了自己的年龄，他很可能意识到如果报了真实年龄将无法被征召入伍，因此他称自己生于1874年10月22日。但实际上，他于1874年4月22日出生在苏格兰佩思郡金法恩斯[1]。参军后，他被分配到派翠西亚公主加拿大轻步兵团（PPCLI），1915年春克里斯蒂随所在部队前往法国，他本人由于射击能力强被调入一支狙击手单位，该单位由W. G.科洪中尉根据派翠西亚公主加拿大轻步兵团团长法夸尔上校的指令组建。战争期间，该团1915年10月7日的战斗日志曾记载：

> 当日（10月7日）下午晚些时候，一支由8名狙击手和2名掷弹兵组成的巡逻小组在克里斯蒂中士的率领下……行进着，他们匍匐着通过一片草地前往德军阵地一侧的沼泽区域，这支小分队的目的是拦截阻击一支德军巡逻队，据信德军每天傍晚7时都会派出一支小分队通过沼泽所在区域的道路从拉格勒鲁依叶前往屈尔吕。这支加军小分队安全地抵达德军作战地域一侧的沼泽，并在路边的20码外完成伪装潜伏。
>
> 就在黄昏入夜后，一支人数较多的德军巡逻队（1名军官率领的约30人）沿着道路慢慢行进，他们以战斗搜索队形警惕地前进，在加军潜伏的沼泽一侧地域，德军也派出了侧翼警戒小组。克里斯蒂中士感觉他们的小分队比敌人少太多，因此以之前预期的方式向德军进攻毫无胜算，因此他决定虚张声势恐吓德军。略作布置后，在德军距他们较近后，几名加军大声喊道"举起手来"。德军当然未如他所愿乖乖缴械，而是立

---

[1] 从现存于苏格兰的记录确认，克里斯蒂于1867年4月出生，其父亲是约瑟夫·克里斯蒂，母亲是简·默多克，他的母亲于1865年6月嫁入法夫群郡他父亲的家中。据信，简·克里斯蒂死后，他的父亲约瑟夫在苏格兰再娶第二任妻子，之后他于1885年（或1886年）离开英国前往加拿大。同期，来源于加拿大的人口普查记录中将他妻子的名字登记为"海伦"。最终，军队发现詹姆斯·克里斯蒂比他宣称的年纪更大（虚报了年纪），第一次世界大战中他因伤被判定为"永远不再适合服役"（1918年7月27日），其记录中记载了他的真实出生年份。

即就地展开反击，接着隐蔽在几处位置的加军狙击手迅速猛烈开火，随队的掷弹兵同时向道路上较为密集的几组德军投掷榴弹。现场的德军立即卧倒，并开始向突袭的加军还击，其位于另一侧翼警戒的力量也向他们交火的方向靠近过来。加军一侧，右翼的两个狙击手则分出火力压制新赶来的几名德军，其中1人甚至就在加军之前数码处被击倒。由于加军袭击突然，而且几名狙击手在交火后以其精确射击连续毙伤多名德军，使德军分队士气受到很大打击，陷入惊慌之中，在向加军所在阵地投掷了两三枚手榴弹后，开始匍匐向后退去，片刻之后，剩余德军抛下现场多具尸体和呻吟着的伤兵撤离了战场。

考虑到德军可能带着更多来自拉格勒鲁依叶的增援部队返回这里，克里斯蒂中士抓住机会果断带领加军撤离，他的整个分队在未受伤亡的情况下安然返回加军防线一侧。

由于克里斯蒂出色的领导和指挥，他因这次战斗而获得加军的杰出行为勋章。战争中他先后两次受伤，一次是在1915年4月22日，另一次在1916年7月16日。战争结束时，他已被委任为"临时的中尉"并负责指挥派翠西亚公主加拿大轻步兵团的狙击分排。1918年1月18日，因为在战争中的出色表现他再次获得加军的军功十字勋章，当年7月8日他随所在部队撤离前线。1918年8月21日，克里斯蒂被加军方医疗机构鉴定为"从医疗角度上已不适合服兵役"，随即返回加拿大。

詹姆斯·克里斯蒂是加拿大远征军中在西线堑壕战中表现出色的狙击手之一，他充分发挥他的射击技能，取得了巨大的成功。除了他以外，加军中的其他知名狙击手（包括多名美洲原住民印第安士兵），都具有一些共同的特点，比如富有耐心、冷静、精于射击，是追踪和潜行方面的专家，以及对恶劣残酷战场环境的超强适应能力（如利用很少的食物就能在野外长时间潜伏伪装）。然而，具有讽刺意味的是，加拿大政府战争之前曾对当地原住民和少数族裔参军设置了很高的门槛，但战争爆发后他们立即就放宽了大部分这类限制，但与此同时所谓的"条约印第安人"仍被豁免应征服役[1]。

但这并未阻止北美印第安原住民志愿加入军队，而且这类士兵的数量还不少。英国陆军E.彭伯西少校，是法国北部英国远征军第3集团军狙击学校的指挥官，他撰写的、收录在1920年9月出版的《英国评论》中的一篇文章《驻法国英国陆军狙击手的训练和组织》中，写道：

> （在执教期间）我遇到的最优秀的一名加军狙击手，是一名战斗经验丰富的印第安人——约翰·巴兰坦。他熟悉各种追踪的方法，习惯于森林环境中的狩猎和追踪，这使他在猎杀德国狙击手时非常高效。他还富有极大的耐心、冷静而坚韧，甚至能在几天时间里保持完美的伪装隐蔽状态，以等待他的猎物出现，直到最后一击毙命。

关于狙击手巴兰坦的故事经由多位作家的描述而流传于世，但是这些作家在渲染他的事迹时只是简单地拷贝了彭伯西撰写的内容，并未意识到连他的名字都拼错了。查阅加拿大人口普查记录，他实际上真名是约翰·巴伦戴恩，来自萨斯喀彻温省巴特福特，并被视作是"加拿大冠军狙击手"。

据巴伦戴恩自己的陈述，他出生于1884年10月18日（尽管一些加拿大的记录称他生于1883年8月9日）。1914年11月12日，他应征入伍，并于同年12月23日在温尼伯湖地区宣誓，对于这些事实也存在着其他一些相左的记录信息。1915年5月3日，巴伦戴恩随他所在的远征军第32步兵营在法国登陆，战争期间他一直在法国前线服役，直至1916年4月10日在战斗中因膝盖严重受伤而撤离战场，转入位于卡

---

[1] "条约印第安人"，属于自1871年至1922年间（各原住民部落）与加拿大政府签署的11个条约中所包括部落的印第安人，而在此11项条约和法律之外的印第安部落及人员则属于"非条约印第安人"，这些部落和人员的法律身份和地位并不被（加政府）认可。

米耶的No.4总医院医疗[1]。后来，他被送回英国继续治疗，并在苏格兰休息疗养了数月时间，1916年11月25日医院向军方建议他不再适合服役（1917年1月9日获准退役）。

约翰·巴伦戴恩返回加拿大后回到巴特福特并在家休养，直至1918年5月21日基本康复，之后他又作为工程师重新回到军中服役，并在No.10林业和铁路建设站工作。1919年2月12日，他正式从加拿大军队退役。

约翰的兄弟詹姆斯·巴伦戴恩（1882—1938年）也有参军经历，后者于1911年入伍，并在第22萨斯喀彻温省轻骑兵部队服役。紧接着，他和所在部队在瓦尔卡提尔宣誓参加加拿大赴欧远征军对德作战。作为第一批加拿大远征军先遣队的一员，他随第6步兵营（驻加里霍斯堡）启程前往法国。抵达法国后，他被指派到第90温尼伯步兵团下属第8步兵营服役，他所在的连的连长是G.G.史密斯上尉（碰巧他也来自巴特福特）。

战场上的詹姆斯同样证明了自己是一名优秀的狙击手，但在1915年4月13日协约国军队发动第二次伊普尔战役期间，被德军的榴霰弹击伤而被撤下前线。但不幸的是，那枚弹片贯穿了他的肺部并嵌入靠近他心脏的位置。经过治疗后，詹姆斯·巴伦戴恩被认为不再适合服役，因而他很快退出现役并返回国内。

1917年3月9日的《萨斯喀彻温省先驱报》（*Saskatchewan Herald*）曾报道过约翰·詹姆斯两兄弟的事迹，其中写道"詹姆斯·巴伦戴恩在前线因重伤不再适合服役而被送回国内，为了感谢他对大英帝国的服役和贡献，回国后他受到了隆重的欢迎"。然而，作为参战的加拿大原住民印第安士兵，他很快会发现重返平民生活后的艰辛，毕竟同期加国内的印第安人境况普遍不好。无论如何，第二次世界大战爆发时，约翰的8个儿子先后全部入伍再次为国家服役。

---

[1] 通常认为，他所受的伤都是在战场上因弹丸或弹片所致，但巴伦戴恩的医疗记录表明，他所受的伤"右膝的关节和外侧韧带松弛"，源自他在前线参加即兴足球比赛而致使膝盖被别人踢伤，之后因他暂壕战场上各种战术行动（膝盖部位扭动、转动，以及爬行时对膝盖的磕碰）而加重了膝盖的伤势。

图44　第一次世界大战中协约国军队装备的主要狙击步枪

图中从上至下依次为：加拿大罗斯系列步枪、英军SMLE Mk Ⅲ＊步枪（后来澳军狙击手使用该型枪械的重枪管版本后在其枪托上加装有贴腮）以及P/14型步枪。（Courtesy of the Canadian War Museum, Ottawa, and James D. Julia, auctioneers, www.jamesdjulia.com）

图45　第一次世界大战中加军狙击手迈克尔·马修·阿卡比

瓦比贡部落的迈克尔·马修·阿卡比（1892—1938）于1916年1月26日应征加入加
拿大军队。图中照片拍摄于1918或1919年的安大略省桑德贝。图中他手持一支罗斯
Mk Ⅲ型步枪。参战后，很多加拿大远征军的精英射手也使用这种枪械。（Courtesy
of the Kenora Great War Project）

菲利普·麦克唐纳，同样是加拿大原住民印第安人，他属于阿克维萨尼莫霍克部族。麦克唐纳于1886年2月1日出生于魁北克省莱希。1914年9月21日他在魁北克的瓦尔卡提尔宣誓入伍。战争期间他作为远征军参与了欧洲西线作战，其间，他因为出色的射击技巧被指派为第90温尼伯步兵团第8步兵营的狙击手。但不幸的是，1916年1月3日，他在梅西讷路附近的营战场救护站遭遇德军炮击，混乱中他被德军炮弹命中而丧命。当时，麦克唐纳据信已取得70次狙杀战绩。

亨利·路易斯·诺威斯特（也被称为"西北"或"西北风"），他是个多族裔混血儿，拥有法国、加拿大以及原住民克里族的血统。1884年5月1日他出生在阿尔伯塔省的萨斯喀彻温堡。根据1911年加拿大人口统计记录，他在埃德蒙顿时就已结婚。入伍前，他是一名制鞍和制挽具的工人，直至1915年1月2日他以"亨利·路易"的名字在韦塔斯基温参军，其命运才彻底发生变化。入伍后，他被编入加拿大陆军第3骑兵团。但不幸的是，几周后他因在军营中酗酒而被军队除役，在之后的5个月里他混进了皇家加拿大骑警部队，至1915年9月8日他在加西南部的卡尔加里再次入伍。

当年底，他所在的加拿大陆军第50步兵营离开北美前往英国，但诺威斯特似乎直至1916年夏季才抵达法国。在参战前，诺威斯特曾在阿尔伯塔省的森林里度过了童年和青少年的大量时光，这使他在入伍前就拥有出众的射击技巧，来到西线战场后诺威斯特很快证明了自己作为一名高效的狙击手的价值。一份日期为1918年4月29日的加军第50步兵营的阵中日记中就记载了下列内容：

今天,狙击手H.诺威斯特完成了他对德国人100次猎杀的战绩，入夜前他的战绩上又新增了一名敌人，就其总杀敌记录而言，英国陆军中只有极少数人能达到（如果有的话）。诺威斯特的狙击战术尤其具有自己的特点，比如，他的座右铭"直到没有一个人有机会看到你射击时步枪枪口的闪光时，才能射击杀死你的目标"。

另一方面，德军在清楚地意识到当面加拿大远征军中诺威斯特这类狙击手的厉害之后，对他发出了击杀的赏格，但他一直保持着好运气，始终毫发未伤。至1918年夏时，他的战绩据信已达到115次成功狙杀。随着他所在部队撤出前线后，由于他仍想继续待在前线，因此他志愿加入同期联军在亚眠附近对德国人的一次进攻行动，帮助消灭德军的狙击手以及精确射击前沿机枪碉堡等火力支撑点。

然而，在1918年8月18日的战斗中，根据当时一名军官的记录，"行动发生在阿唐库尔的西北区域，（诺威斯特）在战斗中被敌方一名狙击手射出的1枚子弹击中头部并当场阵亡"。与他搭档的观察手奥利弗·佩恩回忆当时的情况称，"在鸭子（诺威斯特当时的昵称）击发的瞬间，一名德军狙击手也开火了。那枚子弹

图46　第一次世界大战中加拿大远征军的狙击手们

照片拍摄于1915年的法国北部，加拿大海外远征军的狙击手们在镜头前摆拍。图中，亨利·诺威斯特坐于右侧，其中可见的所有4支步枪似乎都是半枪托版本的罗斯式Mk Ⅲ型步枪。

未打中我，但直接贯穿了鸭子的头部，很明显这并非偶然被命中的情况，而是敌方狙击手所为”，他还称，诺威斯特射出的弹药几乎同时也杀死了那名德国人。

亨利·诺威斯特阵亡后，加军方只是向他于此前1917年获得的军功勋章（表彰他在维米岭战役中的英勇表现和战绩）加上了一根象征两次颁发的饰棒。

来自加拿大卡沃萨的约翰逊·波达西，根据该国1911年人口普查统计数据是一名“奇珀瓦族人”（但现在通常被认为是奥吉布瓦族人），则是第一次世界大战中加军涌现出的又一名原住民族裔狙击手。战争期间，他是隶属于远征军第21步兵营的士兵，据信获得了88次成功狙杀的战绩。他于1875年1月29日出生于安大略省的彼得伯勒。1900—1901年间，他在第40志愿民兵团中服役，其间他与当时加拿大政府的地方民兵部门负责人山姆·休斯爵士相熟识。

第一次世界大战爆发后，意识到他青少年时热衷的射击技巧可能使他成为一名出色射手后，休斯劝说波达西加入加拿大远征军；他的长辈曾多次为加拿大服役，甚至可追溯至曾参与了詹姆斯·沃尔夫将军的战役。1914年11月11日，他在安大略省的金斯顿参军，参军时他将自己的背景报为“农夫”，隐瞒了自己的射击方面的技能。因此，在1915年被派往英国之前，他在加国内接受了一系列基础训练。1915年被派往西欧战场后，他参加了一系列作战行动，至同年9月22日他在梅西讷附近的作战中被击中右腿负伤，之后经治疗康复后他重返当时部署在伊普尔（比利时西佛兰德省）的所在部队。此后，他在战场上展现了自己出色的观察能力和冷静、耐心（这些都是成为一名侦察兵或狙击手所需具有的重要基础），之后他正式担负起前沿观察人员的职责。赫伯特·麦克布赖德曾这样评价过他：

自打出生后，他所继承的血统和后天的养成与经历，意味着他注定是一名猎手。他不应仅成为一名观察员，他更应发挥自己的技能迂回、隐蔽地进入敌方战线后方，孤身一人等待着机会，直至完成对敌一击。他很少（或许从不）长久地待在战场上的某个固定位置，经常会隐蔽地变化自己的位置。每天夜里，他会返回己方阵地，并上报其观察的情况。我相信他，对他的信任比其他我能想到的任何一个单独的狙击手都要多[1]。

波达西曾因提前侦察发现一次德军集结并发起攻击行动而获得军功勋章。当时，波达西在发现德军集结后立即返回己方阵地并上报，尽管这只给了己方不到半小时的准备时间，但这仍足以使防御方做好准备，使其在战斗中击退德军攻击并对其造成重大伤亡。

还有消息人士曾称，因为"索姆河战役中拯救了一名军官的生命"，波达西曾被推荐获得杰出行为勋章（Distinguished Conduct Medal）。但这次奖励并未获得审批，他的美洲原住民印第安人背景在此过程中很可能造成了不利的影响[2]。

弗朗西斯·"佩吉"·皮克汉格顿，具有部分奥吉布瓦部族的血统，第一次世界大战爆发后他就加入加拿大陆军，并被编入第23步兵团，即"北方先锋团"。之后在1914年9月15日时，他随所在部队在魁北克瓦尔卡提尔宣誓加入远征军。根据目前能看到的他的入伍文件显示，他入伍前是一名消防员（大湖区水域和渔业部门消防部门的雇员），未婚而且也没有兄弟。

1915年2月他抵达法国，当时他隶属于加拿大陆军远征军第1步兵营。当年4月，他随所在部队参与了第二次伊普尔战役，当时德军首次在战场上使用了氯气，这次化学攻击对协约国军队造成重大损失；在皮克汉格顿所在的第1步兵营参与战斗的3天时间里，其减员比例高达40%。其间，他也在氯气攻击下"轻度中毒"，这对他战后的生活造成了影响。尽管如此，在战争中皮克汉格顿很快显露出他作为一名出色狙击手的潜能。他的指挥官及时发现了他的潜质，赋予了他的

---

[1] 赫伯特·W.麦克布赖德所著2016年出版《一名走向战争的步兵》（*A Rifleman Went To War*），第241页。

[2] 约翰逊·波达西于1914年4月18日与佛罗伦萨·艾玛结婚。第一次世界大战结束后他从欧洲返回美洲，与妻子共育有8个子女。1959年10月26日，波达西死于安大略省林赛。

图47　第一次世界大战中加军的印第安裔狙击手弗朗西斯·"佩吉"·皮克汉格顿

弗朗西斯·"佩吉"·皮克汉格顿是美洲的原住民印第安人，属于奥吉布瓦部落。他于1891年3月9日生于安大略省帕里桑德的莎瓦那加（Shawanaga）。1914年9月他应征加入加军第23步兵团（"北方先锋团"）。参加第一次世界大战战事后，因为出众的狙击战绩他成为加军中多次获得荣誉的原住民士兵，其一生共获得3次军功勋章。虽然有许多狙杀战绩无法得到考证，但他依旧是第一次世界大战中战绩最高的狙击手。［加拿大军队博物馆，奥塔瓦（Canadian Military Museum, Ottawa）］

狙击手职责。遂行狙击任务时，他习惯于在夜间潜行至战场上的"无人地带"，并一直潜伏至能有效发现德军目标为止（比如在黎明时光或战场上发射照明弹时），才会突然从无人注意的"暗处"射杀目标。

成为一名狙击手后，他的战绩迅速攀升，甚至除了直接狙杀外，还有不少德军因他而被俘。在索姆河战役期间，他的腿部受伤，但他在治愈后很快再次返回战场。1916年，因为他在战场上的英勇表现（面对德军猛烈的火力和打击，成功地完成一次信息传送任务），而获得了加军颁发的军功勋章；1917年11月，在帕斯尚尔战役（Battle of Passchendaele）期间同样因其果敢的行动，而获得了在其勋章上加缀一枚饰棒的荣誉。而在1918年斯卡尔普河战役（Battle of the Scarpe）之后，他又获得在勋章上加缀第二枚饰棒的殊荣（这是极不常见的）。

第一次世界大战于1918年11月11日结束之时，弗朗西斯·皮克汉格顿据信已取得378次"经确认的"成功狙杀战绩，此外还有很多未经证实的狙杀案例。如果上述信息确认无误的话，考虑到他的这些狙杀战绩在战时环境下要独立地加以确证，是非常困难的，因而他可能是迄今为止大英帝国最为成功的狙击手[1]。

加拿大远征军第21步兵营的萨姆森/桑普森·康姆苟，则是又一位表现出色的原住民狙击手。据称他在1861—1872年间出生在安大略省的阿尔德维尔（多份资

---

[1] 皮克汉格顿于1919年返回帕里岛，在其余生中过于贫穷和神经错乱经常陷入幻景中的生活，这也是很多参战的美洲原住民士兵经常面临且非常令人沮丧的问题。在返回家乡后，皮克汉格顿还参与了当地的政治事务。作为帕里岛的头领，他曾多次与当地印第安人事务部门的职员发生冲突，不少当地人把他视作"麻烦制造者"。第二次世界大战后，他曾两次担任当地原住民印第安政府的负责人，1952年8月5日，弗朗西斯·皮克汉格顿死去，当时他的妻子和6个子女健在。

料显示他的不同出生日期）[1]，他还被认为是位于阿尼克保留地的赖斯湖部落的酋长。在当时加军方的文件中，他被标注为"未婚"，还有一个叫彼得的兄弟。有关他的生平记录中很多信息相互矛盾（例如有记录显示他身高为6英尺2英寸，而他的官方证明文件中却又记录着5英尺7.5英寸的数据），但毫无疑问的是，他是个体重达到300磅、身材魁梧的壮汉。

1914年11月6日他参加了加军，据称他一开始在加陆军第40步兵团服役，之后他随所在部队前往法国北部战场。1915年11月10日，在拉克莱特的前线，根据赫伯特·麦克布赖德的回忆，此时他的狙杀战绩达到28杀，但不幸的是他在战斗被德军的1枚枪榴弹命中而丧生[2]。

约瑟夫·帕特里克·里尔是一名混血儿，他拥有美洲当地印第安人和欧洲早期定居者的血统。实际上，里尔的印第安血统可能只占约1/8，其先辈主要仍来自于欧洲（法国和爱尔兰）。根据一份来自于魁北克瓦尔卡提尔的证明文件，里尔于1876年3月17日出生于魁北克切尔西，童年和青少年时未接受过教育（文盲）。在这些早期的文件中，未列明他的职业，他结过婚并有过一名女儿凯瑟琳，而他的妻子在早年间就已去世。

帕特里克或被称为"佩迪"·里尔，于1915年随加拿大军队（隶属于加远征军第8步兵营）前往欧洲参战。当时他在第90温尼伯步兵团的同僚曾开玩笑称，他们的单位曾参与过对帕特里克·里尔的叔叔——路易斯·里尔所参与的1868年红河叛乱，及其之后1885年叛乱事件的镇压，当时这名混血儿（帕特里克·里尔）

---

[1] 加拿大军方记录记载称，康姆芶生于1866年1月1日，但1871年加拿大人口普查统计数据显示，当年他的年龄为"7岁"，1891年记录显示为30岁，而1911年普查记录显示他生于1866年12月（这可能是最为可靠的）。他结婚的日期被记录为1906年10月4日，妻子是伊莱扎·琼·克罗，其结婚时年纪为38岁（反推其出生于1868年）。康姆芶本人称自己生于1872年，很可能这样就不会被认为太老了而无法参军入伍。他至少结过两次婚，但自1911年起就保持鳏居状态。他的职业状况根据现在记录，1891年时他是铁路部门的职员，而1911年时他被记录为一般劳工。

[2] 赫伯特·W.麦克布赖德2016年撰写并出版《一名走向战争的步兵》，第96页。

就已开始与叔叔一起对抗加拿大政府了。

很多人士接受这样的事实，即路易斯·里尔与约瑟夫·帕特里克·里尔表面看来存在关系。在当时的加拿大欧洲移民与当地印第安人的混血儿群体中，"里尔"是个很常见的姓氏，他们很可能在几代之前仍有过血缘关系；当然，要确认他们之间有亲缘关系仍需研究和发掘更多资料。无疑，当时的类似说法只是源自同僚间的幽默与玩笑[1]。

在战场上，帕特里克·里尔被证明是一名效率极高的侦察兵和优秀的射手。据信，在他隶属于第18步兵营期间，他的狙杀战绩达到30人。但在1916年1月14日，他在普勒格的堑壕前线值勤时，被敌方发射的1枚炮弹的弹片命中颈部，当即丧生在堑壕中。之后，里尔被安葬在罗森堡的军人墓地中。

赫伯特·韦斯利·麦克布赖德，同样是第一次世界大战中加军的知名狙击手。他的一生极富传奇色彩，其职业生涯甚至连小说中的人物都难以与之比拟。例如，1933年5月当他去世时《美国步兵》（*American Rifleman*）为他发出的讣告中就如此阐述他的生平：

> 他的一生经历了各式各样的多彩职业生活，在阿拉斯加采金、伐木，在加拿大西北的育空流域地区和西部的不列颠哥伦比亚省修筑铁路，在广袤的美洲西部探险、狩猎和渔猎，以及亲身经历参与残酷的战

---

[1] 根据1891年加拿大政府人口普查记录，约瑟夫·帕特里克·里尔是弗朗西斯·泽维尔·里尔和他妻子罗斯的第三个幸存下来的孩子。（约瑟夫·纪尧姆·）弗朗西斯·泽维尔可能于1845年3月8日出生，其父亲是马金·里尔，但相关受洗记录已非常难以辨识。当然，路易斯·里尔（1844—1885）的父系较容易搞清楚，根据《1608—1890年加拿大家族谱系词典》中完整记载了1704年以来他的家族谱系。他的父亲是路易斯·里尔·迪特·德·艾尔兰德（1817—1864），他的祖父则是让-巴蒂斯特·里尔（1785—1868）。对约瑟夫·帕特里克和路易斯·戴维里尔而言，他们是侄子与叔叔的关系，路易斯·里尔的另一个儿子可能正是约瑟夫·帕特里克的父亲。所有这些家族谱系资料暗示，似乎仅有一人符合以上条件：查尔斯·默尼耶·里尔，但他在约瑟夫·帕特里克出生前两年就已死去。

争等，都是他多彩人生的有趣篇章和不同注脚。他似乎对世间万物都非常感兴趣，除了他长期热爱的射击外，无论是生物、地理、人种、人类学、植物和昆虫等，都能引起他的关注和兴趣……

在他的一生中，麦克布赖德上尉使用过同时代几乎每一种轻武器。他对枪械的热爱甚至可追溯回他的童年时代，在他10岁之前就已掌握了枪械使用，并成功猎取了其人生的第一只鹿和野鸡。成年后，作为印第安纳州国民警卫队的一员，他从1905—1911年间连续参加了全美射击比赛，并在1905、1906和1907年多次取得印第安纳州的州级射击冠军。1919年之后，他又参加了6届全美射击竞赛。他还是印第安纳州步枪协会以及多家步枪俱乐部的主要组织者，并在多年来一直担任全美步枪协会（NRA）印第安纳州的秘书长。自1888年3月一直到他去世，麦克布赖德上尉一直与一些军事组织和机构保持着紧密联系。

1914年，他被任命为印第安纳州国民警卫队一支步兵连队的指挥官，但鉴于第一次世界大战爆发，他辞去了警卫队的职务前往加拿大。在加拿大，他获得了陆军上尉的军衔，并先后担任第38和第21步兵营军事和射击教官的职务。1915年5月，他随第21步兵营离开美洲前往海外。（为了直接参战）他辞去了加拿大军方对他的军官任命，志愿作为一名列兵机枪手随所在步兵营前往一线服役。在欧洲战场他服役至1917年初，因伤病加剧而不得不离开前线。

1917年4月他回到美国，再次担负了教官的职责，在此后的战争期间，他一直担负着此职责。1918年5月，美国军方首次筹组的轻武器射击学校，在俄亥俄州佩里兵营成立，他就是首批资深射击教官之一。麦克布赖德上尉在参战因受伤而回国之前，1916年时就曾因为在位于佛兰德斯的圣伊洛战役（Battle of St. Eloi）中缴获敌方12挺机枪而获得英国军功勋章，而且还因其渗透进德军防线并缴获一面德军军旗，而获得军事奖章和法军英勇十字勋章。整个第一次世界大战期间，他曾负伤7次。事实上，在此次参战前他还经历过英国在南非的布尔战争。

当然，上文仅阐述了他主要的经历，这只是他多彩职业生涯的一部分，实际上他一生中较"黑暗"的时刻并未记录在内。根据1918年出版的《艾玛·格斯》（*The Emma Gees*）和1933年的《一名走向战争的步兵》（*A Rifleman Went To War*）作者的记录，赫伯特·麦克布赖德曾在其前往科罗拉多州和新墨西哥州历险前的青年时代感染过肺结核，之后在1898年随当时的淘金潮前往科隆迪克（Klondike）淘金。在返回印第安纳州后，当时1900年美国联邦政府的人口普查记录将其的职业记录为"运输部门的职员"。有关他入伍的年月已不可考，很可能是在1902年他应征至本州的国民警卫队服预备役，之后在1907年获得上尉军衔。

在1910年的联邦政府人口普查记录中，麦克布赖德仍定居在印第安纳波利斯，其职业是旅行代理、军火工厂员工；1912年，他返回加拿大不列颠哥伦比亚参加狩猎比赛。1915年2月1日，麦克布赖德（此时仍是一名美国公民）被委任为加拿大陆军第43步兵团的一名中尉军官。之后他被暂时晋升为上尉，并随即作为步枪射击教官划归到加拿大远征军第21步兵营，准备赴欧洲参战。

麦克布赖德的经历揭示了性格中存在着的一种"自我毁灭"的倾向。在他加入加拿大军队，随所属第38步兵营驻渥太华期间，他曾因当众酗酒而缺席所在部队的公开游行活动。1915年3月25日，他又因为"与军官身份不相符的举止"而被撤销了军官的委任。然而，赫伯特·麦克布赖德已填写了志愿前往海外作战服役的文件，因而得以继续留在加军中前往欧洲。根据1915年3月3日相关文件，他将自己的职业填写为"律师"，此前曾有在美国国民警卫队服役21年，以及在加拿大陆军第43步兵团服役2个月的经历。1915年5月15日，他随部队抵达英国，但在同年9月作为加远征军第21步兵营的一员登陆法国之前的这段时间里，他又在英国

图48　第一次世界大战时加军装备的罗斯Mk Ⅲ型步枪

图中罗斯Mk Ⅲ型步枪适配着美制M1913型华纳和斯韦齐式瞄准镜，加军参战后该枪迅速被英军SMLE步枪取代。当然，仍有超过1000支罗斯步枪及其瞄准具被保留下来作为狙击手的武器。

度过了一段花天酒地、多次抗命的日子。

　　然而，一旦进入前线后，麦克布赖德立即展现出他的战场价值（尤其是他赖以成名的准确射术）。作为一名狙击手，他获得了一支配备有M1913型华纳和斯韦齐式瞄准镜的罗斯Mk Ⅲ步枪。1916年5月31日，因其在战争中的出色表现获得了临时性的军官任命，并被划归到第39步兵营；同年6月3日，他又因"出众的服役表现，以及对其担负的侦察和巡逻任务的忠于职守"，获得了军功勋章。

　　然而，当年8月时他再次陷入麻烦之中。一开始上级本想赦免他的罪责，但之后他仍被逮捕并被送上军事法庭接受审判。同年10月，他又一次因"酗酒导致的身体虚弱"而被送入医院，后续又被送往英国接受治疗。最终，加陆军失去了对他的耐心，正如当时1917年3月19日《伦敦公报》所报道的，"H. W. 麦克布赖德中尉被地区军事法庭判决从军队中除役"。

　　《一名走向战争的步兵》一书曾再版多次，其中记叙称，麦克布赖德不仅作为独立狙击手（他曾短暂地被指派担负此职责），而且还作为机枪小组指挥人员，在战斗中杀伤了大量德军，即便在作为机枪组指挥官时，他只要有机会仍会将他的步枪当作狙击手的武器来使用。当然，尽管他保留着自己的日记（里面记载了很多在战场上的各种经历），但似乎并没有其他可供验证他的战绩的独立信息源，至于其他人提供的偏向麦克布赖德的观点和证言，可能也不足以全部采信。

　　根据现今仍存世的一张美国护照申请（发自伦敦，日期为1917年4月2日）上的信息，可看到赫伯特·麦克布赖德于1915年1月14日离开美国前往了加拿大。后续，他又在英国利物浦上船，并于1917年4月17日抵达纽约。回到美国后，他加入了美国陆军，在军中担任射击术和狙击教官，这样的生活一直持续至1918年10月，而导致他无法继续在陆军的教官生涯的原因，仍是他对上级的抗命。

　　《一名走向战争的步兵》不仅仅是一本狙击手册，它也是一本记叙麦克布赖德在加拿大陆军服役经历的有价值的回忆录。当然，书中很少聚焦阐述其"内心

图49　第一次世界大战中极具性格的加军狙击手赫伯特·W.麦克布赖德

赫伯特·W.麦克布赖德于1873年10月15日生于印第安纳州滑铁卢，他的父亲是罗伯特·韦斯利·麦克布赖德律师，母亲是艾达·张伯伦。赫伯特出生于军事世家，他的父亲曾在美国内战期间加入联邦骑兵部队服役，之后最高曾晋升为上校军衔并在印第安纳国民警卫队服役。1928年12月25日，麦克布赖德曾申请加入印第安纳州美国革命之子协会，并称自己是美国独立战争时期的老兵埃比尼泽·史密斯（来自宾夕法尼亚州约克郡）的后裔。1929年初，他的申请获得批准。（*Image from A Riflman Went to War*）

的魔鬼",而以相当多的篇幅阐述他在第一次世界大战中西线战场的活动。在某种程度上,赫伯特·麦克布赖德的经历和功勋可与赫斯基思-普里查德相比拟,他们都富有冒险精神,个性性格也差不多,战前和战争中的经历也大致相似;但不同的是,麦克布赖德对于战争中杀戮的态度更接近于朱利安·格伦费尔对战争中杀死德国佬的态度。

对于战争中的敌人——德军部队(他相当古怪地坚持称之为"荷兰佬"),自他们引爆了战争以来,就必须承担其行为所导致的后果。麦克布赖德一到战场上后,就决意为他的那些殒命于战场的战友们复仇,例如他就亲眼看到一名担架手在前沿救治伤员时被德军狙击手击倒。在回忆录中,麦克布赖德非常看不起那些缺乏战术素养又没有作战常识的军官,斥责他们并因此抗命更是家常便饭,无疑这种性格毁了他的军事生涯。但事后形势发展表明,他通常都是对的,这也是为什么在20世纪20年代以后多个国家的狙击手教官们,如此高度评价他的回忆录中有关狙击的章节内容(包括很多战场伪装和观察等技巧)[1]。

澳大利亚参战的狙击手

第一次世界大战中,英国的殖民地远征军同样书写了自己的传奇,例如由澳大利亚和新西兰为帮助宗主国组建的"澳新军团",也被称为"安扎克"(ANZAC,Australia and New Zealand Army Corps),这无疑体现了大英帝国各主

---

[1] 麦克布赖德的回忆录称,在他想前往南非参战时,他曾应募了"斯特拉思科纳乘马步兵团"(Strathcona Horse),但他的申请被拒绝了(理由是他并非英国公民)。此外,关于他一生的生活经历,还有另一项需要解决的问题,根据一份家族谱系资料(未经证实),他曾娶了玛丽·奥古斯塔·帕里为妻,但他的死亡证明仍记载着他是"单身"。

要构成部分之间的伙伴情谊。战争中，这些殖民地军队遭受了重大的损失[1]。澳新军团于1915年全面参与了英法在地中海东部针对奥斯曼帝国实施的达达尼尔海峡两栖作战。参战后，在狙击与反狙击领域，澳新军团随即面临着奥斯曼帝国陆军狙击手的挑战。很多土耳其狙击手都有经验丰富的狩猎经历，有些甚至还参与过第一次世界大战爆发前一年在巴尔干半岛的血腥战争。

奥斯曼帝国陆军的狙击手通常装备7.65毫米弹药的M1893式毛瑟步枪（也有一些M1890和M1903式步枪），他们习惯于利用高地的瞰制优势对低处的澳新军团士兵实施狙杀，同时他们在战场伪装方面也具备出色的技能，经常藏身于距澳新团队前线仅数十码距离外的弹坑中（对手难以或无法观测到），伺机实施射击。对此，当时的观察家们这样评价他们的狙击战术：

> 奥斯曼土耳其的狙击手，配备有精良的武器和充足的弹药与补给，他们习惯于使用麻布制成的伪装服具，当他们出现在战场上时，往往隐没于周边环境的零星矮树丛中，一旦有机会他们就会射杀视野里的敌人。澳新军队的官兵们用了相当长时间才发现土耳其狙击手仍在其前沿并展开活动，因而在上报各级指挥机构时往往已出现了很多伤亡[2]。

持续不断上升的伤亡，尤其是各级军官和传令兵的高伤亡率，使澳新军团日益警惕对手的狙击战术。意识到狙击战术的重要价值后，澳新军团也开始组建自己的狙击手力量。事实上，澳军中很多人拥有出色的射击技能，不少人拥有很多

---

[1] 约翰·汉密尔顿所著《加里波第狙击手：比利·沈的一生》（*Gallipoli Sniper: Th ReMkable Life of Billy Sing*），第xii页，其中给出的数据是61829人死亡，受伤、被毒气毒伤和被俘人数达157156人，而澳军出国作战的人数为324000人。

[2] 约翰·汉密尔顿所著《加里波第狙击手：比利·沈的一生》，第102—103页，其内容引用了E.阿希米德－巴特利特于1926年在伦敦出版的《未经确认的达达尼尔海峡战役》（*The Uncensored Dardanelles*）中的资料。

图50　第一次世界大战中的澳军华裔狙击手威廉·爱德华·"比利"·沈

威廉·爱德华·"比利"·沈（1886—1943），是第一次世界大战中狙击战绩第二高的狙击手，仅次于加拿大陆军的弗朗西斯·皮克汉格顿。（澳大利亚战争纪念馆）

射杀袋鼠的经验，而且为了获得完整的袋鼠皮他们对射击位置有很高要求，这意味着更精准的射击要求。但从实战狙击角度看，至少在一开始时，澳军的狙击手仍缺乏土耳其狙击手的很多素质，比如战场纪律、伪装和潜行技巧等。例如，他们会从防线堑壕的胸墙上立起身子向土耳其人连续射击，丝毫未意识到这对狙击手而言是非常不专业的举动，或者冒不必要的风险不时从一处堑壕转移至另一处堑壕。

因此，在战争期间多名澳新军团的高级军官被狙击手射杀。例如，澳军第1步兵师指挥官——陆军少将威廉·索斯比·布里奇斯爵士（出生于苏格兰）；于1915年5月15日检视一处防御阵地时被土耳其狙击手命中，那枚致命弹丸打中他右腿大动脉，3天后经医治无效死亡。

在达达尼尔海峡的滩头战场上还见证了安全性更高的观测用潜望镜在枪械上的应用，这些潜望镜的组件是从苏弗拉湾上被毁的战舰和运兵船上拆解而来，考虑到土耳其方面狙击手的活跃程度，这些被称为"堑壕步枪"的枪械提供观察和瞄准。澳新军团临时制造了不少这类枪械与观瞄系统，使战场上更多的人，无论指挥官，还是其他什么人（如厨师、文员，甚至军中的牧师）都可利用它对战场上土耳其狙击手实施监视和观察。其间，只要有可能，奥斯曼帝国的狙击手们则会直接以精准的射击击毁这类观察设备。

为了应对奥斯曼帝国狙击手，澳新军队最初的一些努力虽然有些成效，但并未整体改观其在战场狙击方面的劣势，直至新西兰军队编组了"狙击手班"，采用专业狙击战术应对奥斯曼帝国陆军的狙击手后，形势才逐渐有所好转。此狙击手分队专门挑选出澳新军团中射术精良的士兵，包括杰西·瓦林福德（他曾代表大英帝国参与1908奥运会射击比赛）等人。自组建后，新西兰军队的狙击手们迅速取得大量战绩，促使澳军指挥官以其为样板尽快组建自己的精英狙手分队。正因如此，澳新军团最著名的华裔狙击手威廉·爱德华·"比利"·沈（1886—1943年）得以脱颖而出，比利·沈的父亲约翰·沈出生于中国上海，其母亲则是出生于斯塔福德郡的玛丽·安·皮尤。

比利·沈幼年时，他和两个姐姐就在澳洲遭遇了当地的反华浪潮，这段不快的经历对他之后造成了重要的影响。成年后，比利·沈变得沉默寡言不太合群，工作也是换了一次又一次，最后他在射击领域找到了自己的兴奋点，成为了一名成功的袋鼠猎人，并成为昆士兰州普洛塞尔皮娜步枪俱乐部的职业射手（多次取得了射击比赛名次和奖金）。

1914年10月24日，比利·沈参军入伍，被编入澳大利亚第5轻骑兵团。接着，他随所在部队前往埃及并在当地完成基本军事训练，之后他和所有部队于1915年春被派往达达尼尔海峡参与英法组织的海峡两栖作战。如前文所述，土耳其狙击手在战斗中大量射杀澳新军团的官兵后，有经验的射手迅速被组织起来，以抗衡对手。其间，沈的射击技术使其迅速脱颖而出并被广泛认可，因此他很快获得一支标准的英式SMLE式步枪（有消息源认为，与其步枪适配的是伽利略式瞄准镜，但并无更多证据证实这一点，该型瞄准镜后续章节会有涉及）成为专职狙击手[1]。

尽管澳新军团狙击手们使用的圆头型Mk Ⅵ型0.303口径弹药，在弹道性能上劣于土耳其狙击手使用的7.65毫米毛瑟枪弹，但他们并未因此而在战场对决上处于下风。在比利·沈的观察员约恩·"杰克"·伊德里斯和汤姆·希恩等人的辅助下，他对敌人的冷血复仇持续进行着，狙杀战绩很快攀升。尽管他肩部的伤痛（因敌方1枚射弹跳飞打中希恩的观测望远镜后所产生的碎片，命中了他的肩部）不时折磨着他，但这并未阻止他始终活跃在战场前沿。最早至1915年9月时，经澳洲陆军第2轻骑兵旅指挥官格兰维尔·赖利准将的确认，比利·沈据信已狙杀

---

[1] 据宣称，比利·沈使用了一部伽利略式瞄准镜（通常被认为是拉蒂式瞄准镜）。当然，并没有目击证词支持这一点，不过的确有人在加里波第半岛的战斗中看到他使用带瞄准镜的枪械。然而，除光学瞄准镜外，比利·沈在其狙击生涯中的一些时期还曾使用马丁式觇孔式瞄准具，这种瞄具取代了其SMLE步枪机匣后部左侧的备用机械瞄具。

了119名敌人。同年10月23日，澳新军官的指挥官威廉·伯德伍德爵士记载中称沈的狙杀战绩已达到201人（包括未经确认的）；而史蒂芬·麦基莱少校，在澳新军团从加里波第半岛撤离之时，为了"吸引伯德伍德对他的狙击手高超战绩的重视"，进一步将其战绩总数推高至"约300人"。

在比利·沈的战绩中据称还包括"恐怖的阿卜杜勒"——奥斯曼土耳其帝国知名的狙击手，他在一次与沈的狙击对决中被后者射杀，但关于此次对决的细节大多摘自20世纪50年代由伊德里斯撰写的一篇文章，现在被认为很大程度上是杜撰的，不足为凭。但毫无疑问的是，战役期间沈确已在奥斯曼帝国一方的防线中声名鹊起，对此土耳其人也曾动员他们最优秀狙击手企图消灭他。

在1916年2月的多份战报中，比利·沈就已被提及，当年3月10日因其在战场上的英勇表现获得了杰出表现勋章。自达达尼尔海峡战役结束后，1917年初他随所在部队抵达欧洲西线战场，但当年3月因腿部受伤他不得不撤回至英国治疗和康复。1917年5月22日，他离开哈尔菲尔德医院前往英国北部休假，其间他遇到了喜欢的英国姑娘格拉迪斯·伊丽莎白·艾迪生·斯图尔特，在经过旋风般的猛烈求爱后，他于1917年6月29日与新娘在爱丁堡结婚。但婚后的1917年8月3日，他再次离开英国本土前往西线参战。

再次参战后，并无明确证据表明他第二次赴西线后取得了可媲美在加里波第半岛那样辉煌的狙击战绩，毕竟此时他的健康情况（因其体内弹片的伤势和此前毒气战对他身体的伤害）已不允许他再像上次海峡战役期间那样全力投入作战。尽管如此，在1917年9月交战双方在波利岗森林（Polygon Wood）的激战中，他再次因高效地领导了对德军狙击手的反狙击行动而闻名，其间他又取得很多狙杀战绩（尽管这些战绩大多未经官方确认）；在西线，他继续参与着残酷的战斗，直至当年11月因身体状态不继而不得不返回医院。

1918年7月31日，比利·沈因"永久不再适合服役"而返回澳大利亚。在他此后的余生中，他很大程度上都处于隐姓埋名的状态，其在战争中的功绩几乎毫不为外界所知。不幸的是，他的婚姻在这一时期出现问题[1]；此外，在事业上他也始终处在低谷之中，长期以来只能不断找到些短期的工作机会。他的健康状态持续恶化，最终于1943年5月19日在布里斯班去世。他死后，既无人哀悼，也未引起关注。由约翰·汉密尔顿撰写并在2008年出版的《加里波第狙击手：比利·沈的一生》（*Gallipoli Sniper: The Life of Billy Sing*），是迄今为止回顾他服役生涯的最佳著作。

新西兰参战的狙击手

令人惊讶的是，战争中除了标志性的比利·沈外，澳新军团中只有少数几名狙击手为外界所知。虽然许多澳新士兵在战场上以其精湛的射击技巧做出了很大贡献，但很多人却并不为外界所知。例如，其中一名新西兰人——理查德·查尔斯·特拉维斯（1884—1918年），他的父亲是一名爱尔兰人，早年曾在新西兰武装警察部队服役，其母亲是爱尔兰裔的澳大利亚人。青年时代，特拉维斯的家庭并不和睦，因与他父亲的争吵和矛盾而不得不离家出去，之后因他与一名妇女（很可能是有夫之妇）有染而声名狼藉，最后他甚至只得改变自己的身份。

与比利·沈类似，特拉维斯的身材瘦小。参军前，他是名出色的驯马师。1914年9月，他参加澳军并被编入澳军第7骑步兵团。在前往加里波第半岛参战后，他很快在战场上证明了自己的射击天赋。但在参战之初，他曾因逃离战斗部队而受到惩罚，但最终他被允许继续留在军中参战。1916年4月，理查德·特拉维

---

[1] 比利·沈的个人生活也存在着很多争议。有观点暗示认为，他的医疗记录显示之后他曾罹患性病，因而他的婚姻并未持续太久。其出生记录显示，格拉迪斯·伊丽莎白·艾迪生·斯图尔特与不同的男人生过两个孩子，包括生于爱丁堡的玛丽·米勒·斯图尔特（1919—2005）但其父亲未知；另一个孩子西奥·马尔伯格·斯图尔特于1924年生于澳大利亚。玛丽生于1919年9月，所以她可能并非比利·沈的女儿（一些资料宣称）。因为在1923年8月他就离开前往法国，并再未返回（英国）。当然有推测认为，根据其中间名，玛丽的父亲姓氏是米勒"Millar"。

斯随所在部队抵达欧洲西线。在那里，他的侦察、狙击和反狙击技巧得到了很好的发挥。1917年，他被晋升为中士，并负责指挥一个狙击和侦察分排，其人员完全由他亲自挑选。

因在战争期间的英勇表现，特拉维斯先后获得了比利时英勇十字勋章和英国的军功勋章。1918年7月，他还参加了协约国在罗西尼奥尔森林（埃比泰尔讷镇附近）实施的"百日攻势"行动。其间，他曾单独摧毁了两处德军的机枪火力点，并在撤离时射杀了5名曾试图拦截他的德军士兵。但不幸的是，同年7月25日他在战斗中被1枚德军炮弹弹片命中丧生。在死后不到三个月时，他被追授了英国的"维多利亚十字勋章"。与比利·沈相较而言，极具讽刺意味的是，作为新西兰白种人的特拉维斯在战争中因其英勇无畏获得了英国授予士兵的最高等级勋章，而混血的比利·沈则未能获此殊荣（尽管一些高级军官也推荐提名了他）。

在澳新军团中，另一名较为知名的狙击手是来自新西兰的列兵——新西兰陆军惠灵顿步兵团的阿尔弗雷德·休·狄龙。狄龙于1916年12月7日抵达法国，在爆发于1917年9月29日至1918年10月3日，双方围绕着波阿维斯岭（Bon Avis Ridge）展开争夺的战斗中，他因英勇的表现和出色的战绩（作为营观察狙击手）获授军功勋章。作为一名狙击手，他在战争期间的狙杀战绩至今无法确证，但他使用的步枪，一支加拿大制造的Mk III型罗斯步枪及其适配的M1913型华纳和斯韦齐式瞄准镜，至今仍保存在新西兰国家陆军博物馆中[1]。

---

[1] 阿尔弗雷德·休·狄龙很可能于1897年出生在黑斯廷斯，他是当时知名的奥塔戈（新西兰一个岛）政治家阿尔弗雷德·狄龙（来自乡村企业）的儿子。相关服役记录显示，1916年时他把自己的职业填报为"木匠"，他的母亲则是"H.狄龙夫人"。老阿尔弗雷德·狄龙死于1915年，这可能并不完全与事实符合，当然，在上述信息得以完全确认前仍有很多考证和辨伪工作要做。

南非参战的狙击手

1916年初，为了帮助宗主国打赢这场战争，南非开始集结其力量帮助英军在西线应对德军，尤其在狙击作战方面，以其当地众多射击技巧精湛的战士应对西线德军的狙击手们。例如，当时大英帝国殖民地体系内的众多媒体中，《悉尼晨报》就在1916年1月31日刊中报道称：

> 亚伯·贝利爵士想要招募、训练、装备并向欧洲战场输送100名来自南非的神射手。亚伯·贝利爵士是当时南非的一名大矿场主，曾一度担任德瓦士兰克鲁格斯多普经选举产生的政府人员。布尔战争期间，他也曾为英军参战，并被授予英王和王后战功勋章，带6条饰杠（代表他总共获得了7次该勋赏）。此外，他还在射击运动圈内非常知名

亚伯拉罕·"亚伯"·贝利（1864—1940），是当时南非最富有的人士之一。他出生在东开普省的卡洛克，其父亲来自约克郡、母亲来自苏格兰。贝利的财富主要来自当地的金矿开采。至1884年，他正好20岁时就已成为贝利矿业集团的负责人并卷入了各类政治事务中。受1895—1896年间"詹姆森突袭"事件的影响，尽管他当时只是"约翰内斯堡（组织）委员会"的成员，并非直接参与者，但他仍被处以6个月的监禁，他立即就以交纳罚款而抵消了刑罚，毕竟对于他这样的有钱人来说，这只是一次微不足道的处罚而已。

1900年1月3日，他应募加入伦敦市的"帝国志愿者"（该组织成立于1899年12月并在1年后解散）骑兵分部，通过在钻石、黄金和土地市场上谨慎且高明的投资，亚伯·贝利爵士进一步迅速积累了其财富。同时，他还是位在各类运动领域有一定造诣的爱好者，曾代表德兰士瓦参加板球比赛，1911年时他被授予（英国第二等）高级圣迈克尔和乔治勋爵士，并在1914—1915年间以少校军衔担任了南

非第6骑兵旅的副助理军需官的职务。1919年2月12日，贝利被授予"南非联邦和好望角省卡洛克准男爵"的贵族头衔，以表彰他在第一次世界大战期间为大英帝国的杰出服务。

参战的南非神射手们，主要挑选自南非当地的出色射手，他们中的大部分人来自罗德西亚，在接受挑选时他们都要展示自己高超的射击技巧，包括在200码外将子弹射进6号尺寸（具体英制尺寸不详）的圆心标靶中。1916年4月22日，由暂授少尉内维尔·梅思文[1]带队的南非精锐射手（由17名当地有名声的大型东乌猎人组成）离开开普敦，随英国邮轮"撒克逊"号前往英国。当年5月10日，他们抵达博尔东营，其间南非枪手团队中有1人转隶至"东非步兵团"。为其使尽快适应战场及装备，英军为他们配备了经校准的SMLE系列步枪（由贝利从普德莱采购），它们还适配了奥尔迪斯望远型瞄准镜。待整训换装完毕后，这批人迅速离开英国前往法国前线。当年6月16日，这支狙击手分队抵达法国前线并被指派给由彼得·斯特里克兰少将指挥的英国远征军第1步兵师。随即，他们与所在部队一起投入到索姆河战场中。

当1918年11月11日第一次世界大战结束之时，只有23名南非神射手在西线服役，其中7人作为替补后续来到战场。在战争中，共有2人阵亡、2人失踪（之后被证实丧生）、2人因战伤而丧生、1人在战斗中被德军俘虏，另有1人被调出战场，还有8人因伤被列为"（从医学角度看）不适合服役"。

第一次世界大战结束很长时间后，梅思文在一次访谈中宣称，他所率领的仅有100余人的单位曾在战争中射杀了3000名以上德军官兵。另有一些人证实梅思文因在战争中出色的领导和狙杀战绩（100、103或108次成功狙杀）而被授予军功十

---

[1] 威廉·内维尔·梅思文于1884年生于苏格兰斯特灵郡，他的父亲是詹姆斯·梅思文、母亲是朱利安·阿林。1901年苏格兰的人口普查统计将他的职业更为"保险公司办事人员"，但他于1911年移居至南非。1917年5月1日，他被晋升为"临时中尉（军官编制之外的任命）"，并因其英勇的表率和领导而在1917年6月1日获得军功十字勋章。战争后，他返回南非，并娶了凯瑟琳·凯特·霍尔斯特德，1974年4月5日，他在布拉瓦约（津巴布韦西南部城市）去世。

字勋章。当然就此总体狙杀数量而言，考虑到这是如此之少的人员在参战到战争结束，仅两年左右的时间内所取得的战绩，这一数字很可能是不准确的。如果这属实的话，意味着这些参战的南非狙击手不少人的单杀战绩就超过200人，而这几乎不可能不被广泛宣传和报道。因此有观点认为，当时梅思文说的3000余人，实际上应该是1300余人，从其当时所处的战场环境及经历来看，这一数字更为现实。

由个人招募并组建南非神射手分队并前往母国参战，这种行为固然值得赞赏，但就第一次世界大战的规模和烈度而言，其实际能发挥的效用可能非常微不足道。类似地，战争期间英国和法国国内还兴起收集尽可能多的私人高精度运动步枪的活动，但其实际成果仍令人失望。相较而言，德国在1915年春在提升其前线狙击作战能力方面的尝试可能要成功得多，据称，德国从国内收集到了2万余支各式以精确见长的步枪。至少，其中相当多的枪械就被投入到西线堑壕战中。

在制式狙击枪械方面，战争中至1915年夏时德军定购过2万支Gew.98式狙击步枪，同时还征用相关狙击枪用瞄准镜，这些构成了战争期间德军主要的狙击装备。同盟国还征用了很多射杀大型猎物的步枪，它们常使用口径更大的弹药、具有更高的初速，其基础性能显著地优于协约国的典型枪械（如李–恩菲尔德式系列步枪）。对此，协约国方面同样采用类似策略（即征用射杀大型猎物的步枪）加以应对。马丁·佩格勒[1]认为，1915年时，英国陆军部曾定购了60多支大口径的运动步枪，例如，其中一些枪支采用经典的0.600口径高速弹药，它的出膛速度较高、弹药出膛时的能量不低于4500英尺磅。他还引用当时知名南非评论家、小说家和传记记者斯图尔特·克卢蒂（因参战获得中尉军衔）在其1972年撰写并出版的《维多利亚的儿子》（*A Victorian Son*）中的描述，"当我们（用大口径的运动步枪）射中了敌人防线上的一个观察孔挡板时，弹药直接击穿了挡板，射中德军

---

[1] 马丁·佩格勒于2008年所著并在伦敦出版的《第一次世界大战中的狙击》，第66—67页。

狙击手的脸部。但这种枪械射击时后坐力很大，需要以立姿或跪姿进行射击，曾经有射手试图以卧姿进行射击，但击发时后坐力撞断了他的锁骨"。

第一次世界大战前后的英军狙击步枪及瞄准具

1915年5月，英国国内主要枪械生产商BSA公司曾向英国陆军交付过一批200套枪用瞄准镜。据信，这些瞄准镜适配于全长度、采用单发装填的李–恩菲尔德式步枪。当时很多人认为，长枪管的李–恩菲尔德式步枪在很多情况下，其精度要优于SMLE系列步枪，尽管20世纪初英国军方对比过两种枪械的精度，结论表明两者间的精度差距非常小。似乎也有证据表明，长枪管型的步枪在超过600码的射击距离上拥有更好的精度表现，但这通常仍处于争议之中。此外，毫无疑问的是，枪械的精度性能还主要受到不同弹药的影响。

到一次世界大战时，当时各国军方虽然开始重视狙击战术的运用，但对于枪用光学瞄准镜的生产和适配基座等方面的标准化问题，并没有很清楚的认识。例如，英军在1916年为其前线狙击手部队配备第一批SMLE系列狙击步枪时，其适配的瞄准镜的来源就五花八门。这很大程度上源于当时英国国内缺乏瞄准镜的量产能力，当时英国在此类枪用配件上的开发和生产能力远落后于美国。而类似的问题在德国则不那么明显，当时德国建立有完整的光学仪器、设备研发和生产体系，比如卡尔·蔡司公司，不仅大量生产高品质的枪用望远瞄准镜，还广泛涉及双筒望远镜和显微镜的生产。在这些光学设备中，最重要的是透镜及透镜组的品质。事实上，1914年大战爆发前，英国和德国在枪用光学瞄准镜方面可供选择的余地都很少；战争爆发后，类似问题更加突出，但德国国内很快将其在光学设备研发方面的潜力转化为各类性能优秀的军用光学设备，甚至战时英国都不得不通过中间商（瑞士等国）从德国输入光学瞄准镜及望远器材（而德方亦通过各种渠道，获得英国禁运的橡胶等战略物资）。

1915年，战争形势的发展对于英国的狙击手及狙击战术而言有利，狙击这种全新的战术成为整个作战体系上的有益部分，当然仍有不少高级军官认为"狙击"是一种"不那么英国的"作战概念。类似的问题很大程度上演化为某种程序性问题。战前，英国陆军内部各部队鼓励官兵们的射击能力，很大程度上基于与其他各师、团在此领域的竞争和比赛而得以实施，这意味着只有少量较优秀的射手实际上才能获得更多练习的时间与资源。因而，这类练习不可避免地瞄准着当时射手们的最高荣誉，比如在比斯利射击比赛上获得各类奖牌。

因此不难理解为什么这类和平时期展开的射击竞赛，及其对部队训练和战术发展方面的影响微乎其微。例如，英国步枪协会以及其他很多小型步枪俱乐部，有感于英国陆军在两次布尔战争（1899—1902）中拙劣的射术表现，就曾希望努力普遍提高英国武装部队的射击水平。但之后第一次世界大战爆发后，英国远征军的实际表现证明，这类平时在射击场上进行的标靶射击，完全不适用于战场上对阵敌方具有类似射击水平的狙击手。

当时最大的问题，仍在于英军内部缺乏对狙击的重视，狙击手的培训规模有限，且缺乏相应正确的指导。例如，英军高层几乎没人有足够的远见，在全陆军范围内系统地展开狙击手的培训，没有人关心狙击战术的开发和验证，可想而知，在战争初期英军的狙击战术几乎没有什么值得称道之处。

英军内部，各个部队自行组织其狙击手的培训并探索战术，这不可避免地导致各单位运用狙击战术时的不规范。一些单位，特别是那些指挥官曾有过丰富狩猎经验的部队，通常在组织运用狙击战术时表现得更好；缺乏此类经验的军官们则对此类狙击与反狙击战术较为反感，甚至他们在面对本单位（因敌方狙击而）持续上升的伤亡时，仍持此类态度。就此而言，即便战争的残酷仍难以使很多保守、守旧的人士改变对狙击的看法。

一直以来，英国的传统总是青睐那些取得成功的"异类"，比如霍雷肖·纳尔逊，但无疑这类人士在和平时期通常很难崭露头角或获得晋升，只有在战时，他们独特的特性才会显露出来。毫不令人惊讶地，1914年的英国陆军中只有极少数人熟悉、热衷于狙击及其战术。

现在，尽管距第一次世界大战时已过去了约一个世纪，但要判断当时英军因哪些原因或因素，使其未能有效引入狙击手训练活动及机制，无疑非常困难。当然，同期英国军界内也存在着一些有远见的人，但其数量非常有限，比如朗格弗德·纽曼·劳埃德，而且有趣的是，他并不是一名狙击手，而只是当时皇家陆军医疗队的一名知名军医。

他于1873年12月28日出生在伦敦，其父亲E.G.K.P.劳埃德是一名陆军上校，母亲莉莲·梅·胡珀是一名军医处长的女儿。朗福德·劳埃德完成学业后进入查灵十字医院进修，并于1898年取得医生资质。之后，他进入伊斯灵顿的一家学校医务室担任助理卫生官员，但这并不能使他满足。因此，在1899年7月27日他接受了军方委任，进入英国陆军医疗部门服役。第二次布尔战争爆发后，他作为都柏林燧发枪团第1营的军医官随所在部队前往南非作战，其间因为出色的表现，两次在当时的新闻报告中出现，1901年9月27日在一份名为"表彰他在南非的服役"的公报中就提及他在布尔战争中的优异表现，他也因此获颁优异服役勋章。1902年战争结束后不久，他在百慕大获得了这枚勋章。

1902年时朗福德·劳埃德获得上尉军衔，他返回英国后随即成为皇家陆军军医队的医务副官，之后又在1908—1911年间成为英国地方自卫队的医务副官。之后他任职于驻扎在伦敦的爱尔兰步兵团，1911年7月27日他晋升为陆军少校军衔。

当第一次世界大战爆发时，劳埃德少校于1914年8月18日就随部队被派往法国参战，当时他负责领导第2骑兵野战医疗队。1915年3月1日他又获得陆军中校的晋升，并在1916年获得最低等级的迈克尔和圣乔治勋爵的爵位。他在法国的服役经历一直持续至1917年11月1日。暂时离开法国后，他获得暂时授予的上校军衔并前往意大利执行任务，直至1919年4月才返回法国。之后，他获得了一个赴印度殖民地政府任职的机会（1922—1927），并于1927年1月3日正式晋升为上校。1930年底，他正式带薪退休，并最终于1956年4月20日去世。

朗福德·劳埃德尽管主要在军事医疗方面为英国做出了贡献，但实际上他在英军早期的狙击手培训方面同样具有深远的影响力。赫斯基思-普里查德不仅将英国最早的一个狙击学校的组建归功于他，而且还盛赞其作为狙击布道者、传教者的显著贡献。对于一名医生而言，在狙击领域取得这样的成就似乎非常奇怪，但劳埃德却是一位终生热衷射击的爱好者。例如，他曾多次代表英格兰队参加在比斯利举行的射击比赛，并在1922年奥运会上作为其祖国运动队的队长参加了比赛。因此，他是同时代英国陆军中少数充分意识到英军官兵射击技能普遍较差的人士。

同期，另一位英军倡导狙击战术的先锋是弗雷德里克·莫里斯·克鲁姆，他也是著作《步兵侦察回忆录》（*Memoirs of a Rifleman Scout*）以及其他几本相关著作的作者。他于1872年10月12日出生于柴郡，其父亲是富有的苏格兰人威廉·克鲁姆[1]，而他的母亲是简·坎贝尔。克鲁姆自幼生活在非常优渥的环境中，在完成其初步学业后，"军校生先生"克鲁姆被英国皇家军事学校录取，他于1893年2月7日完成其学业。接着，他被分配至驻印度拉瓦尔品第的英军第60步兵团（英王皇家步兵团）第1营，并获得了少尉的军衔。

1896年，该步兵营移防至南非开普殖民地，接着至1899年10月12日第二次布尔战争爆发时他正位于苏格兰的敦提港。前往南非后，他随所在部队与布尔人作战，但在塔拉纳山之战（Battle of Talana Hill）中他的肩部受到重伤，之后他被布尔人俘获。最终，他被押送往雷地史密斯的医院（很快该城被英军围攻）。1900年6月，他在战地获释，之后于1901年1月1日被晋升为陆军上尉军衔。1902年初，

---

[1] 克鲁姆的父亲，威廉·格雷厄姆·克鲁姆（1836—1928），是一名工业化学家，在英国拥有一家规模最大的棉白印染工厂。根据1891年苏格兰的人口普查统计，该工厂雇用了802个男人、175名妇女，127名和66名男女儿童。威廉·克鲁姆，意识到在格拉斯哥特伦利克不健康的环境后，随即将他的家族搬迁至柴郡的乡村。他所有的孩子都出生在塔普利，其家庭生活条件优渥，拥有不少于10名仆人。

由于他肩部伤重，不得不被撤离战场返回英国治疗休养。

伤愈后，他开始了一段断断续续服役的时光。1902年夏他返回南非德阿尔，之后又在重返印度驻军前，先前往地中海马耳他岛。1906年夏，弗雷德里克·克鲁姆提议建立一个侦察兵训练机构，他确在这方面较为擅长。返回印度后不久，他又回到英国本土，并在那里待了一段较短的时间（用于学习备考之前他未能通过的参谋学院入学考试）。其间在1908年2月28日，他被提议调入英王皇家步兵团担任参谋职务，继而被派往位于印度法泰加尔的骑步兵学校任职。在该骑步兵学校他担任指挥官，后续又担任位于浦那的骑兵学校指挥官，其间他只因过劳和身体疾病而休整过6个月时间。

1910年3月，名誉少校克鲁姆"重新恢复了在军队内的职务"，并于当年3月5日正式获得少校军衔。然而，此时他已无法履行其职责，至1911年10月28日时他已事实上处于退休的状态。在其之后的职业生涯阶段，他更希望以有限的精力投入到苏格兰的童子军组织与活动中，而这源自当时他与巴登-鲍威尔一次偶然会晤。

当第一次世界大战爆发时，克鲁姆少校立即重新应征从军，在协助拉纳克郡的动员机构进行人员征召后，他于1914年10月12日重新加入第8英王皇家步兵团。之后他所在的步兵营渡海前往法国前线，至1915年7月时他随部队驻守在霍格的堑壕中完成了一次轮替部署。战争中恶劣的条件使克鲁姆少校的身体旧疾再次发作，他不得不于1916年5月被送回加莱地区，并在那里组建一个旅级狙击学校。至同年6月19日时，他的学校已初步达成预期目标——短期培训足够多的人员，使更多的普通官兵掌握狙击和反狙击技巧。同期，英军斯金纳将军了解到了克鲁姆的工作，并对他在狙击方面所做贡献印象深刻，因此他向克鲁姆及其参谋教官团队发出邀请，请他前往自己位于阿拉斯（位于法北部加莱海峡区）的旅司令部，帮助并监督该旅的狙击手培训、狙击作战以及战场情报收集等活动。

但不幸的是，当英军准备向索姆河前进并发起索姆河战役之际，克鲁姆的身体再出状况，他不得不返回英国本土治疗。1916年10月10日，初步康复后他再次作为教官调任位于奥尔德肖特的高级军官学校，但他的身体状况极大地妨碍了他重组现有狙击学校的努力。

1917年5月17日，克鲁姆获得了新的授权，他将负责对全英国陆军的战场侦察人员和狙击手培训等事务展开协调和督导，这也是英国陆军为普遍提高狙击作战能力所迈出的大胆一步。1918年春，弗雷德里克·克鲁姆返回位于希尔内斯的第5英王皇家步兵团的驻地，在那里他为该团设计了持续约14天的侦察兵培训课程，这奠定了后续此类课程的基础。在之后的战事中，由于健康问题他不得不仅在英国国内服役，其间他巡回国内多地就战场狙击和侦察问题展开演讲，听取演讲的部队包括从规模达1500人的禁卫军官兵（驻地凯特汉姆），到个别的侦察分队。

1918年11月1日，克鲁姆少校从陆军退役，之后他返回苏格兰并继续促进当地童子军组织的发展。1919年2月，当地知名的外科医生哈罗德·斯泰尔斯爵士为他受伤的手臂再次进行了治疗，这处他在布尔战争中所受的重伤造成了之后他在战争中多次病痛，而当时医疗条件有限因此始终未能痊愈，到当年夏天他已完全康复了。来自肯木尔的弗雷德里克·莫里斯·克鲁姆，被认为是苏格兰童子军组织的创建者，最终于1955年10月8日死于邓巴顿郡的罗斯尼斯。

劳埃德和克鲁姆，在其为英军服役期间，奠定了英国现代军事史上一类全新作战模式的基础，就其效果而言，无疑是非常有效的，但糟糕的是他们的贡献很大程度上未引起更多的重视。但在同时代总有标新立异的人士获得更多公众的关注，比如赫斯基思·弗农·普里查德，他是当时知名的小说家、记者、旅行家和狩猎专家，以及更广为人知是拥有"英格兰最好射手"的称号。

普里查德于1876年11月17日出生于印度旁遮普的詹西，他的父亲赫斯基思·布罗德里克·普里查德，曾在英王的苏格兰边境部队担任过中尉步兵军官，之后又出任第24原住民步兵团的军需官；他的母亲是凯瑟琳·奥布赖恩·赖亚尔（一位将军的女儿）。不幸的是，他的父亲在其出生仅6周后就去世了，之后他寡

图51 第一次世界大战期间的著名狙击手赫斯基思–普里查德

赫斯基思·弗农·赫斯基思–普里查德（1876—1923），现在被认为是第一次世界
大战中最具影响力的英国狙击手教官。他曾是皇家地理学会以及皇家动物学会的成
员，其名字用于命名巴塔哥尼亚的一条河流。通过阿瑟·柯南道尔（他母亲朋友圈
里有影响力的朋友）的推荐，普里查德还曾代表汉普郡参加板球比赛。生活中，普
里查德非常聪明、直性情且多才多艺，不仅曾多次作为反派角色参加哑剧表演，而
且还对爱德华七世时期的服饰艺术很感兴趣。

居的母亲立即回到英国独力抚养他长大。英国在1881年的人口普查数据显示，当时普里查德和母亲与其母系家人一起生活。

普里查德成长期间无疑获得了其母亲家族的帮助，在其帮助下赫斯基思·弗农获得在爱丁堡的公立学校费蒂斯中学的奖学金，在那里普里查德很快显露出他在运动方面，尤其是狩猎射击方面的兴趣和天赋。据说，他曾获得过一支0.410口径的"蔗糖霰弹枪"（cane-shotgun），他将其伪装成一支雨伞，以便在学校不知晓的情况下能继续带枪参加射击比赛。

普里查德顺利完成在费蒂斯中学的学习，其间他还作为一名成功的板球运动员享有一定声誉，在学期间他甚至被教练评价为"费蒂斯中学培养的学生中，最好的投球手"。一开始，他似乎准备完成学业后进入法律行业，但他和他的母亲一直以来就靠撰写并刊发冒险小说获得收入，这些文字被连载在当时的几本主要的流行期刊上。

当然，普里查德撰写的小说内容并未经得起时间的检验。但在当时，这些文字不仅使普里查德和母亲获得了更好的生活，而且也为他开启了通往新领域的大门。普里查德进入社会后一开始就选择法律行业，但这段职业生涯很快就被淡忘，他随即找到了自己的新职业生涯，作为一名冒险家、探险家环游世界，他的探险活动得到当时《每日快报》（*Daily Express*）的支持与资助，其行程包括海地（他曾就当地的巫术写过报道）、巴塔哥尼亚（南美的一个地区，探索寻找在地面活动的巨大树懒，但实际上他的努力毫无结果）等地。当然，他的旅行探险书籍获得很多人的追捧；同时，其他还在同期议会成功通过的一项法律（涉及英国政府对其海岸的管控）的过程中发挥了重要作用。

第一次世界大战时，正如我们现在所知的，当时赫斯基思-普里查德立即希望加入苏格兰高地警卫团和英国禁卫步兵第1团/禁卫掷弹兵团等著名部队，但由于超龄问题（当时他已37岁了）而被上述部队拒绝；之后他找到为军方情报部门效力的方法，即作为随军记者前往西线堑壕报道战况。即便如此，他也试图抓住这样上前线的机会，他前往西线后一直随身携带着带望远瞄准镜的狩猎步枪，万一有机会亲自参战，他绝不会介意射杀德国人。

在他经典的著作《在法国的狙击》（*Sniping in France*）一书中，赫斯基思–普里查德讲述了有一次他偶遇一名英国狙击手的故事，当时后者很可能使用的是一支0.303口径且适配有光学瞄准镜的李–恩菲尔德式步枪：

> 那名狙击手……倚着堑壕上的胸墙，使用着一支带有光学望远瞄准镜的步枪。这些狙击步枪出产自英格兰，当时的产量非常少，它们肯定是专门配发给狙击分队的。
>
> 我已……拥有一些配有类似瞄准镜的步枪，对于瞄准镜对大型动物狩猎的帮助已经有了一定的理解。但我又禁不住认为这（指使用瞄准镜），会显得"有失运动员风度"，因为这种工具使得射击变得非常简单。
>
> 但说回狙击手，很有趣的是，我曾问过这些担负狙击使命的士兵，他们对于自己的狙击步枪使用感受如何，他解释称，他"每次"都能用狙击步枪精确射中德军堑壕防线上各种被发现的观察孔（洞），如果覆盖有金属制遮罩的话子弹同样能射穿这些防护物击中它后面的德军。一般而言，德军堑壕会距我们有约600码的距离，似乎在我看来那些狙击手们对此都较为乐观（能准确地击中他们瞄准的点位）。我还曾经要求他给我们做一次实战射击演示，当时我前往堑壕时总随身带着一副罗斯望远镜，因此要看他的射击和弹着情况非常容易。他应允了我们的要求，而我在望远镜中也看到他射出的弹丸击中了他瞄准的那块观察孔护板偏左约6英寸的地方。当然，从弹丸命中铁板发出的声响上，他确信那枚弹丸清脆地贯穿了观察孔；接着，他又进行了射击，弹着仍位于瞄准点左

侧的位置[1]。

长期在战场前沿的观察，使赫斯基思–普里查德意识到，当时的狙击手在素质方面还有很大欠缺，包括很多人不知道如何调节其枪械上的瞄准具，有的未能掌握战场观察与目标选择的一些原则，甚至在他看来当时那些枪用光学瞄准镜的安装都存在问题（不少瞄准具通常基座简单地与枪械连接起来，有的甚至未能与枪管平齐）。

回国后，赫斯基思–普里查德对前沿英军面临的狙击威胁进行了大量思考，他一直在想如何击败德军的狙击手，或者至少降低其对英军普通官兵的杀伤效能（当时这些狙击手已对英军部队造成惨重的伤亡）。通过思考，他意识到当时英军在反狙击方面存在的最明显问题，在于很多英国军官在指挥组织作战时具有的"病态强迫症和虚幻愚蠢式"的荣誉感，这为德军的狙击创造了很多机会；例如，他们坚持在堑壕边缘用沙包堆砌成精确、规则的各类工事，（间距规整的）观察孔和枪炮射击孔，要求英军官兵随时保持军事严整、帽徽锃亮等（这在迎着日光或明亮月光时，其闪向德军阵地的光往往使之成为对方狙击手观察瞄准的最佳目标）。

相较而言，德军的堑壕防线则看起来"混乱"得多。他们的胸墙沙包不仅堆砌得杂乱无章，而且还会结合地形地物特点在沙包上涂上不同颜色的色块或条纹，除此之外有条件的还会将大量碎石和杂物等堆积在前沿。但在这看似粗犷的布置下，德军精心安排其前沿的观察孔和枪、炮射孔，比如，德军经常用短截大直径铁管（或大口径炮弹弹壳去底后）埋设在前沿胸墙上，其外侧还添加相应的伪装或防护物。对此，如果对手缺乏长期持续的观察，几乎无法准确发现这些隐蔽的观察孔、射孔。

---

[1] 赫斯基思·弗农·赫斯基思–普里查德所著《在法国的狙击》，第21页。

赫斯基思–普里查德曾检验过当时德军为其前沿观察孔或射孔加装的防护金属板，它们最初是德军机枪射组用于防护对方射弹攻击的防护装置。在收集到这类防护板后，他将它们竖起来，想看看什么样的子弹能轻松击穿它们，进而能打击到其后的敌人。在试验时，他选用了英、德双方各自使用的防护板，并以能找到的西线各国军队使用的步枪及弹药进行试验，包括0.256口径的曼利夏式步枪的弹药（当时一种流行的运动步枪弹），以及大口径的高速弹药（适用于射杀大型猎物的重型步枪）。结果表明，常用的0.303口径弹药无法穿透此防护板；但不幸的是，更具威力的德制8毫米毛瑟枪及其弹药通常却能击穿英军用作类似防护的铁板。

如果当时英国成功地以其M1913式步枪（配用初速更高的0.276口径弹药）替换了普遍使用的0.303口径李–恩菲尔德式步枪，结果应当会有所不同。正如赫斯基思–普里查德的试验所证明的，他自己更偏好的0.333口径杰弗里式弹药可能是理想的解决方案，该弹药的威力足以击穿德国人的防护钢板，而且它还能适配全枪重不超过SMLE步枪的运动步枪。

为外界所知的，赫斯基思–普里查德常携带使用几款步枪，但他明显更偏好0.333口径的步枪，其次是0.350口径的毛瑟步枪，他喜欢的枪械都较为坚固和厚重，其枪膛和枪机部件足以承受当时较大的弹药击发膛压（类似于现代的马格努姆弹药，当时它们通常被贴着"高速弹药"的标签）。而且无疑的是，他也意识到当时英军在狙击和反狙击方面存在的严重问题，并找到了有效的解决方案，但他显然采用了与其他人不同的方法。就像与他同时代的朗福德·劳埃德和弗雷德里克·克鲁姆，赫斯基思–普里查德竭力向英军的各类高级军官灌输这样一种观点，即"反狙击作战是可行的"，而且面对官方对此类议题的冷漠，他还广泛地寻求支持与帮助，力图扭转以往的过时观念。

当他最终获得允许返回法国时，他带着大量适配有光学瞄准镜的步枪前往前线，这些枪支中除了他个人拥有的不少外，还有些借自朋友。而他携带这些枪械

第11军狙击学校

在矮护墙掩体上掩蔽射击孔的最好方式。 在矮护墙掩体上掩蔽射击孔的错误方式。

典型的德军狙击射孔掩体样式

隐蔽在铁皮罐头盒里的狙击射击孔。注意：上部的钢制护盾是伪装。

Drawings by]

[Basil Head.

[To face

图52 赫斯基思–普里查德编辑的《在法国的狙击》中的图示

这些简图摘自赫斯基思–普里查德编辑的《在法国的狙击》，该图绘自巴兹尔·黑德（他于1918年在战斗中阵亡），图示显示了当时很多英军军官在构筑堑壕前沙包胸墙时所偏好的整齐样式（上图中的右侧样式），但这样的构筑方式并不利于伪装，规则的沙包以及明显的射孔很容易招来对手狙击手的瞄准和射击。相反地，采用上左图那样"随心所欲"的堆积样式更容易将射孔或观察孔伪装、隐蔽起来，抑或按下图德军经常采用的那种零散、杂乱的堆积方式。

前往前线的目的，就是想努力使英军各级高级指挥官们相信，狙击可以在堑壕战中贡献独特的力量。最终，英军高层命令他协助朗福德·劳埃德提高英军的狙击水平，当时后者创办的"望远瞄准镜学校"（即狙击学校）已被划属为远征军第10军（X Corps）。

赫斯基思–普里查德承认，在配合朗福德·劳埃德办学时他"学到了大量之前所不知道的有关枪用望远瞄准镜的事"，与此同时他也把自己熟悉领域里的很多技巧和策略倾囊授出。其间，两人相互学习探讨还合著了一本阐释战场侦察、观察和狙击技巧的小册子；但不幸的是，由于他们的上级变更，导致这本小册子没能出版，而这次有可能提高英军对狙击与反狙击认识的机会，就这样失去了。

赫斯基思–普里查德之后被派往远征军第3集团军，在那里，他遇到了不少对狙击持正面态度的指挥官，因而他得以更好地发挥其才干，其角色也从之前一个"四处游荡的教官"，成为真正有所依托的狙击倡导者。而在此后，英军的狙击手们才逐渐获得了稳定、强有力的指导，越来越能适应战场上狙击与反狙击作战，相反地，德军狙击手则从初期的"肆无忌惮"转变为有所顾忌。具体来说，堑壕前沿越来越少的英军官兵被德军枪手射杀，而英军狙击手的射杀战绩则稳定提升。

之后的实战证明，赫斯基思–普里查德是一名非常出色的狙击教官、理论传播者，他对狙击充满热情并渴望尽可能靠近前线。在他的支持下，英军广泛采用两人制狙击小组（狙击手和观察手）的编组运用方式。随着狙击日益受到重视，狙击小组在上级战略谋划中的地位和作用不断升级，甚至在一些战略规划与战役计划中都能看到对狙击小组配置的设计（比如，发挥其长时间精准观察的价值）。他还竭力支持为狙击小组配备光学瞄准镜，但他同样还要求为配备此类设备的狙击手提供相应的使用技巧培训。例如，1916年时，只有很少狙击手理解如何充分发挥光学瞄准镜的作用；因此，当时很多配备的瞄准镜都处于维护不佳、性能低下的状态。例如，他曾描述了同期由各个集团军选派参加他的狙击手培训课程的官兵，对待瞄准镜的各种不当做法。

当瞄准具物镜端沾上污物或起雾时，狙击手经常拧下物镜端擦拭，但将它们复原却又是个难题，毕竟很难将其安装回初始位置；如果未经适当校调，这样处理物镜端肯定会改变其瞄准精度。有时为维护瞄准具，他们还会拧下调节螺纹盘，它实际上是瞄准具横向偏差调节的主要部件，这同样影响其瞄准精度。我曾见过因维护不当导致严重偏差的瞄准具，它在100码距离上竟能导致射弹出现横向30英寸的弹着误差，它在1000码距离上的误差积累可达25英尺[1]。

在他的大力倡导下，最终于1916年夏，赫斯基思-普里查德得到允许在英国远征军第1集团军创建狙击手学校（尽管这并未得到高层的正式授权）。在该集团军司令部驻地加莱海峡地区的兰盖姆村附近，他建立起一处靶场，最初只有6名军官和少数几个人共同维持着这所培训机构。赫斯基思-普里查德和他的副手、来自苏格兰步枪团的中尉乔治·格雷（1908年的国王射击竞赛以及1913年"苏格兰挑战盾"等射击比赛的奖牌获得者）以此为依托，不仅成功地训练出很多出色的狙击手，而且还致力于提高狙击手对其武器及相关装备的维护与保养水平。

随着战事持续，这所狙击手学校也逐渐成长起来，不久，由于格雷需随所在部队移驻别处，他又找来多名加拿大狙击手共同维持学校的开办。至1916年11月24日，这所由第1集团军开设的狙击学校获得"临时性的地位"。赫斯基思-普里查德、格雷和其他人以此为基础，梳理总结了大量狙击领域的要点，并结合战争实践对狙击进行了大量创新，包括使用伪装的人员头部诱饵以吸引敌方狙击手开火、再配合以反狙击观察判断其位置的"狙击手定位设备"，以及用于加固并伪装沙包胸墙上的观察孔、使之不易被敌方狙击手发现的"格雷板"等物件。

---

[1] 赫斯基思·弗农·赫斯基思-普里查德所著《在法国的狙击》，第58页。

1917年7月21日，战场侦察、狙击和观察等领域的专家，以及来自远征军5个集团军狙击手代表，在布伦（法国北部港市）举行了为期3天的研讨会，他们就战争中涉及的狙击与反狙击议题进行了交流，但对一些问题与会人员并未达成一致。赫斯基思–普里查德作为第1集团军的代表参加了这次会议，并对相关专家及代表的发言作了记录，其他几个集团军的代表分别是第2集团军的斯克莱特中校、第3集团军的派姆贝斯少校、第4集团军的一名不知名的军官，以及第5集团军的米基少校。会议由弗雷德里克·克鲁姆少校主持，他代表着法军总司令部。

会议期间，赫斯基思–普里查德只在少数几个场合与克鲁姆有过交集，而后者在其日记/回忆录中也记录了仅对赫斯基思–普里查德的少数狙击经验和做法表达了赞同和欣赏的态度。尽管与会人士在不少问题上存在分歧，但在布伦的会议总体上仍取得了高度的成功。

后来，弗雷德里克·克鲁姆因身体原因不得不返回国内，自1916年10月16日起就在奥尔德肖特作为狙击教官继续为军队服役。这使他有充分的时间分析普里查德和他的同伴们在第1集团军狙击学校提出的一些观点，对此他还获得时任英国陆军参谋长威廉·罗伯森爵士的支持；后来，他还曾直接与英国军工弹药部门交涉，为前线争取到了一批光学瞄准装备。经过长期思考与研究，1917年5月初，克鲁姆向军方提交了一份报告，阐述当时英军在狙击领域存在的问题，包括缺乏被认可的狙击培训组织与机构，数量有限的专业狙击枪械、观察用潜望镜、枪用光学瞄准镜的效用，都未得到充分发挥的情况（这些专用设备往往简单地交给未经训练的官兵使用）[1]。

克鲁姆少校无疑是对的，他的报告很快获得反馈，他随即被任命为"法军总司令部侦察和狙击专家"。布伦会议使克鲁姆（尽管他本人在堑壕狙击战方面的经验相对有限）有机会全面收集两年来那些来自西线前沿持续参战的狙击手们的

---

[1] F. M. 克鲁姆少校所著、2014年版本《步兵侦察兵回忆录》，第263页。

意见和经验数据，继而得以汇编并出版第一次世界大战中英军首次官方发布的堑壕狙击战的资料——编号为"SS195手册"的《侦察、狙击和观察》（*Scouting, Sniping and Observation*）。

虽然克鲁姆在同期英军狙击与反狙击的领域做出了杰出贡献，但仍不得不说，赫斯基思–普里查德收集并撰写的《在法国的狙击》一书，仍是比SS195手册读来更令人兴奋的作品。

持续时间日久的第一次世界大战以及各国巨大的消耗，尤其是英国战前对狙击作战的忽视，导致当时英军前线狙击手对专用装备的需求，无法通过个别军官在战初收集的一些运动步枪所满足。尽管，就这些枪械本身来说，它们经常能发挥很大作用，尤其是它们适配了合适的光学瞄准镜时，战争中前期非常受一线英军神射手的欢迎。但这些非制式枪械存在的问题仍很突出，例如，当时最大的问题在于，这些枪械中只有极少数能使用英军标准的0.303口径弹药，因而其弹药的补给也成为战争期间没完没了的麻烦和问题。

因此，英国军方于1915年初曾试图向前线提供配备有长枪管、适配有光学瞄准镜的李–恩菲尔德式步枪，尽管如此这类枪械仍不时面临供应不足的窘境。因此，当时英国国内的很多发明家急切地希望为前线提供他们的解决方案，比如那些不用使射手暴露在危险中的专用武器或设备。

例如，当时出现的各式各样的堑壕用潜望镜，有的这类观察潜望镜甚至可适配安装到枪械上，这类奇怪的射击装置甚至可追溯至"风琴炮"（ribaldequin），以及美国内战时期的毕林赫斯特·雷卡排枪（Billinghurst Requa Battery Gun）；所谓的"堑壕步枪"（trench rifles），实际上就是为枪械加装镜面折射光路瞄准具和遥控击发装置，使射手能在堑壕内操控堑壕外的枪械对外射击。

再例如，苏格兰出生的设计师威廉·约尔滕（1862—1929），第一次世界大战期间曾发明了名为"对从掩体中发现敌方军械、步枪和其他轻武器的相关设备的改进"，并获得了英国政府的专利认证保护（5971/03）。英国政府于1904年3

月14日接受了他的专利申请，它实际上是一种潜望式瞄准具，可适配在SMLE前护木左侧位置，此外，在后瞄准具中心线上还设置一个倾斜的反射镜，供射手在堑壕掩蔽物内观瞄。

约尔滕还设计有所谓的"步枪枪后托安装的蟹眼式望远镜"，它同样取得了英国政府的专利保护（26487/14），它全称为"在观察敌方步枪和其他轻武器方面的相关设备的改进"，他于1914年12月28日提交给政府，并于1915年11月25日获得批准认可。后续，位于伦敦的温切斯特公司少量量产了这种枪托附加装置交付部队使用，1915年该枪托蟹眼式望远镜的民用版本公开发售。它的主体是一套棱镜及反射镜光路（及外罩），它可沿枪托右侧的枢轴杆转动（即其专利素描上的环箍），它同时又与枪械上的瞄准具对齐，并使射手能够从枪械下后方（通过光路）使用瞄准具。尽管设计很巧妙，但在恶劣的战时堑壕环境中，可以想象它肯定过于脆弱、易损。此外，在试用时还发现，如果要想保证整套系统的射击精度，步枪在射击时需要非常牢固的支撑与依托。

另一套针对堑壕环境下精确隐蔽射击的解决方案，则是伽利略式望远瞄准镜；但事实上，它只不过是两片间距较大的放大透镜。此类的设计创意已很古老了，甚至可追溯回17世纪第一个望远镜出现之时。但在1914年大战爆发后仍有设计师希望改善它们使之能适应堑壕战环境下的精确射击，进而得到军方青睐。因此，经过改进的伽利略式望远瞄准镜问世后，英国陆军采购了相当数量的此型瞄准镜的原因，包括当时可供选择的优质瞄准具实在太少，而且英军现有的很多瞄准镜大多是战前从德国输入（开战后来自德国的供应自然是被切断了）。

威廉·约尔滕曾自行设计了一款伽利略式望远瞄准镜，并于1915年8月3日取得了英国专利（专利号11227/15），但它并不属于此类瞄准具较为成功的一种。现存英军军用瞄准具采购合同书显示，当时军方在陆军上尉亨利·拉蒂的建议下，采购了7000套该瞄准镜、4000套考德威尔取得专利的尼尔式瞄准镜、575套马丁式瞄准镜和80套BSA公司的觇孔瞄准具。此外，同期英国军方还采购过数量不

图53　第一次世界大战中士兵在堑壕内使用的一种"堑壕步枪"

"堑壕步枪"使射手能在相对隐蔽和安全的位置进行枪械操作，它们通常都附有一套附加的枪托和扳机组件，再利用潜望镜进行观瞄和操作（常配合枪械后部的开放式瞄准具使用）。图中所示，是澳新军团士兵在加里波第半岛战役中所用的比奇式堑壕步枪，反击奥斯曼帝国的狙击手。（澳大利亚战争纪念馆）

明的吉布斯型瞄准镜。当然，还有很多其他型号的伽利略式望远瞄准镜由官兵私人采购并带入战场，据信最多可能有多达7.5万套各式瞄准具通过各种渠道被带上前线。

此外，还有约翰·艾斯德·马丁（1868—1951）——来自格拉斯哥皇家交易广场公司的"枪炮制造者"所发明的瞄准具，它于1915年获得英国专利保护（专利号788/15）。马丁的瞄准具于1915年5月1日获得军方采购并进入现役。之后由陆军上尉拉蒂和托马斯·考德威尔，光学仪器商多尼哥·普莱斯、贝尔法斯特等人发明的瞄准具，亦进入英国军方的视野，该瞄准具获得了英国专利保护（专利号1850/15），它最初也称被称"尼尔式瞄准镜"，之后于1916年改名为"巴奈特式瞄准镜"，实际上它又被称为"阿尔斯特式瞄准镜"；这些瞄准具于1915年9月28日为英国军方所接受并采购[1]。当然，同期英军的装备变更名单表明，拉蒂和尼尔式瞄准镜率先进入英军现役。

然而，英军在实战中很快发现所有这些伽利略式望远瞄准镜的缺点。它们前后两组透镜组分隔得过宽，而且透镜组之间缺乏镜筒或护罩，因此在试用时战场上的灰尘经常影响光路（反射或衍射入射光），而且枪支击发时的枪口焰也会使瞄准具成像质量下降等。此外，该瞄准具的放大率有限（通常不超过2.5倍率），且其观察视野非常狭窄（对100码距离上的目标观察时目镜视野不超过瞄准点左右6英尺）。另一方面，在适配在枪械上时，该型瞄准镜还容易损坏，特别是考虑到堑壕战的恶劣环境，它在使用中的损坏概率就更高了，还有要注意的是，当它与枪械分离时很容易丢失。因此，在实战中尽管一些射手很好地发挥了它们的作用，但同期战争需求使当时枪械开放瞄准具的性能迅速提升，英国军方很快意识

---

[1] "Mk Ⅰ型拉蒂式光学瞄准镜"和"Mk Ⅰ型尼尔式光学瞄准镜"，于1915年9月28日获得审批得以配发部队，以上内容可见于1915年12月1日的（军备）变更项目表第17556～17557段。奇怪的是，"Mk Ⅰ型马丁光学瞄准镜"大约在1915年5月1日获得审批，但直至1916年6月1日前并未被列入此军备变更项目表（该项目表第17757段）。

到伽利略式望远瞄准镜无法成为真正的枪用望远瞄准镜。

这类用于堑壕作战的精确射击步枪（即"堑壕步枪"），在第一次世界大战中被大量射术优秀的官兵试用，其衍生型号众多。例如，此类枪械最早的一个专利被授予威廉·约尔滕（设计多产但却不那么出名）。该专利于1901年11月28日获得英国政府的专利认证（专利号15273/1900），其于1902年3月4日在美国取得改进专利（No. 694904），其专利图示展示了安装在枪械上的潜望瞄准具，使射手能在堑壕胸墙下不暴露自身的情况下有效对外射击。此外，还有一类特制的适配在枪托上的潜望瞄准镜，在它的设计中，一套悬臂枪托架使反射透镜组（潜望镜）能够用于枪械瞄准。

约尔滕之后取得的一份专利，1906年2月27日取得美国专利（专利号813932），它主要由一套连接在马克沁机械机匣后部的潜望镜组成，使机枪的射手可隐蔽在胸墙之下有效观察战场并射击。1908年2月25日，美国还授予雷根斯堡的赫尔曼·盖斯一项被称为"掩体后（枪械）射击瞄准装置"枪械专利（德国专利号No.880378），它依赖一套适配附加在步枪后瞄具上的反射透镜组实现对射手观瞄能力的拓展（当时的专利图示上，显示了配用该瞄准镜的Gew.88步枪使射手能在掩体内使用该枪）。

当第一次世界大战在东线全面爆发后，德军狙击手开始大量射杀东西线协约国的官兵们，各国在堑壕内使用潜望镜和堑壕步枪也在稳定增长。英、德等交战双方都有少数发明家，试图使那些保守的军事当局掌权者们（他们对这些新奇设备普遍持怀疑态度）相信他们的新发明具有更多优势，同时实际上相对开放的环境还是为他们的创新提供了很多空间。因此，可以看到双方都尝试创新、试用了多种类型的堑壕用步枪（这是以往未出现过的）。

大战期间，在枪用瞄准镜方面，应用最为成功的可能是在南线的加里波第半岛作战中，当时参战的澳新军团（安扎克军团）在战役初期面对奥斯曼土耳其军队的狙击手遭遇了惨重的伤亡。因此，他们迅速调整并加强了狙击作战和装备。

当时，多种设备被送往地中海战场接受战场测试，澳洲部队主要指挥官威廉·伯德伍德爵士曾记录称"（当前）我们取得对土耳其人完全的士气优势，可以部分归因于那个叫比奇的家伙弄出来的奇妙发明，他为我们提供了一种带有潜望功能的步枪"。他所说的比奇，全名是威廉·比奇下士，隶属于澳洲部队新南威尔士州步兵团第2营，据称他出生于英格兰什罗普郡，参军前曾是一名建筑领班。战争中他有多项枪械设计，比如适配于步枪的带有可升降支架的木制枪架，它带有两组透镜组构成一整套简易的潜望镜组[1]。

在达达尼尔两栖战役期间，奥斯曼帝国的防御部队据称还曾缴获过1或2支这类带有潜望瞄准镜的步枪，之后他们对这些枪械进行了复制。当然，现在似乎并没有确切的证据表明土耳其人曾大量制造这类特殊枪械。

战场的另一端，德国也曾制造了多款自己的潜望式步枪，而且毫不令人惊奇的是，英国和法国的发明家也被这类特殊瞄准镜及枪械的前景所引诱，在此方面进行了大量工作。例如，切尔滕纳姆市温什科姆街的商人——约翰·埃德加·钱德勒（于1916年3月9日取得No.2582/15号英国专利），以及吉伯特·杰拉德（此前曾在比利时安特卫普生活，之后移居伦敦芬丘奇街，是康托尔商业公司的董事，并取得了No.13031/15号英国专利）等。他们的设计具有很多相似点，包括大量使用反射镜、棱镜等光学透镜组，附加枪托支架设备，以及遥控扳机的拉线，这些特点使射手能够隐蔽在堑壕胸墙之下的安全状态中，完成瞄准和射击。

---

[1] 根据他在1914年9月24日收到的入伍通知书，威廉·查尔斯·布洛克·比奇于1878年5月出生在英格兰什罗普郡的惠灵顿。在南非布尔战争爆发期间，他曾称自己在什罗普郡的义勇骑兵队服役过5年，之后又作为野战炮兵志愿者的队伍里服役2年。由于健康原因他从澳大利亚军队退役，并因战争中他设计的精巧装置而获得陆军部给予的100英镑的奖励。他之后娶了伊莎贝拉·格拉斯·斯特兰奇（与其育有一儿一女），1929年9月22日他死于新南威尔士州的康多波林。然而，在他留存在英国的出生记录中，并未发现任何有关他可能隐瞒其年龄的信息。还有资料认为（约翰·汉密尔顿所著《加里波第狙击手：比利·沈的一生》，第129页），来自第10南澳大利亚营、出生在毛里求斯的列兵乔治·托斯提（1887—1967）曾设想了一种适配潜望镜的步枪，但并不清楚当时他当时的设计是否为比奇之后提供了启发；如果比奇确实独立设计了类似装置，他似乎并未继续完善其设计。

吉伯特·杰拉德设计的瞄准镜较为简单，它的主体是一套整体式的潜望瞄准镜（而非一连串反射镜），但这类辅助瞄准设备存在着同样难以解决的问题：它们虽然能使射手相对安全地观瞄并击发，但都不易操作且较为笨重。例如，观瞄视野受限，枪械再装填弹药时则意味着需要将步枪从支架取下再完成装弹，这不仅容易失去目标，而且还使射手易受攻击。

来自英国切斯特·鲍登的埃德加·杜尔，于1917年1月25日和9月6日先后获得两项英国政府认证的专利（专利号103382、109236），此前编号为103382的专利已于1916年3月投入到实用中。他的专利，是一套可安装在SMLE步枪枪托上的潜望瞄准具组，其潜望镜目镜端位于抵肩前部，整套装置还包括一根连接在扳机上的遥控击发杆，它最重要的一项改进是设计了枪械自动装填装置，使射手能够遥控完成弹药装填。此外，它在设计上比当时大多数"堑壕步枪及支架"的结构要简单，后一类设计就像是"水管工的噩梦"其结构中充斥着各种管、杆和条状物。杜尔对此类支架瞄准设备的简化可能太迟了，难以广泛投入实战接受检验。至1917年时在西线战场上德军狙击手构成

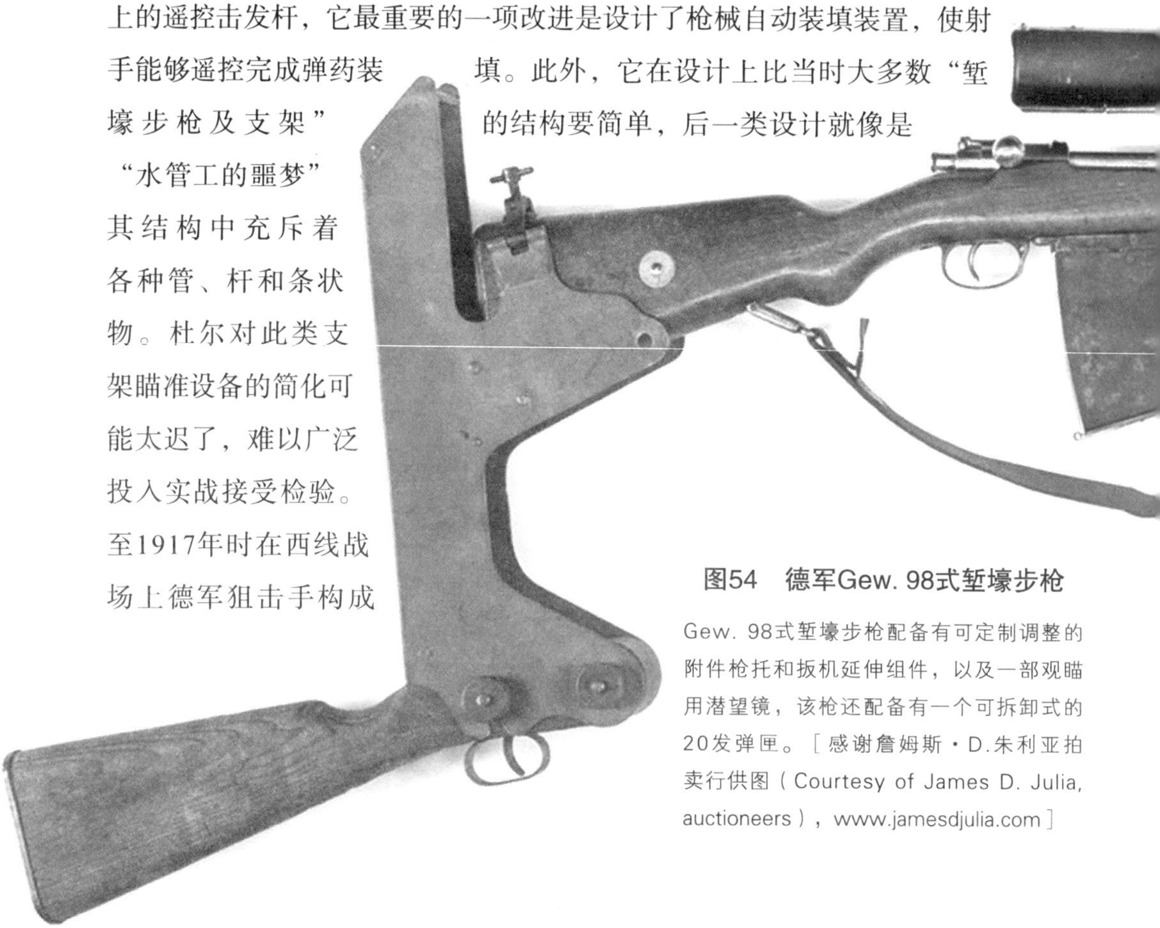

图54　德军Gew. 98式堑壕步枪

Gew. 98式堑壕步枪配备有可定制调整的附件枪托和扳机延伸组件，以及一部观瞄用潜望镜，该枪还配备有一个可拆卸式的20发弹匣。［感谢詹姆斯·D.朱利亚拍卖行供图（Courtesy of James D. Julia, auctioneers），www.jamesdjulia.com］

的威胁很大程度上已被协约国军队以更为传统的方式遏制住了，而且随着美国远征军（AEF）大量进入战场，协约国开始更多地进行进攻性作战。

类似的枪械装置开发潮同样出现在美国，例如，No.1300688号美国专利"用于击发步枪或其他类似武器枪机的装置"，于1919年4月15日被授予来自巴黎的阿尔弗雷德·贝拉德，当然其设计早在1916年夏就已被应用于战场。在此专利设计的素描图示中，一套潜望镜和遥控弹药装填的装置，可适配在勒贝尔式步枪和李-恩菲尔德系列步枪上。战争期间，法国陆军采购了一定数量的贝拉德的装置，这在当时的很多照片中可以辨识出来（通过其有特点的、连接在枪托部位的U型框架可以辨识）。

类似的改进或发明还出现在澳洲，比如埃比尼泽·莫里斯（生活在澳洲悉尼的英国人）就采用了显著不同的方法解决"堑壕步枪"在其应用环境中出现的问

题。在他的设计中，一组反射镜模块被连接固定在李-恩菲尔德步枪上，射手在通过其镜面观瞄的同时，还能帮助射手从横向上稳固枪械，使用时，射手用右手U型的握把枪托后部，左手则操作枪械扳机。还有一种类似的装置（美国专利号1264133）于1918年4月23日取得专利，此前1917年7月就已被应用，但其瞄准具模块缺乏护罩使其较易损坏。

同期，美国陆军也试用了多种带有潜望观瞄设备的步枪，最早的这类装置无疑是获得美国专利号1174282号的装置（美国政府于1916年3月7日授予加州科林加的勒罗伊·理查德）。关于此装置的具体说明对其描述如下：

该装置……是为轻武器射手，提供一种适宜在堑壕防线内使用枪

械的观瞄能力，它能固定在堑壕边缘部位，使用者依靠一套折射望远镜（altiscope，它再经由支架与枪械相固定），使其能在不暴露身体的前提下完成观瞄。

理查德的设计，是当时美国可供选择的首款枪械观瞄装置拓展支架产品，它率先采用光路设计较为成功的枪用反射镜、透镜系统，在很多方面看，它也可被视作古伯森式瞄准镜（美国陆军于1918年对其进行了测试）的雏形。

另一方面，同期美国密苏里州的科尔尼·乔治·科德尔，曾建议军方测试并采用他设计的枪械框架系统（于1918年3月19日获得专利）。另外他设计的带潜望瞄准镜的步枪（被称为"Sitascope"，美国专利号1371964）则由美国陆军步兵委员会于1917年进行了测试，根据英国人詹姆斯·洛夫·卡梅伦隆和美国人劳伦斯·爱默生·叶吉（俄亥俄州东克利夫兰）设计的类似产品的专业说明，其设计达到预期效果。带潜望瞄准镜的步枪于1921年3月获得专利认证，但之前1915年12月时它就被提交，该观瞄系统的结构优于那些复杂的同类装置设计，比如它带有一块抵肩衬垫（这部分设计由詹克斯、卡梅伦隆和叶吉于1917年8月提交专利审核，并于1921年取得专利，专利号1371899）。

然而，从实战角度看，这类堑壕步枪被证明通常并不那么有效，尤其是它们所配套的潜望光路系统非常容易损坏或出现误差。例如，尽管澳新军团在加里波第半岛作战时就装备了相当数量的、由比奇设计的反狙击堑壕枪械，但实战表明它们难以完成精确的反狙击射击。部分更为复杂的瞄准具设计，比如那些包含有高放大倍率的潜望透镜组，在实用中发现其操作非常麻烦、精确微调难以控制。

在1917年4月7日刊发在《武器与人》（*Arms and the Man*）上、由爱德华·C.克罗斯曼（当时少数几名实际试用过堑壕步枪的轻武器记者）撰写的"让斯普林菲尔德步枪实现拐角射击"的文章中，他就写道：

在当前欧洲的西线战场上，从堑壕防御体系开挖之初，战场上就流行着各种精巧的小装置，让英、法联军士兵在避免受到德军威胁的情况下向对手射击。

这些装置通常被称为"潜望镜"，它们拥有令人惊讶的精巧结构和设计。士兵们使用它们伸出自己所在的散兵坑或堑壕进行射击，那些通过支架排列组织起的反射镜面和透镜组，以及连接枪械扳机的机械连杆装置，可适配在李系列或罗斯系列步枪上。尽管平常的潜望镜在堑壕里非常常见，但它们仅能用于观察，并非堑壕内各类士兵们战斗射击的"必需品"。当然，由于战场上德军狙击手的杀伤，它们在堑壕内越来越广泛使用。因而一段时间以来，大量不同的枪械和堑壕潜望镜由各种渠道被带入战场……

战时，所有这些由英军、法军、德军和美军尝试使用的堑壕步枪，基本上未对同期及之后的狙击作战产生了持久的影响，毕竟狙击是充分组合并发挥人与武器的技艺，射手只有直接掌控、使用他的枪械后才能有效发挥狙击的技巧。此外，各国狙击手还曾对如何在低光条件下作战感到困扰，这导致了同期一些"夜视观瞄设备"设计方案的出现，但它们被证明仍在一些昏暗条件下（如黄昏后的短暂时间）有效，很快这类装置就让位于更优越的光学瞄准镜。曾经一段时间以来，双方任何人使用观测望远镜望向对方阵地时，都能不时看到对方大直径的物镜镜面，它们出色的集光能力使以往的夜视观瞄设备相形见绌。

第一套英国军方采购的适配枪械的望远瞄准镜于1915年抵达西线战场，但其供应量很少，而且几次配备之间的时间间隔也很长。这部分源于当时英国国内光学仪器工业的孱弱，使其国内无法及时为军方提供足够数量的高品质光学设备，部分是由于缺乏军方及高层的引导。至1919年1月1日时，军方记录当时已采购9788套各型枪用望远瞄准镜，部分交付部队、部分收入库存；其中大部分都被提

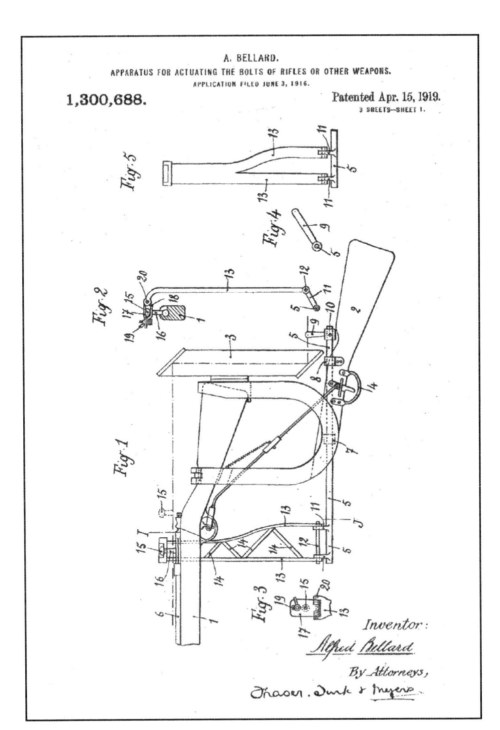

图55-1　两种枪用观瞄潜望镜简图

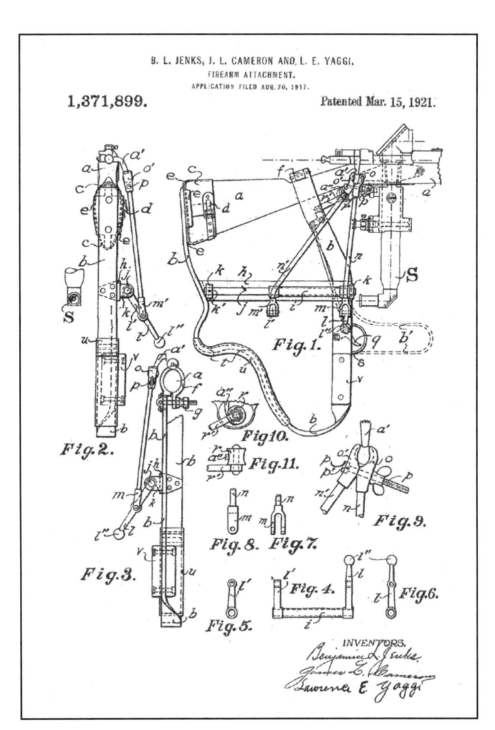

图55-2　两种枪用观瞄潜望镜简图

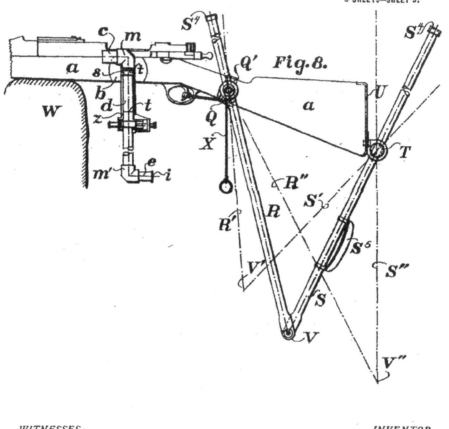

图56　1917年美国步兵委员会进行测试的堑壕步枪结构图

上述简图是授予阿尔弗雷德·贝拉德、詹克斯、卡梅伦隆和叶吉的堑壕步枪专利简图。1917年美国陆军步兵委员会曾对这种堑壕步枪及其带潜望瞄准镜的步枪进行测试。（华盛顿特区美国专利局）

供给陆军。根据可查证数据，其生产商和数量如下：英国潜望镜棱镜公司以其自己生产的瞄准具，装配了4830支步枪（后期生产处于政府控制之下）；伯明翰的奥尔迪斯兄弟公司在多家子承包商的帮助下，完成了3196支带有瞄准镜的步枪；另有908套温切斯特瞄准镜（A5和B4型），由白头兄弟公司完成（共8934套）。

余下的854套枪械/瞄准镜套装的来源则更复杂多样。这些来源广泛的瞄准具，包括由当时多名顶尖枪匠（比如伊文斯、霍兰德和霍兰德、普德莱、里格比、杰弗里和吉布斯等人）定制的瞄准镜。当然，很多这些瞄准镜实际上被证明大多是同期德国或奥地利类似产品的衍生或仿制品，或者来自战争爆发时一些原产自德国但已被运往英国的瞄准镜。此外，还有很少挪威产瞄准镜，它们由奥斯陆的斐节厄兰-斯科特基尔科特（Fidjelands Siktekikkert）公司制造，或由该国的光学仪器商瓦特斯公司制造，但在战争中后期英国承认狙击的重要性后，这类挪威产瞄准具因供货产量有限，无法满足战争中的大量需求，因此应用有限。

其间，最受欢迎和使用广泛的瞄准具是潜望镜棱镜公司和奥尔迪斯的设计，不过这两种瞄准具在性能上都并不突出。它们突出的问题有两个，其一是低放大倍率，通常仅有2.5倍率，其二是它们的物镜的直径仅有19～20毫米，以及由此导致的光收集能力较弱。温切斯特公司的A5型（5倍率）和B4（4倍率）也仅适用于一定距离内的靶场射击场景，因为它们的距离调节装置不易操作（其横向和垂直距离调节装置位于其后部安装基座的位置），而且直接将瞄准分划线设置在目镜上（而非潜望镜棱镜公司式和奥尔迪斯式瞄准镜的分划）。

此外，温切斯特瞄准镜在适配到枪械上后，当枪械击发时，它总会向前滑动，这是由于射击时的后坐力及其与枪械连接装置的不稳定所造成的；因此，射手在每次射击前，需要注意瞄准具的位置（需要将其复位至安装位置）。虽然英军当时使用的0.303口径弹药并非最具威力的弹药，但就算这种弹药在击发时产生的后坐力，仍足以震松其枪械上安装的瞄准具（如果枪械与瞄准具之间缺乏稳固可靠的连接基座的话）；此外，由于此问题，导致枪械在使用中要随时保持处于

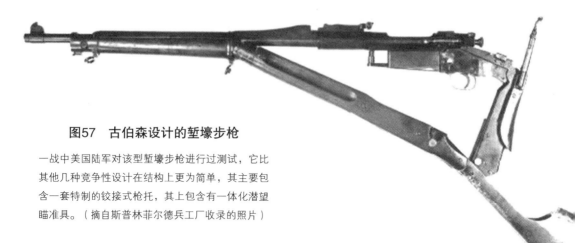

图57 古伯森设计的堑壕步枪

一战中美国陆军对该型堑壕步枪进行过测试，它比其他几种竞争性设计在结构上更为简单，其主要包含一套特制的铰接式枪托，其上包含有一体化潜望瞄准具。（摘自斯普林菲尔德兵工厂收录的照片）

归零状态非常困难，因此在使用配有温切斯特瞄准镜的步枪进行狙击时，存在着很大问题。

而且一些温切斯特公司的瞄准具长达16英寸，它安装在枪械顶部的中心线上（因而有时其目镜位置过于靠近射手的眼睛）；除此之外，还有不少望远瞄准镜则始终安装在机匣左侧，以方便射手装填枪械（装填口通常位于机匣右侧）。事实上，这类问题也存在于几乎所有栓动式军用步枪上，即便英军的SMLE系列步枪适配着可拆卸式弹匣，也存在类似问题。相较而言，德军比较喜欢安装在枪械顶部中心线上的瞄准具安装基座，但这也导致升高了射手的瞄准基线；与瞄准基线较低的枪械相比，这意味着射手射击瞄准时头抬得更高、其暴露的轮廓更大，也更危险。当然，偏置在机匣左侧的安装基座则会出现瞄准具归零的问题：枪械的瞄准线和枪管孔径不容易经校射归零后相互匹配，因此安装在机匣顶部中心线的瞄准具总能更好地与枪管轴心延长线相平齐。当然，对此类问题的观点也各有不同，例如，赫斯基思–普里查德就如此评价：

> 我们面临的最大的困难……在于这样一个事实，枪用望远瞄准镜往往安装在步枪机匣的左侧（而非其顶部），这导致各种各样的误差。

显而易见地，这样的安装方式会影响步枪的瞄准与命中，而且瞄准具在枪械上笨拙而又难看的位置使射手在使用步枪上非常不方便。更糟糕的是，在堑壕战场环境下，如果使用此类瞄准具（堑壕步枪），无法利用堑壕防线上的各类观察孔和枪炮射孔，毕竟这些孔洞非常狭窄，更加加剧了瞄准具上视野的狭窄……

为什么望远瞄准镜需安装在步枪一侧可能不会……令人满意，而且一直有说法认为这样做会使射手能够进行速射及装填……然而无疑的是，当时那些担负狙击使命的官兵中，很少有人懂得如何充分发挥这些望远瞄准镜的作用[1]。

对此，赫伯特·麦克布赖德则抱有截然不同的观点：侧向安装的华纳和斯韦齐式瞄准镜具有其独特优点，这样安装不仅使他的罗斯步枪能够方便迅速地重新装填，而且射手也很容易使用枪械机匣后部的备用机械瞄具。当然，这也与麦克布赖德曾经的经历有关，他担任过机枪手且习惯于在开阔地或那些不容易通过狭窄观察孔瞰制的地区进行狙击射击。

例如，安装在SMLE步枪上的3倍率潜望镜棱镜公司的瞄准具，通过导轨适配到机支机匣左侧位置，瞄准具、基座支架与枪身通过螺丝和销钉进行紧固（通常前侧4枚、后侧2枚），有些枪械则直接采用焊接工艺固定这几个部件。这类典型的瞄准具长约12英寸，其观瞄视野约为9.5度、出瞳距离约为3英寸。瞄准具的距离调节鼓以100码为步进调节分划，最小为100码、最远调节距离为600码。

此瞄准具与SMLE步枪连接基座还有相应的保护装置，它实际上也获得了英国政府的专利保护（专利号3027/15），名为"与步枪望远瞄准镜附件相关设备及改进"，于1916年2月24日被授予"潜望远棱镜有限公司及亚瑟·罗尔夫–马丁工

---

[1] 赫斯基思·弗农·赫斯基思–普里查德所著《在法国的狙击》，第145—146页。

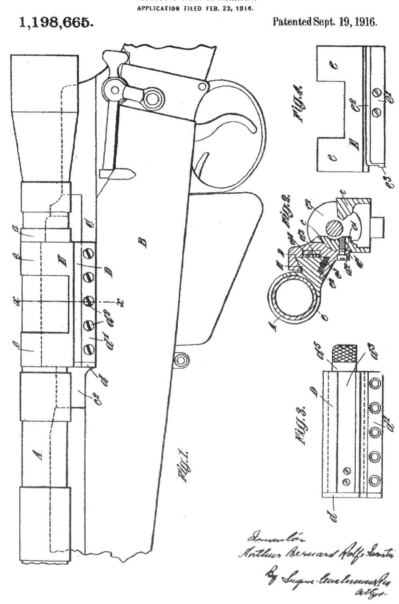

图58　亚瑟·罗尔夫–马丁和潜望镜棱镜公司取得专利简图

该专利简图摘自美国专利局，当时被授予亚瑟·罗尔夫–马丁和潜望镜棱镜公司。这是种枪用望远瞄准镜安装基座，它的安装位置较低且偏置于枪管左侧。（华盛顿特区美国专利局）

程师等"（一年前提出相关申请）[1]。美国于1916年9月19日审核通过的1198665号专利与此装置相似。它同样安装在枪械机匣左侧，安装基座包括一个纵向的燕尾榫块，它与机匣通过多枚螺丝紧固（也有一些采用焊接工艺固定）；安装时，瞄准具通过卡榫滑动至固定位置（顶至榫槽最前端），再以弹簧销卡住固定后部。此瞄准具还具有聚焦调节功能，通过移动一支小的调节杆使瞄准具内部可移动透镜组沿着螺旋型槽移动，从而改变其聚焦。当然，潜望镜棱镜式瞄准具存在的最大缺陷在试用中被证明是其安装基座块前端的止位螺丝的强度不足，经常在射击时被剪切力损坏。

当初英国军方选择为SMLE步枪配备3倍率潜望镜棱镜式瞄准具，受到很多人士（枪械贸易商和很多自命为"专家"的人）的大量非议。他们嘲笑SMLE系列步枪为"令人憎恶的枪械"，因为这种枪械本身的射击精度水准就不高（没有哪位射手使用这种枪械在射击比赛中赢得过奖金），至于其作为实装步枪所具有的"战斗价值"（如可靠性、维护性等），则在看中射击精度的人士的眼中，根本就不值一提。

试验显示，SMLE步枪的精度略差于长枪管型李-恩非尔德系列步枪，但就狙击运用来说，选择基础枪型的基础应定位在最好的运动型步枪。对此，英国军方注意到了这些批评声音，或者其内部也有不少高级军官对此表示疑虑，陆军开始尝试使用毛瑟系列步枪作为与瞄准具搭配的狙击枪械。新试验的枪械包括：混合了"毛瑟步枪"与"斯普林菲尔德步枪"设计特点的枪械，BSA公司的乔治·诺曼提交的采用斜式枪机设计的枪械（它甚至可追溯至戈德萨尔、盖姆威尔步枪，这类步枪拥有较长的枪管以及非常紧凑的枪机组件）。大部分这些参试枪械，都使用威力较大的弹药（威力大于Mk Ⅵ 0.303口径弹药、0.276埃利型运动型弹

---

[1] 英国专利（专利号104921）"一项用于观瞄目的光学仪器相关的改进"，于1916年3月22日获得批准（1915年3月22日提交）。此专利，设计了一种通过置换瞄准具管体内十字分划线圈，来调节瞄准具俯仰的方法。

药），对于李系列步枪的枪机组件而言，这些弹药击发时枪管承受的压力等各类数据显然过大了。

英国军方对0.276口径弹药及采用的毛瑟式步枪的精确射击试验，一直持续至P/13型步枪交付部队进行实战试验之时为止。这一阶段的试验表明，要改装成狙击步枪，其原型步枪仅做少量修改是可接受的，但在实际作为狙击步枪下发部队前，军方更需要做的是开发适宜狙击用途的高品质弹药。例如，现有弹药在夜间射击时枪口焰较明显，而且其硝化纤维发射药的可靠性也存在问题。

对英国军方而言，第一次世界大战爆发前，其实有关其枪械狙击运用得最糟糕的问题本能够被解决（即开发更适宜狙击使用的枪械、弹药）。但英军不愿扰乱当时已选用的弹药（这些弹药将用于维克斯型机枪和SMLE型步枪）的生产秩序；战争期间随着对狙击用弹药需求增大，英国军方只得采用妥协性方案，即采用P/13型步枪，并配用0.303口径弹药，从而形成所谓的P/14型步枪。新步枪根据英国政府留存的1916年6月21日的（军备）变更项目表第17798段（L.o.C. § 17798）"步枪、弹药、0.303英寸、1914式Mk Ie/Ir/Iw（及刺刀）"的记录，新的步枪已被采购并交付现役部队。（由于大批量枪械可能产自不同的承包商，有时尽管型号相同，但它们之间无法真正做到零件互换，因此军方在型号后面加缀不同的缩写后缀以区别不同的生产商，即"Ie/Ir/Iw"）。

但不幸的是，1915年时英国国内狙击步枪及附件的产量非常有限，因此仅生产了非常少的额外枪械与设备。为满足战争需求，英国不得不向美国定购此类狙击用军备，第一批首次由爱迭斯顿、雷明顿和温切斯特工厂于1916上半年生产并交付，当时还发生了一些插曲，首批生产枪械还遭到英国验货核查人员拒绝签收。1917年1月，首支Mk Ⅰ*型步枪交付英军（§18151），其衍生型则在型号后加缀了"F"的后缀（它出厂时就带有经良好调节的瞄准具），而来自温切斯特公司的产品则加缀了"T"的后缀（这些用于狙击的枪械则适配有2.5倍率的奥尔迪斯式望远瞄准镜）[1]。

同期，英国国内加速生产SMLE系列步枪，使其军方于1916年决定终止P/14狙击步枪的采购合同，此时承包商已向英国军方交付了1235298支步枪。当然，美国政府及军方后续同样利用国内庞大生产能力制造了（与SMLE）外观上较为相似的M1917式恩菲尔德步枪（将在下章中讲解）。至于M1917式步枪，仍缺乏适配于P/14步枪上的远射程瞄准具。

P/14型步枪可根据其独特的外形分辨，它的机匣部位的枪托下侧有一个非常显眼的凸起（用以容纳弹仓），其开放式后瞄具安装在机匣顶部后侧的一套保护翼环内，而且其拉机柄采用向后下方翻折的方式操作。此外，其枪托前端护木还有一根纵向凹槽，这与此前采用0.276口径弹药的试验型P/13（其握把有四根倾斜的、贴合手指指型的纹路）有很大不同。

战争期间，除狙击手外，很少有英军士兵正式使用过这两种枪械（P/13和P/14），它们之间与其他英制枪械的重要零件可以互换，例如，P/14步枪可与李–恩菲尔德式步枪互换枪机（枪机运动行程非常顺畅）[2]。当然，它使用的0.303口径的弹药，尤其是其性能仍广泛受到质疑，特别是在德军开始为其机枪手和狙击手（它的射击对象）加配金属防护装置后，其较小的威力更受到诟病。就此问题，英军曾进行过多种弹药相对威力的试验，此试验由机枪学校实施，采用了0.333口径的杰夫里式弹药、0.450口径的高速弹药和0.600口径的快速运动步枪弹

[1] 数以千计的枪械储存于库房而被保存下来（1926年更名为"No.3步枪"），第二次世界大战中，这批枪械被整修后重新投入使用（尽管它们主要供英国国土防御单位使用，如英国本土的乡土防卫军）。此外，在美国《租借法案》生效后，这批老枪还与从美国获得的0.30口径M1917型恩菲尔德式步枪一道服役。

[2] 有趣的是，英国1917年时曾试图开发0.303口径的高速无底缘弹药，用于适配P/14型步枪。相关试验延续了数年但并无结果，之后在1935年时类似的设想再次被提及。例如，英军曾试验过1种0.303/450口径的弹药，它搭配着174格令弹丸，其出膛速度可达到3372英尺/秒；击发时，膛压据估计达到了50吨/平方英寸（112000磅/平方英寸），这也证实了P/14型步枪枪机组件极具强度（在如此大膛压下弹膛已经很易于延伸变形）。但当第二次世界大战临近之时，此类试验最终被中止。

药，结果毫不令人惊讶。杰夫里式弹药采用Mk Ⅶ型穿甲弹头（以试验型0.303穿甲弹为原型改制），被认为在几种弹药中具有较好的综合性能。当然，试验时还曾改造过P/13型步枪的枪机组件，使其能适配0.470口径的弹药，但试验表明其结果与改造适配0.450口径运动弹药一样，都不太理想。此后类似试验被中止。

当时，还有不少人认为，开发一种比现役0.303口径弹药更好的弹药是必要的。因此在1917年2月，英国陆军弹药设计的总负责人向英军炮兵总监建议称，应开发一种0.276口径的穿甲型弹药，再改装600～700支使用该型穿甲弹药的P/13型步枪，以便配备给前线狙击分队。对此，英国军方有所行动，当时他们曾利用标准的弹壳及底火试验过多型弹头（重量在128～151格令之间），获得了2845～3000英尺/秒的速度。然而，即便是当时性能最优的RD570弹头（以钨制弹芯为穿甲弹主体，外覆黄铜外壳），也仅能在200码距离上实现9毫米厚装甲的穿深（距离增加后，穿深会急剧下降）。这一结果令人沮丧，意味着完全没有合理的理由继续研制下去，因此英国军方于1917年底放弃了开发0.276口径专用型狙击弹药。

战争中后期，随着坦克出现及大量应用于战场，前线的战术态势出现了重大变化，这对刚刚发展起来的狙击战术较为不利。对于新出现的各种战场装甲目标，陆军方面认为开发一种新的0.303口径穿甲弹是优先事项[1]。然而，至1918年大战最后一年时，英军狙击手们仍无法获得理想的弹药，一些早前开发似乎不那么成功的弹药（如1917年研制S.A. Ball .303-Inch VII.P）则被精选出来，作为同期狙击手的主要弹药。

面对坦克及重防护目标，英军还试图为部队配备过大口径枪械。这些设想实际上早就出现过，甚至可追溯至中世纪时的"风琴炮"（ribaldequin）。因而，英军曾试验过用多支SMLE步枪置于一套枪架上，采用系索钩挂住各枪的扳机，

---

[1] 最终完成的".303 N.C.Mk Ⅶ.W S.A.Ball"，是一种穿甲弹，其弹芯为钢制，于1918年7月30日投入现役。

实现同步击发射出多发弹药。比如，战争期间出现的"Mk Ⅰ型排枪"（Battery Rifle Mk Ⅰ）装置，根据1916年留存的（军备）变更项目表第17750段（'L. o.C. § 17750'），就曾被正式提供给部队使用。

第一次世界大战前后的法军狙击步枪及瞄准具

虽然在19世纪末期曾一度在工业发展方面落于人后，法国依然在许多技术领域居于领先地位。例如，法国率先开发出较成功的内燃机引擎，1914年之前法国在汽车和飞机等方面也达到较高水平（至少比英国更先进）。同期，法国科学院是欧洲的科技中心，其影响同样渗透进当时法国高级军官的思维之中，在战前英国陆军还陷入在第二次布尔战争之时，法国陆军就已装备了令人惊讶的便携式哈奇开斯（Hotchkiss）机枪。

在19世纪90年代，法国国内技术界和工业界开始尝试开发光学瞄准镜，在1896年时法军曾采购过有限数量的2倍瞄准镜｛据信由皮托兵工厂［Arsenal de Puteaux（A.Px.）］开发｝并配备给部队。之后，该型瞄准镜又经过一些改进，并获得Mle 1907的型号编号；大战爆发后，法军又进一步开发装备了3×21倍率的Mle 07/15型瞄准镜。该瞄准具的管体为黄铜材质，目镜端设计是调焦环、物镜端刻有十字型分划线。战争中，法军还审批通过了狙击步枪Mle 1916型瞄准镜，但它本质上只是Mle 07/15型瞄准镜的量产型号，其管体改为钢制材质、十字线分划刻线，管体上设置有俯仰调节手轮（最远可调节到800米距离）。

该型瞄准镜被提供给精英猎兵（*Tirailleurs d'Élite*），但交付规模和具体分发情况现在已不可考。曾有一份资料[1]记载称，当时法军每个步兵营所编配的各个步兵分排中，都仅配备有1支狙击步枪，因此，只有在需要时，各步兵分排中有资

---

[1] 法军退役上校让·马丁于1974年所著并在巴黎出版的《1860—1940年，法国军队的轻武器》（*Armes à Feu de l'Armée Française 1860 à 1940*），第383页。

格担负狙击任务的士兵才拥有这支步枪的使用权。根据现在的战场记录，法军当时充分发挥这些狙击步枪的效用，正如德军发动凡尔赛战役和其他战役期间，法军的狙击手都留下了很可观的狙杀记录所显示的那样。当然，其间不乏法军狙击手创造的令人着迷的故事，但因为传播的原因导致这些故事在细节性上不如那些广为人知的英国狙击手战斗故事。

当时，法军的这款瞄准具通常与经挑选的Mle 86/93 勒贝尔式步枪搭配，后者可靠性较高且射击精度还算可以接受。法军还尝试用一些瞄准具与贝尔蒂尔式步枪［Berthier rifle，衍生自一些卡宾枪、穆斯克东步枪（mousquetons）和殖民战争时期的步枪等1890年以来在法军中服役过的枪械］搭配[1]。因此，战时与贝尔蒂尔式步枪搭配后的狙击步枪，如Mle 07/15和Mle 16等型号，在实战中被证明存在结构上的缺陷，显然也只是勒贝尔式狙击步枪的糟糕替代品。Mle 86/93 勒贝尔式步枪枪身主体结构比贝尔蒂尔式更为牢固和可靠。因此，法军在战后很多年里不仅以Mle 86/93狙击步枪作为其标准狙击步枪，而且它也是战时法军制式步枪中，唯一一种被认为具有足够强度以发射枪射榴弹的枪械。

然而，能够发明、创新出高品质的产品，并不意味着能够量产可供大规模配发，当时影响法军此类产品产量的原因，可能仍在于未能解决光学瞄准镜中重要组件的工业量产问题（可以由光学仪器专家在实验室内制造，而无法在法国国内大批量制造）。尽管同期法国国内很多专业人士能够制造双筒望远镜或观剧用小型双筒望远镜，或者轻松生产少量望远瞄准镜，但这与工业量产的标准化、同质化的军用瞄准具仍有很大差距。相较而言，德国在这方面做得更好，战争期间他们就采购了很多由个人生产商制造的光学器件或设备。

战争期间，法制枪用瞄准镜，尤其是Mle 1907型，还曾有少部分流入民间市

---

[1] 贝尔蒂尔式步枪保留了勒贝尔式步枪类似的枪机，但采用弹夹装填的盒式弹匣，而非勒贝尔式步枪从枪管下装填的方式。这两种步枪在1914年前被配备到部队，短长度的 Mle 1902 步枪用于配备身材矮小的印度支那殖民地狙击手，而全尺寸的 Mle 1907 型步枪则用于配备塞内加尔等殖民地狙击手。

场上（有个人光学仪器商参与其研制生产的另一项标志），而且它还曾被安装到英制李–恩菲尔德式步枪上。对于那些流入英军的Mle 1907型瞄准镜，无论是在1914年前经私人渠道流入的，还是战争期间英国经官方渠道获得的（当英国军方竭力搜罗任何可能找到的瞄准具），其具体情况都不得而知。

第一次世界大战前后的美军步枪及瞄准具

1917年4月，美国正式作为英、法的盟军加入战场。当时，美国远征军的标准步枪仍是0.30口径的M1903型斯普林菲尔德步枪。它衍生自此前试验性的M1901型步枪，其全枪长略微缩短，长度与英制标准型SMLE系列步枪相似。1903年，美国陆军正式采用M1903型步枪，用以替代其早前装备的M1892型步枪。该枪最初设计独特的螺丝刀状枪刺，收纳于枪管前护木下部的安装槽上，但战前美国陆军曾认为此刺刀较为脆弱，因此于1905年4月改为重新安装传统的刺刀卡榫。在枪械上的开放瞄具方面，当时军方批准了该枪采用2400码距离的开放瞄具。

1906年10月，采用全新尖头弹丸（或称Spitzer bullet）的M1906型弹药问世，它也被称为"0.30–06口径弹药"。M1903式步枪配备新弹药后提升了射程，其机械瞄具距离分划甚至提升至2850码。而且，为适配未来的瞄准镜，其机匣后上部采用稳固的管状瞄准具基座（取代了原型的框架型基座），而且枪管护木上表面还设计有一根沟槽，至1910年时美军又在其枪托内增设了一根后座缓冲弹簧。

当1917年美国正式加入一战战局时，美军军械和弹药管理部门意识到，此时美军在轻武器方面面临着危险的短缺困境。根据相当资料，开战初美军库存的轻武器仅有76万支步枪，其中还包括相当数量的老式枪械（M1892）。因此美国军方迅速加大了M1903型步枪的采购量，该枪的大规模量产亦持续了之后的战争时

图59　第一次世界大战中美国远征军士兵

图中美国远征军士兵戴着英式宽边钢盔，通过堑壕上的射孔对外瞄准。注意到图中他使用的是SMLE型步枪，而非同期美军标准的M1903型斯普林菲尔德步枪。当时，远征军刚进入欧洲时，其国内军备严重不足（也包括其M1903型步枪），因此参战的美军在与英军共同作战时常使用英军的武器装备。当然，远征军的狙击手通常仍使用M1903型步枪与M1913型瞄准镜的组合。（作者本人收藏）

光，直至1919年6月最后一支该型步枪在岩岛兵工厂厂房内完成组装时为止[1]。其中，数千支用于狙击的衍生型枪械（被称为"神射手步枪"），加装了6倍率的M1908型瞄准镜（很少投入战场）或5.2倍率的M1913型华纳和斯韦齐望远瞄准镜。然而，这些瞄准具的光学性能很快被证明非常糟糕。撰写过《一名走向战争的步兵》（*A Rifleman Went to War*）的赫伯特·麦克布赖德，则是少数富有经验的、对其持正面看法的人士。

对于战场需求，美国军方加速斯普林菲尔德兵工厂和岩岛兵工厂的产量，但只是其解决所面临问题的一部分方法。此外，军方还向加拿大生产商采购了很多罗斯系列步枪和约28万支莫辛–纳甘步枪用于训练，这批俄系步枪的来源主要是沙皇俄国之前从美国的订货，但在1917年"十月革命"爆发后这批俄系枪械被军方扣押，当时对这批枪械的理想处理方案只能由美、英军方采购，而英国也有大量P/14步枪交由美国生产商制造。由于大批枪械堆积，导致在1917年5月时美国的3家大型且高效的枪械生产企业处于停产状态。一段时间以来，美国陆军军工署还曾采用P/14型步枪，将其改装成能使用.30–06规格弹药。

但这些改装仍造成了一些问题，毕竟P/14型步枪原来被设计使用7毫米/0.276口径的高速无底缘弹药，其弹道末端存能较大。1917年7月12日，改装后原型枪（即M1917式步枪，从外观看它与英国P/14原型枪几乎毫无区别）成功进行了测试，接着美军立即开始了订购。至1918年11月9日时，美国军方已接收了约220万支M1917型步枪，相较而言，接收的M1903式斯普林菲尔德步枪的数量仅有31.3万支。

参战后，通常美国远征军的士官们通常并不喜欢英式恩菲尔德系列步枪，它比斯普林菲尔德系列步枪更笨重，且其枪机在闭锁行程结束后，拉机柄处于竖立

---

[1] 该枪械机匣故障的问题可追溯至相关部件糟糕的热处理工艺，大部分制造于1918年春季之后的枪械采用了专门双重处理工艺，从而解决了此问题。一些1918年在岩岛兵工厂生产的枪械采用镍合金制造其机匣，这可通过其表面的"NS"标志识别。

状态，这使其非常不习惯；然而，英式步枪也有其优点，比如更为坚固和可靠，膛线的抗磨损性能出乎意料地好（强过斯普林菲尔德系列步枪）。由于M1917式步枪的产量过大，以至于到第一次世界大战结束时，它几乎已替代M1903式步枪成为美国陆军主要装备的枪械。当然，美国军方当局认为，最好还是维持国营军工厂的枪械生产（而不是依赖那些私人枪械生产商），因而斯普林菲尔德系列步枪在同期美军中仍占据着重要地位[1]。

美国远征军卷入第一次世界大战所选择的时机，正好是德军倾全力在西线突入法国北部地区后大量被消耗之时。在狙击领域，参战美军官兵中有不少是出色的神射手，很多人都在余下的战争中成为出色的狙击手。当然，德军在战场上广泛建立坚固的堑壕防线体系，导致协约国军队如果想要推进，就不得不冒重大伤亡风险发起大规模进攻。在这种情况下，防御一方实施狙击作战通常被认为是一种比进攻方更具价值的作战形式，很多当年参战狙击手就提及了远程精确射击的效果：

> 那个德军的前哨位于一个小山丘前面的斜坡上，他们因而拥有很好的观察和火力射界。一小组配备着斯普林菲尔步枪的陆战队悄悄接近了那个前哨将其纳入到自己的射程内。接着，他们干掉了几名德军侦察兵，之后集结起来向德国人发起了第一波进攻。但在途中，德军精确射出的弹丸突然击中了一名陆战队员，接着美军小分队进攻队形陷入混乱

---

[1] 战前，成百上千M1917型斯普林菲尔德步枪被送往库房储存，因而当第二次世界大战爆发时它们被调拨出并重新整修。其中很多枪械在《租借法案》框架下被运往英国，至英国后它们主要用于装备其本土防御力量（Home Guard的单位）。在英国服役期间，大部分枪械的枪托和枪管前护木上被绑上红色色带，以便提醒使用者这些枪械使用的是美制无底缘弹药，而非英式有底缘弹药，如果搞混了弹药可能导致枪械在射击时出现严重故障。通过《租借法案》提供给英军的M1型加兰德步枪也经常采用同样的方式加以标识。

之中，最终被迫停止了推进[1]。

1918年6月4日，美军陆战队部队参与了战争期间的首次重大战役。是役，德军部队通过一片位于贝洛森林之前的麦田向当面美陆战队防线实施突击。陆战队中的神射手在德军最远距其800码处以其精确射击阻止了对手无所顾忌的推进。当天，陆战队狙击手们的高超射击技能和M1903式斯普林菲尔德步枪的精准度，成就了传奇[2]。

赫斯基思–普里查德在1920年撰写的著作中[3]就认为，（第一次世界大战中双方的）"狙击战"（sniping war）可分为四个阶段：首先德国人在狙击方面占据了上风，接着英国和加拿大狙击手有力回击了挑战并在整个1916年加速发展，再继而随着美国参战，协约国狙击手逐渐主导了战场；最后德军（承认了自己在狙击方面的下风）不断增建坚固要塞和工事，使得可供协约国狙击手射击的"目标"大大减少。

除赫伯特·麦克布赖德（他的狙击技能在美国卷入战争前就已在加拿大军队中经历过磨炼）外，只有两名美军的狙击手（阿尔文·约克和赫尔曼·戴维斯）获得广泛承认及较高的知名度。

1918年10月8日，就在距第一次世界大战结束不到1个月之时，美远征军第82步兵师第328步兵团的17人小分队（由伯纳德·厄尔利中士率领），被派去消灭1个德军的机枪阵地（靠近默兹–阿尔贡战区的沙泰勒谢埃里）。他们在攻击途中遭到敌方火力的压制，直至队伍中的约克下士向德军发起精准的狙击，他们的进攻

---

[1] 迪尔·坎普于2008年所著并在明尼阿波里斯市出版的《贝洛森林中的"陆战队员"：第一次世界大战中的美国海军陆战队》（*The Devil Dogs at Belleau Wood: US Marines in World War I*），第68页。

[2] 小阿尔弗雷德·V.乌德撰写的《每名陆战队步枪手：M1903型斯普林菲尔德步枪》，收录至2004年《坚韧：海军陆战队的历史战报》（*Fortitudine: Bulletin of the Marine Corps Historical Program*）第XXXI卷，No. 2。

[3] 赫斯基思·弗农·赫斯基思–普里查德所著《在法国的狙击》，第55页。

图60-1　第一次世界大战中美军狙击手阿尔文·卡勒姆·约克

田纳西州出生的阿尔文·卡勒姆·约克（1887—1964），1941年好莱坞影星加里·库柏曾扮演过他。
据信，他曾在战场上取得28次狙杀的战绩，当时在美军这实在是辉煌的纪录，而这仅是他一生传奇的
一部分。约克是个性格反差很大的人，早年曾热衷于暴力和酗酒，1915年时加入教会后则产生了和平
主义的倾向。作为一个自称是有道德感的公民，他于1917年10月参军。

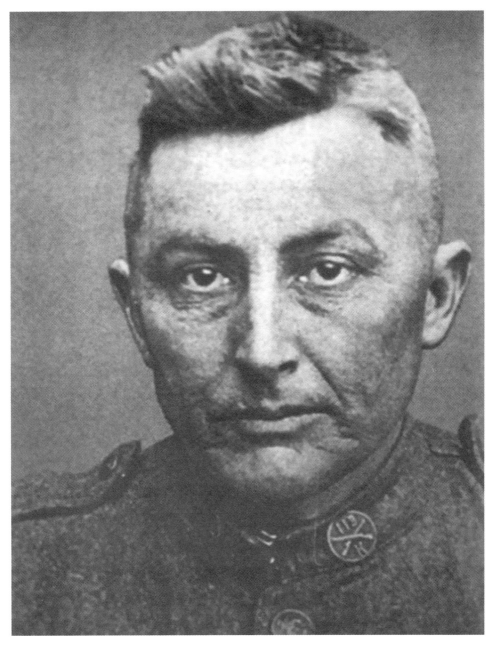

图60-2　第一次世界大战中美军狙击手赫尔曼·戴维斯

赫尔曼·戴维斯于1888年1月3日，出生在阿肯色州的一个贫穷乡村家庭。戴维斯青年时喜欢在林间射
杀野鸭，并在他10余岁时成为一名狩猎向导。与广为宣传自己的约克（他不仅雇佣宣传人员，而且还在
其传记中杜撰大量内容）相比，戴维斯的功绩则在当地被认可和熟知。

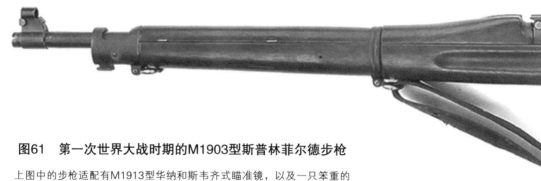

图61　第一次世界大战时期的M1903型斯普林菲尔德步枪

上图中的步枪适配有M1913型华纳和斯韦齐式瞄准镜，以及一只笨重的
20发弹容弹匣。下图中步枪适配有温德尔式"瞄准管"，它安装在枪管
的护木上，这种瞄准镜目前流传存世得非常稀少。当时设计这种瞄准具的
想法是使枪械能够从防御阵地使用时伸出工事上的较小的观察孔或射孔，
但这样的设计及配置无疑使瞄准具的视野更加狭窄，在美国陆军的测试中
广受诟病。［感谢詹姆斯·D.朱利亚拍卖行供图（Courtesy of James D.
Julia, auctioneers），www.jamesdjulia.com］

才摆脱困境。但他在单独展开潜行和跃进中，被德军火
力困在一处开阔地带，此时他只有1支M1917式步枪与敌方对抗；
面临受压制的局面，约克并未放弃，在选择好合适的射击位置后，他很迅速地完
成观察和瞄准，找机会打哑了德军的机枪火力，造成了那股德军的混乱。在观察
到距离前沿不远处不少德军士兵端着装着刺刀的步枪向他冲来时，约克此时用长
枪已无法及时消灭敌人了，他只能拔出自己的M1911式手枪，在短时间内射倒了6
名冲来的德军士兵，而此时他的手枪也耗尽了弹药。在他的精确射击掩护下，其
他同伴迅速冲了上来，俘获了132名仍处于惊慌状态的德军。

　　约克的壮举立即为他赢得了晋升的机会，同时他还获得了美军的杰出服役十字勋章，之后他又因在战场上的英勇表现获得了美军最高荣誉——"荣誉勋章"。当然，带队的厄尔利中士和其他几名幸存者对这一说法提出异议，他们宣称约克所说的并非完全是事实，但战场上其他参与者的证词很大程度上支持着1918年的这些事实[1]。

　　关于赫尔曼·戴维斯的故事则完全不同，他在短暂的参战时间里以1支采用标准觇孔瞄准具的M1903型斯普林菲尔德步枪取得了60次成功狙杀的战绩。戴维斯

---

[1] 之后，人们试图挖掘追溯当时约克的英雄事迹，例如，他们成功地确定了他当时战斗的地点（并非最初所普遍认为的位置），还找到了他当时射击0.30步枪和0.45口径手枪抛飞的弹壳，这些弹壳显然与他当时所携带的长、短枪械相匹配。

图62　第一次世界大战时奥匈帝国的狙击手及其武器

图中一名奥匈帝国的狙击手使用其M95型步枪在山地环境下对目标进行瞄准射击，他的同伴在一旁充当观察人员。从图中可见3人的状态看，他们很可能在奥地利阿尔卑斯山的某个地区进行演练活动。其枪械上的瞄准具很可能是3倍的奥伊吉（Oigee）或葛尔茨型瞄准镜，但其在枪械上的安装位置过于靠后，可能影响其效能的发挥。图中，尽管瞄准具的目镜端套用橡胶眼套，但在射击时枪械的后坐力仍可能使瞄准具撞伤射手的眼睛。（作者本人收藏）

于1918年3月4日加入美国陆军，当年6月15日作为第29步兵师第113步兵团的一员抵达法国。在战争最后阶段，他被确认以精湛的射术消灭了一处位于莫勒维尔农场的德军机枪阵地，当时他匍匐爬行了约50码距离，以步枪射杀了距离他约1000码外目标阵地的5名德军士兵。

因为在战争中的英勇表现，戴维斯先后获得了美军杰出服役十字勋章和法军的英勇十字勋章等勋章，1919年5月29日他光荣退役。返回美国后，他又回归了此前的狩猎和向导生活。然而不幸的是，他的身体状态在战后迅速恶化，这或许是由于战争期间他在法国前沿受德军毒气伤害的后续影响，最终他于1923年1月5日去世。

无论是约克还是戴维斯，都未在实战中使用光学瞄准镜，相反，他们只是单纯地依靠他们在长年狩猎和射击生活中练就的射击技巧。例如，他们在实战中使用M1913式华纳和斯韦齐式瞄准镜的失败经历，促使富兰克福兵工厂公司开发了更好的替代型瞄准镜，其间他们将3.2倍率的葛尔茨凯尔塔式瞄准镜（1914年前试验中表现最好的瞄准具）与5倍率的温切斯特公司的A5型瞄准镜（美国海军陆战队采用了该瞄准具）的很多优点，综合研制形成新的瞄准镜。1917年时，只有3套2.6×14毫米规格的富兰克福式瞄准具得以制造，主要用于与改进型斯普林菲尔德M1903式步枪适配后进行试验，后续又暂被陆军定名为"M1918式望远式步枪瞄准镜"，并交付部队试用。

新瞄准镜（M1918式）将要适配的步枪被称为"0.30口径M1918式望远瞄准镜步枪"，它实际上是M1917恩菲尔德式改进了部分枪托的衍生型步枪，涉及的改进部位包括机匣桥上的一些部件，以使其适配瞄准具基座。当然，并无明确的证据表明M1918式步枪曾被大量制造，美军及承包商可能仅制造了1支原型枪械。

1919年陆军对该型步枪及其适配瞄准镜进行了测试，结果表明M1918式步枪及其瞄准镜过于脆弱，无法耐受残酷的服役环境，而且此瞄准具采用的运动步枪式的左右偏差和俯仰调节装置也被证明是一项错误。同期的氛围和环境也不利于这套狙击枪械，毕竟在战后的陆军中，人们很快淡忘了狙击手的作用，他们被认为不再具有价值，因而类似狙击步枪这样的项目，很快就被放弃了。

第一次世界大战前后的欧洲南线的战事及轻武器

最后要提及的是第一次世界大战的南线战场，在奥匈帝国——意大利前线，战争进行得同样漫长和血腥，双方在该战场的伤亡超过200万人；但这个战略方向上的战事，很少获得英语国家研究者的关注。这部分地是由于西线战事有先入为主的优势，而且战场南线爆发在奥匈帝国和小亚细亚地区的战事〔特别是灾难性的加里波第半岛两栖战役（达达尼尔海峡战役）〕同样吸引了外界的关注。一些精心准备的战役，如卡波雷托战役（Battle of Caporetto，一场对意军而言灾难性的战事），以及在索查河的拖沓战事，尽管也会在很多回忆录及文献中有时被提及，但提及狙击手或神射手的描述仍非常少。

第一次世界大战中的南线，特别是爆发在意大利东北部的战事，大部分发生在阿尔卑斯山脉的丘陵地带。南线北部的奥匈帝国通常偏好占据高地，并广泛使用坑道和地雷来获取战场优势。山地使用的轻便榴弹炮能够以高弹道射击，但山地区域的冰雪环境对部队机动的阻碍有显著的影响。

因冬季下雪，南线山地双方的战役就有时会被迫中止，在无法全面交战时，交战双方意大利和奥匈帝国的官兵们仍不时在各自占据的山脊上相互射击，或者以有利地形对对方需通过的山地通道实施零星的攻击。毫无疑问，这类攻击经常没有什么结果，但类似的僵持却意味着双方很多官兵失去生命。

这些战斗基本上都使用传统轻武器进行，意军方面的轻武器主要包括：Mo.91型步兵步枪和曼利夏–卡尔卡诺式步枪（Mannlicher–Carcano）等；奥匈军队方面，主要包括M95型直拉枪机曼利夏式步枪。这些步枪全枪较长、笨重并不适宜山地战斗，但目前并无明确证据表明南线交战双方广泛采用过卡宾枪或上述枪械的短枪管衍生型枪械。

战争期间，意大利还曾开发过双管型9毫米维拉尔·佩罗萨式机枪（Villar Perosa）——一种迷你型机枪，它采用手枪弹药，可以在不增加过多重量的情况下实现更大的弹药投射能力。对此，奥匈帝国则反制性地研制了冲锋手枪，它采用9毫米M11型枪弹斯特尔-哈恩（Steyr–Hahn），但这些创新的枪械的精度却非常糟糕，甚至都无法对200码外目标实现精确射击。

奥地利军队，特别是那些来自蒂罗尔地区（今奥地利西部与意大利北部地区）的官兵，一直以来就拥有射击的传统；类似地，意大利军队中来自相同地区的官兵同样拥有类似的传统和精湛的射击技巧（毕竟这一地区分属两国）。他们拥有高超的山地追踪技能，适应高海拔零下温度环境下的生存与作战，加之精于射击，这些都使他们具有成为优秀狙击手的潜质。当然，目前已无证据表明意大利军队，甚至那些部署在阿尔卑斯山地的单位，曾严肃地考虑过这一想法（以这批精于山地作战技能的官兵组建狙击分队），就更别提实践了。

（南线交战双方之所以未组建相对独立的狙击分队）至少部分的原因，在于双方装备的步枪（如曼利夏—卡尔卡诺步枪）并不被认为足够精准适宜作为狙击步枪[1]。从现存的一些当时的照片，可看到意军一些步枪适配有光学瞄准镜（采用机匣左侧基座安装的方式），一些1918年之前装备的Mo.91型步枪及其适配的瞄

---

[1] 很少有经验丰富的步枪手有更多时间研究他们的曼利夏—卡尔卡诺步枪。克利福德·肖尔就简单地评价称，"我曾在靶场上使用过一、两次意大利产步枪，但对它们的评价显然很差。我想，它们可能是我曾使用过的最糟糕的步枪"，摘自其1948年撰写的《与英国狙击手共同向第三帝国挺进》，第190页。

准镜流传保留至今，其中部分枪械可看出磨损严重[1]。

　　另一方面，奥匈帝国则面临着不同的问题。其装备的M95型曼利夏式步枪弹道特性非常糟糕，这些步枪尽管制造工艺并不差，在维护状态良好（比如机匣内主要部件经常加润滑油等）的前提下，在使用中的故障率并不高，但一旦持续快速射击后故障率会迅速提升（意味着无法维持快速击发状态）。超过一次的试验表明，M95型步枪甚至无法连续无故障地完成10次击发（也就是说每10次射击很可能就会出现一次卡弹故障）。两国在山地战场交战时的低温环境也限制其枪械的连续射击性能，毕竟其枪机机制主要以适应低温环境的条件而设计，持续射击后机匣内升温同样会导致故障率提升。

　　曼利夏式步枪击发8毫米口径弹药时，其射击精度被认为是可接受的，但与同期其他优秀枪械相比并不突出。战争中，一些该型步枪适配有3倍率葛尔茨式或奥伊吉"卢克索尔"（Oigee "Luxor"）望远瞄准镜，而且它们与枪械的安装方式未统一规范，比如有的安装在机匣上方中心线处（安装位置较高），有的通过机匣左侧的安装支架适配。当然，有观点认为这些枪械在低温零下使用环境中同样表现得不好，比如存在弹着散布过大的问题。由于缺乏替代枪械，奥匈帝国只得继续使用M95这类步枪；同时，考虑到在阿尔卑斯山地上全长形的笨重M95步枪不适宜山地作战，因此同期也出现过一批短枪管型M95型衍生步枪，它们同样安装有光学瞄准镜。

　　战争中后期，当奥匈帝国耗尽了此前装备的，精度较高的转栓式曼利夏步

[1] 奥塔维奥·波特奇亚（1894—1927），是1924年首次取得环法自行车赛冠军的意大利人，接着在1925年的比赛中他从一开始就领先直至最后完成比赛，据称他还是第一次世界大战中奥—意前线最出色的狙击手，其狙杀战绩达到200人以上。波特奇亚出生自科莱温贝尔托圣马蒂诺的一个贫穷家庭，在第一次世界大战期间加入意大利军队的神射手部队（Bersaglieri）。现存的关于他在服役期间的战斗情况及事迹非常少，但据有限的资料显示，他的主要工作似乎是骑行着一辆特制的折叠自行车充当战场上的信使传递信息。1917年，在卡波雷托战役中他中毒受伤，当时，意军主力撤离时他作为后卫部队为主力撤离提供掩护，其间被敌军施放毒气伤害，他一度被俘但随后立即逃离了敌人的抓捕。但现存并无证据显示，他曾是名优秀的神射手，甚至是一名经验丰富的步兵。

枪和曼利夏—施奈尔式运动步枪后，奥匈帝国军事当局同样曾寻求过新的狙击步枪，最后他们获得了一批预料之外的，但却非常珍贵的枪械：数千支射击精度较高的毛瑟步枪，它们原来是德国为南非布尔人生产的，但第一次世界大战爆发后它们一直未能交付给布尔人。

除了这批枪械外，奥匈帝国又陆续获得了被称为"M.14步枪"的德制枪械，它们原来是智利于1912年定购的一批3.75万支步枪和5600支卡宾枪、约5000支由哥伦比亚定购的Mo.12步枪（1913年哥伦比亚向奥匈帝国定购的1.05万支步枪中未交付的部分），以及66979支墨西哥定制Mo.12步枪（1912年夏该国定购的10万枪械中未予交付的部分）。这些批次的枪械，可通过其机匣上刻下的国家名称缩写分辨出来，它们都使用7×57毫米规格的弹药。

当时大量使用的7毫米弹药，一直以来都拥有良好的声誉，比如其弹道低伸平直、具有较高的准确度。由于毛瑟步枪有较大存量，部分射击性能较好的毛瑟步枪经改装适配运动射击型望远瞄准镜后（使用两片式基座，通常侧置于机匣后膛部件的左侧枪身上），被奥匈帝国用作狙击步枪。然而，奥匈帝国当时装备的这些毛瑟狙击步枪中，只有极少量被保留下来。

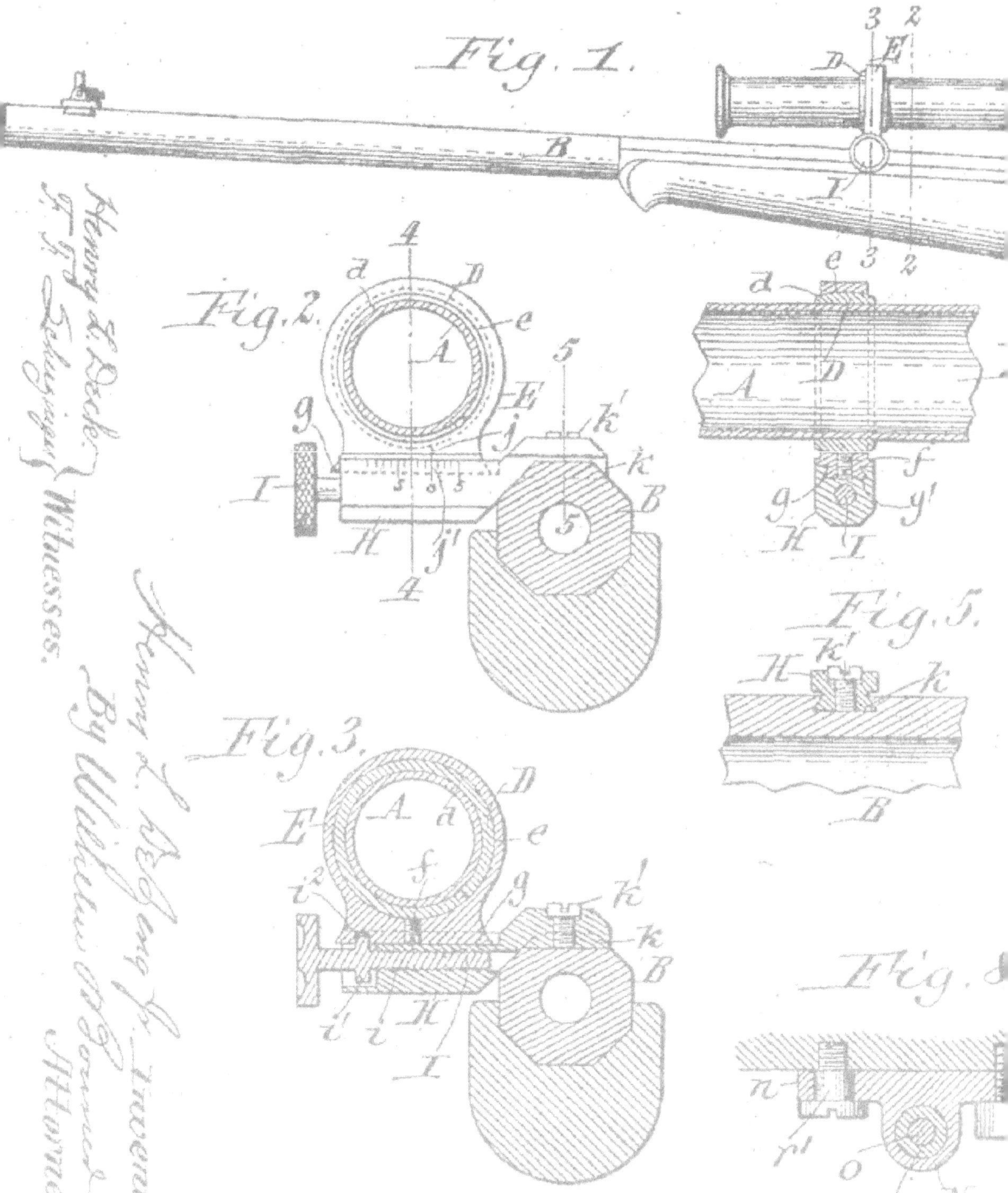

Fig. 1.

Fig. 2.

Fig. 3.

Fig. 5.

Fig. 8.

Henry L. Deck
F. F. Lehninger } Witnesses

Henry L. Sefing Jr. Inventor

By William Schomer
Attorneys

经典狙击步枪
鉴赏手册

上海三联书店

罗斯1910 Mk Ⅲ (T)型狙击步枪

斯普林菲尔德1903型狙击步枪

斯普林菲尔德M1903型步枪

斯普林菲尔德M1903步枪

斯普林菲尔德M1903 A3型步枪

M1型加兰德步枪

李-恩菲尔德3号步枪

毛瑟G98型步枪

1914型李–恩菲尔德3号Mk Ⅰ(T)狙击步枪

李–恩菲尔德4号Mk Ⅰ(T) 狙击步枪

李–恩菲尔德4号Mk Ⅰ步枪

李–恩菲尔德5号步枪

澳大利亚1918型狙击步枪

毛瑟1889步枪

毛瑟98型步枪

毛瑟Kar 98k型步枪

① 由毛瑟设计的41型步枪，仅生产约20000支。

② 瓦尔特设计的41型步枪，该型步枪获得更大的成功，但仍然还有缺陷。

③ 瓦尔特设计的43型步枪，生产了500000支。

④ 匈牙利人设计的98/40型步枪。

⑤ 由捷克vz/24型步枪（其设计灵感来自毛瑟 98型步枪）改装成的Kar 98k型步枪。

⑥ 捷克vz/24型步枪。

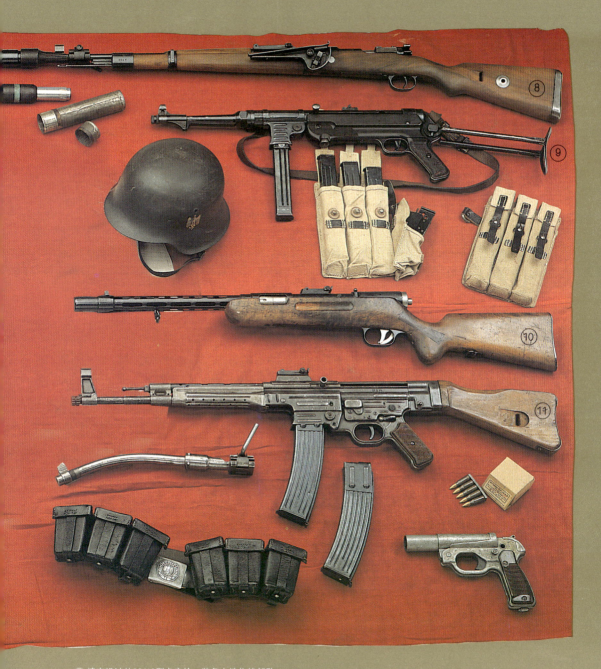

⑦ 捷克设计的33/40型卡宾枪，装备山地作战部队。

⑧ 最初的Kar 98k型步枪，在德国入侵波兰时，该型步枪仍然是德国军队普遍使用的枪型。

⑨ 由ERMA设计的MP 38/40型步枪，被人们错误地认为是施迈瑟步枪（尽管该型步枪确实受到了施迈瑟设计的影响）。

⑩ 伯格曼设计的MP 35型步枪，既坚固又可靠的设计。

⑪ MP 43型步枪，是多种步枪结构的组合型枪，有可互换式枪管。

FG 42步枪

G43狙击步枪

托卡列夫SVT 40步枪

莫辛-纳甘M1891/1930型步枪

38型步枪

有坂97型狙击步枪

有坂99型狙击步枪

7.62毫米M1/ M1A1/ M2/M3卡宾枪

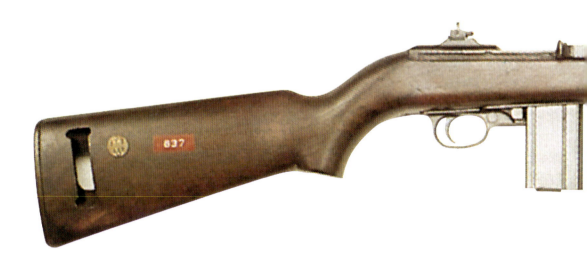

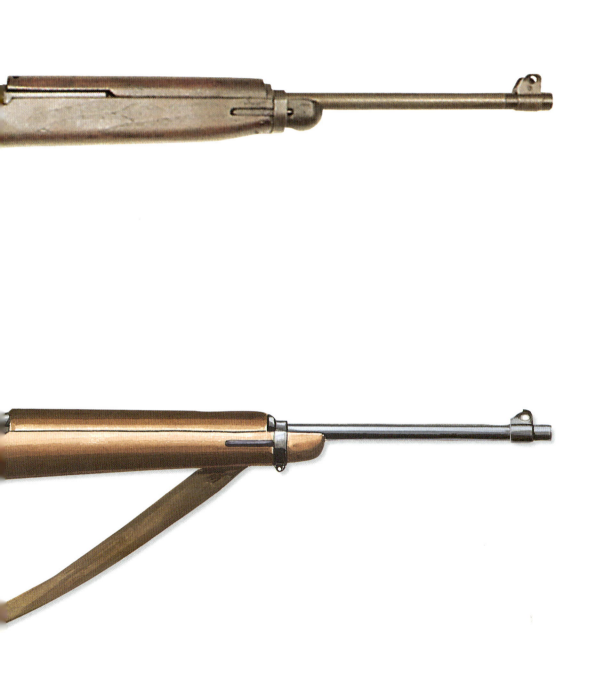

加利尔狙击步枪

加利尔狙击步枪

M14型狙击步枪

毛瑟86SR狙击步枪

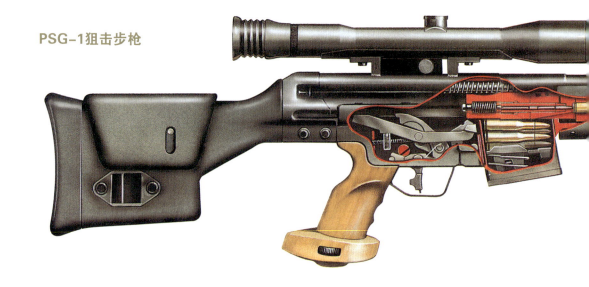

PSG-1狙击步枪

MSG 90军用狙击步枪

SIG SG 550狙击步枪

瓦尔特WA 2000狙击步枪

L96A1狙击步枪

L42A1狙击步枪

毛瑟SP 66狙击步枪

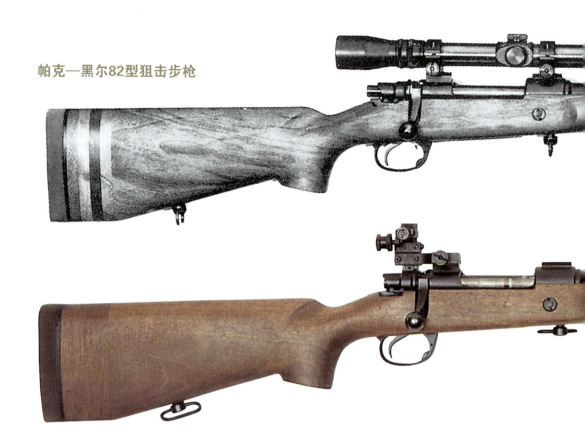

帕克—黑尔82型狙击步枪

麦克米伦M87型狙击步枪

Tac-50战术步枪

Tac-300/Tac-338马格南步枪

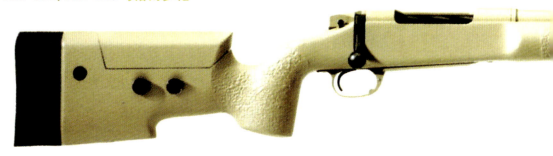

帕克—黑尔85型狙击步枪

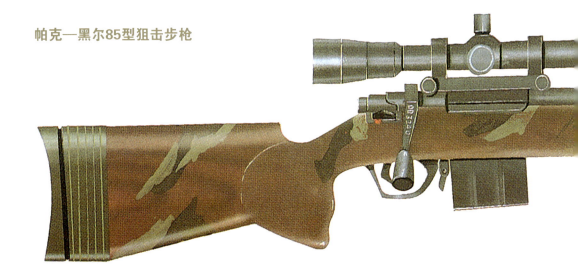

SVD狙击步枪

精密国际AW型狙击步枪

韦瑟比 5型步枪

HK-940型步枪

贝瑞塔步枪

海姆·马格南狙击步枪

毛瑟91型狙击步枪

M21狙击步枪

M40A1狙击步枪

温切斯特70型步枪

SSG 69狙击步枪

鲁格M77型步枪

鲁格M77-2型步枪

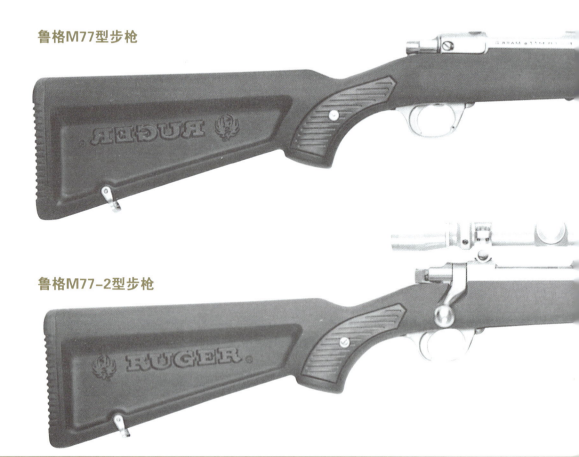

111FCXP3型狙击步枪

RAI 500型狙击步枪

曼利彻步枪

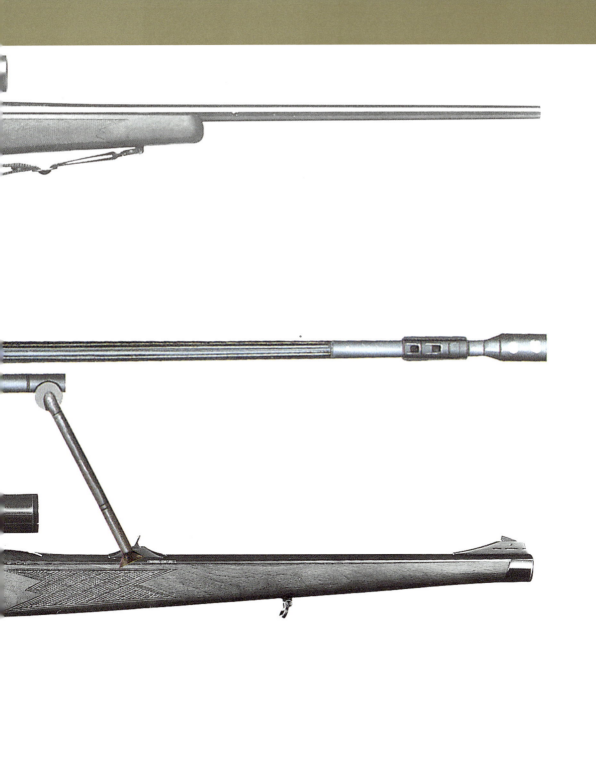

麦克米兰TAC-50 狙击步枪

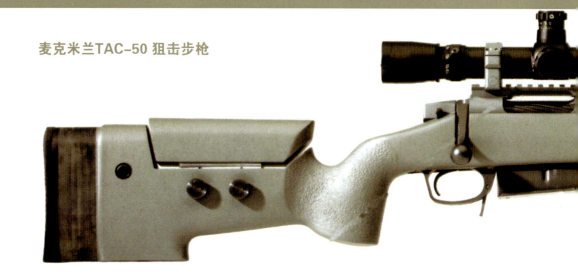

"猎豹"M1型狙击步枪

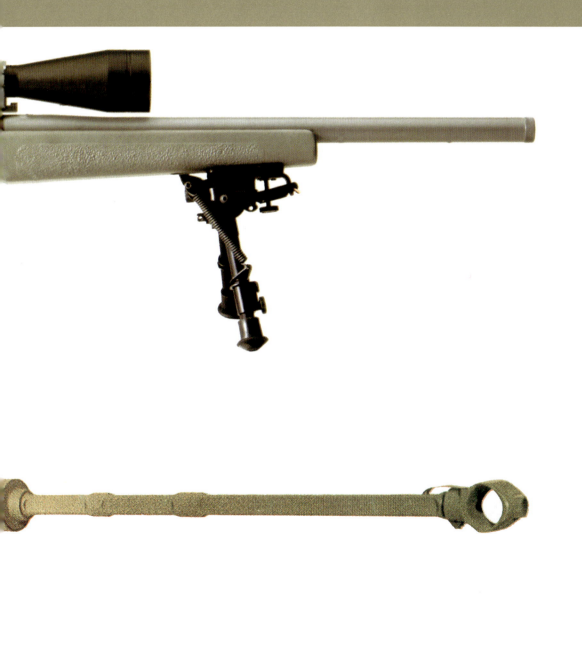

No. 691,248.

H. L. DE ZENG, JR.

TELESCOPE MOUNTING FOR GUNS.

(Application filed May 25, 1900.)

Patented Jan. 14, 1902.

(No Model.)

Fig. 4.

Fig. 6.

Fig. 7.

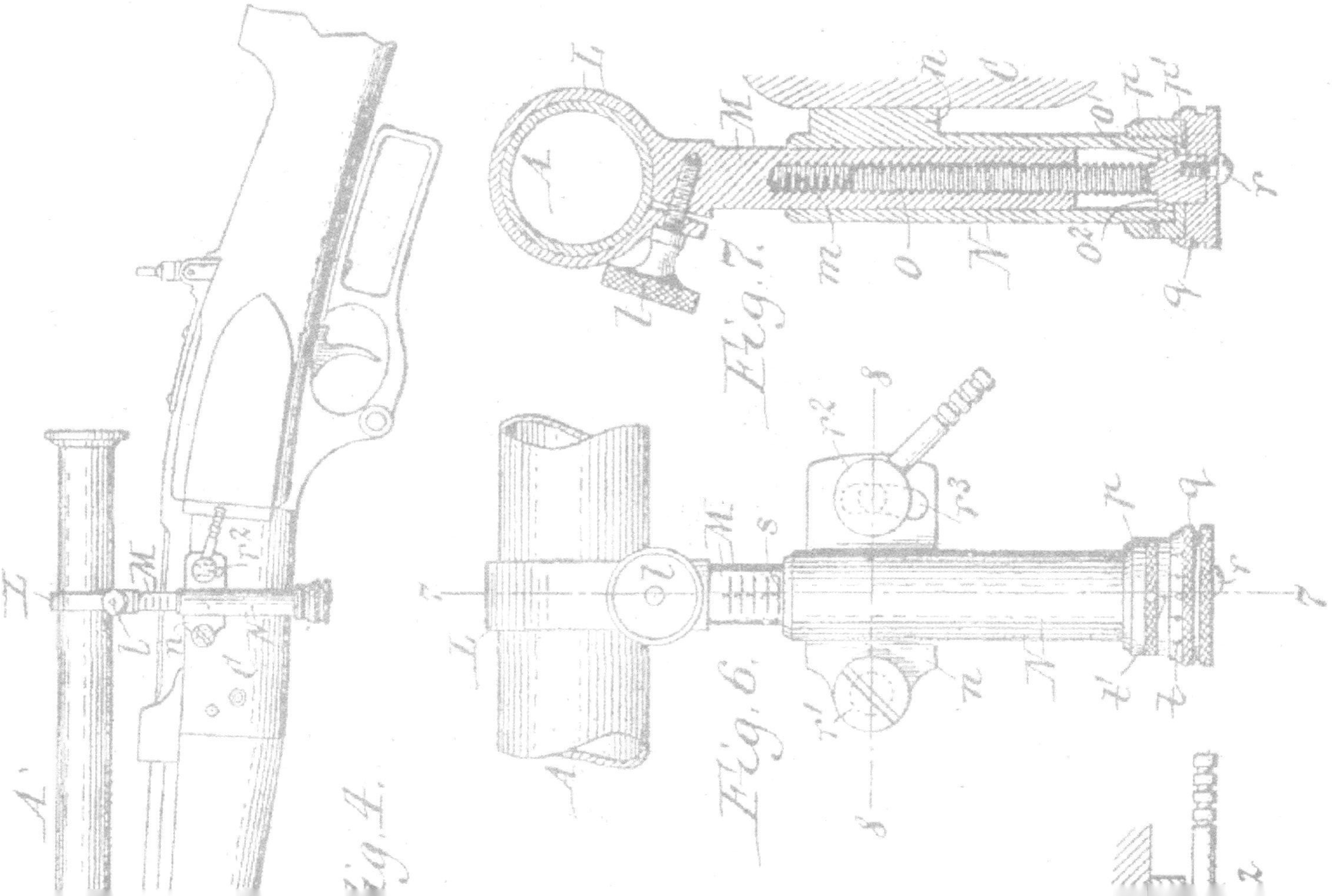

SNIPERS

战争中的狙击手

狙击作战的装备和历史 II
An Equipment and Operations History

〔英〕约翰·沃尔特 著

毛翔 译 徐玉辉 审校

上海三联书店

AT WAR

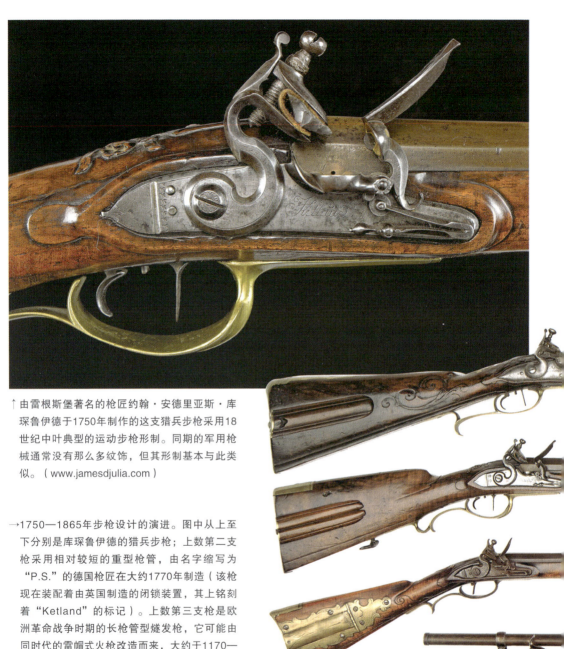

↑由雷根斯堡著名的枪匠约翰·安德里亚斯·库琛鲁伊德于1750年制作的这支猎兵步枪采用18世纪中叶典型的运动步枪形制。同期的军用枪械通常没有那么多纹饰，但其形制基本与此类似。（www.jamesdjulia.com）

→1750—1865年步枪设计的演进。图中从上至下分别是库琛鲁伊德的猎兵步枪；上数第二支枪采用相对较短的重型枪管，由名字缩写为"P.S."的德国枪匠在大约1770年制造（该枪现在装配着由英国制造的闭锁装置，其上铭刻着"Ketland"的标记）。上数第三支枪是欧洲革命战争时期的长枪管型燧发枪，它可能由同时代的雷帽式火枪改造而来，大约于1170—1775年在宾夕法尼亚州利蒂茨制造，制造它的极有可能是德裔枪匠安德里亚斯·阿尔布雷克特（1718—1802）。上数第四支枪是美国内战时期的重枪管火帽式燧发枪，配有一根修长的管状瞄准镜。（www.jamesdjulia.com）

↑ 左侧的燧发枪是拿破仑战争时期英军装备的"贝克"式步枪，它是英国陆军装备的第一种线膛燧发枪。右图是该步枪的枪口，可看出枪管内刻有多根浅槽，这些沟槽使英军在与装备着滑膛式火枪的敌军对阵时拥有巨大的优势。（马丁·佩格勒供图）

↑ 画作描绘了1812年8月19日美国海军"宪法"号与皇家海军"战士"号战舰对决时的场景。这场战斗以美军护卫舰的胜利而告终。交战中，双方战舰桅杆上的射手相互对对方战舰甲板上的军官和水兵们造成惨重的伤亡。

↑ 画作描绘了1805年10月21日特拉法尔加战役中，英国海军将领霍雷肖·纳尔逊被狙杀时的场景，在皇家海军即将胜利之际，他在英舰"胜利"号后甲板上被一名法国狙击手击中身亡。（作者的收藏品）

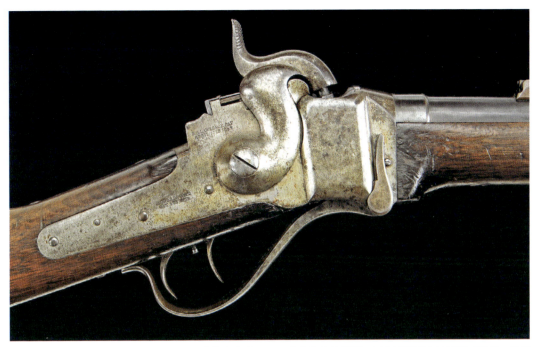

↑ 图中所示是柏丹式0.52口径夏普斯新型步枪（或称M1859式步枪）的后膛，图中可看到它的两段式扳机，这使
其易于与该型步枪的一些改进型相区分开。

↑ 夏普式步枪的后膛闭锁闩，它可向下移动以便直接向膛室装填易燃的发射药。它的枪机制造得非常坚固，但在
击发时也容易泄漏气体。（www.jamesdjulia.com）

↑这幅名为《汉考克在葛底斯堡》油画，描绘了1863年7月1—3日爆发的葛底斯堡战役，它大约于1887年由路易斯·普朗公司收购，作者为瑞典裔美国艺术家图勒·德·图尔斯特鲁普（1848—1930）。（美国国会图书馆）

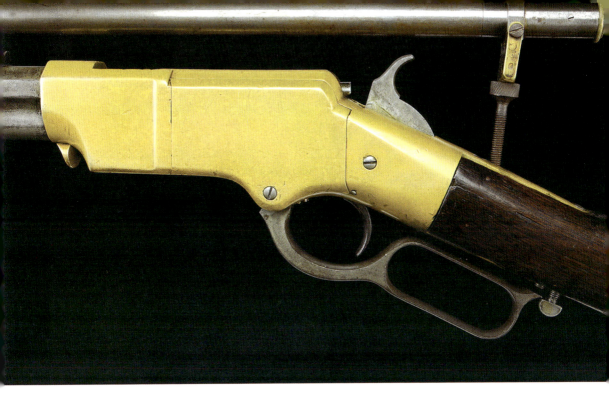

↑图中0.44口径的RF M1869亨利式连发猎枪，由于它可以快速击发，因此适于短距内的狙击射击。这支枪械的编号是No.3283，该枪是1863年12月30日美国军方为其第1哥伦比亚特区骑兵团定购的800支同型枪械中的一支，并配备有全长度的马尔科姆式瞄准具。图中的枪械瞄准镜上并未标志任何字符，在其被制造时很可能由温切斯特装配。（www.jamesdjulia.com）

←图中这支火帽式前装枪，由C.B.奥尔登出售，其枪身上也标示着纽约州尤蒂卡市"James&Ferris"的标志，在美国内战期间该枪配备给第1马萨诸塞州神射手团，该枪机匣盒的盒盖上还贴有该州的州徽。注意该枪配备的全尺寸马尔科姆式瞄准镜。（www.jamesdjulia.com）

↑↓图中所示是第一次世界大战中使用过的4种狙击步枪。其从上至下分别为：上数第一支是斯太尔公司制造的奥匈帝国M95式曼利夏狙击步枪，使用8×50R规格弹药，配有3倍德制C.P.葛尔茨瞄准镜。上起第二支是德制毛瑟栓动式SG.98式狙击步枪，采用8毫米弹药，1916年前德军Nr.96步兵团曾配备该枪，图中它配备有4倍杰勒德式瞄准镜。上数第三支是英制温切斯特步枪，使用0.303口径弹药，配备BSA公司制造的瞄准镜，它很可能用于替换原装的奥尔迪斯式瞄准镜。最右侧是加拿大Mk ⅢB罗斯步枪，使用0.303口径弹药，配备有5.2倍率M1913式沃纳&斯芐齐式瞄准镜。

↑图中为4倍率的Zf.4瞄准镜，它最初为德军伞兵部队的FG.42型步枪研制，其设计基于苏联的PU型瞄准具。在光学性能上，它可令人接受，但由于其生产商较多，因此在生产的标准化方面受到削弱。图中所示瞄准镜，编号为No. 66037号，其生产商编号为"ddx"，还可见其保护盒由木质纤维制成。

↑德制SG.98式步枪的后膛，可看到其瞄准镜基座偏离中心轴线的程度，这是为了方便重新装填子弹。（www.jamesdjulia.com）

→图中所示是二战时期苏联红军女狙击手兹芭·帕莎·奇兹·甘涅娃（1923—2010）。战争爆发前她曾是一名芭蕾舞和歌剧专业学生，曾在战后苏联的电影中出演过配角，之后又成为一名有声望的语言学家。图中，是她在卫国战争期间的照片，她持握着一支Obr. 1891/30g.式莫辛-纳干步枪，枪械上配备有PE型光学瞄准具，该型瞄准具于1937年进入苏军服役。（苏联官方照片，作者的收藏品）

↑↓步枪及其瞄准具发展演进。图中从上至下依次为：美国内战时期的柏丹·夏普斯式火帽步枪（配备3倍率奥托·博克式瞄准镜）；二战时期英制No.4 Mk I*（T）式步枪（配备No.32式瞄准镜）；M2010增强型狙击步枪，它采用完全可调节枪托、消声器和利奥波德式M5A2型可变放大倍率光学瞄准镜。该枪械及其配置所隐含的原始设计元素，都可从M24型雷明顿狙击步枪上找到，而后者又基于越南战争时期的M40A1型步枪。（www.jamesdjulia.com）

↑上图为栓动式Zf.Kar. 98k式狙击步枪，编号为No.93081（上），由Gustloff–Werke of Weimar
于1944年制造，该枪械用于取代半自动的Zf.–Gew.43式步枪。Kar.98式步枪配备有Dialytan式
4倍光学瞄准镜，它由较长的侧导轨基座安装在机匣后部，当然Gew.43式步枪很少安装蔡司公
司的Zf.–K.43/1型4倍瞄准镜，至战争末期为加速其量产，该瞄准具主体采用机加工的铸造锌
合金部件制成。

↑ 图中为Zf.Kar. 98k式狙击步枪瞄准具部位的特写，可看到它安装着Zielvier式瞄准镜。注意图中用螺丝和销钉紧固着镜架基座与枪身机匣的一侧。这款德制步枪使用的7.9毫米弹药威力较大，射击时巨大的后坐力经常会震松瞄准镜基座连接，影响枪械的射击精度。

↑ 图中为一系列美制狙击步枪，从上至下依次为：M1903式步枪，其枪管上的日期为1908年10月，配备一部温切斯特A5瞄准镜，镜体安装在获得专利的环状基座上；M1903式步枪，枪管日期为1915年4月，配备一部5.2倍Warner&Swasey瞄准镜；美海军陆战队M1903型步枪，枪管日期为1939年5月，配备一部厄尔特尔的陆战队–狙击手专用型8倍瞄准镜；最后一种为M1903A4型步枪，它配备M73B2型望远瞄准镜，该瞄准具由法国OPL公司制造。

↑ 图中为二战时日军狙击步枪，包括6.5毫米口径97式步枪（上），它配备有日军标准的2.5倍瞄准镜，以及7.7毫米口径的99式步枪（下），后者于1940年由名古屋兵工厂制造，它配备有4倍99式瞄准镜。这种99式瞄准镜以及很少见的2式瞄准镜，其放大倍率经常被列为4×7规格；当然，这里的"7"用于指该瞄准镜的视野度数，而并不是指目镜端的镜片直径。（www.jamesdjulia.com）

↑ 图中是导气式M110 SS型狙击步枪（奈特公司的SR-25型步枪），其原型是阿玛莱特公司的经典的AR-10直接导气式步枪，经改进后它融合了AR-15/M16系列步枪的很多特征。该枪在实战中被证明精度较高，但在恶劣作战环境下的勤务可靠性仍受到质疑。图中这支步枪的枪托上写着C.里德·奈特的签名（同型枪他曾签过两支），后者曾负责（为该枪）开发多种消声系统以及其他一些附件。（www.jamesdjulia.com）

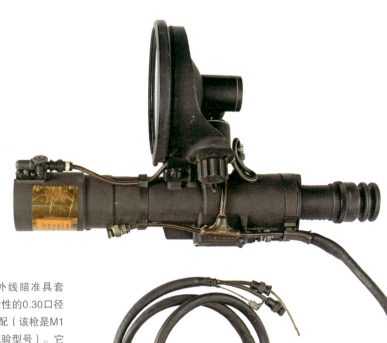

↑图中所示为红外线瞄准具套
装，它可与试验性的0.30口径
T-3型卡宾枪适配（该枪是M1
系列卡宾枪的试验型号）。它
看上去比较笨重，但其性能使
射手可在能见度非常差的情况
下有效进行近距离精度射击。
（www.jamesdjulia.com）

↑当今的狙击装备日益复杂化，这体现出此类枪械日益拥有更多的配附件选择，因此在运输途中需要小心保管枪械与附配件。图中上方的枪械是英制L42A1型狙击步枪，它采用0.303口径弹药，衍生自No.4 Mk I（T）型步枪，可像图中收纳进一支木制提箱内，这种款式的提箱是二战时期的典型样式。在箱体盖子上可看到该枪及瞄准镜的编号。而其下方则是精确国际公司的AWR狙击步枪，该枪曾是著名的狙击手及狙击教练约翰·L.普拉斯特的爱枪（之后他在拍卖会上将该枪以及在200码处命中的一支高尔夫球一同售出）。另一张图片所示是HK公司的PSG-1型狙击步枪。（www.jamesdjulia.com）

↑ 图中照片上的瞄准镜，让人回想起第一代增强型微光瞄准具（图中的是适配在M16步枪上的Rank-Pullin SS80型瞄准镜），它看上去极为笨重。但这仍比什么都没有要强，而且的确可帮助射手在弱光环境下进行精确射击。（作者收藏）

→↓图中最下面是约翰·普拉斯特和他使用的AWR型狙击步枪，图中枪支的枪机呈开放状态、两脚架也打开着。背景图片是20世纪90年代的苏制SVD狙击步枪的宣传手册，图中它适配着笨重的NSPUM或1PN58型被动红外瞄准镜和NSPU-3（1PN51）型级联式增强型微光瞄准镜。这类狙击步枪大量出现在叛乱组织手中，对西方军队仍构成着威胁。页面中部是美国陆军狙击手在巴格达的战斗场景，狙击手使用的是M24型栓动式狙击步枪。

ОТКРЫТОЕ
АКЦИОНЕРНОЕ
ОБЩЕСТВО

ИЖМАШ

РОССИЯ
УДМУРТСКАЯ РЕСПУБЛИКА
426006
ИЖЕВСК
ПРОЕЗД ДЕРЯБИНА 3
телокс 755 113 URAN RU   255 113 УРАН
факс   (3412) 78-10-55   (3412) 78-70-10
телефон (3412) 78-17-42

7,62мм
СНАЙПЕРСКАЯ ВИНТОВКА
ДРАГУНОВА

CBD

←为了在更远距离上实现精度射击，各国不断为其狙击手配备威力日益强大的专用狙击步枪系统，但这通常意味着枪械本身的长度和重量方面的增加。图中是精确国际公司的AX–50型狙击步枪，它是当今典型的反器材狙击步枪（AMR），使用它的射手需要足够强健的体魄以承受在击发它时产生的巨大后坐力。（精确国际公司）

↑图中是美国陆军士兵在靶场测试射击M110 SS型狙击步枪，对于狙击手而言，"熟能生巧"绝对是个真理。（美国陆军）

↑2010年阿富汗乌鲁兹甘省，一名澳大利亚特种部队狙击手携带着一支加装消声器的Mk11 Mod0型狙击步枪（7.62×51毫米弹），其枪身采用符合当地环境的伪装涂装。

←一名美海军第1陆战队第2营侦察狙击排的狙击手教官正在使用M40A5狙击步枪从空中瞄准海上的标靶，进行空中狙击练习。他的枪械上配备了施密特&本德尔PMII型可变倍率瞄准具，注意该枪枪托上的托腮片可调。

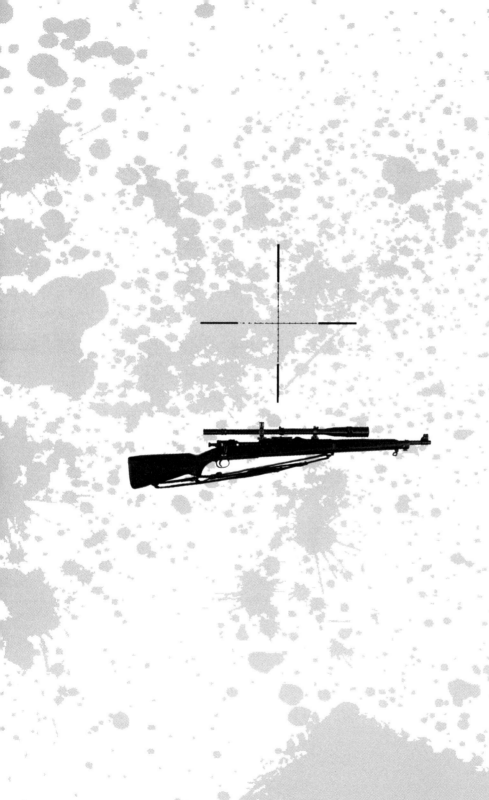

重绘图景：
狙击手再次被淡忘

于第一次世界大战后德国的战败导致该国的去军事化，以及国际联盟的成立，两次世界大战的间隙期，曾被各国认为是一段"伟大的和平"时代。第一次世界大战结束后，大批军事人员退出现役、大量战争物资被销毁，这不仅发生在"消失"的德意志第二帝国（由于《凡尔赛条约》，德国的武装部队规模被严格限制在10万人，其战前建立的庞大公海舰队也作为战争赔偿被各协约国瓜分），而且这一幕同样发生在各协约国。战争的结束，似乎意味着各国不再需要生产、部署数以万计的机关枪、步枪，各种战机与庞大的舰队。各国大量官兵退出现役，他们中的很多人不得不努力适应新的平民生活。1921年时，甚至连英国皇家海军的"无畏"号战列舰也被送回了船台拆毁。

然而，人性的弱点似乎注定了"伟大的和平"时代必将走向终结。由于《凡尔赛条约》对待德国严苛的惩罚，德国国内民众以及一部分奥地利民众（这个脆弱的帝国几乎在停战的一夜间就分崩离析了）的心中，无疑充满了对战败的愤怒和不甘。在这些战败国国内，政治上的不确定性导致国内陷入左翼马克思主义与

右翼民族主义势力的撕裂和拉扯中，后者如当时德国国内兴起的"自由军团"（Freikorps）准军事组织，就曾在巴伐利亚成立了一个短命的共和国。20世纪20年代初期，德国货币马克陷入恶性通胀，使其国内民众的生活更加困苦。德国国内的形势为"国家社会主义工人党"（纳粹党）同期在国内填补权力真空提供了很好的机会，在希特勒领导下纳粹党不可逆转地崛起了。对英国而言，第一次世界大战结束时，其国内经济也濒临崩溃边缘，而法国在战争中同样损失惨重，以至于他们的

图63　第二次世界大战前德军检阅典礼

两次大战间隙期，德国的军国主义死灰复燃。尤其是当时魏玛共和国对国家掌握乏力，更加速了希特勒及其势力的崛起。在第三帝国全面掌控国家后，德国的再武装化迅速展开，其军事力量迅速崛起。（作者本人收藏）

民族精神都受到重创。欧洲的东边，新成立的苏联被几乎所有西方国家所轻视和敌视，短期内难有作为。作为战争中唯一受益的国家，美国似乎看到了主导世界贸易和军事秩序的机会。从军事角度看，在战后初期看来非常糟糕的时刻，各国军事当局试图汲取战争的教训，但由于各国政府对惨烈战争的恐惧以及对军方的约束，因此改进未来战争的战术与装备的努力，通常都会受到严格限制。

在当时的环境里，德国国内残存军官团对第一次世界大战的反思所导致的必然，就是德国军国主义的秘密集结与复苏。战后，在德国国家货币马克崩溃后，为了稳住德国经济形势，美国曾向德国提出了"道威斯计划"（Dawes Plan），但到1929年美国国内爆发金融危机，迅速削弱了美国对德国的经济援助力度。"大萧条"在短时段内不仅摧毁了美国对未来经济的信心，它同样传导到欧洲，并迅速演变为整个西方的经济危机，甚至致命地削弱了英国经济和工业界对他们仍掌控着世界经济秩序的幻象[1]。

在德国，第一次世界大战后于1919年成立的魏玛共和国国防军（Reichswehr），对《凡尔赛条约》对德国军备所做的限制，仅仅只在口头上做出了承诺。随着德国国内军国主义的复苏，德国开始鼓励建立各类体育协会和飞行俱乐部，利用邮政和森林勤务力量掩护其建立武装力量，还建立起"冲锋队"（Sturm Abteilung）等各类准军事组织并展开秘密训练。为了掩蔽国内更新军备的努力，德国将各种武器储存起来，新建的军备设备和工厂也以诸如"饲料工厂"等的名义被隐蔽起来。通过各种设立于欧洲其他国家的德资公司，德国还积极开发各种新型武器，例如，他们在荷兰秘密开发战机与火炮系统，在芬兰设计并试验潜水艇，在瑞士试制轻武器，甚至还与苏联合作秘密在其境内开发装甲车辆，试验装甲战术。对苏联来说，他们在政治上虽然持与德国截然相反的态度，但在凭借军事实力实现

---

[1] 英国的兴盛与繁荣在维多利亚女王执政末期达到其顶峰，但之后就逐渐衰落；例如，1870年时英国对外贸易占全球贸易量的32.3%，至1914年时该比例已降至13.9%。其间，德国以及尤其是美国的竞争力持续提升，有力挑战了英国的全球贸易主宰地位。

在欧洲主导地位的态度上，却与德国持相类似的观点。

单就英国军队的狙击手们而言，在战后的公众舆论和氛围中，狙击似乎也成为他们对战争厌恶态度的"牺牲品"；在公众眼中，狙击手逐渐等同于"冷血的杀手"。因此，在1921年时，大量附有光学瞄准镜的狙击步枪从英国军队中除役（各类狙击分队被解散），类似的情况几乎也发生在其他国家的军队中。当然，这些瞄准具并不会被销毁，它们只是简单地被储备起来，一旦需要它们同样能发挥其应有作用。

单就第一次世界大战末期的狙击作战而言，随着战争末期战场的"流动性"增强，以及第一代战机和坦克迅速大量投入战争后改变了双方的力量平衡，狙击的战术价值迅速降低了（这也是坦克等新力量的支持者们所希望看到的，即利用新的武器和战术降低狙击战术的价值）。因而在战争末期的行动中，独立活动的神枪手们的重要性，特别是他们以往在防御战中所表现出的价值，已不再被珍视。

就步兵所使用的步枪而言，经4年残酷战争的检验，一些枪械设计上的优势以及缺陷都暴露无遗。例如，伯朗宁自动步枪和（表现不那么突出的）法制RSC自动步枪，展现了半自动枪械在战场上的优势，但同期很多军事专家担心这些自动枪械所用弹药需要更具威力的发射药。纯粹从射弹弹道的平直度看（低伸平直弹道有利于提高精度），他们的观点有一定的合理性。当然，减少枪械口径有利于提升弹丸出膛初速，但当时似乎很少有人希望如此（减小步枪口径）。例如，同期美国陆军实际上为其佩德森步枪以及最早一批加兰德步枪采用了0.276口径的制式标准，但陆军军械部和很多曾在欧洲战场上服役过的高级军官们都认为，经历第一次世界大战检验的0.30-60口径制式枪械及弹药应予保留。极具讽刺意味的是，类似的争论在20世纪50年代末期美国陆军的枪械选型中再次出现，当时陆军支持以0.223口径取代服役的0.308口径（7.62毫米）枪械及弹药。

第一次世界大战前，英国军队曾决定使用0.276口径的毛瑟式1913式菲尔德步枪取代其老旧的李–恩菲尔德式步枪。然而，1914年战争爆发时，这项仍未完成的换装计划迅速被中止。接着另一种以其为蓝本的、采用0.303口径制式的1914式步枪在美国被大量制造，当美国决定派出其远征军赴欧陆参战时，陆军却面临着缺乏可靠步枪的可怕处境。1914式步枪采用0.30–06口径弹药，正式装备后获得M1917式步枪的番号。这种采用0.30口径系列弹药的步枪在中、远距离上，都较同期英军装备的步枪有更好的表现，体现出成为大战中最好狙击步枪的潜力。

对于战争中需要广泛使用的狙击步枪，美国当局以法兰克福特兵工厂生产的M1917式的几种衍生型枪械（包含温切斯特式、半枪托式同型枪械）为基础，为其加装瞄准镜后命名为"M1918式狙击步枪"配备给远征军。当然，这款狙击步枪上的瞄准具并非专门设计，它只仅适用于靶场的标靶精度射击，因而在实战中表现得非常糟糕。当然，对于"M1918式步枪"是否曾被制造，则仍缺乏确切资料[1]。

同期的英国，也意识到他们的"短弹匣李–恩尔菲尔德"步枪（SMLE）作为一款战场轻武器的成功，因此不愿意重新装备P/13或标准化的P/14式步枪（这与同期美国陆军不同，后者差点就以M1917式恩菲尔德步枪替代了M1903式斯普林菲尔德步枪）。正因如此，英军决定改进以提升短弹匣李–恩菲尔德式步枪（SMLE）的性能。

改进项目的首个成果是SMLE Mk Ⅴ型步枪，它于1922年暂时进入现役试用，但在两年的换装试用期间，表明这款枪械需要更多更大幅度的改进，之后该项目就被放弃了。接着，Mk Ⅵ步枪于1926年完成研制，它也被称为No. 1 Mk Ⅵ步枪，该枪械配备有重型枪管、简化的枪身，其装配也更为简单；在瞄准具方面，该枪的叶式后表尺照门安装在机匣桥上的护翼下，这是其与众不同的特点之一，同时该枪的护木罩也被调整，如此枪管口从该护木罩前伸出数英寸。最后，在衍

---

[1] 有资料显示称，当时仅制造了一支样枪，或许只是一支木制模型枪。与其适配的瞄准具的研制则一直持续至1921年，但当时美国军方意识到这种瞄准具将永远无法达到预期的效果，因此放弃了该项目。

生型枪械经过国内、外的广泛试用后，英国于1939年11月通过了被称为"No. 4 Mk Ⅵ"的步枪，并很快建立新的生产线量产。以这款步枪为基础衍生出的狙击步枪，即No. 4 Mk Ⅰ（T）型狙击步枪，将在下一章中详细分析。

法国方面，在大战间隙期也对其老式勒贝尔式步枪进行了各种改进试验，这款步枪在1918年之前战争中被证明比贝尔蒂尔式步枪更为可靠。尽管勒贝尔步枪保留了作为狙击及枪榴弹发射的功能，法国军方仍于1924年决定开发一种无缘式7.5×58毫米弹药，法国陆军希望它比之前采用的8×51R型毫米弹药具有更好的弹道性能。20世纪20年代末，原型弹药在法国南部城镇图勒（Tulle）和圣艾蒂安（Saint Étienne）完成制造。原型枪桥夹装弹式弹匣、其长矛状刺刀可以在不需要时插回前护木内。同期，由图勒兵工厂研制的较为成功的枪械是MAT 1932式步枪，该枪的枪托采用两片式设计，其枪机整体设计较为简化，枪机上的拉机柄（在不使用时）可向前折叠，折叠后拉机柄一端的球柄正好位于扳机护圈上方。后续，该型步枪被圣艾蒂安的兵工厂进一步发展成MAS 34型步枪，该枪的衍生型号MAS 34 B1于1935年被法国军方签署进入部队服役，新编号是"Fusil MAS 36"型步枪。

这款新型步枪在外观上很容易辨识，它的钢制机匣锻件尺寸巨大，其手枪式握把底端与枪管下护木相互分享。它的弹仓采用毛瑟式步枪式样的错层排列设计，取代了勒贝尔步枪的管式弹仓以及贝尔蒂尔式步枪弧形弹仓。当然，MAS 36型步枪最重要的改进是其机匣锁闭系统，它很可能受到英制李–恩菲尔德式步枪的影响，但其机匣内位于弹匣后方的枪机座上设计有两个闭锁凸耳。此外，该型枪械并未设计有托运的保险栓，但其机匣后方设计有切线式瞄准照门，当步兵将脸部贴近机匣后方时就会自然地贴上此后照门瞄具。在枪管前端则设计有固定式刺刀座。

该枪最早于1937年交付法军部队，但到1940年纳粹德国发动法国战役时，仍只有很少的MAS 36型步枪交付部队。在第二次世界大战期间，傀儡法国政府断断续续地对MAS 36步枪进行了改进，包括为其加装光学瞄准镜，使其能作为狙击步枪进行精度射击，但该枪的瞄准具仍移植自老式的勒贝尔步枪光学瞄具，其性能毫无出众之处。

第一次世界大战末期出现的德军"突击队"（storm troops）分队战术，对同期的陆战战术条令和轻武器发展都有一定影响。例如，对突击分队近距离密集火力的需求，启发了伯格曼MP.18冲锋枪的设计，该枪采用标准的9毫米手枪弹，具有强大的近战火力。而战争初期各国所珍视的步枪远程射击的价值，到战争末期时已很大程度上被抛弃了。

德军方面，对他们装备的Gew.98式步枪在战争中的表现相当满意，但也意识到这款枪械太长了，因此在类似堑壕战这样较狭窄的作战空间里往往带来使用上的不便。实际上，德军早在战前的1908年就以Kar. 98 AZ为基础开发了Kar 98k型短管步枪（"k"表示"Kurz"，短的意思）。最终，该枪于1935年进入纳粹国防军服役，新步枪保持了基本的毛瑟式步枪枪机设计，但机匣后部配置了弧形页式后照门瞄具。外形上，该枪枪管前部只有一个枪管箍，而枪管口下部距H型护木罩前约4厘米处则配置有刺刀座。枪械的战术背带则包括位于枪托后部以及枪管箍左侧的两个吊环锁扣。

尽管德军早期的枪械主要由毛瑟公司（Mauser-Werke）制造，但在大战期间随着德国国防军和准军事部队的大量扩充，因此更多的防务企业加入到轻武器制造之中。为了区别不同兵工厂，Kar. 98式步枪机匣一侧印上了各兵工厂的数字代码，例如"27"由精密工程厂制造、"42"则是位于多尔夫的毛瑟公司的产品、"147"是绍尔和佐恩公司制造、"237"是柏林吕贝克机械制造厂的产品，"243"是出产于柏林—波尔西格瓦尔德（Borsigwalde）工厂的毛瑟公司的产品，"660"则是斯太尔·戴姆勒·普赫公司的产品。大部分这些枪械的编号还带有

"S"的前缀[1]。

（当时在德国陆军部队中）为步枪配备瞄准具或望远镜等观瞄设备并不常见，只有在新兵训练时可能会用于此类设备。因而在20世纪30年代时，仅存的一些狙击步枪（每个步枪连仅配备2支狙击步枪）也被除役。后续，这些枪械上的瞄准具被取下并被出售，而步枪则继续保留在部队中。

当时，唯一例外幸存带瞄准具的Kar. 98k步枪，可能是由纳粹党卫军（SS）所配备的Kar. 98AZ和Kar. 98b狙击步枪。瞄准具方面，该枪机匣上方设计有特制基座，可搭配4倍率蔡司Zielvier瞄准具，外观上非常好辨认。

意大利方面，虽然在大战中很少编组并运用狙击手，但在对埃塞俄比亚的殖民战争期间，他们也发现其步兵使用的6.5毫米弹药和1891式曼利夏－卡尔卡诺式步枪的性能实在有限。因而在20世纪30年代末期，他们着手开发了一种7.35毫米步枪。意大利对步枪口径的经验以及看法，同样也反映在1937年爆发的中日战争中。在东亚战争中，当时日本帝国军队配备的"有阪"式步枪及改进的哈奇开斯式轻机枪[2]，都使用着6.5毫米制式的弹药；但在与对手通常使用7.9 × 57毫米制式弹药的步枪对抗时，射程上都不占优势。同期，日军在发现其轻武器性能缺陷后，他们放弃了以往的低威力弹药（这适应于当时日军普遍较小的身材），因而，日本陆军兵工部门迅速开发了7.7毫米弹药，以及适用于此弹药的多种轻武器。

然而，对M1905型有阪式6.5毫米步枪（即38式步枪）的改进一直在名古屋的兵工厂进行着，这些工作持续至1941年。第二次世界大战期间，也仅有较少数

---

[1] "S"前缀指代西蒙（Simon）有限公司，之后柏林－苏勒工厂和古斯塔夫工厂等厂家根据《凡尔赛和约》的限制，成为毛瑟公司向当时魏玛共和国国防军供应枪械的单一子供应商。与此同时，还有很多作为"萨克森集团（Sachsengruppe）"一部分的子承包商，也秘密参与了各种军械生产，加速其产量，其"S"之后伴随着的数字代码可用于识别各种承包商。

[2] 即三年式重机枪。

量的改进型M1905式步枪投入中国战场。据称，在1938—1939年间，曾有一些该型步枪在当时日本占领的平壤（及仁川）兵工厂生产。该枪械于1937年被批准服役，以其为基础的97式6.5毫米狙击步枪配备1支2.5倍率光学瞄准镜（装配在机匣后部上侧的纵向卡槽上）。同时，为便于从机匣上部装填弹夹，该瞄准具还可偏移向机匣左侧。日军的这款狙击步枪外观上很有特点，即便将其瞄准具和安装基座取掉，还是可以从该枪向枪托一侧折叠的瘦长拉机柄上辨认出来，同时该枪枪管下部的钢制单脚架，也是其明显的标志。

日军在改进6.5毫米的38式步枪，使其适用7.7毫米制式弹药后，新枪被命名为"99式"步枪（实际是1939年式，因为当时日本采用天皇纪元，正好是其纪元的2699年），新枪械采用与38式步枪相同的栓式枪机。而且为适应战争需要，该枪械的量产得到了加速。在外观上，该步枪的扳机护圈采用更坚固的钢条弯曲压制而成，而非以往同类部件所采用的机加工锻件。此外它的枪托也被大为简化以适应战时生产，而且大部分该型狙击步枪都在其前部枪管下方加装了一个单脚架。

1939年时，该型枪械的全尺寸型号曾在名古屋小规模量产，其生产计划被称为"一式名古屋步枪"，但之后其短枪管衍生型受到日本军方更多青睐，因此其产量更大。直到战争末期，日本国内各地的兵工厂依然在大量生产该枪的短管衍生型。该短管衍生枪型在用作狙击步枪时，适配了一套改进型光学瞄准镜。

第一次世界大战后，各国出现最大变化是沙皇俄国，1917年10月在国内发生革命后，又爆发了持续数年的血腥内战。在这些频繁的战事中，苏联布尔什维克意识到，他们在冲突中损失的军备很难称得上优秀，因此新生苏维埃国家的军工业需要彻底的重建。在该国展开的第一个"五年计划"结束时，他们新建了很多军事生产设施，同时也尽可能地翻新了很多沙皇时期的军械及武器。

其间，老式的1891年式龙骑兵步枪（dragoon rifle），在全长被削短了3英寸后，再次重新开始生产。当时很多顶尖的苏联轻武器设计师，包括费多罗夫等人曾认为针对步兵武器的需求，需要采取一种更为激进的解决方案，但苏联的政治家们认为尽快展开生产更加重要，如果此时研制新枪械不仅会扰乱当时紧张的装备需求，而且他们还认为改进莫辛-纳甘式步枪的提议也不必要。

实际上，在苏联建国初期的轻武器生产活动中，几乎每一方面都需要我们重新检视。当时，苏联从美国顶尖的轻武器弹药供应商采购了很多弹药，希望分析出美制弹药发射药的成分及制作方法，使其能够在其国内生产。同时，在狙击步枪方面，他们同样希望在国内发展光学工业，这对于生产军用双筒望远镜和枪用瞄准镜至关重要，当然，在这方面他们得到了德国的援助。1914年时，沙俄时代曾在圣彼得堡建立了一座光学玻璃工厂，其资金主要来自法国，在十月革命后这座工厂尽管被苏联政府国有化，但该厂（产品的质量和产能）从未能满足苏联对此类物资的需求。

在整个20世纪20年代，苏联与德国在军事方面的合作处于秘密进行之中，这很大程度上是因为"盟国管制委员会"（Allied Control Commission）仍对德国任何复苏其军事工业的活动保持着警戒，因此德苏之间只能以隐蔽的方式合作。这类活动不仅帮助苏联生产出了高品质的光学玻璃和透镜，而且使苏联很快掌握了枪用光学瞄准镜的制造工艺和技巧。

尽管在意识形态上不容于当时的欧洲社会，但在狙击手的培养方面，苏联仍意识到了他们的价值。20世纪20年代中期，苏联在波多利斯克的光学瞄准镜工厂进行了大量生产试验，并从布施、享索尔特、福伦达和蔡司等相关德国供应商获得了德国最好的望远瞄准镜及枪用瞄准镜。据称，苏联红军用它们配备了170支特制的龙骑兵步枪，而且为保证精度，这批狙击步枪甚至被送往德国装配瞄准具并校准。关于这批枪械的主要承包商，有很多种说法，例如有认为是西蒙公司或其后续的古斯塔夫公司（1929年之后才成立），也有观点认为很可能产自古斯塔夫根施公司（Gustav Genschow Co.）。枪械具体由该公司的运动步枪部门承制，而这些公司的枪械设计及技术人员也借此维持他们的专业技能，毕竟战后德国国防军被严厉限制后，他们在枪械设计、改进方面积累经验的机会并不是很多。

具体就狙击步枪及其瞄准具配置而言，苏联人拒绝了德国传统的瞄准具两片"棘爪"式安装基座，1918年之前德军的S.-Gew. 98狙击步枪就采用这种安装方式；但根据拉特诺的恩斯特·布施所称，苏联军方更喜欢单片式安装基座。接着苏联内务人民委员会（NKVD）下属的一家光学瞄准镜工厂生产出苏联首套合格的望远瞄准镜，并由于1923年成立的"狄纳莫"组织（Dinamo）对其进行试验，该组织主要在"运动射击"的名义下督导苏联红军狙击手的训练工作。

显然，当时苏联试制了3种半试验性质的步枪瞄准镜，对此观点的相关证据较为概略。（但较为明确的是）由德国蔡司公司供应的第一套瞄准具用透镜组，通过一个中介皮包公司（荷兰工业公司，即"Nedinsco"）交付给苏联。直至1931年第一具完全由苏联制造的枪用狙击瞄准镜"D-II"型，才得以取代德国产品，该瞄准具较为粗糙，比如它只能调整俯仰角度；后续，D-III型瞄准镜又有了新改进，其调整鼓可用于调整上下俯仰和左右偏差，之后该瞄准具获得了PT（或Obr. 1930g）的正式编号。在性能更好的PE瞄准具（后文阐述）得以服役之前，这款PT瞄准具仅生产了有限数量。

在装配时，该瞄准具可由一套双环式整体基座安装在枪身机匣左侧部分，基座本身再由沟槽和大头销钉安装紧固在枪身上。由于其设计师A.A.斯莫恩斯基的设计，最初生产型的基座较为简单，它由一套限位槽与锁紧螺钉相连；后续的生产型则放弃了此连接设计，而是将一套L型远射标尺安装在其基座后侧。

1930年4月，苏联军方决定采用他们所偏好的Obr. 1891/30g.步枪，这款步枪从设计之初就强调易于大规模生产。因而，尽管该枪的枪机和击发部件的设计仍沿袭了此前的同类枪械，比如它的弹膛部分外部仍保持着八边形设计，但其与木制枪托接合的部分则由螺纹旋转接合，改为沟槽式连接，此外其机匣上的叶片形后照门则被弧形页式后照门瞄具所取代。至于枪管前端的准星部分，其外部加装了保护性的风帽，枪管下部则仍保持了刺刀座的设计，但新的弹簧式刺刀安装基座替代了其之前的环形垫设计。

这款步枪可与新的PE型瞄准镜（Obr. 1931g.）配合使用，它由6枚螺丝安装在机匣弹膛部位的上方（一侧各3枚），之后它们更多地通过焊接与机匣部位的金属部件固定在一起。而且为了适应八角形的机匣开头，瞄准具基座需要经过一定的加工。瞄准具的双环式整体基座经由2枚大头螺钉与枪身固定。同时，整体基座上还纵向地打上了沟槽，以便在需要时安装后备的缺口式瞄准照门组件。至于4倍率的PE瞄准具，它于1932年进入苏联军队中服役，具有独立的俯仰和左右偏差调节装置，在其目镜一端还配有视野调节环，但它整体尺寸较长、重量也较大。其内部透镜组基座原来由黄铜制成，之后改为重量轻的合金部件。

1936—1939年西班牙爆发内战，苏联军队参与了这场漫长、拖沓且混乱的冲突，其间该国新研制的Obr. 91/30g.型狙击步枪也在这场战争中经历了广泛的测试。这场内战中，苏联支持的共和军，与获得德国、意大利支持的亲法西斯的国民军进行了长期冲突，但最终被后者所消灭。

当然，苏联军方新研制的狙击步枪顺利通过了详细审查，但其配用的瞄准镜却遇到麻烦。在试验时研制人员发现，枪械射击时的后坐力会使瞄准具与枪身的坚固连接件松脱，导致瞄准具位置出现变化；此外，瞄准具做工粗糙且密封不严，导致在使用一段时间后瞄准具内部受潮甚至出现凝雾。由于瞄准具出现的问题，由德米特里·柯切托夫领导的开发小组受命开发新的PEM型瞄准镜（Obr. 31/37g.或Obr. 1937g.型）。新的瞄准具，仍与PE瞄准具类似，但独立的透镜组聚焦调节装置则被取消。

当时，91/30型步枪的枪身已改为圆柱形，这使其比之前的八角形枪身更易于制造，其机匣上部的光学瞄准镜基座也相应地进行调整。苏联方面还尝试将连接瞄准具与机身的6枚螺钉减少至4枚，但在试验后发现并不能确保两者间的紧固，因此又重新使用6枚紧固钉，直到之后性能更优越的侧轨连接系统出现后，用螺丝紧固的设计才调整。

关于此枪身侧轨连接件的设计，与老式狄纳莫式瞄准镜与机身的连接件较为相似，都采用沟槽连接设计以及一端呈锥形的大头螺栓，使其发挥出自定心、自对准的效果。这款91/30步枪以侧轨基座安装上PEM望远瞄准镜后，总重约10.5磅，（虽然全枪重量较大）但额外重量也使枪械在射击时更为稳定。

后续，苏联在位于图拉和伊热夫斯克的军工厂大量量产这些枪械，1932年时初期生产量虽然仅有749支，但到1938年产量提高了19545支，同期这款枪械的总产量达到54160支。同期，正是其他国家忽略狙击步枪和狙击作战最为严重的时期。这些狙击步枪中，大部分枪身机匣一侧都刻有"C或Π"的字母，它们实际上是"Snayper proveryat"（即经狙击手验证）的缩写。至于第二次世界大战期间苏联卫国战争全面爆发后，PE和PEM这两款瞄准具都被大量制造并应用于战争。有关战争期间，苏联狙击步枪生产活动的内容可参见下章内容。

在苏联设计并量产狙击步枪的初期，他们采用了很多专门的设计，以便使枪械具有较高射击精度。例如，步枪的拉机柄的长度加长，并调低了与枪托部位的距离位置，苏联工程师还非常重视枪械的公差容限、弹膛和枪管内侧的表面处理，以及扳机等部件都会尽可能打磨得非常光滑。来自当时苏联的枪械使用手册表明，该狙击步枪在验收测试时要求能在100米距离上将10枚弹丸射入3.5厘米直径的圆靶内，在200米距离上需射入7.5厘米直径的圆靶（对弹着密集度的要求），距离延长至400米和600米时，弹着密集度分别放宽至18厘米和35厘米直径的圆内。对应西方常用的精度标准，相当于在109码（100米）距离上MOA达到1.27，而在656码距离上MOA达到2.1；这也证明了德国人当时的观点，即苏制Obr. 91/30g.狙击步枪能保证在300米距离上保持较好的射击精度，而同期他们装备的Zf.–Kar. 98k狙击步枪却无法达到类似精度。

1939年，苏联与芬兰之间的冬季战争爆发，91/30狙击步枪是参战苏军狙击手的主要武器。当时，芬兰军队在战争中缴获了大量此型狙击步枪，不过苏军官方记录中只有很少一部分枪械缴获记录，芬兰军队还将该枪上的一些光学瞄准镜卸下安装到他们的m/39步枪上。外界还发现，一些芬兰军人使用的苏制莫辛–纳甘式步枪配备着棱镜式瞄准具，1937年时芬兰用还曾用数百支此类缴获的苏制狙击步枪进行了试验。

1939年，在轻武器方面，苏联红军更为关注开发半自动托卡列夫式手枪。而同期Obr. 91/30g.型狙击步枪的生产也于1940年被停止了，直至卫国战争爆发时其重新生产都未能开始。第一次世界大战结束后，苏联当局急切地想要生产列装一种可自动装填的步枪，因此曾在20世纪20年代集中进行了大量研发和试验。但受限于苏联国内相对粗糙的工业能力，新枪械的开发始终存在问题。例如，即便苏联在完成第一个五年计划后，工业能力有了很大提升，但很多机械工业区仍备受装备及其操作人员匮乏的困扰。

20世纪20年代末，苏联还曾测试了一种被称为捷格佳廖夫式步枪（Degtyarev）的枪械，并于1931年12月将其定名为Obr.1930g.步枪暂时配备部队使用，但同年早期试验的西蒙诺夫式步枪取得了很大成功，因此苏联于1936年采用了AVS-36型步枪。

得益于1934年3月签署的一份法令，AVS-36型步枪进入苏军服役，它被用于取代流产的捷格佳廖夫式步枪，但实际上该枪的生产速度非常慢，而且在生产过

图64 Obr. 91/30g型莫辛-纳甘步枪及PU型瞄准镜简图

莫辛-纳甘系列步枪，是第二次世界大战期间苏军使用得最为广泛的枪械，其中不少用于狙击。

图65　第二次世界大战前苏军的两种自动步枪

上图是西蒙诺夫AVS-36型步枪，它是红军第一种大批量装备的自动装填步枪。但由于该型枪械存在不少缺陷而并不成功，因而很快被SVT-38型步枪取代（下图）。但在冬季战争后，苏军中剩余的此类步枪皆被入库封存。第二次世界大战期间，SVT-38型步枪被改装为狙击步枪，它配备PEM型瞄准镜（以侧基座与枪械相连且其射击模式被限制为半自动模式）。然而，很快，SVT-38型步枪被SVT-40步枪取代，但这两款步枪在实战中都被证明可靠性较低且精度性能相对较差，都不是理想的狙击步枪。〔感谢詹姆斯·D.朱利亚拍卖行供图（Courtesy of James D. Julia, auctioneers），www.jamesdjulia.com〕

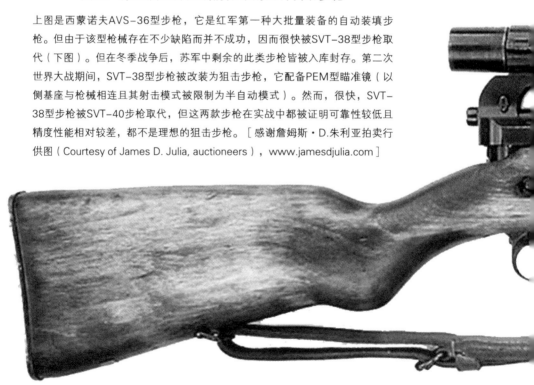

程中持续不断地经历了各种小范围的改动，此类设计调整甚至在1937年该枪首批次大规模量产时还在进行。该AVS步枪的特点是拥有（仅及正常枪械枪托）3/4长度的单片式枪托，以及木制护木和枪管外层，由薄金属板材制成的通风散热套。此外，该枪械在外观上还有一些易辨识的特征，比如枪械的握把与扳机距离过长、位于枪托右侧的通条，以及枪管口部的退制器/补偿器等，都能帮助辨识该枪。而且，该枪枪管前部的刺刀座也很奇怪，它们固定于枪管口前准星下部一根短横杆上。

尽管该系列步枪只在战前的1937—1939年两年间进行了量产，超过6万支AVS步枪走下生产线，其间一些型号更是苏联军方首次发布的自动装填狙击步枪。一些出产自1936年该系列步枪早期型号，配用着同时期生产的PE型瞄准镜，其瞄准镜安装基座不同于后续型号，基座安装在机身机匣左侧，以便防止基座阻碍射击时的抛壳动作。该步枪生产后，被投放远东及中国东北地区进行了野外测试和战斗试用，结果表明该步枪的抛壳动作并不顺畅，其开顶式后膛使灰尘和沙砾很容易进入机匣，堵塞机匣内相关部件的运作，进而造成枪械故障。接着在1939—1940年苏芬之间的"冬季战争"期间，该枪械的这些缺陷再次暴露出来；但是一些苏制西蒙诺夫式步枪仍在紧接着爆发的卫国战争中继续服役，直到战争期间完全消耗殆尽。一些拍摄自1943年德军作战单位的照片表明，至晚在1943年时仍可见到这款步枪。

在1936年夏天，尽管苏联红军刚开始列装AVS系列步枪，枪械设计师托卡列夫、鲁卡维什尼科夫和其他一些人士就提议研制新枪以替换AVS。1936年夏初，苏联兵工部门做出了有利于托卡列夫的决定，尽管托卡列夫自1926—1930年间曾广泛参与了大部分苏联的轻武器研制及试验，而且（这些开发项目）几乎都未取得成功。1937年底，由托卡列夫主导的步枪在试验中以微弱优势击败了西蒙诺夫的枪械，至于鲁卡维什尼科夫提交的选型枪械则落后得更多。但这次试验的结果却被搁置了，直到苏联为其部队装备的AVS步枪被证明是个失败枪械时，军方才最终于1938年11月决定重新进行新枪械选型试验，但第二次试验的结果与前一次相同。尽管AVS步枪的一些设计特征很受苏联军方青睐，但托卡列夫的设计仍被证明更为可靠。

因此，苏联军方1939年2月26日正式决定采用托卡列夫的步枪设计，命名为"1938式托卡列夫自动装填步枪"（后文简称SVT步枪）。同期，西蒙诺夫对其设计进行改进后的新枪械也出现了，但弗多尔·托卡列夫的型号显然在政治上比谢尔盖·西蒙诺夫的设计更受欢迎。之后在1939年5月，苏联兵工部门曾组织过一个委员会调查托卡列夫的步枪在生产中的问题，并得出结论认为西蒙诺夫的设计比SVT步枪更为简化、便宜，易于大规模生产，但SVT步枪还是最终被采纳。此类测试于1939年7月结束，而托卡列夫的SVT步枪量产亦得以随之开始。

托卡列夫的1938式SVT步枪在外观上与AVS步枪有一定相似之处，枪械后膛上部是装填导槽，盒式弹匣位于扳机护圈前方，但其机匣比AVS步枪更高且其顶部呈圆弧状。枪械的木制握把采用两片式设计，全尺寸长度的通条平时置于机托右侧的沟槽中（暴露在外），枪管护套上分布着大量通风散热孔，而枪管部位导气管外部还覆有保护性的薄金属板材，而为加强枪管散热在枪管口退制器上还刻有6条窄槽。

1939年时，苏联军方已至少装备有5万支SVT步枪，至1940年时其产量迅速增至60万支，而在1942年前其每年产量至少达到200万支。1939年7月16日，第一支生产型SVT步枪公开展示，其后继系列型号在之后两周内陆续开始生产。至当年10月1日时，该枪已处于大规模量产阶段。当时，苏联红军正因冬季战争的挫折而陷入混乱之中，SVT步枪本身的缺陷在这场战争中表现得更为明显。

该枪械在实战中暴露出的问题与之前其他枪械的类似，包括部分部件容易碎裂、抛壳故障和经常性卡弹。此外，苏联军队在使用时还发现该枪的润滑油无法在零度以下战场环境使用，因此战争中苏军使用的AVS和1938式托卡列夫步枪（SVT）经常出现枪机被冻结锁死的情况。

图66　美国陆军士兵和M1加兰德步枪

照片拍摄于1942年美军在肯塔基州的演习，图中美军步兵装备着M1加兰德步枪，他半蹲在一辆半履带式车辆旁边。

针对暴露出的问题，托卡列夫紧急受命对该枪进行改进，同期1938式步枪的生产被立即搁置。1940年4月3日，SVT步枪的改型obr. 1940g.被正式采用，装备了苏军炮兵和步兵部队，以及海军步兵、陆战队部队等。尽管该改型较基本型有不少改动，但外观上最明显的变化则是其通条的位置，此前它被置于枪托右侧的沟槽内，但实战中证明这样的设计易使通条被损坏，而且也容易丢失；因此，在改型枪械上，它被重新安置在枪管下方的传统位置处。据现存资料，很难判断苏军到底生产了多少基本型的1938年式SVT步枪，但5万支以上似乎是可能的数字。

同期的美国，1927年时期斯普林菲尔德兵工厂的军用枪械生产实际上已经中止，尽管一些用于运动射击的0.30英寸口径的步枪仍持续出售给美国步枪协会（NRA）的成员们。例如，1929年时该厂生产的改进型M1903A1型步枪，仍是M1903型步枪的简单改型，它以一个略微弯曲的"C式"枪托替换了后者的"S式"握把。当然，仍有少量带有直腕式枪托的M1903A1型步枪直至1939年时仍有出售和使用。

当时，对于步枪的未来，很多人认为半自动的M1加兰德式步枪已足够优秀了，不再值得继续改进和发展斯普林菲尔德系列步枪。而利用发射药燃气实施枪机自动操作的M1加兰德步枪的起源，及其（在竞争中）战胜肘节闭锁式佩德森式步枪的故事细节，也到处流传着[1]。当然，尽管在1933年4月3日，M1步枪的设计项目被正式批准，但直到1935年10月其原型最终完成之前，它一直处于研发改进过程中。特别是，在M1加兰德步枪不断改进并被正式推荐装备部队后，它的生产标准化工作直到1936年1月9日才开始。

但是，初期量产出现的问题仍延迟了该型号枪械的交付，直到1937年9月问题才解决。1939年，该枪参与了美国国家射击比赛，其间样枪出现了故障并收获了

---

[1] 涉及M1型加兰德系列步枪有多本出色的专著加以论述。特别是布鲁斯·甘菲尔德撰写并由加拿大收藏家出版社出版的该系列枪械专著，尤其易于理解。关于该枪的概述，还可参考约翰·沃尔特2006撰写出版的《世界步枪》（*Rifles of the World*）一书，第213—215页。

恶评，对此生产商不得不重新设计了它的导气活塞和枪管组件等主要部件才解决问题。因而，之后第二次世界大战在欧陆全面爆发时，栓动式M1903式斯普林菲尔德步枪仍是美国武装部队的主要单兵武器。

实战经验表明了加兰德式步枪的价值，它在战争中被证明是一种比佩德森式步枪更适宜应用于战场的步枪。尽管它的全枪重达到离奇的8磅，以及不同于往的整装式漏夹，使枪手无法在紧急状况下为枪械单发装填弹药，但到第二次世界大战胜利日之时该枪的总产量仍达到超过400万支，而在战后它的产量仍达到60余万支。朝鲜战争爆发时，尽管该枪械的生产执照已最终转让给伯莱塔公司，但战争需求仍再次重启了该枪的量产。至1957年5月17日，M14系列步枪取代了M1型步枪后，其生产才得以结束。

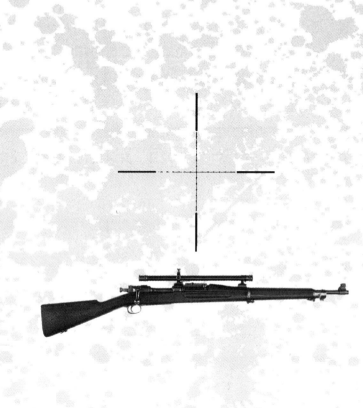

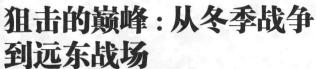

狙击的巅峰：从冬季战争到远东战场

就狙击而言，苏芬战争（亦被称为"冬季战争"）中，交战双方的狙击活动可视作第二次世界大战类似作战行动的前奏，对于1941年6月全面爆发的苏德战争（"伟大卫国战争"）而言尤其如此。

苏芬战争，是第二次世界大战前苏联与芬兰为了领土纠纷而爆发的大规模战事。当时，苏联为夺取他们所认为的列宁格勒不可或缺的一部分领土——卡累利阿地峡地区，要求芬兰割让这部分领土，将汉科港口租让给苏联作为军事基地，并让苏军进入瑞巴赫半岛和佩萨莫港（芬兰唯一的不冻港）。在其看来，如果不能满足对卡累利阿地峡地区的领土要求，芬兰或其他波罗的海国家可能对列宁格勒形成封锁。

当芬兰人拒绝满足苏联人的上述要求后，苏联称它自己领土受到"炮火轰击"，并以此强迫芬兰方面屈服。他们估计，芬兰人可能不会妥协，但还是撕毁了之前两国签署的互不侵犯条约，中止了两国间所有的外交关系。1939年11月30日上午9：15分，苏联军队沿着两国1000英里长的边境前线全面入侵了芬兰。

苏军的大规模入侵被伪装成一时冲动、心血来潮式的行动，但实际上这是一系列有预先计划和准备的行动。苏联的第7、第8、第9、第13和第14集团军沿边境地区发动了攻击，行动规模或许达到了35万人，相对的芬兰军队只有约25万人。但对于苏联军队来说，这场战争从一开始就充斥着不幸。

1939—1940年的冬季战争也是同期战争中双方在最为寒冷的环境中进行的一场战事，战区的温度曾低至零下50摄氏度。恶劣的环境导致大量苏军官兵仅因为受轻伤，就可能因医疗条件低劣而丧命在战场上（比如伤后输血因寒冷导致血浆冻结等），而在其他战场上他们可能并不会就此送命。因战争准备不足且低估了芬兰军队的抵抗意志，苏军尽管占据了规模上的优势，但在一开始就遭遇了惨重损失，苏军第163和第44步兵师（每个师的规模都达到约1.8万余人）就在苏奥穆斯萨尔米地区的战斗中接连遭到芬兰军队的歼灭。

在战争的头几个月里，有消息称苏军遭受到令人惊愕的惨重损失，多达200余架战机被击落、212辆坦克被击毁，以及10万余名官兵的伤亡，或许这些数字大大超出了苏军公布的损失数字，但鉴于战后披露的一些数据，它们还是非常可信的[1]。

惨重的损失使苏联人汲取了经验，这段惨痛战争经历所导致的一项即时性结果，则是苏军迅速起用了少部分经验丰富的军官。为恢复前线士气，苏联最高当局任命铁木辛哥元帅接替了在卡累利阿前线负责指挥的梅列茨科夫。最后，由于苏联更强大的实力，前线的天平不可避免地向苏方倾斜了。1940年3月12日，芬兰被迫与苏联签署和平条约。

根据1940年芬兰对这场战争进行的研究表明，基于芬兰官方报告的伤亡数据，战争中芬兰方面的阵亡达到19576人，另有3273人在"战争中失踪"，受伤的人数则达到43557人（其中很多人随后丧生）。从1939年11月30日战争爆发至

---

[1] 约翰·沃尔特撰写的《大卫和哥利亚："沙科"与冬季战争》，收录至1983年《射手圣经》（*Shooter's Bible*）中，第47页。

1940年12月21日时，芬兰方面认定因"各种原因"死亡人数达到26662人。20世纪90年代时，由G. F.克里沃舍夫大将领导的一个小组对苏芬战争苏联方面的伤亡进行了重新评估[1]；其评估报告于1993年发表，其中承认有苏军在冬季战争中的阵亡人数达到126875人（包括令人震惊的被计入失踪的36369人），另有264908人受伤。

关于冬季战争，一个迄今仍流传的故事正是以芬兰狙击手西蒙·海耶为主角。至苏芬双方结束敌对状态时，他据信取得了505次狙杀的成功（也有信息源称达到542次）；而这只是他作为一名前线狙击手在不到100天里取得的战绩。无疑，战争中的苏军官兵训练糟糕，而且其受到的领导也不力，他们不仅缺乏冬季作战补给和服装，而且其武器也不适应极地条件下的作战，这使其很大程度上成为芬兰军队的标靶，但即便如此，海耶的成功仍是前所未有的。

海耶于1905年出生于位于劳特耶尔维的芬兰农家，当时那里仍是芬兰大公国的领地，而在1917年苏联十月革命前那里部分区域仍属于沙皇俄国。1922年，他参加了芬兰防卫军（Protective Corps），在那里他的射击天赋很快得到展露，接着到18岁时他受征召加入芬兰军队。1927年时，他从军队退伍并重新回归农夫的生活。

1939年冬季战争爆发后，海耶像其他预备役人员一样，再次被征召入伍。接着，他被派往拉多加湖东北部沿着柯拉河沿线的芬军防线上，芬兰军队在那里部署了比苏联入侵部队更强的力量，以便阻止苏军沿此方向继续推进。作为一名步兵，海耶很快在战事中射杀了一名苏军狙击手（他曾射杀了多名芬军军官），显示出他超凡的步枪射击术。当时正是黄昏时分，那名苏军狙击手刚从他所隐藏的

---

[1] 格里戈里·克里沃舍夫于1993年编辑出版的《披露悲剧的秘密：苏联武装部队在战争、敌意和军事冲突中的损失》（*Tragic Secrecy Lifed: the USSR Armed Forces' Losses in Wars, Hostilities and Military Conflicts*），其英文版于1997年出版，名称为《20世纪苏联在战争中的伤亡及战斗损失》（*Soviet Casualties and Combat Losses in the Twentieth Century*）。

阵位中站立起来（他无疑并未意识到芬军狙击手的威胁），接着就被海耶一枪命中头部。

随着战争的进行，他的战绩稳步上升着。海耶本人的性格非常适合狙击，他安静、非常有耐心，对于射杀入侵其国土的苏联军队毫不犹豫。对于这份危险的事业，他只是简单地接受了这份"工作"，而且在作战时非常谨慎并只把自己的目标定位在其能力范围之内。有时，他会藏身于一处雪堆后观察几个小时，为了长期在野外伪装他会携带一些糖块以维持体力，并将自己的步枪巧妙地伪装起来；潜伏时他还会仔细地夯实其阵地前的雪堆，这样在射击时枪口的气体冲击波不会激起松软雪花，从而暴露其行踪。在这些非常老到的极地高寒地区狙击战术支持下，他在战争中取得了令人瞠目结舌的战绩。例如，在1939年12月他出击的3天里，就射杀了51名苏军官兵，在当月之后的日子里，他甚至还取得了单日狙杀25名苏军（经确认）的最高纪录[1]。

对于海耶惊人的狙击战绩，最令人印象深刻的事实是，几乎他所有的战绩都是使用其未安装专用瞄准镜的普通步枪完成的。他的战场狙击技巧，包括高效完善的战场伪装、对当地地形的熟悉并善加利用（如缩短射击距离等），几乎毫无瑕疵，而且他利用有步枪机械瞄具的射击术同样非常高超。对此，苏军方面将他称为"白色幽灵"。海耶的身高只有1.6米，便于在战场上快速伪装并隐蔽，而且他使用机械瞄具的习惯，有助于他在隐蔽瞄准射击时减小自己暴露的轮廓。据称，他曾缴获过苏军装备带有光学瞄准镜的Obr. 91/30狙击步枪，但他却并不使用，因为他不习惯瞄准时抬高头部通过枪械上部的瞄准镜观察战场并瞄准目标，而且使用光学瞄准镜时，其物镜端的反光也有可能暴露射手隐蔽的位置。

根据流传至今的图片，海耶使用的是一支6.5毫米口径的1896年式瑞典产毛瑟步枪（可根据枪管口下部的管状刺刀座立即辨识出来）。然而，海耶的回忆录

---

[1] 罗杰·穆尔豪斯撰写的《白色恐怖》一文，它收录在2012年版《狙击手选集：第二次世界大战中的狙击手》一书中，第9页。

中还证实，战争中他还曾使用过一支编号为m/28-30 Sk.Y. No. 60974的苏制莫辛-纳甘式步枪。在芬兰军队获得更受欢迎的m/39型步枪之前，该枪也是芬兰地方部队的标准用枪。下文的照片实际上由一名当时在芬兰军队服役的瑞典志愿兵所拍摄。

莫辛-纳甘步枪，是战争中芬兰军队主要使用的步兵武器，直到20世纪60年代芬兰军队全面换用卡拉什尼科夫突击步枪后它才完全退役。芬军之所以大量拥有这种苏制步枪，源于1917—1918年时芬兰在赫尔辛基俘获的大量俄制步枪。颇具讽刺意味的是，这些1918年之前生产的枪械，为之后芬兰仿制类似枪械提供了蓝本（甚至芬兰在20世纪60—70年代研制的狙击步枪，仍带有该枪的色彩），其间它经历了很多次的修改和提升。从外观上，芬兰使用的莫辛-纳甘步枪及其衍生型枪械，可通过其八角形的机匣来加以辨认，因而到了1939年冬季战争爆发时，芬兰军队的此类衍生型枪械已经比苏联本国服役的Obr. 1891/30步枪拥有更现代化的外观。

该步枪的第一种芬兰衍生型，是全尺寸的m/24型步枪，它采用自由浮动式枪管设计（由瑞士西格公司制造），枪管与护木的第一道固定箍被固定在枪管前端，苏制同类枪械机匣后端的瞄准照门基座及其之上的标尺（以旧俄长度单位"阿尔申"为单位）则被公制单位的新标尺替换。接着出现的是m/27型步枪，它由VKT公司制造，该枪的枪管较短但其（扳机）护圈仍保持着完整的尺寸；此外，该衍生型还带有铰接式护木罩（受德制枪械启发）、刺刀座，以及新的采用公制距离单位的射击标尺。该m/28型步枪及其之后的m/28-30型步枪仅配备给芬兰的防卫队、Sk.Y.等单位。后面这几种枪械都采用短枪管设计，其枪托以及扳机机构等都经历了重新设计。它们之间的主要区别仍在于瞄准具，m/24型步枪的瞄准具仍是俄制样式（只是表尺单位改为公制），而之后几种枪械则采用新的弧形页式后照门瞄具（标尺距离最大为2000米）。

当时，芬兰军队配备的m/27步枪（陆军使用）和m/28步枪（Sk.Y.单位使

用），两种枪械的部件之间并不能互换使用
（尽管它们的刺刀座都采用分离式设计）。因
此，芬兰国防部和 Sk.Y.单位的领导层决定整
合这两种衍生型步枪的设计，使其标准化程度
更高。在其规划下，m/1939式步枪保留了原
m/28-30步枪上的弧形页式后照门瞄具，以及
陆军型步枪的轻量级枪管设计。当然，新枪械
在设计上还对原型枪苏制91/30式步枪的两片
式弹盒断续装置进行了修改，并采用了新的
握把（两片式互锁桦木部件制成），该枪械
的生产一直持续到芬兰所称的"继续战争"
（1941—1944）之后，直到该枪的芬兰生产商
沙科公司被出售给芬兰红十字会，以避免该公
司的设施遭受苏联控制。

极具讽刺意味的是，西蒙·海耶的狙击
职业生涯并未因某位苏军狙击手的绝杀而突然
中止，而是因为他在芬军内部被任命为一个突

图67　冬季战争时期的几种苏军轻武器

照片很可能拍摄于1939—1940年的冬季战争，也可能是第
二次世界大战爆发后苏芬之间的"继续战争"。德国全面
侵苏后，芬兰人重新夺回了之前在冬季战争中割让给苏联的
领土，图片中显示的是被芬军缴获后启用的苏军当时装备的
主要轻武器。中间士兵背携着的是m/26型拉赫蒂-塔罗兰塔
式轻机枪（有时也被归为自动步枪），其左边士兵携带的是
AVS-36步枪，右边的是SVT-38型步枪。[军事博物馆，赫
尔辛基（Sotamuseo, Helsinki）]

击小组的负责人而告以终结。带着一支索米冲锋枪（Suomi，而不是他最喜欢的莫辛-纳甘式步枪），他在一次率队突击中，被苏军的1枚步枪或机枪子弹击中面部，弹丸打掉了他的左半边下颌。幸运的是，他并未丧命而是从战场上被救了回来，经过持续的昏迷和漫长的治疗，直到1940年3月13日他才苏醒并逐渐康复，而此时残酷的冬季战争已经结束了。

战争结束后，海耶因受伤严重又持续经历了超过20余次手术，以重建他的受损的下颌和上颚，并最终于1941年5月顺利出院。出院后，海耶返回了他的农场，在之后1941—1944年的"继续战争"（对于这场1941年6月25日至1944年9月19日再次爆发于苏芬之间的战争，芬兰方面称其为"继续战争"，这是为了将其与之前的"冬季战争"联系起来，削弱外界对其参与纳粹德国对苏联进攻的指责）期间，他继续作为志愿役参与了对苏军的作战，但其间他的狙击经历并不成功。第二次世界大战结束后，他仍返回农场度过了余生。2002年4月1日，西蒙·海耶在芬兰哈米纳的一所老兵医院里去世，并被安葬在鲁奥科拉赫蒂。就其狙击战绩来看，他可能是迄今最为致命的狙击手。

从狙击的角度看，苏联可能是第二次世界大战中最为有效利用狙击手及其狙击战术的国家了。苏联的狙击手们不仅大量杀伤纳粹德国的军人，而且其女狙击手也在整个战争期间，做出了其他国家军队类似力量所无法企及的贡献。事实上，苏联红军著名的女狙击手柳德米拉·米哈伊诺夫娜·帕夫柳琴科（1916—1974）在战争期间获得了经确认的309次狙杀的战绩，同样被列入有史有来最具效率的狙击手之列。根据当代俄罗斯历史学者的考证，当时苏联红军共有45名女狙击手取得了超过60次的击杀战绩[1]。

---

[1] 一些有关苏军狙击手的资料可通过以下网站访问：http://airaces.narod.ru/snipers。还可参考 A. I. 贝古诺娃于2014年所著《死亡天使：1941—1945年的女性狙击手》（*Angels of Death: Women Snipers, 1941–1945*），这本著作也是关于战争中苏联女性狙击手生平、使用武器及装备最为可靠的信息来源；以及柳芭·维诺格拉多娃2017年撰写的《复仇天使》（*Avenging Angels*），该书在可读性上非常出色，但有些资料及信息仍存在争议，这些内容似乎更多地基于个人回忆，而非官方的记录。

图68-1　战争中的芬兰狙击手西蒙·海耶

冬季战争期间的西蒙·海耶，图中他使用的是新型莫辛-纳甘狙击步枪，但实际上他在战斗中并未使用该型步枪，相反他更喜欢使用久经考验的m/28-30型步枪。

图68-2　战争中的芬兰狙击手西蒙·海耶

战争结束后，海耶因面部受伤而接受了多次面部塑形外科手术，以修补他受损的颌骨，图片中他穿着芬兰军队的少尉军服。（芬兰官方照片）

残酷的卫国战争期间，根据苏联宪法赋予所有人权利与义务平等的观念，大量女性被征召入伍，苏联红军尽管仍由男性占多数，但因战争大量兵员损失，所以很大程度上放开了战场对女性的禁忌。大量苏联女性参军后一开始还从事着医护、卡车司机或其他行政岗位。但随着德军越来越深入苏联境内以及持续大量战损，后方难以及时补充兵员后，任何动员抵抗的办法都被想到并付诸实施，苏联女性逐渐担负起越来越多的战斗职责。

对于受到重视的狙击手而言，苏军在战争期间建立起多所狙击手学校，并投入大量资源和努力（尽管这在其他国家并不常见），招募并训练有潜力的男女官兵接受专业的狙击训练。事实上，被派往狙击手学校的一些应征男女，之前曾在位于共青城的苏联共产主义青年团训练营地接受了竞赛性的运动射击训练；而另一些受训士兵则来自苏联广袤的边疆区，他们在那里就已锤炼出了出色的狩猎射击技巧。而在战争爆发的10年前，即1931年，苏联政府曾下令所有适龄进入小学的男女少年都应该强制接受基本军事训练，其中自然也包括射击术。

战争期间，苏联还涌现出很多有关狙击的人物，比如费奥多西·斯马尔雅彻夫（Feodosy Smalyachov）（1923—1942），他就因激励狙击手们刻苦训练而备受赞扬。1941年秋天，他在被德军围困的列宁格勒发动了"人民运动"，激励被困苏联军民的信心和斗志；当时，德军对该城久攻不下，准备以长期的封锁彻底消灭苏联军民的抵抗意志。斯马尔雅彻夫在最初未获得苏联政府支持的情况下建立一处射击学校，以提高受训军民的精度射击技能，但可惜的是，他并未活到他的射击学校受到官方认可并发展壮大的那一刻。但毫无疑问的是，他的努力极大促进了苏联军民抵抗德军进攻和封锁的行动。

在卫国战争初期，苏军的狙击手力量主要来自招募的猎人，以及诸如共青城"伏罗希洛夫射手"及类似准军事组织培养的、掌握一定狙击技能的官兵。例如，1927年1月成立的"苏联航空–化学建设援助协会联盟/苏联国防航空化学支援学会飞行学校"（Osoaviakhim），就为苏联武装部队训练了大量的预备役官兵，

图69 卫国战争中的苏军狙击手

照片拍摄于1943年的苏德战场，图中是
苏军著名狙击手伊万·彼得罗维奇·默
克洛夫（144杀），他当时隶属于第203
步兵师，使用的是标准的Obr.91/30型
莫辛-纳甘狙击步枪（适配PU型瞄准
镜）。（苏联官方照片/俄新社）

其中包含很多狙击手。至1941年时，该组织不仅宣称拥有1400万成员，而且还在基辅、列宁格勒和莫斯科等地开设了设施齐全的射击学校。这些准军事组织对狙击手的训练方式各不相同，但总体上它们在战争中培养了数量惊人的、掌握了精度射击技能的人员。例如，纳塔利娅·科瓦苏娃和玛丽亚·波利瓦诺娃，就曾在这类机构中担任教官，她们获准前往前线与德军作战前，就已在莫斯科共产主义步兵师至少培养了26名女性狙击手，但这两名经验丰富的狙击手同样都在1942年牺牲于前线。

卫国战争期间，苏联狙击手群体的卓越表现很快就使他们成为战争中的传奇，多名狙击手宣称其狙杀战绩超过500人。例如，第4步兵师的米哈伊尔·伊里奇·苏尔科夫（702次狙杀）、先后隶属于第71和第95近卫步兵师的弗拉基米尔·加夫里诺维奇·伊尔比夫（至1944年12月31日狙杀次数达到601次）、第260步兵团的阿哈特·阿杜尔哈科维奇·阿梅茨亚诺夫（1907—1950，534次狙杀）、以及第1122步兵团伊凡·米哈伊洛维奇·谢多连科（1919—1987，500次狙杀）[1]。

谢多连科仍然被一些人认为是最高狙杀纪录的保持者。因为那些毙敌数量超过他的其他人，实际上战绩来自使用机枪或冲锋枪实施突击冲锋时所取得的，或者基于政治原因故意为其战绩"注水"，以便突显出苏联狙击手比他们憎恶的芬兰狙击手——海耶拥有更为优秀的技战术水平。毕竟，西蒙·海耶在"冬季战争"中，一直保持着击毙苏军军人数最多的狙击手的纪录。

第二次世界大战中，苏军狙击手无疑还参加了不少宣传活动，例如柳德米

---

[1] 在本书中，涉及的这些苏军狙击手俄语名字主要采用直译的方式译出，相关标准遵循1958年颁布的《英国国家标准2979》。但不幸的是，仍有不少俄语人名、地名或其英文的直译方式相互间相差很大，使其难以鉴别其真正的名称。

拉·帕夫柳琴科和弗拉基米尔·皮切林采夫[1]就曾在1942年秋季离开前线，前往美国和英国进行政治宣传；至于，很多其他出色狙击手的战绩，也在各种杂志文章、耸人听闻的中篇小说中得到渲染和美化。当然，他们的很多故事和战绩确基于一定的真实事件，当然，不管这些故事对普通读者有多么大的吸引力或震撼力，但英国和很多国家的狙击手团体并不真地认为他们的那些眩目战绩就完全是真实的。例如，英军上尉克利福德·肖尔就严厉地阐述认为：

> 我认为，没有什么比涉及第二次世界大战中苏联狙击手及其战绩更适合用"胡言乱语"形容的了。如果我们相信读到的每一份有关苏军狙击手毙伤德军官兵数量的报告，那么令人惊讶的是，为什么会有如此多的德军留在西北欧与美、英等盟国军队对抗。当我写这篇文章时，英国媒体几乎每周都刊登有关苏军狙击手英勇战绩（成百上千的德军死在他们的枪下）的新闻或故事，我不认为我夸大了事实。通常而言，每名狙击手狙杀战绩超过100名德军非常普遍。"一枚子弹结果一名敌人"，是个广泛流传的口号，有时我甚至会读到一名苏军狙击手以128枚子弹毙伤了127名德军，或者以189枪命中187名德军等等。
>
> 战争结束后，我曾询问过很多曾在东线与苏军作战的德军幸存官兵，特别是他们对苏军狙击作战的看法。他们告诉我说，实际上在东线作战时他们很少遭遇苏军的狙击手，这与在西线与美、英军队作战时基本没什么不同，我们都知道这一点；我还曾遇到过一些苏联红军官兵，并在1945年夏天时见识过他们的射击技术。如果以他们当时的射击技巧作为标准，我认为苏军狙击手实际上的毙伤战绩应该将宣传数字除以

---

[1] 弗拉基米尔·尼古拉耶维奇·皮切林采夫生于1920年，曾在第11步兵旅服役，现在通常被认为在战争中取得了456次成功的狙杀战绩。

100，或许这可能更接近事实的真相[1]。

　　当然，还令人感到奇怪的是，关于芬兰狙击手西蒙·海耶的505次狙杀战绩，肖尔准备无异议地接受并承认，考虑到他的战绩是在1939—1940年持续不到100天的冬季战争中所取得的，可能会觉得他可能对苏联本身存在偏见。如果海耶能在这么短时间内迅速取得惊人战绩，为什么在战况更加激烈、规模更大的苏德战争中红军狙击手就无法在3年的战争时间中取得更高的战绩？

　　考虑到肖尔的出身和家庭背景，可能更有益于客观看待他的言论。肖尔出身于英国的中产阶级家庭（根据1911年英国人口普查资料，他的父亲曾经是旅店老板），英国的中产阶级显然对苏联布尔什维克存在着强烈、根深蒂固的偏见与不信任。当然，平均而言，英国人对苏联的看法偏负面，特别是1939年苏德签署互不侵犯条约后更是如此。在德军启动"巴巴罗萨计划"全面入侵苏联后，这种情况（英国对苏联的负面观感）几乎没有多少改变。对于斯大林一直督促盟国在西线开辟对德国的第二战场，以减轻东线红军压力的要求，这部分西方人对此感到愤慨和厌恶，他们甚至对当时盟国开辟的向苏联提供军援的北极线感到不满，在其看来将这些物资提供给苏联就是一种浪费，还不如留在国内。

　　当然，逐渐地，随着战争的进行，来自东线的恶劣且残酷的战况"贯穿"西方人的偏见与不信任所形成的"迷雾"，使越来越多的西方人了解到苏德战场真正令人恐怖的事实。因此肖尔低估苏联狙击手及其残酷性的问题，正在于他仅看到一些信息而主动忽略了其他信息，比如苏德战场的巨大规模、持续时间以及双方投入数以百万、千万计的军队。例如，长达数年的列宁格勒围城与反围城战、双方围绕斯大林格勒进行的激烈战役，在这些战事中无论哪一方取得胜利无不付出惨重的代价。如果当时肖尔知道战争中苏联至少损失了900万军队，另有超过

---

[1]　克利福德·肖尔上尉于1948年撰写的《与英国狙击手共同向第三帝国挺进》，第95—97页。

2200万人受伤[1]，肖尔可能就不会那么刻薄了。

而且，如果他知道德国方面损失了多少人，以及这些损失是如何造成的话，他可能就会以不同的态度看待狙击手和他们在战争中的贡献了。肖尔承认，苏联人中有很多杰出的神枪手，他们精于射击并因此而在战争中取得个人的成功，但他并未意识到这批人的规模有多大，以及红军在规模化培训狙击手方面努力的程度，或者说他没想到红军中的很多出色的狙击手都是女性的事实。令人惊讶的是，（在一系列低估地评价苏联狙击手在战争中的努力时）他甚至就未提及瓦西里·扎伊采夫或柳德米拉·帕夫柳琴科等狙击界的名人，即便这两名狙击者在1945年战争结束前就因其战绩获得了标志性的地位。

在现今俄罗斯的国防部档案馆里，仍留存着很多战时的纪录文件，包括卫国战争期间各部队的阵中日记。为了消除人们对当时苏联宣传机器的怀疑（当时他们就充分"消费"了帕夫柳琴科、扎伊采夫的英勇事迹，以及充满活力但却不幸阵亡的罗扎·沙妮娜），很多历史学者和研究人员详细翻阅了这些原始档案，对于很多苏军狙击手战时极高狙杀战绩的问题，有观点认为由于当时统计和确认战果的困难，很多此类战果存在着夸大的嫌疑是相当有可能的。

例如，罗扎·沙妮娜曾称，"狙击手在战场上遂行任务时，你可能会向目标

---

[1] 实际损失可能曾（而且现存仍）处于争议之中。根据当前俄罗斯官方的估算，即1993年由克里沃舍夫大将担负调查委员会主席进行调查的结果，第二次世界大战中因"所有原因"导致的"军事人员死亡人数"（至少）达到8806453人，受伤的人数达到22610148人。这是些令人惊愕的数字，但其一经提出仍因估算得过于保守，几乎立即受到各方的抨击。2008年，一项由俄罗斯国防部中央档案馆进行的研究表明，第二次世界大战中苏联死亡和失踪的军人总数达到14241000人，而一些人士甚至认为此数据仍被低估了。除此之外，战争中的民事人员的损失可能更加难以分析和明确，比如1993年那次调查中通常认为苏联在战争中丧失和失踪的军民总数达到2660万，但这仍认为有可能被低估。导致战争中军民伤亡人员估算不准确的限制因素，包括战争前斯大林在大清洗中损失的人口数量，战争初期被德军包围的苏军作战部队无法提供可靠有效的伤亡统计数字，以及人口普查过程中固有的不准确性等，这导致通常所预测的伤亡数量和规模难以达到较可信的程度。此外，战争中被俘人员因囚禁和强迫劳动而导致的伤亡（根据苏方和德方不同的统计估算数据也是相差悬殊），这类数字的准确性也难以保证。

射击很多次，而且现场的复杂情况及紧急的氛围下，在完成向目标击发后可能并不知道是击毙还是仅仅射伤了目标"。此外，在对机动目标（比如奔跑中的人）实施狙击时尤其存在问题，特别是在狙击距离较远、目标被命中的情况时，更难以判定。因此，即便考察这些战时记录，其中的内容或战果无疑或多或少存在着疑问。但公平地说，战果被"注水"的情况无法避免，同样也存在着未能及时鉴别并认可狙杀战果的情况（记录中战果可能被"缩水"）。而且在战场上，即便是狙击手要想实现对目标一击必杀，仍是非常困难的。例如，根据柳芭·维诺格拉多娃2017年撰写的《复仇天使》中的内容，利季娅·巴基伊娃，在战争结束很久后官方宣称他狙杀了78人，但实际上她的"真实战绩"可能达到150人甚至是200人。

此外，在1943年前，似乎并未通过什么经审批的"狙击战果认定指导"，而独立的鉴别、确认狙击战果的可靠性也始终存疑。这些因素无疑影响着列宁格勒前线以及之后在斯大林格勒战役中苏军狙击手战果的认定。当然，无论是上级还是狙击手本人，都希望准确记录自己的战果情况，特别是个人更希望结果更准确些，但一些存在疑问的战果认定始终存在着。约瑟夫·皮柳申在其著作《东线的红军狙击手》中，就收录了他在1943年8月6日因狙杀德军数量达到55人而获得苏军"红旗勋章"的证明文件的照片（最终，他的狙杀人数达到124人）。正如前文所提及的，这些战争中认定的战果可能或多或少都存在着一些受到质疑的部分。类似地，1942年2月22日，在列宁格勒前线，叶夫根尼·尼古拉耶夫参加当地防御苏军组织的一次"狙击手竞赛"优胜者的颁奖仪式，根据2017年《苏军狙击手》一书中的描述，弗拉基米尔·皮切林采夫的狙杀战果被确认为达到102次、伊凡·维兹利夫斯特夫达到134次、彼得·戈利琴科达到140次（其最终变为225次）。就此而言，根据尼古拉耶夫自己的估算，他的战绩达到76次。

针对2010年对（第二次世界大战时苏军）狙击战果提出的质疑声音，克拉夫季娅·卡卢基娜认为那些结果很大程度上是可信的，根据当时苏军的规定，一名狙击手如果向上级报告了1次狙杀战果，其前线堑壕里的指挥官及其他现场目击者必须签署一份（有关此狙杀）记录，之后相关狙击手还要带着确切的证据向上级表明他的狙杀是经确认的。克拉夫季娅·卡卢基娜还认为，在战场环境下，要清楚地确认每次狙杀的结果，比如某个目标被命中倒下后是受伤还是被击毙，几乎是不可能的事，因此通常处理的办法是只要被狙杀的目标"倒下"后，就被认为是一次"成功"狙杀。例如，在斯大林格勒战役中，双方利用城市废墟进行进攻或防御，在当地支离破碎的城区战场环境中，观察并确认每次狙击的结果实在是件非常困难的事。

也有一些狙击案例中，狙击手在作战中被敌方命中，尽管其受的伤并不致命，但在当时的战地环境中，却有可能使对方宣称杀死了他们。例如，皮柳申、尼娜·伊萨耶夫和贝拉·莫罗佐娃等人都曾在被敌方弹丸命中后幸存下来（一些弹丸甚至击中他们眼部附近，经常被判定为命中头部直接击毙），有时狙击时命中目标头部的钢盔后会使其直接向后倒下，使得其看起来像被击毙（但实际上可能并非如此）。当然，即便每名狙击手的战果中减去10%的可疑战果，第二次世界大战期间苏联狙击手们也确实做出了重要贡献，为其他国家的同行们树立了难以企及的标准。

在第二次世界大战期间，作为一名狙击手以及在战场上发挥应有的作用，不仅仅需要实施精确射击，他们有时也会被编入突击部队像其他普通步兵一样冲锋陷阵，在这种情况下他们毙伤的敌人数目往往不会被计入其狙杀战绩。因而，这也意味着类似费奥多尔·马特维维奇·奥赫洛普科夫（1908—1968）这样的狙击手，他在卫国战争中作为第1243、第234和第259步兵团的轻机枪手实施突击作战时，虽然曾有毙伤上千名敌军的战绩，但这并不能被计入他作为狙击手的429次狙击杀的战绩。

当然，有时仅有1个狙杀纪录的狙击手，如果他的目标具备足够高的价值的话（例如敌方的高级指挥官），也可能会比拥有100个狙杀战绩的狙击手发挥更关键

图70　第二次世界大战中苏军的两人制狙击小组

卫国战争期间，两人制狙击小组是苏军狙击作战的标准编组形
式，一人负责射击，另一人则负责观察，两人相互支持防止因
疲劳导致整体作战效能下降。图中苏军狙击小组装备栓动式
Obr.91/30莫辛-纳甘狙击步枪（适配PE型瞄准镜），他们正在
一处河堤寻找一块合适的狙击阵地。（苏联官方照片/俄新社）

的作用。因此，走上战场的狙击手往往会优先选择敌方军官等高价值目标，而非那些普通士兵。因而，可以看到苏联红军女狙击手利芭·鲁戈娃在其242次狙杀战绩中，包括了118名军官。在1980年进行的一次访谈中，她回忆称"我们一直被告知，尽可能狙杀德军军官，这将摧毁其（指挥的）整支部队，这正是我们当时所做的"。

因此很多苏联狙击手尽管在作战中做出了重要贡献，却单纯地因战绩而难以列入最顶尖的狙击手，他们往往非常有耐心地在战场上潜伏、观察，直到德军的某个军官出现在视野中，以这样的方式挑选并狙杀目标，当然无法取得更好的战绩。例如，来自西伯利亚哈巴洛夫斯克下诺夫哥德卡塔尔地区的马克西姆·帕萨（1922—1943），在斯大林格勒战役中这名赫哲族的猎人就是被埋没的狙击英雄。此次战役中，他的战绩并不高，只有236或237次，但其中大部分都是德军的各级军官，但不幸的是他最终死于1943年1月22日苏军突击一个叫佩西昌卡（Peshchanka）的村镇的战斗中。阵亡前，帕萨在苏军第117步兵团服役，其间他更为该团培养了很多狙击手，其中大部分人都是西伯利亚的原住民，这些狙击手在战争中据信共取得了775次成功的狙杀战绩。

另一位苏军著名狙击手谢苗·丹尼洛维奇·诺莫科诺夫，1900年8月生于远东一个村庄的鄂温克族家庭（北亚的原住民族，现属于俄罗斯外贝加尔边疆区）。他7岁时就跟着家人外出打猎，在远东的雪原和针叶林中狩猎麋鹿等动物，练就了出色的射击技术。战争爆发时，诺莫科诺夫正准备成为一名木匠，但征召令将他带入军队，最初他在军队中从事杂役，比如为伤员制作担架和拐杖等。然而，不久之后诺莫科诺夫就显露出他在射击方面的天赋。

很快他就被上级调入一个狙击手分队，并作为一名出色狙击手参与了苏军在之后的一系列作战，其战斗足迹包括苏芬边境的卡累利阿地区、乌克兰、东普鲁士和中国东北（第二次世界大战末期参与对日作战）。在东线对德作战时，他的狙杀纪录据称达到360杀，之后转战远东对日作战时又取得7或8次狙杀战绩。1973

图71-1　苏军狙击手马克西姆·帕萨和伊万·谢多连科

上图是马克西姆·帕萨（1922—1943），是苏军在斯大林格勒保卫战中最英勇的狙击手
之一。

图71-2 苏军狙击手马克西姆·帕萨和伊万·谢多连科

上图是苏军狙击手伊万·谢多连科（1919—1984），他曾取得了极高的战场狙击战绩，后因作为狙击手教官而在苏军中闻名。（苏联官方照片/俄新社）

年，诺莫科诺夫去世于下诺夫哥德卡塔尔地区他的家乡，那里正是1928年他刚成为一名木匠走向战场的地方。

在第二次世界大战期间苏军涌现出的大批出色狙击手中，最著名的莫过于瓦西里·格里戈里耶维奇·扎伊采夫，他也是《一名红军狙击手的记录》（*Notes of a Russian Sniper*）的作者，该书曾多次再版。至于扎伊采夫本人，也是1973年威廉·克雷格的著作《兵临城下：斯大林格勒战役》一书及之后好莱坞同名电影的主角。

瓦西里·格里戈里耶维奇·扎伊采夫生于1915年3月23日，自他少年起就在乌拉尔的群山中掌握了射击的技巧。当卫国战争爆发前扎伊采夫就已参军，当时他作为苏联海军的一名军士在军中服役，并驻扎在远东符拉迪沃斯托克。战争爆发后，他志愿前往前线杀敌。从海军转入陆军后，他成为一名红军高级军士，在东线证明了自己作为一名精确射手的潜力后，扎伊采夫被调往第1047步兵团。1942年9月17日，他和他的同伴被编入红军第62集团军参加了斯大林格勒保卫战。

瓦西里·扎伊采夫的回忆录，使世人重新回想起第二次世界大战东线残酷的战地，成片化为废墟的工业区和居民点，到处是燃烧的残垣断壁和被击毁的飞机、坦克，苏德双方成建制的部队经常在能够互掷手榴弹的距离内突然遭遇；或者按今天的话说，进攻的德军与防御的苏军在这座已成为废墟的城市里进行着城区近距离作战。

在这样的环境中，扎伊采夫很快证明了他的价值不仅仅只限于一名狙击手，而且他也能够像教官一样带出更多的狙击手。在战场上，他还非常善于各种伪装，习惯每次击发后就迅速撤离原狙击阵位，令德军难以发现他的踪迹。他还对苏军的狙击小组战术进行了创新，比如运用6人制狙击分队（分为3个两人制小组，并将其分为中间和左右两个侧翼小组）相互掩护展开观察和狙击。此外，像很多其他苏军狙击手一样，在担负观察和狙击任务时扎伊采夫喜欢从己方防御阵地隐蔽前出至接近敌方防线的地域伪装潜伏。

图72 苏军狙击手

图中，（在某处前线的）瓦西里·扎伊采夫（左）正在教导两名狙击手。这两名学员大背着步枪，意味着照片可能是当时摆拍的。扎伊采夫手中的是91/30型莫辛–纳甘式狙击步枪（适配PEM型光学瞄准镜）。（苏联官方照片/俄新社）

此类狙击战术的运用，与第一次世界大战时加拿大陆军印第安狙击手所采用的战术较为相似（参见本书第3章内容），这与德国狙击手的战术形成了鲜明对照，后者更喜欢留在己方防御支撑点及隐蔽处进行潜伏和狙击。

1943年1月，瓦西里·扎伊采夫与所在部队参加了一次对德军防线的突击，作战中他被1枚迫击炮炮弹弹片击中，暂时丧失了视力无法再进行狙击作战。之后经过康复后他又重返前线，至大战结束时他被提升为陆军上尉军衔。1943年2月卫国战争激烈之时，他因出色的表现被授予"苏联英雄"的称号，同时还累积获得4枚列宁勋章、2枚红旗勋章，以及一大堆其他各式勋章与奖励，这使他成为战时苏军中受勋最多的狙击手。大战结束后，他定居于乌克兰，并成为苏联一座纺织厂的负责人，1991年12月15日他因病逝于基辅。

令人遗憾的是，有关扎伊采夫一生精彩经历的回忆录很少流传于世，战后他尽管也回忆了此前的战斗过程，但都相对较短，而且其主要内容都围绕着他在斯大林格勒战役中的经历而作。至于苏军其他的知名狙击手，类似的回忆录则非常少见。当然，叶夫根尼·阿德里亚诺维奇·尼古拉耶夫可能是个例外，他不仅写了自己的回忆录，而且与其他狙击手进行了大量交流，并据此形成了一部有关狙击历史的著作。

叶夫根尼·阿德里亚诺维奇·尼古拉耶夫，1920年9月1日生于坦波夫。1940年10月被征召入伍，此前他一直在戏剧院里从事布景设计师的工作。入伍后，他成为驻卡累利阿的第154步兵团的一员，该团是苏联内务人民委员会（NKVD）的直属部队，之后随着列宁格勒围城战打响，他很快参与了列宁格勒前线的战斗。随着战事展开，尼古拉耶夫所在的师、团被打散，接着他与残余部队转隶到第42集团军下属的第21步兵师（内务部辖）第14步兵团。

在首批部署到列宁格勒的苏军狙击手中，尼古拉耶夫在战场上迅速体现了他的价值，自1941年10月25日至当年11月30日，他就狙杀了43名德军（其中仅在11月29日就击毙了11人）。战斗中，他被授予红旗勋章，并获赠一支崭新的狙击步

枪——很可能是一支1940年式托卡列夫式步枪（附PU型望远瞄准镜）。至1942年
5月1日，他的狙杀战绩达到124人；1942年8月5日苏联《真理报》报道称，尼古拉
耶夫已狙杀了187名德军，其中包括在3天里杀死了104名法西斯匪徒。1942年12
月，在经历了一次严重的战伤后，尼古拉耶夫被送往后方治疗，伤愈后因不再适
宜从事狙击作战而转入苏军的反情报部门"斯莫升"（Smersh）服役。因而，他
的狙击战绩也就停留在了324杀的高度（其目标名单中包括一名德国将军）[1]。

　　类似的，苏军著名狙击手伊万·谢多连科在战争中取得了重要战绩，只是
很多事并不为人所知。与其他那些从普通士兵成长起来的出色狙击手不同，谢多
连科在德军发动对苏战争时就已经是一名苏军的少尉。他不仅拥有出色的射击技
能，而且还是一名极为优秀的教练，很多拥有极高战绩的苏军狙击手在其成长过
程中，或多或少都接受过他的狙击课程培训。大战期间，谢多连科与其他狙击手
一样，重复着前线、负伤治疗、再回到前线杀敌的生活，直至1944年6月4日他第4
次负伤后，伊万·谢多连科被调离前线，前往后方专门培训更多的狙击手，据信
很多由他总结的狙击战术与技巧，至今仍在广泛运用。

　　理论上，狙击手的狙杀只有在有目击者的情况下，他的战绩才能被认定；因
此，每次成功的狙击都需要得到同伴或其指挥官的认定。瓦西里·扎伊采夫就曾
证实称：

　　　　（进行狙击时，小组里的）其他人会监视目标的情况，我并非唯一
　　享受这种待遇的人。作战中，各狙击小组每天都记录、验证每名狙击手
　　的战绩。每名狙击手需要目击者的验证，才能确认他的战绩。战时确实
　　是这样，我比一起战斗的其他狙击手的狙杀战绩都要高一些，萨沙·格

---

[1] 叶夫根尼·尼古拉耶夫经历了整场战争，战争末期时他随第23炮兵师下属第96榴弹炮旅进攻至柏林德
　　国国会大厦（Reichstag）区域。战争结束时，他已获得上尉军衔，战后他成为一名记者为坦波夫·特鲁
　　德（Tambov Trud）报工作，之后在普希金图书馆工作。2002年2月22日，叶夫根尼·尼古拉耶夫去世。

里亚泽夫的确认签名可以证实这一点[1]。

针对狙击手最优选择仍是狙击手，因而在各国狙击手群体中，有一些更为出色的战士还专精于反狙击行动。在进行类似作战时，他们的成功更加来之不易，有时还会被敌方的宣传故事所误导，比如现在大众所熟知的瓦西里·扎伊采夫与德军王牌狙击手科宁少校（Major König）之间，或者柳德米拉·帕夫柳琴科与"奥托·冯·辛格"之间的对决[2]。反狙击，对于互为"猎人与猎物"的双方而言，都是风险极高的任务，其过程也可被称为真正的"艺术"。例如，在瓦西里·扎伊采夫的回忆录中，他描述了自己在得知德军也派出了水平高超的狙击手后所做的精心准备，包括长时间伪装潜伏、各种装具和设备，甚至需要时他还准备了一个假人。根据他的著作，扎伊采夫回忆道：

> 纳粹德军经验丰富的狙击手，通常会在他们机枪火力掩护下潜伏进入其狙击阵位，每名狙击手会有两三名助手，他们担负着协助狙击手观察并为其提供保护的职责。有时，他们也会像"独狼"一样单人出击。在面对这样的对手时，我通常会假装自己是个新手，或者就是普通的步兵士兵。通过这样的措施，希望迷惑对手，使其丧失对我的警觉，或者只是和他们玩一会儿。为了狙杀这样的敌人，我会设置个诱饵以引诱他先开火，这样我才能发现他们潜伏、伪装于何处。就这样，纳粹狙击

---

[1] 瓦西里·扎伊采夫所著2015版《一名苏军狙击手的记录》（Notes of a Russian Sniper），第91页。

[2] 毫无疑问，这些故事都以事实为基础，因为这些发生在最具经验的狙击手之间对决的战术细节都较为合理。当然，在与其对决的德军狙击手中，一些人很可能仅是从当地招募，而非来自德国国内。扎伊采夫的回忆录中的内容或许具有可信性，但苏军宣传部门很可能为这些故事添加了不少内容。类似的问题在安东尼·比弗于1998年撰写的《斯大林格勒：1942—1943决定命运的围城》（Stalingrad: The Fateful Siege）一书就被质疑。类似顶尖狙击手对决的故事还有很多，包括第一次世界大战中澳军狙击手比利·沈与奥斯曼土耳其帝国狙击手"伟大的阿卜杜勒"在1915年加里波第战役期间，被认为曾发生过的对决。

手很容易被我这样伪装的阵前目标所吸引，并不再留意我。一旦时机合适（比如他被其他目标吸引并分散了对我的注意力），我会很快设置起我的诱饵，比如用绳子牵动可以移动的钢盔。只需几秒钟，我的诱饵就可能引诱其开火，同时就能很快将目标狙击手的头部套进我的十字刻线中[1]。

在这些苏军狙击手中，遂行反狙击使命最为成功的，莫过于来自第81步兵团的瓦西里·伊万诺维奇·古隆索夫，至1943年7月底他取得了422次狙杀战果，其中包括70名德军狙击手；此外，在这一排行上占据前列的，还包括第54步兵团的柳德米拉·帕夫柳琴科（309次狙杀，36名狙击手）、第580步兵团的江布尔·叶申威维奇·图拉耶夫（313次狙杀，30名以上狙击手），以及第81近卫步兵团的叶菲姆·帕夫洛维奇·克亚纳夫（1944年9月之前，200次狙杀，30名狙击手）。

苏军狙击战绩最高的女性狙击手，是第54步兵团的柳德米拉·帕夫柳琴科，她在战争中射杀了309名敌人，尽管她早在1942年就因战伤而不得不中止前沿的狙击生涯。紧随其后的是利芭·鲁戈娃（242次狙杀），尽管关于她的排名可能仍存在争议。通常认为，奥尔加·亚历山德罗芙娜·瓦西列娃完成了185次狙杀的成功，在她之后的是叶卡捷琳娜·扎达诺娃（115次）、茵娜·塞曼诺娃·穆德莱索娃（143次，1918—2000）、戈纳娅·贝芮蒂雅哥（148次）、娜杰日达·"尼娜"·帕夫洛夫娜·彼得罗娃（122次）和塔吉亚娜·伊戈纳亚纳·克斯齐娜

---

[1] 瓦西里·扎伊采夫所著2015版《一名苏军狙击手的记录》，第201页。

（120次，1893—1945）[1]。

在这些女性狙击手中，最知名的是柳德米拉·帕夫柳琴科。1916年7月12日，柳德米拉·贝洛娃出生在乌克兰的白采尔科维（或译作"白教堂市"），在学校求学期间就因怀孕而嫁给阿列克谢·帕夫柳琴科[2]。因在校怀孕，她被迫辍学返回家乡，不久后柳德米拉·帕夫柳琴科离开村庄去了基辅。在那里，她一开始在农场务农，之后作为车工在当地的兵工厂工作，其间她经过夜校学习获得了高中学历证书。在这之后，她又通过了进入基辅大学的入学考试，并于1937年在该大学开始进行为期5年的历史学科的学习。

在她只有十几岁时就参加了射击俱乐部，并在那里用她的5.6毫米口径TOZ 3-8步枪赢得了很多射击竞赛的名次。1941年夏，当德国开始入侵苏联后，她是第一批提出参军与纳粹战斗的志愿役女性。但参军过程并不顺利，她不得不向招募

---

[1] 其他出色的狙击手还包括塔里·维琴尼克（155次狙杀）、由纳塔利娅·科夫绍娃和玛丽亚·波利瓦诺娃组成的狙击小组（两人在1942年阵亡，据称这两人小组完成了317次狙杀）。戴维·特鲁比其撰写并发表在《轻武器评论》上的文章《第二次世界大战中的苏军女性狙击手》中，还提及一些战绩出众的苏军女狙击手，包括兹芭·甘涅娃（Ziba Ganieva）（据信达到近300次狙杀）、维娜·佐利金（Vrna Zworykin）（原文如此）1974年以上校军衔退役，自1941—1943年期间她曾是所在部队的顶尖狙击手……根据苏联方面的记录，她在1942年夏的战斗中单独狙杀了85名德军……另一名苏军女性军官（同样是名狙击手）则是塔莉·武齐尼奇（Tari Vucinich）（原文如此）她曾在乌克兰作战……据信在1944年被德军战机炸死前已成功狙杀了155名德军。还有，在一些苏方资料中，记载了苏军女少尉兹芭·帕夏·奇兹·甘涅娃（Ziba Pasha qizi Ganieva）的狙杀战绩，她于1923年8月20日出生，卫国战争中她应征入伍成为第3莫斯科步兵师的狙击手。她在战争中狙杀了21名德军，有时还充当无线电操作员和侦察兵，但在1942年的战争中她在战场上受重伤，其服役生涯似乎已近尾声。2010年，她死于莫斯科，当时称自己在战争中射杀了129名德军，但不清楚所有这些战绩是否包括她用冲锋枪杀伤的人数。

[2] 对于阿列克谢·帕夫柳琴科，目前几乎没有资料幸存下来，她可能比柳德米拉年长很多岁，在后者回忆录中也未提及他，根据现存于俄国防部中央档案馆的资料，他可能在战争中丧生。柳德米拉的儿子，罗斯季斯拉夫·阿列克谢耶维奇·帕夫柳琴科据信出生于1932年，之后从莫斯科大学法律专业毕业，并在克格勃的高级学校度过了16年的教学生涯。之后他因身体健康状况而以上校军衔从军中退役，2007年去世。

的军官反复说明她的射击技能后，才得以从军[1]。

进入军队后帕夫柳琴科先成为一名列兵，被编入第25步兵师第54步兵团，并立即参与了保卫黑海沿岸重要城市敖德萨的战斗，之后又随部队一起撤往塞托斯托波尔，参加了后续的要塞保卫战。使用栓动式Obr. 91/30型莫辛–纳甘式狙击步枪，她取得了自己狙击生涯的第一个100次狙杀。在她的回忆录中，记录了1942年3月时的战况：

将军冷静地、甚至有点毫无感情地看着我，接着他以低沉沙哑的嗓音说道，"中士同志，为了前线的胜利，我以我的名义授予你这支狙击步枪，用它毫不怜悯、绝不留情地打击那些法西斯分子"。

接着，我们师长的副官递给我一支配着瞄准具的崭新SVT–40型狙击步枪，它适配的瞄准具是最新的PU型，比之前的PE型瞄准镜更短、更轻。而且更妙的是，在瞄准具的金属管身上还清楚地刻着一行字："100。授予取得了第100次成功狙杀的L. M. 帕夫柳琴科同志及其狙击小组。第25步兵师I. Ye. 彼得罗夫少将"。拿到这支枪，我庄严地向师长回答道，"为了苏联"，接着低头亲吻步枪泛着烤蓝的枪管[2]。

即便大多数存世的照片（包括一些可能在她从前线返回后方后拍摄的照片）表明她只使用过托卡列夫式狙击步枪，但被授权的这支狙击步枪无疑表明帕夫柳琴科曾使用过当时红军的两种标准狙击步枪。当然，一些拍摄于1942年3月初有关她的照片，包括她在战后撰写的回忆录，都表明她在战争期间更经常使用的仍是那支莫辛–纳甘式步枪。至1942年5月，已晋升为中尉的帕夫柳琴科已取得了257次狙杀的战绩，但由于整个战局仍处于德军战略进攻期间，她还是随部队从克里米

---

[1] 应征时，帕夫柳琴科身材娇小且衣着整洁，招募军官几乎不相信她能在战场上承担战斗任务，她不得不反复向持着怀疑态势的招募军官解释她拥有出色的射击技巧，摘自2015年出版的《女狙击手》（*Ya-snaiper*）一书，第31页。

[2] 2015年出版的《女狙击手》一书，第89页。

亚半岛撤离至其他地区并继续战斗。1942年6月，在战斗中她被1枚迫击炮弹片击中腿部，考虑到她的卓越功绩，以及在宣传方面的巨大价值，苏联军方将她撤出战斗。

1942年底，帕夫柳琴科和其他几名取得极高狙杀战绩的狙击手，包括第11步兵旅的弗拉基米尔·尼古拉耶维奇·皮切林采夫，作为苏联代表团的成员被派往美国和英国，向西方宣传苏联正在东线对法西斯德军进行的绝死战斗，以期争取更多同盟国的援助。在完成这趟宣传使命后，她返回苏联并被授予了"苏联英雄"的荣誉勋章。当然，此时她的价值已变得非常炙手可热，因此苏联军方不可能冒险再让她重返战场，一旦她在前线阵亡将对苏军的士气造成沉重的打击；故而，军方违背了她继续重返前线杀敌的意愿，将她安排到后方担任教职以培训更多的出色狙击手。战争结束时，她获得了少校的军衔，并于1947—1953年期间在苏联海军司令部任职（担任助理研究员），1974年10月10日她离开了人世。在她的军旅生涯中，除了获得过一次"苏联英雄"的勋章，她还获得了2次"列宁勋章"以及其他几种战功勋章。在她去世前不久，帕夫柳琴科对她的职业生涯做了简短的描述，而她的回忆录亦在其死后出版。

德军方面，则将这名出色的女狙击手称为"死亡女士"，她无疑拥有高超的狙击技巧，并在女性狙击手的战史上占据着最高纪录者的地位。她的战绩无疑受到外界的质疑，这意味着在外界看来，她更多地靠宣传而不是事实赢得荣誉；但不幸的是，尽管当时苏军人员的记录可能澄清她受到的误解，但西方研究者仍无法直接使用这些一手资料。当然，帕夫柳琴科并不是唯一一个在侵略者心中制造恐惧的女人，很多红军的女性狙击手同样令德军肝胆俱裂，这批女狙击手甚至在德军内获得了"钢铁女性"〔德文原称，Flintenweibe（women of steel）〕的称号[1]。作为一个群体，她们虽然年轻但非常专业，这可能部分地源于苏军征召她

---

[1] "*Flintenweibe*"的昵称，也被翻译为"枪炮女士"（Gun Women），因为德文"*Flinte*"作为后缀时，可指代霰弹枪或运动步枪。

图74 苏联女狙击手柳德米拉·帕夫柳琴科

柳德米拉·帕夫柳琴科在撤离塞瓦斯托波尔后，于1942年底被苏联派往美英等国争取各国对苏联卫国战争的援助。

们时所采用的标准，包括接受过充分的教育，具备射击天赋等。相较而言，很多男性狙击手在受教育程度方面有所欠缺，有的甚至无法准确书写自己的名字。

曾经，知名的美国文化及人类学家玛格丽特·米德（1901—1978）在一次对女性狙击手的访谈中记录道，"对于被唤醒的女性而言，保护她们的子女、她们的家庭或祖国，是不惜代价的。这里没有什么所谓的'骑士精神'，她们会一直战斗，直至将侵略者彻底杀死"[1]。

这些杰出的女性因为战争而不得不走向战场。当战场爆发时，柳德米拉·帕夫柳琴科仍在大学研习历史，卡拉夫迪亚·潘特利耶娃在只有15岁时就进入一家兵工厂工作，亚历山德拉·梅德韦杰娃一边在学校学习同时又用假名字在一家纺织厂工作，而1941年6月时尼娜·洛伯科夫斯卡娅仍是一名学者并且她在进入狙击手学校前正开始接受卫生员的培训。

在苏军的女狙击手中，经历最为有趣的，莫过于尼娜·彼得罗娃，大战爆发时她已身为人母、形象上完全不像苏联宣传中那些20多岁的年青女狙击手。尼娜·彼得罗娃，于1893年6月27日生于奥拉宁鲍姆，之后她的家庭迁往了圣彼得堡。在她父亲死后，她的母亲独自抚养了5个孩子，因此在她完成小学学业后就进入了一家商业学校以尽快谋生。成年后，她曾短暂前往符拉迪沃斯托克，之后带着她的小女儿返回瑞威尔（今爱沙尼亚首都塔林的旧称），并在一家船厂作工谋生。

业余生活中，尼娜·彼得罗娃热爱运动，是一名多才多艺的运动员，而且还拥有良好的射击天赋。因此，1930年中期彼得罗娃成为当地共青团射击学校的教练，并在1939年赢得了全苏运动射击竞赛的奖金，此时她已年届46岁。战争爆发后，她志愿参加军队并前往列宁格勒前线，但考虑到她的年龄最初并未被准予以狙击手的身份参与前线的战斗。1943年时，她的年纪似乎已不再适合作为狙击手

---

[1] 摘自戴维·特鲁比（David Truby）在其撰写并发表在《轻武器评论》上的文章《第二次世界大战中的苏军女性狙击手》。

参战了，但由于战事激烈以及她在射击方面的优秀表现，帮助她战胜了偏见和质疑，并重新拿起了狙击步枪走向前沿。很快，她就在前线取得了自己的第一个狙击战绩，至1944年1月16日时，她已消灭了11名德军。

至1945年5月1日时，她的战绩已升至122人，但不幸的是在次日夜间她因一次车辆事故而丧生。彼得罗娃离世时留下一位女儿，她还有一位孙女，在她离世前所记日记中曾简短地写道，"对敌人的强烈憎恶驱使着我，一名50岁的妇女，来到前线。我在战斗中杀死了32名纳粹，之后与我的朋友康斯坦丁诺娃一起为训练更多出色的狙击手而努力。我们总共培养了774名优秀的狙击手。我们的学员在战斗中击毙了超过2000名德军。"[1]

1942年3月16日，苏联国防委员会颁布法令，要求为每个步兵分排编配3名狙击手，这意味着一个连将配备9名狙击手，而一个步兵团将拥有87名狙击手。这意味着各级部队大量狙击手空缺，为解决此问题苏联军方于当年3月20日在距离莫斯科不远的维什尼亚基（Vishnyaki）建立了"狙击手—教官中央训练学校"，用于大量培训各级部队所需的狙击手。当年11月，培训工作全面展开，当时有超过1000名教官和3100名狙击手学员（含450名女性狙击手）在该学校受训，至1943年1月对战时需求的490名女性完成训练，正式成为狙击手。为进一步拓展女性作为狙击手参战的渠道，1943年5月21日由诺拉·乔戈达伊芙负责的中央女子狙击手训练学校开办，诺拉·乔戈达伊芙是一名参加过西班牙内战的老兵狙击手，且拥有丰富的经验。至战争结束时，这些培训机构向苏军各级部队输送了大量的男、女狙击手，例如在1942—1945年间共有1885名女性狙击手/教官在苏军中服役，而从1943年6月至1944年4月不到一年间共有1468名（含407名教官）分三批

---

[1] 摘自一篇网上文章"哪些传闻中的狙击手被称为'母亲尼娜'，以及为什么"？可访问：http://rusarticlesjournal.com/1/19906。

图75　苏联女狙击手伊丽莎白·米罗诺娃

伊丽莎白·米罗诺娃于1944年在战斗中阵亡，死前她已取得了100次对德军的成功狙杀。她的步枪是当时标准的91/30莫辛–纳甘步枪（配备PE型光学瞄准镜）。（苏联官方照片/俄新社）

在该学校受训[1]。

1942年5月21日，苏联军方为表彰军中的出色狙击手专门设计了一种"狙击手徽章"，以此激励那些战绩不那么突出的普通狙击手。同时为进一步提升各级部队狙击手的能力，他们还将简化的狙击训练课程移往前线，直接为一线部队有成为狙击手潜质的射手提供培训。据称，战争期间总共有40万名苏军官兵或多或少接受了类似培训，可被称为"神射手"。

例如，如果一名女性士兵想要成为狙击战士，她的年龄需要在18～26岁之间（少数情况也可能超龄），她们需要拥有出色的视力，还需要完成"7年基本教育"，出身清白没有家庭问题。苏联方面的战时记录表明，至战争结束时，共有808名女性狙击手获得了"杰出狙击手"的称号，她们的狙杀战绩总计达9994杀。

21世纪初，俄罗斯曾努力寻访那些参加过卫国战争至今仍在世的女性狙击手，其中除了因宣传原因而广受瞩目的柳德米拉·帕夫柳琴科，其他很多人大多已淡出了历史的记录，尤其是战后由男性主导的军事叙事框架下，更难寻得她们的踪迹。

在她们仅存的只言片语的回忆录中（尤其是战时的那些档案仍难以查阅）[2]，仍能使我们了解当时苏联是如何训练他们的狙击手的。事实上，苏联比其他大多数国家都要早地展开狙击手的培训工作，可能是此前世界大战给予他们的教训过于深刻，因此苏联很早就意识到狙击在战场上的价值。现在看来，这些做法可能并无出彩之处，但在当时却非常有远见。

例如，苏军很早就意识到两人制狙击小组的战术价值，两人交替进行观察、射击和相互掩护，以便保持整体的注意力和持续作战能力，并减少因持续潜伏导

---

[1] 迈克·马科维茨撰写的《带枪的母亲：第二次世界大战中的苏军女性狙击手》，发表在2013年11月19日，其中给出的狙击手及教官总数达1885名，但此数字可能包括那些在特种女性狙击手训练中心建立前，在中央狙击学校受训的人员。

[2] 例如，可参见A. I. 贝古诺娃于2014年所著《死亡天使：1941—1945年的女性狙击手》一书。

致的疲劳。同时，苏军不仅强调狙击手的射击技能，还要求他们具备出色的观察、伪装技能，以及在射击时强调一击命中的重要性等这些现代狙击作战需遵循的主要原则。

卫国战争期间，苏军狙击手的职业生涯通常都较为短暂。毕竟战争的残酷性决定了每个人都有可能在下一次狙击任务中阵亡。因此在战争结束时，苏军众多的女性狙击手中仅有500余人幸存下来，这大约只占其群体总量的1/4，据信（可靠的数据仍非常缺欠）女性狙击手的阵亡率与他们的男性同胞基本相似，这也表明了战争的残酷性。曾在苏联军中服役的卡拉夫迪亚·潘特利耶娃就回忆称：

一旦遂行狙击作战任务，我们会昼夜潜伏持续监视、观察，有时两人制狙击小组会轮流休息始终保持着警惕。有一次我和我的伙伴马鲁西娅·契赫文采娃一起执行任务，我们的狙击阵位是一处炮兵观察哨，我将步枪从掩体的一处射击孔伸出去，隐蔽在防护胸墙慢慢伸出头去观察外界德军的防御阵地。此时，德国人可能也部署了狙击手观察着我们所在的位置。双方就这样对峙着，持续至我觉得眼睛有些疲劳后，我开始和马鲁西娅换班，她抓紧准备并对我说，"好吧，让我来监视他们"。她站走来，从我旁边的胸墙凑上去，当天是个大晴天太阳光清亮地斜照在我们所在的潜伏阵地，但不幸的是她在换班过程中不小心移动了狙击步枪，导致枪上瞄准的物镜出现了移动。接着，当她把头伸出去后我就立即听到一声枪响，她应声向后倒下。天啊，我大声尖叫起来，德国人就在离我们所在位置约200米处；我的尖叫声如此之大，以至于整个己方防线堑壕内都能听到我的哭叫声，接着几名士兵冲进掩体对我说，"安静、安静，他们会循声发射迫击炮弹"。但我如何能镇静？她是我最好的朋友啊。[1]

---

[1] 摘自阿尔特姆·德拉布金对克拉夫季娅·卡卢基娜的采访记录，发布在2010年9月21日。

图76 第二次世界大战中苏军的功勋女狙击手

从左至右依次为：柳波芙·马卡洛娃，卡拉夫迪娅·潘特利耶娃和罗莎·沙妮娜。〔苏联官方照片/俄新社〕

尼娜·洛伯科夫斯卡娅曾是一名非常成功的狙击手，战争结束时她甚至已被任命为第3集团军狙击手部队的负责人。对于战争，她有以下回忆：

　　一天，相当意外地，我从我的狙击步枪瞄准镜中看到一名穿着白色衬衣、高领夹克，并戴着鸭舌帽的德国人。当时我真的很震惊，他离我们那么近，我立即开始估计他距我的距离，并迅速瞄准他。我很快就开了枪，子弹并未完全命中他的头部，只是打在他的帽檐上并击碎了帽徽，或者只是使他受了些轻伤。他立即意识到自己被狙击手瞄准了，因此向我所在位置挥了挥拳，并消失在我的视野中。我仍记得那个德国人的样子，而且我得说，那是个相当英俊的年轻人。那天晚上，我失眠了，我一直在想着白天射击时的每个细节；当狩猎游戏开始之时，我们就已互锁了对方，我能感受到他是一名狙击手，而他也能感受到我。

　　我和那名德国人的对决持续了一周。在这些天里，有一次，我突然疏忽了一下，让他观察到了我。他立即就向我开火了。子弹相当精准地击中我的步枪后瞄准具金属部件上，接着成为跳弹打中了我的头盔内侧太阳穴的位置，让我受伤流了不少血。当我看到流出的血时，我只想起一件事——有力地还击。所以我一把将同伴的狙击步枪取来，变换了一处隐蔽位置开始观察刚才可能向我射击的隐蔽潜伏点。我知道那个德国人一定正藏身于某处，也在静静地看着我这边。双方的对峙仍继续着，我很快看到一处灌木丛上圆弧形的轮廓，可能是他的头盔，接着我瞄准轮廓下部一点的位置，扣动了扳机。我不知道是否命中了他，但至少在观察时那里未再射出瞄准我们的子弹。之后，通过审问俘虏，当时的情况才清楚起来，那名德国人并不是狙击手，他只是对狙击技巧感兴趣，并通过射杀我们的士兵练习其精确射击技术。尽管如此，我迄今仍记得当时我那一枪未打中他时，他握紧着手向我挥舞时的样子[1]。

至少在第二次世界大战东线战场上，狙击手并未因他们的专业技能而受到更多优待，如果形势需要或者他们的精确射击技术不再重要时，他们将像步兵一样参与行动，这时他们会换下自己的狙击步枪重新拿起冲锋枪或轻机枪；而女狙击手们，这时则会担任医护人员的职责。因此，可以看到卫国战争期间，很多女狙击手不仅留有狙杀敌人的战绩，还有拯救己方战伤官兵的记录。

除了步枪，狙击手们还会随身携带几枚手雷，不得已时，狙击手们用以击退近距离内的威胁，同时它们也被狙击手"非正式地"视作最后的自杀武器。在当时的战场上，被俘的狙击手如果被敌人迅速射杀，可能就其本人而言仍不失为幸运的结果，大部分被俘且未能自杀的狙击手，往往会在被杀之前遭受无法想象的恐怖刑罚折磨。

在这方面，女狙击手尤其容易受到伤害。现存的很多文件表明，在苏德战争中，很多被俘的苏联女狙击手在被行刑处决前，就已备受折磨甚至是拷打得肢体不全。当然，她们在面临被俘的风险时也会有另一种选择。例如，1942年8月14日，至少根据幸存者的目击称，纳塔利娅·考夫肖娃因之前战伤过重而未能跟上撤离的己方部队，因此她和同样受伤的同伴玛丽亚·波丽瓦诺娃留下几枚手雷，在德军进入她们所在的堑壕时拉出了保险销，以自己的生命最后换掉了几名倒霉德军士兵的性命。

战争之前，苏联狙击手的武器配备相当传统。但开战后，大部分狙击手的主武器配备（根据苏联在战时公布的照片判断）大多以Obr. 1891/30型及其衍生型步枪（即帝俄时期设计生产的莫辛-纳甘系列步枪）为主。之所以为狙击手们选择这款枪械，因为它的精度较高，且苏军使用这型步枪的时间较久，库存和维护都极

---

[1] 摘自尼娜·洛伯科夫斯卡娅的回忆录。

为方便。在用于狙击时，苏军会为其加装PE或PEM型瞄准镜（这在第4章中有所描述）。

1940年时，苏联当局似乎已相信，可自动装填的托卡列夫式步枪，是取代只能手动抛壳装填的莫辛-纳甘式步枪的最好选择。1940年，新型步枪的制造逐渐加速，至当年10月时，被称为"托卡列夫狙击步枪"（SNT）的新枪型开始装备苏军狙击手，而老式的莫辛-纳甘式栓动式狙击步枪（即1891/30系列）的生产则被

中止。

托卡列夫狙击步枪（SNT），实际上只是一些经过精度筛选的标准SVT狙击步枪。有证据表明，标准托卡列夫步枪的射击精度相当不稳定。例如，德军对缴获的苏军制式步枪进行过精度试射，它们仅能在100米距离上精度射击的弹着群，其直径达到12厘米；而且也无特别的研究显示，战前苏联制造的武器的精度更优良，通常它们会好于苏联在1942或1943年战时状况下生产的同类武器（或者说，希望情况如此）。1941年时，SNT-40狙击步枪的产量达到34872支，而到1942年时则达到14210支。

当然，在采用托卡列夫系列步枪作为狙击用途时，带来了一个新的问题。枪械在击发并抛壳时，弹壳会向右上方飞去，如此即便将枪械原弹夹盒拆卸掉，其机匣上部的PEM光学瞄准镜和标准安装导轨（91/30莫辛-纳甘步枪）依然无法使用。为解决此问题，需要使用新的尺寸较短的3.5倍率瞄准具，后来苏联选用了PU型瞄准镜，它由内务部委员会（NKVD）在哈尔科夫开设的弗利克斯·捷尔任斯基兵工厂制造。1940年7月18日，经内务部相关单位

图77 苏军的女狙击手们

照片拍摄于1944年，这些苏军第2波罗的海方面军的女狙击手们装备着91/30型莫辛-纳甘狙击步枪，适配有PU型光学瞄准镜。（苏联官方照片/俄新社）

审批，一些早期型托卡列夫步枪，在其机匣上部采用侧臂支架方式装备上PU型瞄准镜后走下组装线；而安装支架本身则用螺丝与机匣固定。

最初的PU型瞄准镜，在其斜挡圈上带有调节鼓，这表现为透镜管表面上方凸起。瞄准具内透镜组的镜托由黄铜制成，瞄准具管体则以重量较轻的合金制成。当然，后续苏联的生产经历表明，这些瞄准具不仅结构过于脆弱，而且在量产制造上也存在着困难。接着，苏联人改进了瞄准具的设计，包括使用钢制瞄准具管体，以合金或钢构件制成各种镜片托，同时将透镜组调节鼓直接设计固定在瞄准具管体上，瞄准具研究团队很快就完成了改进，因此原型设计几乎很少为外界所知了。

PU型瞄准镜在部队的成功，很快使苏联当局将其推广到各级红军部队。红军炮兵部队的士官和海军步兵是首批为其配备的SVT-38步枪加装PU型瞄准镜的人员。该瞄准具首先在位于列宁格勒的第357国家工厂量产，至1940年底时该厂的产量达到约1.5万具，此外，捷尔任斯基兵工厂的量产也达到5700具。

但该瞄准具在交付部队使用后，相关试用经历表明，其与枪械间连接的安装基座（尽管采用了相当机巧的工程解决方案）在精确性上仍有欠缺，即不足以确保枪械射击精度每次都能"归零"。而且，考虑到其配用的91/30步枪本身精确性欠佳及其操作上的问题，这足以"损害"SNT-40型狙击步枪（两者结合后的枪械型号）的声誉。当然，也有一些狙击手善于用这款狙击步枪取得较好的射击效果（尤其是女性狙击手，这正归功于该枪射击时较小的后坐力）。例如，苏军最知名的女狙击手柳德米拉·帕夫柳琴科，在其流传的拍摄自1941—1942年的照片中，行动中她几乎都手持着SNT狙击步枪；（而同期）从苏军海军陆战队狙击手的照片中也出现过此类狙击步枪，只不过对海军步兵而言，托卡列夫步枪是他们的标配武器。

由于战事激烈，来不及展开新狙击步枪的研发，因而尽管栓动式莫辛-纳甘式步枪已很老迈，但它仍很快成为苏军广泛使用的标准狙击步枪；除该枪外，同

样存在缺陷的托卡列夫系列狙击步枪，在苏德战争初期令人绝望的防御作战阶段
（包括在列宁格勒、克里米亚半岛和斯大林格勒等战役中）仍发挥了重要作用。
尤其是半自动的托卡列夫式步枪，它的击发速度比栓动式枪械（如莫辛–纳甘步
枪）更快，例如，在进攻或突击时，射手携带有速射能力的托卡列夫步枪甚至可
在一眨眼工夫消灭对手的机枪小组。对于狙击手而言，这不仅是生与死的区别，
而且可能也事关他/她所在战斗小组的存亡。

尽管苏联军方对西蒙列夫式步枪和托卡列夫式步枪表露出矛盾的态度，他们
赞赏这些自动步枪的一些技战术性能（如射速快、精度较高），但另一方面它们
对于绝大多数仅受过有限教育的红军普通士兵来说，仍存在着过于复杂、维护保
养不易的缺陷。相较而言，在冬季战争中缴获这些枪械的芬兰军队对它们非常满
意，甚至（在战争结束后）不愿将其归还给苏军。

苏德战争期间，尤其是在大战初期，德军也非常喜欢他们所缴获的托卡列夫
式步枪，它们的火力（射速）显然更优于其自身广泛使用的Kar. 98k式步枪，而且
其有效射程又优于德制施迈瑟式（Schmeisser）全自动手枪。甚至到之后德军配发
了Gew.41（W）后，在前线缴获的几种苏制步枪，包括SelbstladeGew.258 [r] and
259 [r]（分别是苏制1938式和1940式步枪的德军编号），仍被德军认为颇具作战
使用价值。因此，在之后东线的很多战场照片中，德国国防军官兵手持苏制托卡
列夫系列步枪的形象并不鲜见。

例如，德国国防军在轻武器方面的专家，汉斯·鲁登道夫·冯·施泰因少校
（1911—2000），在战后就曾回忆称，1942年他在东线服役时就曾为自己所指挥
的骑兵中队，申请了30余支苏制托卡列夫和西蒙诺夫式步枪，以弥补自己部队的
枪械不足，他认为这些苏制枪械是提升他部队火力的有价值的保证[1]。德国陆军
最高司令部甚至还针对苏制托卡列夫系列步枪发布过专门的测试验收规范，经过

---

[1] 摘自汉斯·鲁登道夫·冯·施泰因于1976年6月12日写给作者的信。

图78　苏军狙击手和他的 SNT-40步枪

图中步枪是1940年式托卡列夫狙击步枪（SNT-40），照片清晰表明了使用网罩将枪械包裹起来加以伪装掩蔽的意义。（作者本人收藏）

测试的该型步枪就能进入德军现役[1]。

　　至1941年，苏军制造了超过100万支SVT步枪，其产量甚至逼近了莫辛-纳甘系列步枪的产量（同期共生产1066643支SVT和SNT系列步枪，同期Obr.1891和Obr. 1938g.卡宾枪等莫辛-纳甘系列枪械的产量则达到1292475支）。1941年夏，在德军开始入侵苏联后，形势出现急剧变化。当时，由于德军快速的推进使苏联损

---

[1] 摘自1942年5月7日的一份德文报纸上的文章《俄制狙击步枪的精度》——托卡列夫［Anschiessen der russischen SelbstladeGew.Tokarew（Mod. 1940）］。

失了其位于西部地区的大部分军工产能，迫使苏联迅速转入战时体制，大量受到德军威胁的军工厂停产并迁往东部地区。这时，衡量一款枪械是否继续生产的标准已不再单纯注重其性能，而是其量产经济性；就此而言，托卡列夫系列步枪显然过于复杂，不再适合战时大批量量产。此外，该枪操作维护较为复杂的缺陷也在前线反馈回的信息中大量暴露出来，混乱的局面使得苏军军方和生产厂家几乎没有时间解决这些问题，因此战时初期该型步枪的生产被迅速中止。例如，1942年时，只有278358支该系列步枪被组装交付，不足此前一年该枪交付量的1/4。因而，在这段时间里，苏军的轻武器产量主要仍聚焦于莫辛-纳甘系列枪械，毕竟它的生产极为成熟且简易，枪械也易于使用且战场勤务性、可靠性较高。

Obr. 91/30型步枪于1942年3月重新回到量产状态，而SNT系列步枪的生产则于1942年10月被正式停止。之所以停产后者，原因在于它射击时枪口焰较大（作为狙击步枪，夜间使用时易暴露射击位置），而且在击发时枪械的机械噪声较大（这也不利于狙击作战环境），同时其远射性能一般（在超过800射程后精确性急剧降低）。

1945年1月3日后，苏联不再生产托卡列夫系列步枪，而由于战时混乱的生产管理与记录，现在也很难弄清楚战争期间该型枪械的具体产量。但无疑较为明确的是，苏联至少生产了130万支1940式步枪及其衍生型，其中绝大部分在1942年之前生产，因此可以认为其总产量在战时不超过150万支（至其最后停产时）。这很大程度上是由于该枪的生产设施搬迁（造成产量急剧降低），以及该枪自身固有的问题（导致后续未再大规模量产）。

SVT步枪，在苏军内被通俗地称为"Sveta"（俄语"轻型"步枪之意），但其在部署服役期间，在某种意义上却被广泛视作一种失败的枪械（主要指性能缺陷）。当然，尽管如此，除了美制M1加兰德系列步枪的产量高于它之外，它的产量仍超过战时其他国家生产的同类大口径（7.62毫米以上）自动步枪。另外一种似乎可与其"匹敌"的同类枪械——德制Gew.43型步枪的产量，也仅达到它的约一半。就托卡列夫系列步枪而言，与M1型加兰德系列步枪相比，它某种程度上的使用操作更为复杂，战场勤务性更糟糕，但它在设计上仍有不少可取之处，例如其弹匣及接口设计更好，闭锁机构更高效，这似乎正启发了战后比利时设计ABL和FAL系列步枪。

相关试验表明，SVT系列步枪如使用现代化的弹药，可以保证其具有较好的精度和可接受的战场可靠性，而这也正意味着战时它面临的主要问题，即战时使用的凸缘7.62×54毫米规格步枪弹存在着问题，例如其在配用该枪的弹匣时，其弹底凸缘经常导致供弹卡塞和抛壳困难[1]。考虑到1917年至第二次世界大战结束时段内，苏联生产的弹药质量，很大程度上由于其糟糕的化学工业（发射药）都很一般；加之战争期间在美国《租借法案》背景下获得了大量美制枪械抑焰装置装备部队后，在使用时使得枪械机匣内积碳问题更加严重。因此，战争期间大量枪械（使用苏制国产弹药和抑焰装置后），枪械机匣内积碳很容易使枪械出现机械故障。此外，苏制枪械习惯采用较大的缠距，使其在击发重量较大的弹药（如91/30式步枪及其配用弹药）时无法使弹丸保持足够的稳定度。因而，SVT步枪在狙击远距离目标时，使用轻型弹药可获得更高的准确度和弹着密集度。

战时，SVT系列步枪还有少量几种全自动的衍生型号（如AVT Obr. 1940g.型），它们在1941年冬季和次年春季被制造，当时苏联红军极度缺乏用于阻击疯狂推进德军推进的机枪等连发速射武器，因而匆忙改进并制造了这种速射武器。有观点认为，这些枪械专门为狙击手改进和制造；但是，很难看出当时的苏军有此必要，除非他们的狙击手（比普通士兵接受了更好的训练）被视作战斗时提供局部火力支援的最佳群体。至于这些衍生型枪械中，还有一些是可选择射击枪械的衍生型，这可通过其更重的枪托分辨出来，也可通过其枪管口的两片式枪口退制器分辨（在之后苏军生产的半自动枪械上都可见到此类退制器）。

---

[1] 很多1942年制造的SVT步枪，其弹膛内有沟槽，有助于击发后弹壳的抽离和抛出。

图79 红军第二次世界大战时使用的两款狙击步枪

照片据信拍摄于1942年冬,拍摄此照片的目的是展示红军士兵为了卫国战争正尝试用狙击步枪进行对空射击。图中除91/30型莫辛–纳甘式步枪（带有固定式刺刀），还有前景中的PTRS反坦克步枪。战争期间,苏军涌现出大批优秀的狙击手,其中最知名的瓦西里·扎伊采夫就证实称,当时苏军狙击小组如果认为需要配备比莫辛–纳甘步枪更具威力的枪械时,他们会选择14.5毫米口径步枪支援狙击手的行动。这类大口径步枪,或许启发了今天使用的大口径反器材步枪。（苏联官方发布照片/作者本人收藏）

在战时拍摄的苏军照片和影片中的半自动步枪，几乎全都是托卡列夫系列步枪。然而，在德军全面入侵后不久，由于苏军损失大量部队、装备以及很多兵工厂停产内迁，这几乎实质性地迫使苏军将所有能找到的武器（以及那些能短期内迅速量产的枪械）都拿出来投入战场，比如当局曾重新翻修了之前冬季战争中使用的少量AVS–36型步枪（冬季战争后它们被大量存入库房）。至少在1941年时，这些枪械被部分地改造成狙击步枪（在其机匣左侧装配特制的基座，使其能安装1部PEM型光学瞄准镜）重新配发给部队。

但在实战中，AVS型步枪被证明因太轻而不适合全自动射击使用，而且它的一些部件易断裂使其在部队中的名声不佳。当然，它的可靠性和射击精度还算说得过去，因而其狙击型号被限制在只能进行半自动射击。至于战后仍留存了多少该型步枪，则没人说得清楚；毕竟其产量（1934—1940年间）仅有约6.58万支，因此战后留存至今的，可能仅有数百支。

战争中托卡列夫步枪衍生的狙击型号在部队服役期间糟糕的表现，迫使苏联军方不得不重新启用老式Obr. 91/30g.型莫辛–纳甘狙击步枪。为了适应狙击作战需求，军方主要为莫辛–纳甘步枪配用短筒PU型望远瞄准镜，这款瞄准镜同样也广泛出现在SNT狙击步枪上。PU型瞄准镜在尺寸、重量和易用性上比其前作——PEM型瞄准镜更为优越，就实用性而言，PU型瞄准镜性能已足够了（尽管很少有人意识到）。当然，它也存在缺陷，最大的问题在于它未设计有聚焦调整环，PEM瞄准具也存在同样问题，这意味着瞄准时射手的眼镜很容易疲劳（通常其焦距被设定为115~120毫米），只有拥有较好视力的射手才能充分发挥其作用。此外，它的前物镜采用平面设计，缺乏遮光保护罩（或者说物镜固定框架未凸出），这使得在野战环境下当阳光处于特定射入角度时，它很容易反射阳光使敌人觉察到射手的存在，这意味着战时敌人可能发现狙击手潜伏的位置并实施火力覆盖。

为将PU瞄准具安装在Obr. 91/30g.型莫辛–纳甘狙击步枪上，还需要改进其安装基座，包括为机匣后部枪机外部（左侧）用两条支架及螺丝安装一块基板，瞄准具再通过螺丝与此基板相连。此安装连接装置由D. M. 科什托夫设计，包含1个整体式安装卡环（一前一后两个安装卡环），它通过基座前端的球套系统与基板导轨相连，另有1枚较大的滚花头螺丝以一定角度安装在基板后侧。基板后侧还设定有高度调节螺丝凸耳，通过旋转它可调节基板上瞄准具的俯仰。

除此之外，战争期间对枪械本身设计的改动很少，鉴于1942—1943年间苏联军工系统所经历的混乱，其间生产出绝大部分枪械的抛光处理和机加工标准都有所降低。1943年底，为降低生产成本，枪械的枪托部分采用层压板材制造，但这种配置似乎只限于图拉兵工厂出产的步枪。通常，这些层压质材的枪托，在强度和抗扭转刚度上，至少与以往由整块硬木制成的枪托相同。大多数战时生产的莫辛-纳甘系列步枪，由位于伊热夫斯克的兵工厂制造。当然，要在战时大量生产的各型步枪中，分辨出到底生产了多少狙击步枪无疑非常困难。据现有数据统计和估算，在1939年前，可能的狙击步枪总产量约为54160支，它们皆配备有PE型和PEM型望远瞄准镜，大部分在图拉的兵工厂生产组装，而在1942—1958年间，苏联则在伊热夫斯克的兵工厂至少生产了27.5万支配备有PEM和PU瞄准具的狙击步枪。在1943—1945年间，图拉的兵工厂并未大量量产狙击步枪，但所有出自该厂的狙击步枪都配有PU型瞄准镜。

据信，苏联在战时生产的各类步枪（含狙击步枪）时涉及了大量的工厂和生产设施，但具体细节（如各类下属配套生产厂等）较为缺乏。至1945年时，苏联至少已有5家工厂具有生产狙击用精密光学瞄准镜的能力。这些瞄准具上的标识，采用不同的简易透镜或棱镜图案设计，可通过这些图案辨别它们不同的生产厂家。当然，这些镜片标识下部都刻印着同样的图案——苏联的镰刀铁锤徽记，以及之上的一颗小红星。

在残酷的实战中，Obr. 91/30g.式莫辛-纳甘狙击步枪被证明是一种出色的枪械。尽管它研制于沙皇俄国时代，但一直沿用到苏军新一代SVD型（德拉古诺夫式）自动装填狙击步枪出现为止，后者最早在1958年才开始大规模试用；而此时，伊热夫斯克的兵工厂仍在制造最后一批莫辛-纳甘系列狙击步枪。1963年，苏军正式用SVD狙击步枪取代老式的莫辛-纳甘步枪。在冷战期间的局部战争中，很多Obr. 91/30g.式莫辛-纳甘狙击步枪重上战场，它们作为军援由苏联提供给越南，其优越性能迫使在战场上与越南军队对阵的美军官兵时刻小心，避免不必要的暴露。

仅1941—1945年间苏军就生产了超过25万支莫辛-纳甘系列狙击步枪，如果不从性能上而从数量上看的话，它无疑是两次世界大战中最重要的狙击步枪。

大英帝国的狙击步枪

第二次世界大战前夕，英国陆军历经超过10年研制试验的狙击步枪——No. 4 Mk Ⅰ型于1939年11月15日问世，它将用于替代老式的No. 1 Mk Ⅲ*（SMLE狙击步枪的完善版本）。当然，1938年当纳粹德国吞并奥地利继而于1939年进入捷克斯洛伐克苏德台地区后，英国上下就已意识到迫在眉睫的战争威胁；在此情况下，英国陆军意识到当时恩菲尔德兵工厂生产的枪械（包括恩菲尔德式步枪、布伦式轻机枪），以及BSA兵工厂（主要制造伯朗宁机枪、博伊斯反坦克步枪、SMLE Mk Ⅲ步枪，同时其位于小希思厂区生产布伦式轻机枪部件及其弹匣、位于雷迪奇厂区生产的贝萨式机枪）需加快生产。

为应对战争威胁，英国当局不仅很快决定在本土建设新的枪械生产线，还在第二次世界大战西线战事爆发、英军刚经历敦刻尔克大撤退的黑暗时刻（撤离只挽救了大部分英军赴欧陆远征军官兵的生命，他们携带的大量武器装备则被抛弃），立即与北美军械生产商签约新的采购合同。在战争初期，这一举措却较为成功，当时位于北美的爱迭斯顿、雷明顿和温切斯特等兵工厂，专门为英国生产了大量P/14型步枪，英国可能考虑到由这些美国工厂的生产并不会遭遇多少问题。

为应对战时特需，BSA公司很快在伯明翰的雪莉区、靠近利物浦的兰开夏郡以及莫尔特比的约克郡城，新建了多处皇家军械生产设施。大战中，在1941年2月13日，No. 4 Mk Ⅰ步枪以及No. 4步枪所配用的多款刺刀——Mks Ⅰ型（该型已明显过时）、Ⅰ*型、Ⅱ型和Ⅱ*型均在这些工厂生产。

据信，莫尔特比皇家军械厂最早在1940年8月就交付了该系列的No. 4 Mk Ⅰ型步枪，接着在1941年6月从BSA公司的生产线上生产了首批25支该型步枪，同年7月其在法扎克利的工厂产量达到300支。1941年，这些军械厂的产量急剧提升，至当年12月时已向英国军方交付了12749支步枪。

战争初期，生产线调试导致产量难以提升的同时，英国军方同样也努力将2000支No.1 Mk Ⅵ Model B和No.4型步枪，升级至No.4 Mk Ⅰ步枪的标准。No.1 Mk Ⅵ型步枪与No.4 Mk Ⅰ在外观上的分辨标志，包括前者机匣枪机部位左侧的枪机滑动槽位置较低，同时两种枪械的枪托设计也略有区别。

不久后，No. 4型步枪在抱怨声中大规模量产并配备部队，军方对其质量，包括粗糙的边缘处理以及机加工工艺等都颇有微词，同时由于其采用了"矛式"刺刀，全枪长也有所减少。具有讽刺意味的是，（与其长度相比）枪械的新型刺刀不如老式1907式步枪的剑式刺刀更为有效。

两种枪械在长度上的不同，很大程度上是由于刺刀的安装方式。No.1 Mk Ⅲ*（SMLE）步枪设计有一个较重的护木罩，其剑式刺刀安装在其上面与枪械相连，这使其距离枪管口有一段距离；而No.4步枪的刺刀及基座，尽管比前者的剑式刺刀更轻，但它直接与枪管口部相连[1]。

战争期间，No. 4系列步枪的设计也有所改进（当然这只限于少量部件），其

---

[1] 向枪管上加装刺刀，可能对射击精度造成意外的影响。英国的步枪学院曾在1908年7月进行过试验，表明固定安装有刺刀的俄制Obr.1891式莫辛-纳甘步枪，在对200码标靶射击时，弹着会向下偏离24英寸、偏左约5英寸。

图80　英国狙击手及其使用的No.4 Mk Ⅰ（T）型狙击步枪

图中这名英军狙击手是名左撇子，他使用No.4 Mk Ⅰ（T）型狙击步枪。注意
为加强伪装效果，他使用网罩包裹头部（而没戴钢盔或军帽），同时依托于战
场自然植物后进行瞄准射击。当然，他未对枪械及其瞄准具采用伪装措施，或
许这意味着该照片实际拍摄的是英军的训练活动。（作者本人收藏）

主要目的也是为简化枪械的生产，以便大规模加速量产。
因此，几种No.4系列步枪的衍生型号拥有不同的后照门、不
同数量的膛线，英国军方在1941年对其进行了测试，它们
一直服役至1945年7月。在战争中后期制造的枪械，为节省
制造材料，枪托底板还采用了压铸锌合金板、枪托部分则
采用质量较次的木材，至于背带吊环则采用粗金属丝扭结
塑形而成。对此，克利福德·肖尔印象深刻。

　　他回忆称，很多战争初期生产的枪械质量都很糟，甚
至一段时期以来军方对该型号的枪械非常头痛。例如，为
确保枪械枪机正常运行，在使用前需要针对枪机部件做各
种的维护，枪械的后瞄准照门出现横向松动几乎无法准确
瞄准，弹匣存在卡弹故障，枪膛内抛光工艺粗糙（缺乏足
够的机加工处理），以及各部件制造和组装公差较大等。
很多枪生产质量都很糟糕……战时生产的产品，使其与设
计时纸面的性能数据相差甚大[1]。就我的观点而言，No. 4系
列步枪经不起战场上的粗暴操作和使用，尤其是它的可靠

[1] Mk Ⅲ*型步枪的瞄具，较Mk Ⅲ型的瞄具有了相当大的改进，两者间的
　　差别主要在其与枪械连接的滑锁卡槽的设计（Mk Ⅲ*步枪的瞄具更为稳
　　固）。当然，No.4 Mk Ⅰ（T）型步枪同样可适配Mk Ⅰ型瞄准镜。肖尔在
　　其最初的著作中认为Mk Ⅰ改进自Mk Ⅲ，但实际上并非如此。

性在战场条件下较SMLE.步枪更差。

No.4 Mk Ⅰ*型步枪于1942年6月14日获得批准，在美国和加拿大的兵工厂进行生产，然而直至1946年时它仍未真正大规模部署部队。其间，它经历了很多改进，比如扳机的转轴点被调整到枪机套件的下部（这比Mk Ⅰ型的设计更好，其扳机的转轴位于扳机护圈/弹仓底板组件的前部），但几处主要的枪机部件（如触点头、枪栓等）未被修改。将扳机直接与枪机组件相连接，确保了扳机与其阻铁之间的连接不再因持续射击导致过热或后枪托变形的影响。

在第二次世界大战期间，BSA和皇家兵工厂共生产了202万支李-恩菲尔德式步枪[1]。讽刺的是，产自加拿大和美国的No.4系列步枪比产自英国本土的同系列枪械还要多，达到约215万支，主要是No.4 Mk Ⅰ*型步枪（尽管No.4 Mk Ⅰ型步枪的产量较少）。其中，产自美国新泽西州朗布兰奇、加拿大多伦多的此类轻武器达到约91.1万支，而美国马萨诸塞州奇科皮萨维奇轻武器公司则生产了约123.6万支该型步枪（其中1196706支枪械通过美国政府提供给英国）。

1939年9月3日英国正式向德国宣战。但在此之前，英军内部的部分人士就已意识到狙击手的重要性，但实际上配备望远瞄准镜可用于狙击用途的枪械却远远满足不了需要。因此，英国陆军对库存中的No.3 Mk Ⅰ*（T）进行了改装，为其加装P/1918式望远瞄准镜，但这种瞄准具仍采用的是一次世界大战时潜望镜透镜组设计。

此外，为了装配更多狙击步枪，英军还将一批1921年SMLE步枪上安装的奥尔迪斯瞄准镜拆解下来，由格拉斯哥的亚历山大·马丁公司负责安装到400支No.3 Mk Ⅰ* W（F）步枪上（用特制的不可拆卸的瞄准具安装基座适配枪械与瞄准具）；No.3 Mk Ⅰ* W（F）步枪，实际上是由温切斯特公司制造的P/14 Mk Ⅰ型步枪改型。这样组合而成的狙击步枪在英军内部被称为"No.3 Mk Ⅰ*（T）

---

[1] 英国BSA公司共交付了66.5万支该型步枪、其中737000来自莫尔比特兵工厂，法扎克利兵工厂则生产619913支。

A[ldis]"狙击步枪，它的瞄准具安装基座置于枪机部位左侧，以适应位于枪机右侧的弹药装填口。

1942年2月12日，L.o.C. § B6861发布No.4 Mk Ⅰ（T）狙击步枪，除此之外发布的枪械及部件还包括"彻斯特，轻武器，No.15 Mk Ⅰ""瑞斯特，彻克，望远瞄准镜步枪"，以及皮制背带吊索（美式）、"No. 32系列瞄准具"（适配No.8 Mk Ⅰ步枪）、枪械及瞄准具调整工具以及抛光布等。这些狙击步枪基本而言就是经过挑选的，精度较高的No.4标准型步枪，区别在于所有这些步枪都安装的是Mk Ⅰ型〔又称"歌者"（Singer）〕后机械瞄具，这种瞄具配有一个通过螺丝调整的滑动式表尺；而标准型步枪的直射用觇孔则由于会与上方的瞄准镜镜体冲突而被拆下。表尺板通常会进行不反光的烤蓝处理。

相关望远镜、观测/瞄准望远镜、枪用瞄准镜等的生产（1940年3月建议采用相关设备），在1942年2月12日英军宣布采用No.4 Mk Ⅰ（T）狙击步枪之前就已紧密展开。后续，英军还致力于发展用于配备布伦式轻机枪的3×19瞄准具，不过这种为机枪设计的瞄准具从未正式服役。

No.32 Mk Ⅰ型瞄准镜重约2磅3盎司，这是个令人惊讶的重量，但在量产的困难及部队使用初期的不便被克服后，这款瞄准具在实战中被证明非常可靠。由于设计上的原因，它的视野达到9度，在瞄准具顶端设定有俯仰调节鼓，适用调节的距离从100码～1000码不等，以每50码距离对应调节鼓上的1个步进刻度；左右偏差调节鼓位于瞄准具左侧，每个调节刻度对应2MOA。此外，瞄准具目镜端还设计有一个可滑动的黄铜挡片，可在不使用时遮蔽保护住目镜，但后续使用经验表明此设计并不成功，因而在No.32 Mk Ⅱ型瞄准镜被少量制造后该设计很快就被放弃，之后很多已生产的该型瞄准镜也将此滑动遮蔽片取消。

1943年4月23日，英国军方列装No.32 Mk Ⅱ型瞄准镜，实际上是No. 32 Mk Ⅰ型的改进型，它的两个调节鼓（俯仰和偏差）每个调节刻度进一步缩小为更精确的1MOA。至于更先进的No. 32 Mk Ⅲ型瞄准镜（1944年10月7日列装），则改进

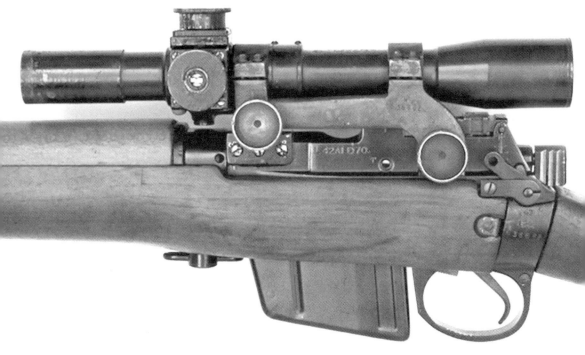

图81　适配No.32 Mk Ⅲ型望远瞄准的No.4 Mk Ⅰ（T）型狙击步枪

了瞄准具的抗后坐系统，以改善此前两款同系列瞄准具（Mk Ⅰ和 Mk Ⅱ瞄准具）偶尔会因后坐力导致无法保持"归零状态"的问题，此外前两款瞄准具的调节鼓位于瞄准具管体中心线上，（射击后坐力会导致其）略微偏移，因此这些在Mk Ⅲ型瞄准镜上都有所改进。具体而言，Mk Ⅲ型的俯仰和偏差调节装置有了较大改进，新设计上采用了一个特制工具来紧固锁定两个调节鼓，因而在需要调节俯仰和偏差时，需要额外的协助完成调节。

　　该型瞄准镜上通常还印刻着它的型号和标识，如果这些标识被污损，其透镜组上的编号有时也可用于辨识其具体型号。例如，透镜组编号为"O.S. 466A"的是Mk Ⅰ型、"O.S. 1650A"是Mk Ⅱ型，而"O.S. 2039A"是Mk Ⅲ型。

　　英国陆军的No.32系列瞄准镜，由其国内多家知名光学设备生产商制造，包括

"库克、特劳顿和西蒙"公司（标识为CTS），该公司以生产光学经纬测量设备而闻名；还包括：霍顿–布彻制造公司（标识为H.B.M.Co.）、克肖家族公司（标识为A.K. & S.）、泰勒、霍布森有限公司（标识为T.H. & CO.）、维克斯仪器公司（标识为V.I.L.）和沃森家族公司（标识为W）。至于瞄准具与枪身连接的铸铁基座，同样由多家防务承包商承制，在该系列瞄准具初期的版本上，这类基座并未标识出生产商，只印刻有"JG"和"KD"等字母或表示生产区域的标识代码。后期，基座上通常会印刻表示北部区域生产的标识码"N92"，它表示该基座由位于格拉斯哥波洛克索斯的约翰·达格利什家族大道铁艺公司生产。

大战期间，加拿大军队主要装备有No.4 Mk Ⅰ和I*型狙击步枪，与其适配的主要是3.5×24C No.32 Mk 4型瞄准镜，它由安大略省舍布鲁克的研究企业公司制造。这种瞄准具采用直管式设计，其左右风偏调节鼓位于瞄准具右侧（而非左侧）。就其实战应用而言，大部分使用过它的狙击手都认为其相较于No.32 Mk Ⅰ–III型的最大改进之处在于操作瞄准具调节鼓时，射手无需使用端持步枪的弱手。

一些加拿大生产的步枪还在战争期间配用了美国制造的韦弗式瞄准镜，通过格里芬和豪伊公司的导轨式安装基座，它由2枚螺丝和相应的支架被适配安装到枪械机匣枪机部位的左侧，但安装了这种瞄准具的狙击步枪从未大量配发部队。

针对美、加等国生产的多型瞄准镜，英军从中挑选出一些性能优良的型号，将其与No.4 Mk Ⅰ（T）型步枪适配进行测试。为使该枪能够安装不同瞄准具，枪身本身进行的改进，包括拆除不必要的附件、按最高标准对枪管与枪身的连接进行测试，重新装配了枪管前部护木，确保其不会影响枪管与枪身的连接。尤其对枪身机匣枪机部位左侧进行了精细的机加工，以便在其上面安装铸铁制望远瞄准镜基座，为便于拆卸该基座采用两枚大头拇指螺丝横向与机匣固定。

No.32系列瞄准具也与该枪适配接受了测试。针对这些接受测试的瞄准具，英军制定了较为严格的标准，不同的瞄准具与No.4 Mk Ⅰ（T）型步枪组合后，使用

7枚步枪弹在200码距离上的弹着散布为直径约4英寸的圆（在此距离上将7枚弹丸都射入直径4英寸圆区域内），提高射击距离至400码后7枚弹中6枚弹着散布在直径约10英寸的圆，才会被认为通过测试。接受测试的步枪和多型瞄准镜被编号并严格记录射击弹着散布情况[1]，以确保哪些组合能够获得所需的射击精度，即经验丰富的狙击手要能在400码距离上实现对目标头部的精确命中。

No.4 Mk Ⅰ（T）最早期的生产型号中，由恩菲尔德兵工厂于1940年6月生产的约1403支该型号步枪接受了改装作为测试步枪，之后它们被移交给伦敦的枪械生产商霍兰德和霍兰德公司。该公司在研究改进该枪生产工艺后于1942年9月开始量产该枪，至战争结束时共交付了23177支No.4系列狙击步枪（至1945年8月，该公司的其他枪械产量约为26442支）[2]。与此同时，同期BSA公司位于伯明翰雪莉区的工厂出产的枪械具有更好的精度，其位于莫尔特比的工厂主要负责完成枪械组装，大量零件则由美、加及英国国内下属承包商制造。由法扎克利的工厂生产的枪械通常则被认为质量较为糟糕。

战争期间，英军狙击步枪量产中的主要问题仍是品质控制问题。例如，有证据表明各工厂生产枪械的公差容限较高，如1943年时0.303英寸口径的枪管内径，大量样本测量的公差达到0.303 ± 0.002英寸，这意味着有时0.303口径枪管在负偏差时仅为0.301英寸，而正偏差时则达则0.305英寸。无疑，这些源自制造时的误差足以使其对射击精度造成重要的影响。

1942年，数百支斯蒂文斯–萨维奇公司生产的No.4 Mk Ⅰ*（T）型步枪被交付给英国陆军，这批步枪存世的已非常少；此外，1944—1945年间由美国朗布兰奇轻武器公司制造的1141支同型No.4 Mk Ⅰ*（T）型步枪，交付给加拿大军队，另有950支类似的步枪交付给英军（其中数百支在由美洲输往英国的大西洋途中损失

---

[1] 枪械的编号通常会标记在其瞄具上，有时也可能标记在瞄具基座上，而瞄准具本身的编号有时则会添加至枪械的枪托上。

[2] 斯肯尼顿和莱德勒合著《英国狙击步枪》（*The British Sniper Rifle*），第123页。

掉了）。

当No.4 Mk Ⅰ*（T）型步枪进入英国军队时，此时德国入侵英伦三岛的可能性已经消退，但同期英国仍处于德国空中力量的持续打击之中，而陆军也仅在海外的北非地区与轴心国军队交战。但英国陆军在北非与德、意交战的很长时间里，英军使用该枪的狙击手们并不认为它们在沙漠地带特别高效，而在北非，无论是德国还是意大利军队都未广泛展开狙击作战。

在沙漠战场，地形因素几乎无法为狙击手提供多少有效的掩护，甚至偶尔遇到的沙漠灌木丛也仅有极为有限的伪装效果。英国陆军上尉克利福德·肖尔，在其撰写的《与英国狙击手共同向第三帝国挺进》中，就特别描述了在沙漠战场上狙击手可资利用的环境伪装较少的问题：

> 在热带沙漠环境下射击，与温带地区的射击有很大不同，原因之一正在于热带气候及其对射手衣着对射击的影响。例如，热带沙漠气候，射手们通常都穿着短袖，当他们在炙热的地面伪装、潜伏或移动时，可以想象炙热粗糙的地面会对他们的手臂和肘部造成多么大的不适；反之，如果像在温带作战一样，穿着较厚的衣物，对于需要长时间伪装潜伏的狙击手而言，绝不是件有趣的事。此外，狙击手在据枪瞄准射击时，需要将枪托顶在自己的肩部，热带气候的衣着使射手在击发后坐力较大的狙击步枪时肩部受到相当大的冲击力……而且，为使用狙击步枪上的瞄准具，射手不得不将头部抬高，这使其脸颊无法倚靠在枪托贴腮的部位，即便能忍受射击时的强大后坐力，但较长时间保持此姿态无疑非常难受。

在1943年盟国军队攻入意大利半岛后，英军的狙击手才开始能够对战局做出有意义的贡献。或者说，盟军进入更适宜狙击作战的地理区域后，他们才能发挥出应有的作用，半岛多山、植被茂密，以及战争毁坏的修道院、荒凉的村庄等，这些复杂、多变的地形环境，为狙击手的潜伏和伪装提供很好的条件。

1944年6月6日，在美英盟军于诺曼底登陆后，狙击手们面临着类似的有利作战环境，无论是在诺曼底刚上陆时法国西北部及低地国家的灌木丛战场，还是之后渡过莱茵河的丛林战场地域，都非常适合狙击手们作战。然而，战场环境对于盟国和德国的狙击手的影响都是一样的，而且考虑到德军狙击手在东线与苏联军队高强度对抗取得的丰富经验及技巧，他们在西线与美、英、加军对抗时往往能占据上风。对此，美、英等国军队也意识到德军狙击手的优势（尽管这种影响更多的只是一种心理暗示）。在西线的一系列战事中，德军的狙击手通常被部署用于掩护并支持他们的机枪和轻型火力阵地，而处于进攻态势的盟军普通官兵对这些狙击手，无疑会感到非常恐惧；当然，也有很多评论声音认为，西线德军的狙击手既未经良好的训练、不具备良好的技战术水平，也未在战场上对盟军造成严重的困扰。

诺曼底登陆之后，英军开始严肃地看待狙击作战，对此类能力的重视使其迅速在本土建立了多处专门的狙击训练机构，例如在兰伯利斯建立的永久性狙击学校，他们还将大量狙击手受训学员与教官编组成多个机动的狙击培训组，随各个推进的集团军直接在战场前沿磨练其狙击技巧。在英军最富经验的狙击手教官们看来，只有靠近前沿才是最为有效的训练：

> 对于狙击手的养成而言，由有经验的教官带领亲赴战场前沿可能是战时最具效率的训练方式，正如1944—1945年英军 B.L.A.狙击学校在西北欧战场所做的那样，他们不是远远躲在前线之后，而是在所有时刻都尽可能靠近前线，全力投入实战。但在盟军推进至卡西诺一线后，狙击学校（及地中海训练中心的部分人员）……不再进入战线前沿，他们停留在战线后方约300英里（甚至更远）……完全脱离了与德军的接触。此

图82　英军狙击手哈罗德·A.马歇尔

照片拍摄于1944年10月6日，卡尔加里高地人团狙击排的哈罗德·A.马歇尔中士（1918—2013）手持一支No.4 Mk Ⅰ＊（T）型狙击步枪，该枪适配有No.32型瞄准镜，腰上的36M卵形手榴弹和廓尔喀弯刀在照片中清晰可见。第二次世界大战期间，廓尔喀弯刀不仅是优良的自卫格斗刀具，而且也是狙击手面临近距离战斗时首选的武器，近战时它与手枪配合远比枪械挂装的刺刀实用。（加拿大图书档案馆收藏，PA–140408）

时，似乎已偏离了狙击手培训的初衷，毕竟派出几名经验丰富的上士狙击手到前沿零星地参与战斗，对于战局基本上是无用的……每个在前沿的部队单位都迫切需要狙击手们的支持[1]。

至战争中后期，美、英等盟国狙击手技、战术水平已有很大提高，即便此时他们仍缺乏对狙击手广泛部署及作战运用的整体指导，这导致其狙击作战的整体运用效率并不高。对美、英盟国的很多战场指挥官而言，这尤其如此，他们很多人要么将狙击手及狙击作战视作一种"讨人嫌的行动"，要么就担忧广泛使用狙击战术会立即招致德国人的报复（比如从东线抽调经验丰富的狙击手赴西线）。

毕竟在西线，德军尽管未派出大量狙击手对美英盟军作战，但其前沿部队的反狙击经验丰富，经常在一眨眼的工夫用迫击炮或其他间射火力集中覆盖可能隐匿盟军狙击手的位置。当然，对于德国普通官兵而言，如果遭遇英军狙击手他们同样非常恐惧，因为后者据信很喜欢一枪爆头击毙作为目标的德军，而且自盟军在法国登陆以来，他们的狙击手就已在实战中被证明是极具效率的。

至1945年时，尽管英军已生产并列装了超过2万支No.4系列狙击步枪，但前线仍急缺这种狙击步枪，现在看来很可能是因为至战争结束时很多这类枪械仍留存于英国本土（未及时运往前线）。例如，当时在第6空降旅牛津郡和白金汉郡轻步兵团第2营服役的侦察狙击手丹尼斯·爱德华，曾在1944年6月6日诺曼底登陆的当日，随所在空降部队搭乘滑翔机前往西欧（他所在部队的任务是夺取位于法国西北部贝努维尔、横跨奥恩河的佩加索斯桥）。在他的回忆录中《魔鬼自己的运气》中，就描述了他在遂行狙击任务时的成功与偶尔的失败。例如，在他的书中，至1944年7月25日时，他已在法国遂行狙击任务超过6周时间，他写道"出乎我的意料，但又令我高兴的是，我直接从军械部门获得了一支崭新的狙击步枪——即No.Ⅳ Mk Ⅰ（T）型步枪；拿到它时，它被一层润滑油覆盖着，外面包

---

[1] 克利福德·肖尔上尉于1948年撰写的《与英国狙击手共同向第三帝国挺进》，第286页。

着严密的防油纸。我花了整天时间才将其清洁干净并组装调整完毕。直到此时，我才拥有一支完整的0.303口径李–恩菲尔德式Mk Ⅳ型狙击步枪，尽管它并未附配有瞄准镜，但这件新武器无疑非常适合狙击射击"[1]。

有趣的是，在美英盟军于1944年发动诺曼底登陆行动的一系列前奏行动中，包括由空降部队实施的纵深空降和特种突击中，不少参战狙击手都使用着No.4系列狙击步枪。这些空降营及伞兵部队的狙击手所装备的该型狙击步枪数量，远多于一般步兵营狙击手分排所配备的同类狙击步枪[2]。

然而，考虑到有关第二次世界大战中英军狙击手参战及其战绩的信息非常匮乏，因此难以比较英军狙击手与其苏军同行的战绩。但肯定有一些狙击手达到上百的狙击战绩，即便其无法与苏芬冬季战争或苏德战场上那样优秀的狙击手动辄达到数百人战绩相比，他们仍不失为优秀的狙击手。英军中很多出色狙击手大多未留下名字、作战纪录及战绩。或许，这可能正是英国主流意识形态（无论他们是否直接或间接参与了战争）对战争及军人的态度的反映，即包括狙击手在内的军事活动都只是一种"必要的恶"（因而这些人与事不应被过于强调，否则国家或社会就会陷入军国主义氛围中）[3]。

克利福德·肖尔在其撰写的《与英国狙击手共同向第三帝国挺进》一书中就曾描述道"在意大利，一名列兵用他的步枪狙杀了超过60名敌人，而且这些战

---

[1] 丹尼斯·爱德华于1999年撰写并出版的《恶魔自己的运气：从飞马桥到波罗的海》（*The Devil's Own Luck: From Pegasus Bridge to The Baltic*）第127—128页。

[2] 一个伞兵营编有32名狙击手，一个机降旅则编有38名狙击手，可参见丹·米尔斯撰写的《战斗的爱尔兰人》，收录在2012年版《狙击手选集：第二次世界大战中的狙击手》，第173页。

[3] 除了苏联以外，很多国家在其各类资料中似乎都"不尊重"他们的狙击手在战场上的能力。"距今70年前，（英国）狙击手经常被称为'冷血杀手'，他们常能在不必亲身犯险的情况下杀死敌人，这种态度的出现至少可追溯回拿破仑战争时代。第二次世界大战中，（在英国）那些老兵狙击手常常不愿对外提及他们在战场上的狙杀故事或使命，尤其不愿在公众场合表露其狙击手的身份，就是怕引起外界的误解"，可参见约翰·L.普拉斯特少校在他为《狙击手选集：第二次世界大战中的狙击手》所写的简介。此外，大多数（英军官兵的）回忆录中，或多或少都提及了战场上英军中不愿主动运用狙击手的指挥官们。

果经过了确认。另一名来自南非的军官则因狙杀了40名德军而获得'战功十字勋章',但不幸的是,他最后还是在战斗中牺牲了"。肖尔的这本书早在1948年就已出版,但在其著作中并未记录下这两名狙击手的名字。

第二次世界大战期间,英国轻武器军械部门借鉴、共享苏联的轻武器设计经验,而未采纳德国方面在同类武器上的设计思路,可能正是他们的重要优点之一。英国人显然不认同德国在轻武器方面的设计理念及经验,例如后者不仅接受对轻武器进行持续不断改进以提升其性能的观念(很多情况下这并未奏效),而且还非常勉强地强化其军械生产质量和纪律,这导致德国国防部(及党卫军)下属各部队/部门在采购轻武器时陷入混乱。

因此,可以看到在第二次世界大战期间英国有能力开发出性能优良、较为高效的狙击步枪型号,例如,1945年他们对新研制狙击步枪的测试结果更表明,与其他国家同类狙击步枪相比,他们的No.4 Mk Ⅰ*(T)型狙击步枪通常具有更优越的性能,而且与其他枪械的性能优势还相当大。英军最出色的狙击步枪与相应瞄准镜搭配后,其总重在11.2～11.7磅之间,而且其No.32系列瞄准镜在可靠性、勤务性方面同样出色,当然它所带来的额外重量也意味着与枪械组合成为更为稳定、可靠且高效的狙击枪械。

纳粹德国的狙击步枪

对德国军方而言,搭配了高精度光学瞄准镜的狙击步枪的战场效用问题,早在1918年就已被相关人士作为反思的主题。第一次世界大战期间及之后相当长时间里,德国陆军主要配备的狙击步枪,通常是短枪管型Kar. 98AZ,或全尺寸型Kar. 98b式狙击步枪,它们一直服役至20世纪30年初才被替代(参见本书第4章相关内容)。

纳粹党掌握德国政权后,德国国防军开始秘密扩充军备,在其建立的各种

"射击运动俱乐部"的伪装下，德国武装部队开始大规模进行射击训练，同期毛瑟军械厂在政府的授意下大规模生产所谓的"德意志帝国邮政"或"邮政服务"步枪。这些枪械中大部分供应给诸如冲锋队（SA）和党卫队（SS）等准军事组织，尤其是后者配用的此类枪械中，不少还附配有特制的瞄准镜基座及瞄准镜。对于狙击步枪及狙击作战，德国正规军的观点则要消极得多，他们固然重视射击训练，但认为为枪械附配光学瞄准镜完全没有必要。在军方看来，士兵们在常规战斗距离上使用枪械上的机械照门完全足够了。

第二次世界大战前，德军Kar.98k型步枪的大规模生产活动，很大程度上被一系列"数字代码"的生产项目隐藏着，但在大战爆发后的1940—1941年间，此类数字代码被字母编号项目取代[1]。随着战争爆发，德军轻武器的生产制造标准亦随之下降，1942年时出现了轻武器的简化型号，如简化型K98系列步枪就在战争中后期大量出现。这类简化型枪械的主要部件，包括护木罩、枪管箍和枪托等部件广泛采用冲压件，取代了以往质量更好的锻制件和铸制件；此外，这类枪械上的金属部件的抛光处理也非常粗糙，如采用厚金属条微弯后制作扳机护圈等。到了战争后期，随着生产物资越来越紧缺，很多枪械部件进一步缩水，如枪械的木制枪托采用压制板材、胶合板等制作。事实上，德国早在20世纪30年代就曾试验过利用人工材料（如胶合板等）制造枪械上的非金属部件，当时的试验表明胶合板制成的枪托在抗扭性能上比传统的整块木材制成枪托更优越，不仅所需材料而

---

[1] 相关代码包括："ar"代表柏林波尔西格瓦尔德（Borsigwalde）的毛瑟工厂，"ax"代表费恩机械工厂（Feinmechanische），"bcd"代表古斯塔夫工厂，"bnz"代表斯太尔·戴姆勒·布赫工厂，"byf"代表奥伯恩多夫的毛瑟工厂，"ce"代表绍尔和佐恩工厂，"ch"代表比利时FN工厂，"dot"代表布尔诺军火厂，"svw"代表奥伯恩多夫的毛瑟工厂。

且涉及的制造时间都更少[1]。

第二次世界大战爆发之时，德军当时主要的轻武器——Kar. 98k式步枪，已完成了大量制造和储备，此时德国军方对于为步枪配备光学瞄准镜的态度有所变化，因此为军队配发了有限数量的、配备光学瞄准镜的狙击步枪。该步枪的瞄准具具有4倍的放大倍率，此类倍率也成为之后德军狙击步枪瞄准镜的标准。当然，当时德国还从商业市场上获得过其他一些瞄准具，因此战争期间德军狙击手配用瞄准具的型号和状况较为复杂。

德制狙击步枪，其瞄准具通常通过机匣枪机部位左侧的导轨基座与枪械适配，基座本身则以螺丝与机匣相连。至于瞄准具与基座之间，通常采用夹具固定的方式紧固。但不幸的是，7.9毫米口径的德制步枪在射击时，由于弹丸威力较大导致枪械经常射击后会剧烈地震动，可能迅速使瞄准具基座与枪身的紧固螺丝松脱。对此，德国人想了很多方法补救。最先他们采取的办法，是采用更多的螺丝固定基座与枪身（额外的3枚锁紧螺丝），之后又加配两块定位销，最后还曾试过用额外的1片垂直紧固夹等。但这些改进都被证明难以有效紧固瞄准具与枪身之间的连接。因此，大战期间德军狙击步枪存在着影响精度的设计问题，包括瞄准具紧固不好、导轨过短，而且各部件刚度不足等。

对于狙击步枪存在的问题，德军急需更好的解决方案，不久后，一种出乎意料的瞄准镜与枪身连接基座改型出现在部队中。这是一种齿爪式的紧固基座，德军通过商业渠道所获得，之后这成为德军轻武器配件方面的首种回转连接架。根据瞄准镜目镜端管口的直径，此连接基座附件分为"高"和"低"两种样式。连接时，首先将瞄准具的前锁紧销以正确的角度插入回转连接基座前端孔径的中心

---

[1] "战争型98"（Kriegsmodell 98）式步枪启发了所谓的"人民冲锋队卡宾枪98"（Volkskarabiner 98）的发展，后者尽管采用弹匣供弹的枪机组件设计，但仍设计有简化的固定式瞄具、基本的半枪托式设计，而且其很少会注意金属部件的表面处理。随着战争的持续，当原材料日益稀缺且工业产能处于低水平时，此类军备的生产将更强调数量而非质量。

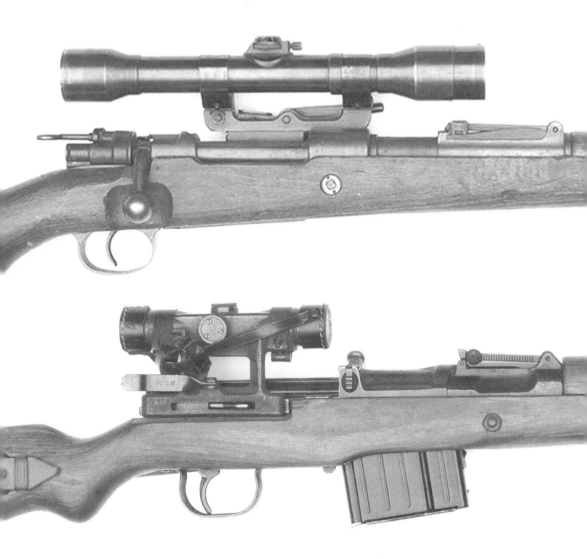

图83 第二次世界大战中德军典型的狙击步枪

Zf.–Kar. 98k狙击步枪（上），通过其侧轨安装基座和夹紧杆柄适配固定有蔡司Zielvier式瞄准镜，注意其击发装置之上延伸且突出的一部分，它使枪械的保险栓更易于操作。下图是Zf.–Gew.43型狙击步枪，它通过标准的夹紧式基座适配有专门的Zf.4型瞄准镜。〔感谢詹姆斯·D.朱利亚拍卖行供图（Courtesy of James D. Julia, auctioneers），www.jamesdjulia.com〕

位置，再扭转瞄准镜管身直至其后连接支架夹入基座后连接模块上，完成瞄准镜与步枪的紧固连接。

带有这种回转基座的Zf.-Kar. 98k式步枪，似乎仅由德国国内的毛瑟工厂和J.P.绍尔和佐恩公司的工厂制造。上文提及的高基座型连接件，在不使用瞄准具时经常被拆下，以便使用枪械本身的后部照门瞄具，因为战斗中存在着因瞄准具安装位置较枪管轴线高，而导致射手更容易暴露的风险。

1941年夏，德军全面入侵苏联，尽管战事最初非常成功，但德军因苏军狙击而遭受伤亡越来越大，使德军开始日益正视野战战场上狙击与反狙击、狙击枪械及装备等重要问题。德军在作战中发现，苏制Obr. 1891/30系列莫辛-纳甘式狙击步枪比他们的Zf.-Kar. 98k式狙击步枪更为精确，很多德军官兵对此毫不讳言。至于苏军使用的另一种主要狙击枪械SNT（托卡列夫系列步枪），德军认为它虽然在精度上比不上栓动式91/30系列莫辛-纳甘步枪，但其自动装填的特性使其具有更强的持续精确射击能力。这种情况下，德军开始将战场上缴获的苏制狙击步枪维护留作自用，且不仅用于装备普通德军步兵，很多国防军狙击手也很喜欢使用。例如，德军狙击手塞普·艾勒伯格就用一支莫辛-纳甘步枪取得了最初的狙杀战绩，这支枪竟是他从一堆缴获的"军械垃圾"中找出来的，之后他才获得一支未配备瞄准具的Kar. 98k式标准步枪（使用机械式后照门瞄准），再后来才获得具备瞄准具的Zf.-Kar. 98k和Zf.-Gew.43.式狙击步枪。

德军曾试图提高其Kar. 98k系列步枪的精度射击性能，这主要是通过为其加装特制的但放大倍率较小的光学瞄准镜——蔡司Zf.40型瞄准镜（很快升级为Zf. 41型），这款瞄准镜可以增强步枪对中距目标的精确瞄准能力。该瞄准具采用一根较小的管状具身，通过整体式基座与枪身相连；而基座支架则通过燕尾形榫槽固定在枪械机匣后端上部后瞄准照门基座的左侧卡槽内。

第二次世界大战中，德军的制式狙击步枪仅由位于奥伯恩多夫和柏林近郊博兹哥瓦尔德（Borsigwalde）的生产商柏林-卢贝克制造工厂生产，该厂只是将同批次生产的大量普通步枪中挑选出具有较高精度的枪械，并改装为狙击步枪。德军最初对狙击的观念很简单，就是挑选出高精度的枪械供部队优秀射手使用，提高步兵们命中特定战场目标的能力，比如坦克的观察孔或碉堡射击孔，这类特定目标对射击精度要求较高，在低光照条件下很难用普通步枪的机械式照门瞄准具进行准确射击。

毫无疑问，德军一线官兵对枪用望远瞄准镜的需求非常迫切，尤其是在苏德战争初期的东线战场上，拥有一种哪怕性能上很糟糕的瞄准具，也比什么都没有强。例如，当时德军使用的瞄准具放大倍率仅有1.5倍，而且其视野狭窄（如Zf.41型瞄准镜）；有时，德军射手不得不伸出头去从Zf.41型瞄具上方观察整个战场情况。对Zf.41型瞄准镜而言，它的设计很容易引起射手眼部疲劳，比如其出瞳距离达到20厘米，而之后的蔡司Zielvier型瞄准镜出瞳距离仅为5厘米。

1944年时，德国陆军总司令部（OKH）实际上已放弃了Zf.41型瞄准镜，但当时此类军备至少有12家承包商正加紧进行制造[1]，这种性能一般的瞄准具在德军中的库存量达到数以万计。因此，德军尝试制造一种适配基座，使普通Kar. 98k式步枪也可使用这种瞄准具。

为适配普通步枪，德军军械部门将机匣后部瞄准照门的表尺、切线曲尺等部件移除——只留下后照门的基床，接着将适配器与机匣后部紧固锁定。这样，需要时就能将Zf.41型瞄准镜对准适配基座的侧轨滑入安装到位，并用螺丝紧固。但不幸的是，此方案仅存在于纸面之上，德军军械部门在实际操作时发现，机身机

---

[1] Zf. 40/41 系列瞄准具的生产商，包括 D. Swarovski of Wattens/Tirol（代码 "cag"），Dr. F. A. Wöhler of Kassel（代码 "clb"），Emil Busch of Rathenow（代码 "cxn"），'Oculus' – Spezialfabrik für ophthalmologischen Instrumente of Berlin（代码 "ddv"），Opticotechna of Prerau（代码 "dow"），Runge & Kaulfuss of Rathenow（代码 "dym"），G. Rodenstock of Munich（代码 "eso"），Spindler & Hoyer of Göttingen（代码 "fvs"），Feinmechanik of Kassel（代码 "fzg"），Ruf & Co. vorm. Carl Schitz of Kassel（代码 "gkp"），Ernst Ludwig of Weixdorf/Sachsenl（代码 "jve"），Établissements Barbier, Benard et Turenne, Paris（代码 "kov"），以及 Seidenweberei Berga, C. W. Crous & Co., of Berga/Elster（代码 "mow"）。

匣后瞄准照门的基床的外表面加工粗糙，有的甚至无法与孔径轴心对齐，在加装适配器后无法确保其安装精度。因此，在通过适配基座安装光学瞄准镜后，瞄准具经常会偏离正确的位置，有时对枪械进行校射归零时甚至需要对瞄准具上的左右偏差调节鼓进行额外的调节，如此才能确保校射归零，通过瞄准具有效命中目标。通过大量测试，德军发现只有20%的Kar. 98k步枪能够满足适配库存瞄准具的要求，如此该适配基座的项目被放弃了。

战争进行至1944年时，德军狙击手在实战中逐渐成熟并成长为与他们的苏联同行对手同样高效的前沿精锐力量。同期，随着东西欧战场一步步向德国本土靠近，德军亦随之转入防御状态，而这对于德军狙击手们发挥其技能提供了更优越的态势，更多取得较高狙杀战绩的德军狙击手涌现出来。然而，除了少数非常知名的德军狙击手外，大部分狙击手沉寂在历史中并不为人们所熟知。阿尔布雷希特·瓦克尔在其所著的《东线狙击手》（*Sniper on the Eastern Front*）一书中阐述了这些狙击手们，比如他写道，"苏军和美英盟军的狙击手们被誉为英雄，而德军的狙击手们（甚至在他们自己的国家）却被视作'邪恶的杀手'"。2005年，这本著作最初的德语版发布，此时战时德军知名的狙击手阿勒伯格仍然在世，但在该书中他的名字却被隐晦地改为"弗朗茨·肯纳"。

德军出色狙击手的战绩很难确认，部分地是由于缺乏相关记录所致，德国军方直至1944年11月24日才设立"狙击手徽章"。该徽章共分为三级，依据狙击手不同的战绩情况予以颁发，但德军对狙击手战绩的确认直至1944年9月1日以后才正式展开。毫无疑问，在这之后很多德军狙击手的战绩得以确认，并根据德军的勋章发放制度获得相应的荣誉。

不计部分很可能被虚构的出色狙击手候选人（"它们"可能因宣传目的而存在），第二次世界大战期间德军最顶尖的狙击手包括：战绩达到345或可能达到346次狙杀的马豪斯·海茨瑙亚（1924—2004）、狙杀战绩达到257次的约瑟夫·"泽普"·阿勒伯格（1924—2010）、狙杀战绩达到209次的布鲁诺·苏

图84 第二次世界大战中德军山地步兵和他的狙击步枪

图中德军山地部队士兵正在检查他的Zf.–Kar.98k狙击步枪，该枪配备有4倍光学瞄准镜。第二次世界大战期间，德国国防军中一些最优秀的狙击手来自其南部山区和奥地利。

卡斯（1924—2003）、狙杀战绩至少达到200次的弗雷德里希·佩恩（1915—1975）；此外，还包括不那么出名的雅各布·赫茨尔，其狙杀战绩为121次。例如曾作为步兵的布鲁诺·苏卡斯，他出生在东普鲁士的一个立陶宛家庭，成年后他被征召入伍并在奥地利西部与意大利北部交界的蒂罗尔服役，其所在部队是德国国防军中最为精锐、最值得依赖的山地部队（Gebirgsjäger）。阿勒伯格的海茨瑙亚等都也都曾在德军山地部队服过役（第144山地步兵团），而佩恩最初也曾在第143山地步兵团服役。

海茨瑙亚和苏卡斯在被征召入伍时，他们就曾接受过射击训练，但阿勒伯格入伍之初却只是一名木工学徒，他甚至没接触过步枪或射击。但在入伍后，阿勒伯格很快显示出在射击方面的天赋，考虑到他的射击水平，上级允许他在德军缴获的苏制军械中找出1支状态较好且带有光学瞄准镜的Obr. 91/30g.型莫辛-纳甘狙击步枪。上述这三名狙击手当时都很年轻，而且他们出生在同一年里，同时也都在十多岁时进入部队，开始了自己的狙击职业生涯。

在战争期间，德军中一些知名的狙击手通常面临着各种困难，比如合适的狙击装备、补给短缺等，但他们仍迎难而上，取得了优越战绩。瓦克尔（Wacker）曾在其著作中写道，1942年时随着向苏联快速推进的战线逐渐失去势头，德军不时需要采取防御性作战行动，这使得狙击作战的价值更为明显和急迫。当时德军缺乏枪械用望远瞄准镜，在此时此类问题更加凸显出来。为此，德军最先为其部队配发放大倍率仅1.5倍率的瞄准具，这显然不足以用于远距离的瞄准射击……因此对于当时德军狙击手而言，在能够获得并配备性能更好的望远瞄准镜之前，他们必须找到一些办法来解决当时的困境。对此，利用缴获的苏军狙击步枪是项解决方案，比如约瑟夫·"塞普"·艾勒伯格就选用了苏制 Obr. 91/30莫辛-纳甘步枪。德军开始有组织地收集、修缮缴获的苏制狙击步枪，再将其投入前线部队供己方狙击手使用。在德军意识到狙击作战重要性的初期，其前线狙击手面临着装备不足的窘境，因此德军甚至将国内的警察部队或训练机构的高精度步枪抽调集中，作为第一批狙击用步枪提供给前线国防军的优秀射手们[1]。

而这也解释了为什么很多1941年之后拍摄的德军狙击手照片中，德军射手们都手持老式的全尺寸SG.98式步枪或苏制莫辛–纳甘式狙击步枪的原因。就战争期间的狙击装备而言，德军装备不足的问题一直持续至1945年。相较而言，苏军努力研制他们所需的各类武器，相关设定一经确定就由各生产厂家严格按标准展开量产，其中包括大量狙击步枪，它们甚至可以在各地广泛地生产，各类型号枪械的产量也都很大，但德军在这方面却始终面临着困难。

例如，德军的枪械生产商在枪械设计方面自主度过大，最终导致其军械生产和标准化方面出现了混乱。对此，不仅德国军方，而且生产商方面都不甚满意，有时甚至同型号适配的枪械或瞄准具如果由不同生产商生产，它们都有可能并不通用。毕竟，与其他更重要的军备相比，这类出现在枪械上的问题优先级并不高。此外，德国武装力量体系内部的矛盾有时也会影响到轻武器生产，党卫军和其他准军事部队通常独立设计、采购所需枪械，这对国防军整合轻武器军械生产造成不利影响。到了战争最末期，希特勒甚至经常对这类事务施加影响，造成了不少混乱。

当战争进入尾声时，德军曾试图改善在轻武器军备方面的缺陷，但此时已太晚了。例如，德军在战争后期开始解决其研制的自动步枪出现的一些问题，包括使毛瑟公司和沃尔特公司分别生产的Gew. 41型步枪能够"共享"导气装置以及锥形膛口装置。为实现自动击发，弹丸被击发从枪管口射出后，释放出的高压发射药燃气将通过锥形槽孔引导气体进入枪管口部之后的环形导气装置处，利用其动能推动枪机解锁，并完成后续自动抛壳、备弹上膛以及枪机闭锁等一系列机件动作。在进行连续半自动射击时，枪机后坐会带动击针运动，并压缩导管内的复进簧，使复进簧平稳运动。

---

[1] 阿尔布雷希特·瓦克尔于2015年所著《东线狙击手》(*Sniper on the Eastern Front*)，第86页。

战争后期，德军的一系列新枪械在对苏作战及测试中表明，Gew.41（M）半自动步枪并不可靠。该枪的自动机构和内部的凸轮导轨闭锁系统（cam-and-track）过于复杂，击发时凸轮导轨闭锁组件会旋转进动一套凸轮，由其驱动两半式枪机完成开锁、闭锁等动作。由于其机械结构设计过于复杂，而且很容易积垢，导致可靠性欠佳，因此该枪在生产了6700支后即被放弃。

针对Gew.41（M）式半自动步枪出现的问题，德国后续又改进开发了Gew.41

（W）式步枪，它在击发时弹丸发射药燃气通过枪管上方的活塞杆驱动枪机内部件动作，其枪机复位动作依赖于枪机闭锁片的回缩。该枪的性能较毛瑟步枪更优，因而德军于1942后12月采用了该枪。其产量约为12.3万支，包括一些配备蔡司Zielvier瞄准具的Zf.–Gew.41式狙击步枪，其瞄准具通过机匣后部枪膛左侧的连接基座固定在枪械上，因为其右侧是弹膛的抛壳口。但该枪枪管口的导气装置仍存在着易积垢导致堵塞以及易被腐蚀的问题。

最终，德国设计师将Gew.41（M）式步枪笨重的后膛瓣式闭锁设计（flap-lock breech）与苏联同期出现的导气活塞式自动机构结合起来，设计出了Gewehr 43半自动步枪，在供弹方面它采用可拆卸式盒式弹匣替换了限制枪械射速的桥夹。1943年4月，德军开始换装Gewehr 43自动步枪，尽管仍存在着很多问题，但该步枪仍不失为一种优秀的枪械。就在该枪处于量产阶

图85　德制蔡司Zf.4型瞄准镜及其与Zf.–Gew.43步枪的连接

图中瞄准具与枪械的连接安装图片，表明其夹杆正处于"放开"位置。其设计明显受同期苏联PU型瞄准镜的影响，较为强调大规模量产所需的简便性。［感谢詹姆斯·D.朱利亚拍卖行供图（Courtesy of James D. Julia, auctioneers），www.jamesdjulia.com］

段时，此时苏德战场形势已出现逆转，德军处于防御态势不断后退以阻止苏军的推进，枪械量产也面临着各种材料短缺很难全面展开了。

战争后期，德国国内很多军备物资生产的关键原材料、能源等出现短缺，为协调枪械与其他战争物资生产，德国开始将大量铸件或冲压件引入枪械生产中（当时德国的此类技术并未完全成熟），这导致枪械质量和使用寿命大幅降低。枪械在使用中大量出现部件断裂和抛壳、供弹方面的故障，因此尽管Gewehr 43可能被视作第二次世界大战期间最出色的半自动步枪，但上述问题始终困扰着它。

几乎与此同时，德军还开发了FG.42和MP.43等枪械，但事实证明当时德军的军事工业几乎无法承受同时研制试验多种全新枪械的重担，毕竟在战争末期德军的3家主要枪械生产商（及大量子承包商）仍生产了42.5万支Gew.43型及其衍生枪械。在这些枪械中，有约5万支配备了4倍率瞄准具（该瞄准具原本为FG.42步枪开发）成为Zf.-Gewehre43型狙击步枪，该瞄准具基于苏制PU型瞄准镜制造，它通过整体式安装基座与枪械相连，而基座则通过导轨安装在机匣后部左侧位置。当然，战争后期德国工业急剧下降的生产条件和标准，已无法满足生产类似Zf.-Gewehre43型狙击步枪这样要求较高射击精度的枪械，因此相对老式的Zf.-Kar. 98式狙击步枪仍更受德军官兵青睐。

战争期间美国的狙击步枪

1941年12月7日清晨，日本帝国海军联合舰队偷袭了美太平洋舰队在中太平洋的重要基地——珍珠港，这次臭名昭著的战略偷袭很大程度上出乎美国意料。震惊的美国在向日本和其他轴心国正式宣战的同时，其武装部队却"绝望"地发现，他们缺乏各种主要的武器和必备的技能。对狙击手及狙击作战而言，情况尤其如此。事实上，在美国于1917—1918年参与第一次世界大战时，参战的美军狙击手们曾突显其价值并获得认可，但战后几十年的和平时间却使他们失去了这种认可。

在第一次世界大战期间，美军装备的M1918型狙击步枪及其附备光学瞄准镜的缺陷，导致军方于1920年初期撤装了这款狙击步枪，因而，到第二次世界大战时该款步枪并不被认为会成为美狙击手的问题（因为将要装备新型狙击步枪）。在大战间隙期，尽管美军各军种内对其精英射手进行了大量培训，但这类训练似乎并不适应实战，而很大程度上局限于对靶场目标的精度射击。

1941年底，美国加入第二次世界大战，这迫使同期的美国军事当局迅速采取行动。经过紧张的国民经济动员，美国的各类工业能力尽可能全力投入战争物资的生产。对步兵轻武器而言，美国的军备努力很大程度上取得了成功，比如这一时期全力量产并迅速部署的M1型加兰德系列步枪。当然，尽管M1型步枪的研制工作早就展开，而且在欧洲主要战事爆发之前，美国军方就批准了该款枪械的普遍装备。但由于其生产初期不断出现的困难和有限的产量，使美军参战前其陆军仍装备有很大数量的老式步枪（栓动式M1903型斯普林菲尔德步枪），不过这段时期也使美国军方有机会解决M1型步枪出现的其他问题，但并不是所有的问题都能得到解决。

随着太平洋战争的进行，美军意识到日军是一群极为凶残的敌人，他们不仅敢于进行白刃战，而且日本士兵拥有高超的射击技巧，尤其是其狙击手导致了很多美军伤亡。美军一开始就体验到日军狙击手的高效，这很快使美国陆军和陆战队向战场上部署了自己的狙击手。战争期间，美国陆军地面部队司令部决定以M1加兰德步枪为基础，为其加装光学瞄准镜使其成为一种有效的狙击步枪，但研发改进过程无疑是需要时间的。导致作为狙击步枪需要改进的部分原因，在于M1加兰德步枪的供弹具设计，其采用的整装漏夹无法单发装填弹药，这是其作为狙击步枪的一项巨大缺陷，不仅对普通士兵如此，在将M1改装为狙击步枪时其瞄准镜无法安装在枪械顶部的中线上。

在同期美国进行的国家射击竞赛中，（与M1加兰德步枪）类似的M1903式步

图86　第二次世界大战时美军狙击手

照片拍摄于1943年盟军登陆意大利之后，图中美军狙击手正在检查他手中的M1903A4型狙击步枪。他的同伴则配备着M1903型斯普林菲尔德步枪和M1型加兰德步枪。（作者本人收藏）

枪的衍生型枪械为实现竞赛精确射击大多附配了不同的瞄准镜（这些瞄准具最初大多由商用公司开发），它们的射击性能令人印象深刻。其间，不少运动型步枪都参与了比赛，这为美国军方之后在战争中研制相应的狙击步枪提供了重要经验。

第二次世界大战前，斯普林菲尔德兵工厂仍致力于M1型加兰德步枪的生产，因而军方当时并没有最新的M1903春男式步枪的直接来源。然而，在日本攻击美军珍珠港之前，美国的枪械工业及生产商已经正在为英国提供各类军械及弹药；据信，英国军方甚至与雷明顿军械公司签署了临时合同，为其生产适用于英军0.303口径的M1903式衍生型步枪。之后，虽然英国军方叫停了该枪械项目，但该项目涉及的生产商仍继续运作保持了产量，美国军方可能意识到即将面临的战争，因此需要其军械生产工业不仅能生产足够的No.4型李−恩菲尔德式步枪，而且未来还需要全面量产美军使用的枪械。

当时，美国战争部（陆军部）和雷明顿公司曾考虑重启M1903型步枪的量产，为挤占其他枪械的生产，军方准备使用第一次世界大战结束后封存于岩岛兵工厂的生产设施及设备。同期美军进行的类似可行性研究，结论表明只要对该兵工厂的机器设备进行彻底检修、补充遗失的工装及物料，它们就能重新投入该型枪械的生产。

因此，至1941年9月17日，雷明顿公司获得了一项枪械生产合同，为军方提供13.4万支M1903型改进型步枪（较原型枪的改动很

少），当年11月第一批1273支步枪交付给军方。珍珠港事件后，美国全力扩军备战美军的规模迅速膨胀，因此对各类军械的需求大增，至1942年3月时军方对雷明顿公司的枪械订购合同达到50.8万支。

为便于扩大生产，雷明顿公司简化了M1903型改进型步枪（其本质上与常规的M1903A1型步枪相同），1942年5月21日美国军方决定采购M1903A3型步枪，它采用直型握把的枪托[1]。1942年底，第一种新型枪械被交付给军方，其机匣后部枪机柄设计有觇孔式机械瞄准具，为便于战时生产它大量采用冲压零件，部件

---

[1] 该枪的手枪式握把"Stock, Rifle, D1836"，或称为"Type C"握把，于1928年3月15日获得批准；采用该握把的M1903A1步枪于1929年12月5日替换了依然采用直型握把的标准版M1903。

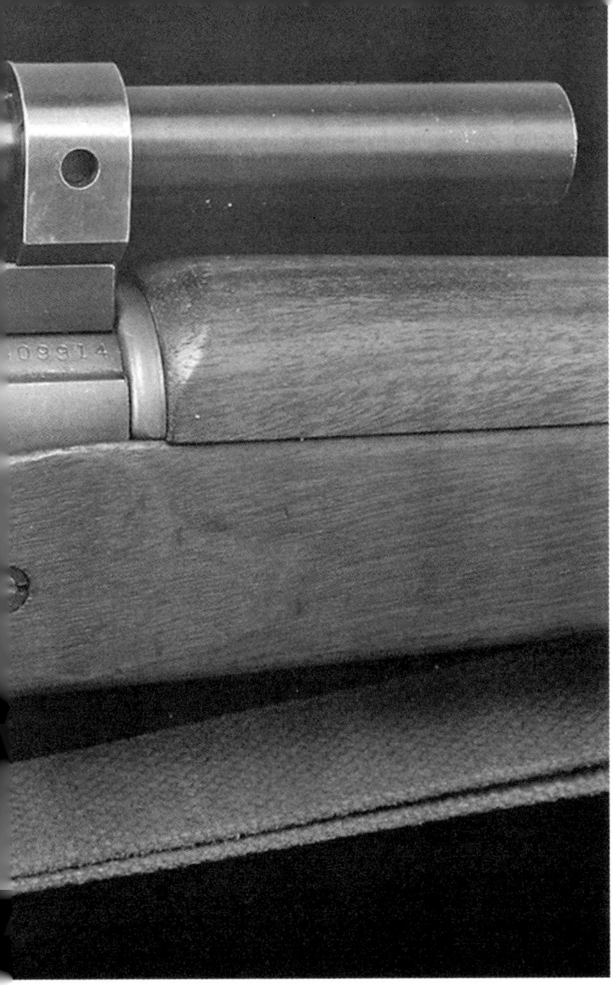

图87　M1903A4型狙击步枪

图中这支狙击步枪，很可能在第二次世界大战结束后被重新整修后应用于朝鲜战场，它配备有以M73B2瞄准镜为基础的改型瞄准镜〔由法国勒瓦卢瓦精密光学公司（Optique et Précision de Levallois）生产〕，而非更为普通的韦弗公司瞄准镜。〔感谢詹姆斯·D.朱利亚拍卖行供图（Courtesy of James D. Julia, auctioneers），www.jamesdjulia.com〕

还经过简化以减少机加工时间。

在步枪产量得到保障后，军方开始考虑狙击手的武器问题。美国陆军部步兵委员会（Infantry Board）和军械署（Ordnance Department）在当时共同主导狙击枪械的开发，但研制试验出现延期。这导致相关生产厂家向军方提议，以得克萨斯州厄尔巴索W. R. 韦弗公司制造的Model 330C光学瞄准镜，配合科罗拉多州丹佛雷德菲尔德林枪械瞄准镜公司的"Junior"瞄准具基座，适配合适的步枪，改装成合格的狙击步枪。1943年1月14日，美国军方正式审批了采用0.30口径弹药的M1903A4（狙击型）步枪，4天后军方与雷明顿签署了交付2万支狙击步枪的合同。

这批狙击步枪的编号从3407088至3427087号，它们并非完全重新生产，而是从已生产的M1903A3型步枪中挑选出射击精度高的枪支，再对其影响射击精度的部件进行精制，并适当改装相关部件。例如，枪支拉机柄被改造为下折式，并让其更贴近枪托，如此射手击发后拉动拉机柄重新装填时，操作不会顶碰到机匣顶部的瞄准具。M1903A3型步枪并未设计后备机械式瞄准照门，如果步兵使用它与多个目标在近距离内交战，或者如果其加配的光学瞄准镜损坏的话，这一设计被证明是不利的。

最早期的M1903A4型步枪采用C型手枪式握把，此部件最初由斯普林菲尔德军械厂和拱顶石公司（Keystone）供应。后续批次的枪托则只有少量手枪式握把的痕迹，它仍由拱顶石公司提供，第一批次枪托原本并未为该型步枪生产（而是为另一种使用0.303口径弹药的斯普林菲尔德步枪使用），其外形上具有英制步枪枪托的特征。

M1903A4型狙击步枪的性能较好，在交付部队后获得广泛的认可，不过有很多人认为该枪只是"一个重要问题的糟糕答案"。当时，一些评论文章或声音对它作为狙击步枪的表现并不满意，例如，同期多篇受到追捧的枪械评论文章的作者——罗伊·邓拉普（Roy Dunlap）及其他一些人士，就对M1903A4型狙击步枪进行了直言不讳的批评。

1942年11月，美军在北非实施了"火炬行动"，大量空降部队和步兵部队参与了作战行动，这次相对而言并不血腥的登陆行动较为顺利，这也是M1903A4型狙击步枪首次应用于战场。因而，这次行动并未对M1903A4型步枪用于狙击作战的价值进行充分的检验。直到1943年美英盟军在意大利实施登陆（在意大利登陆作战期间美军与当地德军进行的激烈战斗），以及之后美军在太平洋战场上实施越岛攻击与驻岛日军的激战中，它才在战场上证明了自己的价值。当然，随着它们在战场上应用的积累，有关它的很多缺陷也逐渐暴露出来，包括光学瞄准镜较为脆弱、瞄准镜上的调节鼓易损坏、密封常常失效，尤其是最后一个问题在太平洋热带岛屿战场上非常致命（瞄准具透镜组易起雾、发霉），此外枪械配上瞄准具校调归零后也会经常失效。

在瞄准具问题上，美军军械部门总是认为，采用商用型330C型瞄准镜及其军用改型M73B1作为狙击瞄准镜，只是临时配用的权宜之策，他们更青睐由莱曼阿拉斯加公司研制生产的M73型全天候枪用瞄准镜。然而，直到1945年之前，只有少量M73型瞄准镜交付给陆军并安装到斯普林菲尔德步枪上。同期以M1加兰德步枪为原型改进的M1C和M1D型步枪，则分别配用M81和M82型光学瞄准镜，用于狙击用途。

330C/M73B1型瞄准镜的放大倍率为2.5倍，全具长10.875英寸，焦距从25英尺至无限远。瞄准镜镜筒呈细长管状，直径仅0.75英寸，因而它的光收集能力很差。对比同期日军狙击步枪的瞄准具，后者的性能无疑优于美军的同类枪械。瞄准具内的瞄准分划采用十字准线，美军随后装备的，在其基础上研制的M8型光学瞄准镜的镜内分划则以锥形柱和十字准线的样式。

在与枪械的连接上，韦弗公司的瞄准镜通过雷德菲尔德公司的基座与枪械适配。安装时，先将瞄准具前卡榫接口钩卡住基座前端的卡口，接着将瞄准具旋转90度，直到其与枪管平齐，然后以燕尾卡榫卡锁住基座后部接口，最后再用两枚大头螺钉紧固。

在从A3型步枪中挑选出作为狙击步枪的M1903A4型时，先调校枪械的枪管视轴瞄准镜，标准是在100码距离上枪管视轴准确度，在更远距离上可使用瞄准具校射归零达到相应精度标准后，才算合格。如果未能通过测试，枪械仍将作为M1903A3步枪配备给普通步兵。此外，后续生产商在生产M1903A4型狙击步枪时，对其枪管膛线进行了修改，但这似乎又引发了其他问题[1]。

1943年6月20日，雷明顿公司又接到军方采购M1903A4型狙击步枪的新订单，但至1944年6月30日时该公司具体向军方交付了多少支该型狙击步枪已不可考。据称，该合同订购的狙击步枪数量达到8365支枪，但这可能实际上是交付给

---

[1] 第一支M1903A4 4槽膛线，它们以常规方式制造。基于英国人的经验，雷明顿之后采用了2槽膛线，以加速产品的生产。当然，这样枪械的精度似乎更加糟糕了，因此又恢复为4槽膛线设计。

图88　4种狙击步枪

从上往下依次是配备有温切斯特瞄准镜的M1903型狙击步枪，配备韦弗公司 M73B1型瞄准镜的M1903A4型狙击步枪，配备翁厄特尔式（Unertl）瞄准镜的温切斯特Model 70型狙击步枪，以及配备莱曼M84型瞄准镜的M1D加兰德型狙击步枪。［感谢詹姆斯·D.朱利亚拍卖行供图，感谢詹姆斯·D.朱利亚拍卖行供图（Courtesy of James D. Julia, auctioneers），www.jamesdjulia.com］

军方的数量，而不是军方要求采购的52923支[1]。

第二次世界大战期间，雷明顿公司向美国军方交付了近3万支M1903A4型狙击步枪，但美国及其军械承包商原本可以做得更好。军方对交付数量的要求，导致生产质量方面出现很多问题，而且这很多批次枪械在配用低倍率韦弗公司的瞄准具后，精度表现并不那么理想。然而，这些第二次世界大战期间生产的M1903A4型狙击步枪，在被精简到"有限标准"状态（可能是拆下瞄准镜）后，一直使用至朝鲜战争期间；甚至还有部分该型号枪械在之后配用莱曼式瞄准镜，随美军投入到越南战场上。

极具讽刺意味的是，雷明顿公司在接受军方采购狙击步枪订单的一开始，就提出以该公司生产的Model 720栓动式运动步枪为基础改装的狙击步枪可能会是更好的选择。之后温切斯特公司Model 70型和雷明顿公司Model 40型步枪（这两款枪械的衍生型号至今仍在大量使用），改装用作狙击步枪取得成功的事实，这表明雷明顿公司可能是对的。但当时美国陆军军械署显然不这么认为，他们可能更担忧以这些运动型号改装狙击步枪并大量采购后，可能会使其在零配件通用性方面无法与已采用的其他斯普林菲尔德步枪通用。

在外观上，M1903A4狙击步枪除瞄准具外与M1903A3型步枪无异，甚至在其机匣枪机部位还刻有"M1903A3"的编号，此外在其枪托上还刻有陆军军械署的标识——"两门交叉摆放的火炮"。在生产商的编号方面，如果枪托上刻有"R.A."表明它由雷明顿军械公司生产，而"FJA"则是"弗兰克·阿特伍德上校"首字母缩写（他当时是军方军械生产监察部门的主管）。枪械的金属部件表面采用磷酸盐被膜（防锈）处理，呈现出哑光烤蓝色；当然战争期间，很多枪支都由不同时期生产的部件组装而成，其新旧不一，因而有些枪械表面处理显得不

---

[1] 广泛承认的是，经过威廉·布罗菲中校的考证，总计达28365支M1903A4型步枪得以采购，但基于枪械序列号的考虑，实际采购了29964该型步枪。很可能的情况是，前一个数字只是指1944年6月前交付的枪支数量，而后续追加的数百支枪械则是用多出的部件组装而成。具体情况还需更多研究。

那么整齐。与枪械配用的瞄准具也都各有编号，它们主要用于厂家控制库存和品质控制，这些编号与枪械上的编号并无对应关系。

美国海军陆战队的狙击手所用的装备，显然优于美国陆军的同行们。陆战队一向独立的传统使其根本不在乎所谓的"陆军标准"，因此陆战队狙击手主要使用以温切斯特公司Model 70运动步枪为基础的狙击枪械，在瞄准具方面，陆军标配的韦弗瞄准镜自然被他们弃用，陆战队更喜欢高放大倍率的翁厄特尔式瞄准镜。

海军陆战队和部分陆军狙击手使用的M70型狙击步枪，一直是争议的焦点。无疑这种狙击步枪曾应用于朝鲜战争（有很多照片和当事人的证明），但陆军狙击手是否曾在太平洋战争中使用该款狙击步枪则存在着质疑。1942年5月，海军陆战队就从温切斯特公司采购了一批共373支M70型步枪配备其狙击手，据称陆战队采购这批枪械用于训练。这批枪械的编号在41000～50000之间，其配备8倍放大倍率的翁厄特尔式瞄准镜，这类瞄准具性能虽然很好，但很多观察家认为它们可靠性欠缺、无法适应严苛的战场勤务要求。实际上，它们在M1903A4型狙击步枪得以标准化之前，就已作为狙击步枪被紧急投入现役。这批民用枪械在转入现役使用后所遭遇的问题，可能也出现在其他类似枪械上。当然，随着战争的进行，两个军种所采用的大部分M70型狙击步枪（配用翁厄特尔式瞄准镜）组合，逐渐被M1903A4型狙击步枪（配用韦弗瞄准镜）取代。

Model70型运动步枪，于1934年12月29日获得生产审批，并在1937年进入温切斯特军械公司的产品名录。这款步枪衍生于1927年该公司开发的Model 54型步枪，而后者实际上又以M1903型斯普林菲尔德步枪为基础。因而，与M1903型斯普林菲尔德步枪类似，Model70步枪采用老式毛瑟步枪的双凸耳枪机，配合经申请专利的枪机导槽肋条，以使枪机的击发、闭锁和开锁行程更为顺滑。温切斯特公司在改进生产Model 54型步枪时，一项重要的设计改进就是在1932年为该枪设计引入了"速度闭锁"（Speed Lock）的设计，它可将枪机闭锁时间从0.0055秒减至

0.0033秒。

射手扣下扳机，扳机连同杆释放阻铁，到击针撞击上膛弹药底火，其间将经历短暂的过程（即"击发延时"），尽可能减少从扣动扳机到击发弹药的延时，对于狙击步枪及狙击手而言具有重要意义。有时，这种微秒级的差别在战场上可能正是生与死的区别。温切斯特公司的Model70型步枪一经上市就受到各界好评，但由于战时转产其他军械的关系，1941年时该款枪械的生产暂时中止，直至1946年才恢复生产。

当然，为取代老式的M1903型斯普林菲尔德步枪，美国军方决定于1936年开发M1型加兰德步枪，一经成功就将用于取代前者（该枪情况在第4章中阐述）。二次大战爆发时，M1系列枪械量产初期的很多困难都已被克服，战争需求的刺激下该型步枪迅速在斯普林菲尔德军械公司进入大规模量产状态。但此时，美国陆军装备的可自动装填步枪的数量仍非常有限，考虑到同期美军加速进行的兵员招募规模，枪械产能方面的问题更加突显出来。为解决枪械不足的问题，陆战队甚至一度采购"约翰逊"式步枪，这种采用枪管短后座原理的半自动步枪由一位特立独行的前海军陆战队员设计，但该枪的产量仍非常有限，其自动结构也比气体作用式的M1型加兰德步枪更复杂精巧。

陆战队一直希望将M1型加兰德步枪改装成一款合适的狙击步枪，但直至1944年7月时"M1C型狙击步枪"（开发时被称为"M1E7"型步枪）才完成设计和生产的标准化工作。它可适配的瞄准具，包括以往陆战队所偏爱的M73型瞄准镜（莱曼·阿拉斯加公司），以及性能稍差的M73B1型瞄准镜（韦弗公司 330型），但它们并不直接与枪械相连，而是通过一套被称为Grifn & Howe适配基座（它连接在枪身机匣后部左侧）的装置与枪械适配。对于M1加兰德步枪本身的设计而言，瞄准具适配基座连接在机匣左侧是必要的选择，射手在击发最后1枚弹药后，漏夹会被枪械自动弹出机匣；因此在装填弹药时，机匣顶部的光学瞄准镜及其基座需要向左偏移开，才能完成装弹，这与栓动式的斯普林菲尔德步枪不同，因此对M1型步枪而言，无法向弹仓或弹膛内装填单发弹药。

M1C型狙击步枪，作战时通常会安装T37型（之后的M2型）喇叭形枪口抑焰器，连同瞄准镜，全枪重量达到11.2～11.5磅。1944年9月，陆战队又将其升级为M1D型狙击步枪（开发时被称为"M1E8"），但至1945年8月日本投降太平洋战争结束时，仅有少量该型狙击步枪被投入战场。M1D型狙击步枪改进项目，是为了使原型M1型加兰德步枪更好地发挥其射击性能，使其成为出色的狙击步枪；当时，大批M1型步枪作为战争剩余物资仍留在远东各处，因而曾有人建议，战后为避免再将它们运回美国本土，可以在日本东京的军火库依托当地的军械工业能力展开改装工作，而且当地的成本较低，且技术能力较全面。M1C型和M1D型狙击步枪，分别配备M81型和M82型光学瞄准镜，前者目镜中采用十字准星分划，后者则是柱形标线分划。

M1系列加兰德步枪的一些性能局限，包括采用漏夹装填（装填效率较低、火力持续性不好），导致美军于1957年放弃了这款步枪并选择了使用7.62×51毫米规格全威力弹药（0.308）的M14型步枪。本质上，M14型步枪是对M1系列步枪的"改型"，甚至可将它视作配备可拆卸20发盒式弹匣的M1型步枪。新型步枪很快替代了美军的老式枪械。之后，M14系列步枪在美军中的传统经历就正式开始了，甚至在之后美军大量使用5.56毫米（0.223）口径弹药的AR–16/M–16系列步枪后，配备光学瞄准镜的M14系列及其衍生型狙击步枪仍持续在美军中服役；其最后的衍生型号M21型狙击步枪，也被美国陆军和陆战队狙击手广泛采用。

回过头再看太平洋战争，战事结束后，美国陆军和陆战队中的狙击手很快失去了战争期间他们在军中的地位。但1950年随着朝鲜战争爆发，美军再次在战场上体验到对手狙击手带给他们的苦楚经历。此时，美军的军火库中，合适的步枪再次处于短缺状态，因此几乎半个世纪前的M1903斯普林菲尔德步枪和M1系列加兰德步枪，在加配了合适的瞄准具后再次重返战争。此时，老式的莱曼公司M73型和韦弗公司M73B1型瞄准镜，几乎都已被另几种"全天候"使用型的瞄准具所取代，包括M81、M82和M84型等。朝鲜战争期间，海军陆战队还在其日本的仓库中储存了数百支更老式的M70型温切斯特狙击步枪，因前线急缺狙击步枪，它们也被调集投放到战场。

温切斯特军械公司的M70型步枪，其本身的性能足够出色，因此自1956年开始该公司就借助道格拉斯公司的枪管和新的枪托，对原型枪进行改装。具体的改装工作，在海军陆战队位于纽约州奥尔巴尼的枪械维护设施内进行。而很多该型枪械同样被投入到越南战场上。不幸的是，美国军方于1964年再次对M70系列步枪进行改进，其中最大的改进针对枪械的枪机部件，这主要是出于削减成本的原因，但这很大程度上损害了衍生型的性能。

具体而言，陆军军械署特别提出更换该枪老旧的毛瑟式环形抛壳装置，代之以一个小的钩形棒（设置于枪机近枪管端面处）。枪弹上膛后，枪机将包覆着入膛弹药的头部，避免弹药弹头部件在枪机内因受到应力过大而破裂，较好地提高了枪械的安全性；但采用这样的设计后，抛壳器只在有枪机闭锁时才能接触到弹壳底缘。相较而言，其原本的环形抛壳设计，则是在弹药从弹匣中被托弹板顶出并向前进入到待击发位置时，其底缘就已被环形抛壳装置所接触到。因而，如果仍采用原来的设计（很大程度上该枪的商业宣传并不提及这一点），步枪可能在特定情况下会出现供弹故障，尤其是在枪械处于倾向或向下俯射时，很可能出现这种情况。

1961年，美国军方不再采购温切斯特公司的Model 70狙击步枪，代之以雷明顿公司的Model 40步枪，该枪以久经考验性能出色的M700型栓动式步枪（它本身又以战前Model 30型步枪为原型，后者则衍生自更老旧的英制P/14型及其美版M1907恩菲尔德型步枪）为基础修改而来。在进入军队服役后，雷明顿公司的这款步枪很快暴露出结构较为脆弱的问题，因而雷明顿公司一直在对其进行改进，直至1989年时才使其达到军方可接受的可靠性标准，并获得了M40A1型步枪的正式型号。而该枪的改进迄今仍未停止，之后又发展出了M24型狙击步枪以及当前的M2010型狙击步枪。目前仍有一些M2010狙击步枪在一线部队服役。

根据美军在朝鲜战争中的经验，如果战场位于开阔地，双方的交火距离会延长；当时在狙击作战方面，美军狙击手可供选择的枪械并不多（战争初期仅有M1903型和M1型衍生的狙击步枪）。对这类步枪而言，700码被广泛地认为是最佳的射击交战距离，但如果条件理想的话（如天气状态良好、狙击手经验丰富、采用高品质狙击专用弹药等），狙击手用这两款步枪仍能在1000码距离上准确命中人形大小的目标。在更远的距离上，老旧的斯普林菲尔德式狙击步枪的精确性则略有优势，但如果需要与多个目标交战的话，选用M1系列加兰德狙击步枪可能更为有益（毕竟半自动的M1系列步枪具有连射能力）。

很多狙击手教官们在教导学员时，会告诉他们狙击交战的最近距离大约是300码，如果目标距自己更近的话，在特定的战场条件下（如朝鲜）会显著增加射击后被对方发现的概率。至于最远的狙击交战距离，少数具有丰富经验的狙击手在使用特定弹药和枪械时（如配备光学瞄准镜的M2型伯朗宁重型机枪，并对其进行了校射归零），也可能会准确命中超过1200码外的目标。美军曾在朝鲜战场上首次尝试了使用12.7毫米（0.50口径）弹药的M2型重机枪进行狙击射击，之后在越南战争使用大口径枪械进行狙击则更加普遍。甚至在使用M2重机枪配合高倍率瞄准具进行单发狙击射击时，可以对2400码以外的目标进行有效精度射击，这一距离甚至达到0.30口径狙击步枪的3倍。

在第二次世界大战和朝鲜战争中，取得优秀战绩的美军参战狙击手又有哪些？根据统计，这些狙击手非常年轻。例如，1945年太平洋战场上，美军列兵小丹尼尔·卡斯在其19岁时就取得了自己的首个狙杀战绩；在另一端的战场，贝特·坎普（Bert Kemp）在1944年D日随部队登陆诺曼底时才年仅24岁，但却已是经验丰富的狙击手了；至于切特·汉密尔顿（Chet Hamilton）和恩内斯特·菲施（Ernest Fish）在进入朝鲜战场参战时年仅20岁，他们在战争中都取得较多的战绩。

在这些狙击手中，来自城市的官兵比例更小，事实上，那些在战争中成长为优秀狙击手的官兵大多来自诸如阿巴拉契亚山脉或得克萨斯州荒野这类"狂野"的地区，毕竟在这类环境中更有益于他们熟练掌握自己的武器以及狩猎、追踪技能（特别是在孤独荒野里狩猎对耐心和手、眼配合的磨炼），没有这些天赋和经历，他们很难在战争中成为出色的狙击手。当然，狙击手也是战场中对方重点打击的目标，他们的伤亡率在战场上非常高；例如，在意大利战场上，据估计参战美军狙击手中，大约每10名就有6人在战场上阵亡。

导致战争中美军狙击手伤亡率居高不下的重要原因，部分地可归咎于当时美军并不重视狙击手的训练，那些被指定为狙击手的官兵不仅缺乏系统的射击训练，而且在狙击战术方面也并不专业。当然，也有不少单位建立了自己的"狙击手学校"，但这些机构普遍缺乏相关的规范和标准，这反映出战前美军并未真正意识到狙击手在战场上的意义。例如，曾作为海军陆战队狙击手的欧内斯特·费舍尔下士，就曾对1953年之前美军各部队对狙击手训练的"简易性质"有过描述：

> 我们在靶场上每隔100码距离放置一个白色的大桶充当靶标，它们一直延伸至500码处（共5个）。射击主要使用的枪械是M1系列狙击步枪（很可能是M1D型），它附配有2.5倍率的韦弗瞄准镜。在训练中，我就听说过陆军的同行使用配备了10倍率瞄准具的栓动式斯普林菲尔德狙击步枪（可能只是少数情况），再看看陆战队为狙击手们配备的枪械，感觉自己有点被忽视了。我们也曾向上级申请获取性能更好的枪械，但显然没有什么用。尽管目标桶的尺寸比较大，但在要在最远距离（500码）上做到准确地命中，除了精湛的射击技巧外还需要一些运气。
>
> 训练时，我们都趴在地上据枪瞄准向目标射击，而作为教官的枪炮军士则在一旁用野战望远镜观察我们的射击情况。在漏夹"叮"的一声

弹出弹舱后，我们自信满满地相互看看……然后慢慢走向靶位数弹孔。

当我们走到距离最远的桶时，经常只能在上面发现1或2个弹孔[1]。

第二次世界大战远东战场上的狙击手

在太平洋战场上，除了美国陆军和陆战队的狙击手之外，参战的澳大利亚、日本等国军队的狙击手同样在战场上体现出过他们的价值，尤其是澳、日两军在太平洋岛屿丛林中的战斗中都充分地运用了狙击战术。当然，这些狙击手的身份大多未能确认，正如克里福德·肖尔在其著作中所阐述的：

> 在帝汶岛上，一些澳军狙击手有非常出色的表现，他们利用自己出色的射击技巧……在中近距离（不到300码）杀伤了很多日军，他们中很多人甚至都没有用过瞄准镜。例如，曾有一名澳军狙击手据信狙杀了47名日军，但他却非常谦逊只承认自己确认狙杀了25名日军……其他的澳军狙击手无疑也将日军视作大批量的战场"标靶"，例如就有狙击手曾在15分钟内以12发子弹击毙了12名日军[2]。

日军方面也出现过一些令盟军官兵胆寒的出色狙击手，但他们的名字和部别几乎都不为外界所知，以至于汤姆·麦肯尼在2012年为《狙击手选集》（*Sniper Anthology*）一书撰写的"日本狙击手：短暂生命的长途跋涉"一文中，就不得不折中以"多喜中村下士"（Taki Nakamura）（一个虚构的日本人物）的故事来描述太平洋战争中日本狙击手的经历。

---

[1] 查尔斯·萨瑟尔和克莱格·罗伯茨（Charles Sasser & Craig Roberts）《一击必杀》（*One Shot-One Kill*），第93页。

[2] 克利福德·肖尔上尉于1948年撰写的《与英国狙击手共同向第三帝国挺进》，第117页。

图89　第二次世界大战时在欧洲丛林中作战的狙击手

图中狙击手使用No.1 Mk Ⅲ＊SMLE型狙击步枪正在瞄准目标。该步枪采用加重型枪管，澳大利亚军队因其本土利思戈工厂（Lithgow）并未制造No.4系列步枪而使用这款狙击步枪。（作者本人收藏）

　　总体上看，尽管日军狙击手在战争之初表现得较为成功，从盟军毫无作战经验的官兵身上取得了大量"人头"，一度令盟军官兵非常恐惧。但随着之后盟军加强了反狙击作战措施，他们在战场上的效能被抵消甚至瓦解，甚至他们的生命也经常被盟军的狙击手夺取。一些澳军狙击手在对日军实施反狙击作战中表现非常出色，其中一些佼佼者甚至从来都是弹无虚发、一枪毙命。

　　在太平洋岛屿丛林作战期间，日军狙击手喜欢潜伏在丛林中茂密的树冠中。例如，他们的军靴上甚至都配备有便于攀爬的尖刺，选好合适的树冠并爬上去后他们通常会将自己捆绑在树干上，他们会带足补给连续长时间潜在树冠中（甚至睡觉、拉撒等都在树上进行）。这些日本狙击手掌握着出色的伪装技巧，具有出色的耐心和忍耐力。在选择并狙杀目标时，他们的战术也独具特点，例如，当2名以上盟军官兵一起出现在其瞄准具中时他们很少开枪。对此，在战争中后期盟军熟悉了他们的战术后，在即将进入丛林时，往往先用布伦式轻机枪在数百码外向茂密的树冠处扫射，经常能将潜伏在其中的日军狙击手毙伤。此外，日军的地面部队，虽然非常勇敢而且执行上级命令极为坚决，但应对狙击手时的战术呆板，经常出现1人被盟军狙击手击毙后，整群人继续向狙击手所在方位快速搜索前进的情况……这些人都会成为狙击手持续的目标。在一份当时的报告中，就记述过这样一次战例，超过20名日军在战斗中先后死于1名澳军狙击手的枪下，这名澳军狙击手当时采用反常规思维潜伏在一处谁都不会认为可能隐蔽自己的位置（至少大多数狙击教官都不会教导学员们如此）。

　　澳军狙击手使用的武器——No.4型李–恩菲尔德步枪，并不在澳州本土制造。此外，太平洋战争爆发时，澳大利亚悉尼附近的利思戈轻武器工厂仍在生产No.1 Mk Ⅲ*型SMLE步枪。因此，澳军狙击手的标准狙击步枪还包括采用重枪管的No.1 Mk Ⅲ*型SMLE步枪，与其搭配的是Aldis望远瞄准镜（或类似瞄准具），它安装在机匣中线，其距机匣顶间隙较大，使射手能够手动从机匣向枪膛单发装弹。至于与其对阵的日军狙击手，他们使用的狙击步枪，包括战前生产的97式狙击步枪（使用6.5毫米弹药），以1942年日军批准生产的99式狙击步枪（使用7.7毫米弹药）。战争期间生产的新枪，在其枪管前护木下设计有单脚架，通常搭配其99式光学瞄准镜（通过整体式基座安装在机匣上部，基座与机匣左侧相连）。与此前日军研制的枪用瞄准镜类似，该型瞄准镜同样没有设计左右偏差和俯仰调节装置，日本狙击手被教导在需要时（比如需要偏差或俯仰调节时）掌握特定的瞄准提前量。无疑，这种做法非常看重狙击手自身经验，而且在相对较近的距离内狙击时不利于发挥他们的射击技能。

随着太平洋战争的进行，日军步兵主要装备的有阪式步枪（38式）的质量显著下降。为保证国内枪械生产，战争中后期大量日本国内私营企业和作坊被动员起来加入枪械生产，1943年时日本军方批准了"替代99式"步枪的生产，该型步枪也被称为"99式2型"步枪，它简化了各部件的生产工艺降低了成本（主要为节省战争物资）。该枪标志性的枪机盖被取消，机膛和枪机端面的镀铬工艺也被降低标准乃至取消，并采用质地低劣的边材制造枪托。利用这类工艺生产的枪械故障率较高，但其生产一直持续至战争结束。尽管普通步兵武器日益恶化，但这似乎并未影响到日军狙击步枪的生产，不过在1944年以后这类特种步枪的产量已非常有限了。

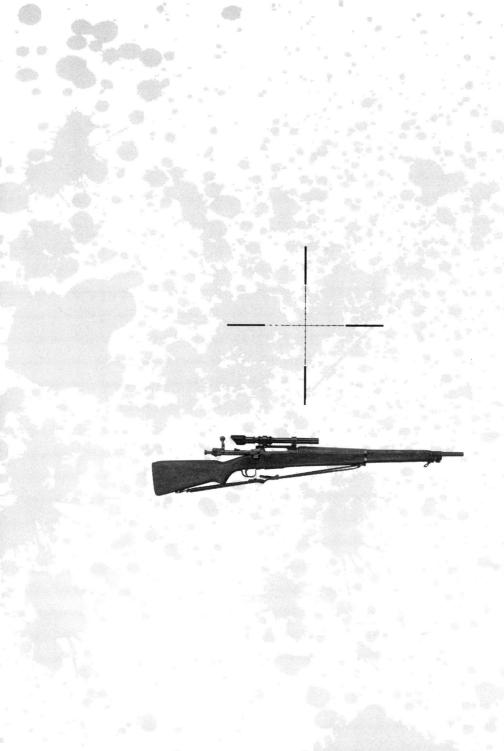

现代狙击手：
更优良的枪械与瞄准具

传统狙击步枪在现代的发展

越南战争爆发时，大部分国家的军队仍装备着20世纪50年代配备的轻武器。战争期间，第一代自动装填枪械迅速取代自第二次世界大战以来各国主要配备的栓动式步枪。其间，英国和其他很多国家采取了比利时研制的FN FAL型步枪及其衍生型号，而苏联方面则大规模生产装备了卡拉什尼科夫突击步枪（AK-47）；同期美国陆军则开发了采用7.62×51毫米规格（0.308英寸）弹药的M14步枪，并于1957年正式配备部队，取代了之前的加兰德M1系列步枪。

对于同期各主要国家的狙击手们，英国军队的狙击手则以L42A1型狙击步枪替代了此前配备的0.303英寸口径的No. 4 Mk Ⅰ*（T）型步枪，但这种步枪仍只是在No. 4 Mk Ⅰ*（T）基础上更换了新的7.62毫米枪管及枪机部件后形成的衍生型号。美国陆军和陆战队狙击手仍继续使用他们的雷明顿甚至更老式的温切斯特狙击步枪，此外他们装备的M14也经过提升精度的改进形成了新的XM21/M21系列狙击步枪。苏联及其大多数盟国,他们的军方狙击手最初仍保留了将莫辛-纳甘步枪作为狙击步枪的传统。冷战对峙并未消除世界各地的冲突,各种叛乱、入侵和领土冲突发生在两大同盟体系之外的地区。当然,奇怪的是,尽管1962年爆发了古巴导弹危机事件,但自朝鲜战争后世界主要国家之间并没有爆发新的大规模战争。

同期,各国的轻武器继续发展着,尽管很多西方高级军官认为未来的战争仍是大规模部队经过相对较长时间的对抗与冲突展开,因此西方的轻武器仍继续强调威力与射程。相较而言,苏联可能是个例外,开始采用威力相对较弱的7.62×39毫米规格弹药及其配用枪械,这种弹药在用于远距离火力支援时存在着威力不足的问题。尽管苏联红军的步枪此时已装备AK47型突击步枪(1959年开始被AKM步枪替代),班组支援武器也是采用同样弹药的RPD轻

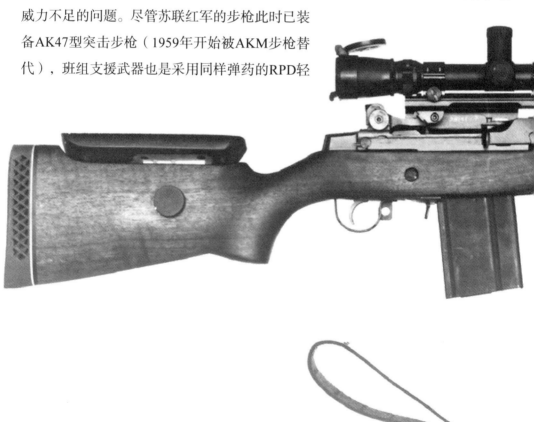

机枪，但7.62×54R规格弹药依然得到保留，被用作中型机枪和新型狙击步枪——SVD的弹药。

当然，西方国家轻武器领域也很快掀起了"小口径革命"——使用新的5.56毫米（0.223英寸）口径弹药替代老式的7.62毫米弹药及枪械，在20世纪60年代迅速进入美国现役，其间代表性枪械是阿马莱特公司的AR-15突击步枪，其军用编号"M16"。对于这种革命性的步枪及其小口径弹药，官方宣称其拥有的优势中，包括减少武器重量以及更高的出膛速度（意味着更远的射程）。此外，采用小口径枪械后，弹药的重量更轻，单兵可携带的弹药数量更多、持续作战能力也更强。

美国军队装备M16突击步枪的过程并不顺利。在该枪服役并在越南实战检验期间，枪械本身存在的大量问题被暴露出来，美国军方当时几乎完全放弃这种步枪。最终，该枪械的生产商对设计进行了大量改进，改善了

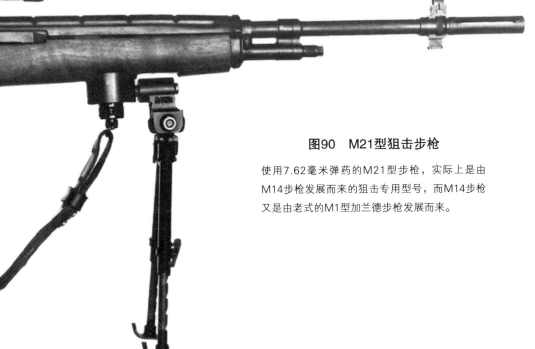

图90 M21型狙击步枪

使用7.62毫米弹药的M21型步枪，实际上是由M14步枪发展而来的狙击专用型号，而M14步枪又是由老式的M1型加兰德步枪发展而来。

它的战场勤务维护性能，并解决了弹药发射药在机匣内积垢过于严重的问题。而且，小口径武器大量使用后还引发了美军战术的变化。当时，美国国家工业能力能够生产大量战争物资（包括海量的弹药），这使"火力密度"和"快速击杀"成为同期美军作战时的流行术语。例如，当时美军在越南战场上搭乘直升机遂行作战时，往往从机载机枪上拼命向地面任何可疑的目标倾泻火力，有时甚至向单个目标射光整个一弹匣的弹药。

当然，除了巨大的弹药浪费外[1]，这样做的一项重要结果，是极大地削弱了传统上对步兵精确射击术的重视。事实上，军队中并不缺乏有射击能力的士兵，但他们的精确射击技巧却始终难以提高。美军在两次世界大战和之后朝鲜战争中，因忽略狙击手培养与狙击战术运用而得到的教训，在几十年后的越南战争中再次令美军饮下"苦酒"。

美军在越南战争中很快就忘了曾经的教训。M16步枪尽管在近距离内具备出色的射击精度，但如果射击距离增加到300码以上时，其射击精度就迅速降低。在这种情况下，加配光学瞄准镜的老式斯普林菲尔德和加兰德式步枪在经过修缮和改进后，再次配备给美军士兵，用以对中远距离外的目标实施精度射击。对此，美军还曾试图采购高精度的运动型步枪作为狙击用途，毕竟当时美军用作狙击步枪的温切斯特M70型步枪很大程度上被狙击手们嫌弃，相较而言雷明顿M700型狙击步枪更受他们欢迎。

美国陆军和陆战队狙击手在战场上虽然也展现了他们的狙杀效能，但当时美军的狙击作用仍严重缺乏合适的装备，同时未意识到系统性培训狙击手的价值。例如，当时在陆军第101空降师服役的约翰·福斯特少校，就曾艰难地试图扭转周围人对狙击的忽视，战争期间他就曾组织30名射击经验丰富的士兵进行过狙击训练。

---

[1] 据评估，在越南战争中，每一次经确认的对敌方人员的射杀，大约需耗费20万发弹药，几乎是美国陆军在第二次世界大战中射杀一名敌人所耗费轻武器弹药的9倍。

根据他的回忆，当时他让每名士兵带着他们的M16步枪以及两个30发弹容的弹匣，在射击线处向50米外的人形轮廓靶进行精确射击。以往，士兵们被教导发现敌人后，如果需要，应在1分钟时间内尽可能迅速地将弹药向目标倾泻。因此，士兵们往往习惯于以立姿或其他射姿，用全自动方式向敌方猛烈射击，很多人甚至都不习惯使用枪械的后照门瞄准具，只知道向敌人进行概略弹匣射击。以这种方式射击时，射手们平均每击发800枚弹药，才能对50米外人形靶实现4～6发弹的命中[1]。

训练中，通常表现得最为糟糕的士兵，会被带到一旁由军械士官向他教导如何控制步枪速射火力的基本知识。之后，新兵们再反复进行练习，直到他们能稍稍准确地击中标靶。显然，这只是提高步兵射击技能的常规训练，绝非针对狙击手的专业训练。

约翰·福斯特少校和其他重视精确狙击价值的同事们，对美军当时忽视狙击手培育及狙击战术运用的情况进行了广泛的批评和呼吁，直到当局注意到这一问题为止。但这一过程需要时间，这也意味着数以百计本不必阵亡的官兵丢掉性命。

当然，越南战争中各方狙击手的成功仍受到他们所配备的枪械的限制，特别是在远距离射击时，如果缺乏专业的高精度狙击步枪，射击结果将难以保证。简而言之，如果步枪缺乏精确射击能力，即便再优秀的狙击手也无法充分发挥他们的价值。

有关狙击步枪等专用装备的问题，在几乎每个承认狙击价值的国家及其军队中，都会被作为重要问题加以解决；甚至很多需要狙击能力的执法部门，如警察、反恐机构等，他们需要谨慎考虑射击造成的附带毁伤的问题，因而同样重视专业狙击步枪的研制与使用。在需要实施狙击的场景下，每个人都同意一击必杀

---

[1] 查尔斯·萨瑟和克雷格·罗伯茨，《一击必杀》（*One Shot – One Kill*），第137页。

的重要价值，但考虑到现代战争中越来越远的狙击交战距离（这往往超出了以往很多专用狙击步枪的射程范围），有效拓展狙击步枪的精确射程就成为了迫切需求。

这种战术需求所导致的结果之一，就是"反器材步枪"（AMR）的出现（并非今天通常所指的、使用12.7毫米弹药的大口径步枪）。这类步枪的"血统"甚至可追溯回第一次世界大战初期英法等国军队征集的、专为猎杀大型动物的大口径枪械，英法军当时用这种步枪打击德军堑壕阵地上的铁制"堑壕盾牌"（trench-shield）。第二次世界大战后，随着恐怖主义盛行，各国执法部门的"特种武器和战术"（SWAT）小组在日常反恐狙击作战中，不断增强了对大口径狙击步枪的需求，这导致同期新一代狙击步枪被研发和装备，例如当时奥地利研制的栓动式SSG69型狙击步枪、当时几种性能优秀的运动步枪（如Savage 110、鲁格M77、重枪管型AR-15/M16型步枪）的军用衍生型，以及同期由德国HK公司生产的，极为精密复杂的PSG-1型狙击步枪。

同期狙击专用弹药的出现可能比枪械的发展意义更大。随着人们对远距离射击精度的不懈追求，普通枪弹再也无法满足精确射击的需要，毕竟最优秀的狙击步枪也无法使用质量糟糕的弹药取得预期的

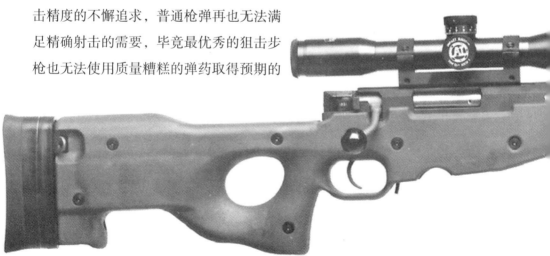

射击效果。对于弹药，战时的优秀狙击手都有自己的一套挑选标准，他们总会从特定批次的弹药中选择那些适于狙击的弹药。这在战时是至关重要的，战时各类弹药的生产量都是天量，对数量的强调不可避免地导致制造标准的降低。

特别是近年来，狙击装备界（含弹药生产）呈现出这样一种趋势，即，由少量特定生产商定制生产相应的狙击弹药。这种趋势的普遍化，令人回想起1914年之前曾在全球范围内生产和销售枪械与弹药的德国毛瑟公司卡特尔垄断联盟；现在，这种情况同样存在、也许更甚。如果在选用狙击装备时任由本国民族主义情绪作祟，那么只能接受低效的武器及其作战能力，第一次世界大战时期的法国、奥匈帝国和意大利尤其如此；相反地，同期英军则无论枪械产品原产地如何，只要满足自己的需求就愿意采购并使用。

对于一国的特种部队及其狙击手而言，情况尤其如此，他们通常按任务所需采购相应的武器装备。当然这条规律偶尔会有例外，比如美军在阿富汗参战的特种部队，就在战地撤换下原本配备的德制HK416步枪，反而喜欢M4A1系列步枪。同样地，有时候专用狙击装备的高昂价值，可能也会阻碍其普及和运用。例如，当前新型专用狙击设备的价格会高到令人震惊的程度，如"跟踪点智能瞄准具"的售价高达2.5万美元，甚至是美国军方都无力广泛采购这类装

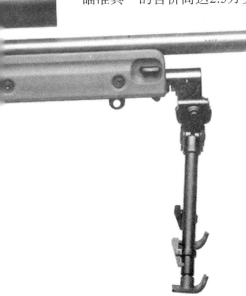

图91　AW型狙击步枪

该型步枪由"北极战争"公司生产，在20世纪90年代初期成功接受了瑞典军方的测试，该枪是之后英国陆军L115系列狙击步枪的前身。（精密国际公司）

备，而是基于财务上的原因转而升级现有装备为主。因而，美军特种部队狙击手们仍装备着老迈的M14系列狙击步枪（早在1957年时就采用的M1加兰德步枪的衍生型号，使用盒式弹匣）的最新改进型——M14EBR-RI型精确射手步枪，而海军陆战队狙击手们装备的是Model 39型增强射手步枪。

在这方面，有关美国陆军和海军陆战队装备的、产自雷明顿公司的栓动式狙击步枪的故事则尤为有趣。这类老式栓动式步枪，其于长枪机行程的M700型运动步枪改进而来——即M40A1型狙击步枪，它之后又演化为M24型狙击武器系统。M24型步枪于1988年正式进入美国军方服役，它配备着10倍率的利奥波德式光学瞄准镜，具有出色的远距精确射击性能。据信，M24系列步枪将被M110型狙击步枪取代，M110是奈特军械公司对SR-25型步枪（该枪械集成了AR-10和AR-15/16系列步枪的优点）的深度改进型号。2010年初，美国军方对M24型狙击步枪系统的采购才停止。当时，美国军方意识到在狙击枪械领域，雷明顿公司的栓动式狙击枪械仍有其价值，因此决定将现役的雷明顿系列步枪翻新为该公司生产的M2010增强狙击步枪的标准。2011年3月，首批改进型枪械进入部队服役，而最后一批枪械完成改装并交付则直至2014年4月，其间共涉及2558支枪械的改装。经改进的狙击步枪使用0.300口径温切斯特-马格努姆弹药，枪械本身搭配M5A2型瞄准镜（利奥波德 Mk 4），放大倍率6.5-20×50。精度方面，M2010型狙击步枪据信能在800码甚至更远距离上，达到1 MOA以内的精度。

美国特种部队司令部（SOCOM）则采购了自己的一整套狙击枪械系统。此外，他们使用与海军类似的枪械武器编号系统，即"Mk"系列编号（Mark），而非陆军的"M"系列编号（Model）。2014年，特种作战司令部最终审批通过了采购Mk 21 PSR"精确狙击步枪"采购案（采用了5150支），该步枪基于雷明顿公司的"模块化狙击步枪"系统（一种成熟的商售枪支）改进而来（可选配AAC型消声器）。由于该枪械系统可容易地更换枪管，因此适用多种弹药，包括7.62×51毫米弹、0.300口径温切斯特-马格努姆弹和.338拉普阿-马格努姆弹等弹种。它具有极高的射击精度，理想情况下甚至在1500码射击距离上仍能达到1 MOA以下的精度。但是，这种枪械服役后，能否在实战过程中确保它与特种作战司令部其他类似枪械的通用性，仍然是一个悬而未决的问题。

在狙击枪械及弹药领域，伯莱塔、柯尔特、FN赫斯塔尔、克洛格和HK公司，以及其他全球知名枪械厂商，是各国军队、准军事组织和警察部队的主要供应商。相关细节，可参见作者编写并于2016年再版的《精英部队的枪械》（*Guns of the Elite Forces*），以及同年出版的由利·内维尔（Leigh Neville）撰写的《2000—2015，特种部队的枪械》（*Guns of the Special Forces 2000–2015*）。

正如格洛克手枪所证明的那样，成功可能从最不经意的地方出现。20世纪70—80年代，在狙击步枪研发制造领域冒出的新秀——精密国际公司（AI），它们的产品源自两位苏格兰工程师对枪械的激情，C&W产品公司的戴维·沃尔斯和戴维·凯格，知名射手马尔柯姆·库珀（1947—2001）也参与了他们的研发。

在成立了自己的研发团队后，沃尔斯和凯格研制出了原型枪，库珀正是用这支原型枪赢得了1978年世界射击锦标赛的银牌。以其为基础，他们继续改进原型设计，到第三支原型枪时，他们的枪械已具有如下特点：穿指式枪托、枪口独特的消焰/反冲装置（带螺纹）等，原型样枪进一步发展成为他们的最终产品"精确射手步枪"（PM）。它的机匣内，设计有平底枪机组件，该组件创新性地与铝合金机匣底部连接在一起，这使其成为一款非常可靠的牢固射击平台。

1984年，英国军队看中了PM狙击步枪，并对其早期型号进行了试射和评估，接着英国军方采购了40支该型狙击步枪，其中8支配备了特种舟艇队（SBS）、另32支配备给特种空勤团（SAS）。

这款枪械因为其外表绿色的迷彩涂装，因而英军内部也称其为"绿色刻薄鬼"（Green Meanie），之后它又在英军对狙击步枪的选型竞争（为取代老式的L42A1型狙击步枪）中，以优秀的综合性能胜出，其他参与选型的枪械包括HK公司的PSG–1型、西格–绍尔公司的SSG 2000型、雷明顿公司的700型和沃尔特

公司的WA2000型狙击步枪等[1]。最终，在1985年3月11日，精密国际公司获得了
英国军方的合同，向其交付1212支使用7.62×51毫米弹药的L96A1型狙击步枪。
而该公司狙击枪械的成功还在继续，之后全球多个国家先后采用L96系列狙击步
枪。该型枪械之后又演化发展出所谓的"北极作战步枪"系列（L118系列），它

[1] 帕克−哈勒（Parker-Hale）M85型枪械，设计有传统的1898式毛瑟步枪枪机，它被评价为"适宜服役"，
   或许，（该设计）被认为是防止精确国际公司在将试验型枪械进一步完善为量产型枪械时出现问题。

于1991年被瑞典军方看中并采购；后续在1995年，精密国际公司、萨科（Sako）和拉普阿公司（Lapua）共同开发了使用0.338口径弹药的L115系列步枪。而L115系列步枪的一种使用0.300口径温切斯特–马格努姆弹药的衍生型号，不久后又被德国国防军（Bundeswehr）采用，它在进入德军服役后获得了G22步枪的编号，G22也是该系列中首款采用凯格式折叠枪托的型号。

同期，另一家出乎大家意料崛起的枪械生产商，则是布莱塞狩猎武器有限公司（Blaser Jagdwaffen），该公司研发的R93型运动步枪，基于格哈德·白伦克（Gerhard Blenk）和迈因拉德·策（Meinrad Zeh）的枪械专

图92　苏制SVD或德拉贡诺夫（Dragunov）型狙击步枪

图中上面枪械配备NSPU–3型图像增强瞄准具，
下图配备PSO–1M2光学瞄准镜。（Izhmash）

利制造[1]。该款枪械非常适应狙击手使用，因此在问世后不久就被德国联邦警察所采用。R93步枪采用直拉式枪机，这种枪机类型甚至可追溯至曼利夏式和罗斯系列步枪，但它们很少应用于军事领域。这类枪机在状态或条件良好时操作非常顺畅，但在条件恶劣的战场环境下则较容易堵塞，因此在战场上其抛壳操作经常

---

[1]　可参见美国1995年10月17日专利号5,458,046的专利文件。该专利应用在德国已于1993年被撤销。

出现问题。当然，狙击手很少持续击发，因此如果硬要认为采用直拉式枪机设计的枪械就一无是处，也是毫无理由的。之后，R93步枪又接受了进一步的改进，比如"R93战术2"型狙击步枪，它的枪机带有独特的自定心、多点闭锁系统，具有非常出色的射击精度。根据公开的资料显示，在使用比赛级弹药的前提下其精度在300米距离上可达到0.25 MOA的水平。

冷战期间，一些著名的轻武器几乎在全球各地战场上无处不在，比如苏制卡拉什尼科夫系列突击步枪，它至今仍是塔利班、伊斯兰国（ISIS）以及各类恐怖组织和不计其数的"自由战士"们的主要武器；在狙击步枪领域，与之地位相当的同样是一款苏制步枪——德拉古诺夫狙击步枪（SVD）。该枪于1958年进行测试，接着在1963年被苏联军方批准成为狙击手的制式武器。该型狙击步枪及其衍生型在中东地区非常常见，例如，在近期中东爆发的持续冲突中，各方女狙击手就经常使用这款狙击步枪制造新闻头条。

各界对于SVD狙击步枪及其配用瞄准具PSO-1-M性能和表现的观点各不相同。很多西方评论家相当轻视这款步枪的性能，因而在评论时多加诋毁；但也有部分声音认为，这款原苏联制造枪械继承了其轻武器经久耐用、战场勤务性强和可靠性高的优点，故而也不少有赞誉之言。而那些技术水平、受训层次落后国家更习惯使用这种简单狙击步枪，他们对这款步枪的精度和可靠性则非常推崇，即便它的结构基本上继承了卡拉什尼科夫步枪的经典设计（导气活塞式自动方式实际上适合提高枪械射击精度），使用的凸缘弹药甚至可追溯至19世纪。

目前的SVD狙击步枪，其非金属部件多采用复合材质制造，比如其可调节后枪托、可选光学瞄准镜（包括3~9×42倍率的Minuta望远瞄准镜，或者微光图像增强瞄准具等）。为适应多样化作战环境，SVD还有一种短枪管衍生型狙击步枪——SVDS，它配备短枪管、改进的枪口抑焰器和可调节两脚架。

有俄罗斯方面的消息称，SVD狙击步枪比Obr. 91/30g莫辛-纳甘型狙击步枪更加精确，后者曾装备了很多东方国家，并广泛应用于朝鲜战争和越南战争。在精度方面，SVD狙击步枪射击100发弹药可在600米距离上实现在395毫米直径圆内的弹着散布，同等条件下Obr. 91/30g莫辛–纳甘狙击步枪的弹着散布则为440毫米的圆。

下图是使用SVD狙击步枪在600米距离上对标靶射击25发弹药后的弹着散布示意，表明俄罗斯方面提供的数据并不那么可信，毕竟一般的SVD狙击步枪在射击精度等性能上，已经比当前西方主流狙击步枪落后了。例如，斯太尔–曼利夏公司的SSG–69型狙击步枪据信在800米射击距离上的弹着散布可集中在直径为40厘米的圆内，这显著地优于SVD狙击步枪；而当前西方性能最好的狙击步枪，如L115A3型，或者甚至是半自动的SR–25型狙击步枪，在精度等射击性能方面都远超过SVD狙击步枪。

当然，在600码距离内，如果SVD狙击步枪配用特制的比赛级弹药（如7N1型弹药），其性能仍可达到令人恐惧的程度。也有一些建议认为，可通过为枪械加装刺刀来提高SVD狙击步枪的射击准确性（即使这会改变枪支的平均弹着点）。导致这一不寻常结果的原因在于，通过为枪管口部配重（刺刀）会对射击时的枪管震动造成有利于提高精度的影响，或许这是通过限制枪管口的颤动而无意实现的效果。

当然，进入新世纪后俄罗斯似乎也认识到了SVD狙击步枪的局限性，因而他们近年来开发了多款具有高精度射击能力的栓动式步枪，包括可使用7.62×54R或7.62×51毫米弹药的SV–98式狙击步枪，它实际上是知名的Rekord–CISM步枪的军用版本，它配备7倍率PKS–7型光学瞄准镜。后续出现的由弗拉基米尔·苏斯洛帕罗夫（Vladimir Susloparov）设计的SV–99型狙击步枪，则采用包括直拉式枪机（此设计借鉴于强调精度的冬季两项射击运动用步枪）在内的紧凑型设计，它全长仅约1米，采用.22LR边缘发火弹药，枪管口还配备有一体式消声装置。

狙击步枪在射击精度上的持续提升，以及更多高威力高精度弹药的使用，极大地提升了狙击作战的典型交战距离。以往，狙击距离通常在数百码内，现在

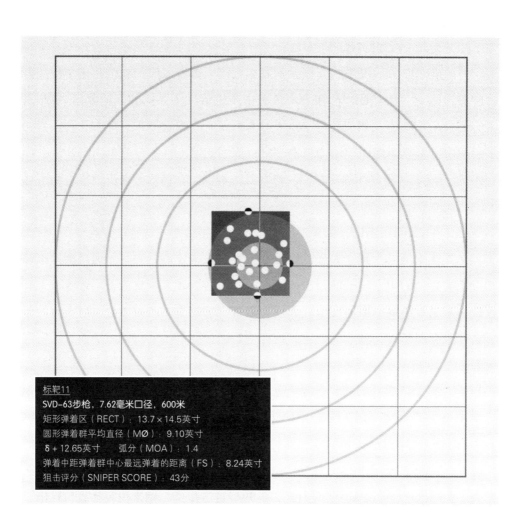

图93　SVD-63步枪在600米距离上的弹着分布

狙击手们更经常交流的是一千码甚至数千码精确射击的经验。1967年在越南战场上，美军狙击手卡洛斯·"白羽毛"·汉斯考克（1942—1999）就创造了在超过2000码距离上精确狙杀目标的纪录，当时他使用1支配备光学瞄准镜的M2型伯朗宁重机枪（0.50口径/12.7毫米）。此后，随着12.7毫米甚至更大口径反器材步枪（AMR）的广泛流行，更吸引了公众对超远距离狙击的兴趣。

接着，这类"最远狙杀"的纪录继而由1名加拿大狙击手改写。2002年，联军在阿富汗山地实施"蟒蛇行动"期间，1名加拿大狙击手使用1支麦克米兰公司的TAC-50型12.7毫米狙击步枪，在2430米距离上成功狙杀目标武装分子。不久后的2009年，同样在阿富汗战场上，英军狙击手克雷格·哈里逊在赫尔曼德省使用L115A3狙击步枪（配用0.338口径弹药）对2475米距离以外目标成功实施了狙杀。而这次狙杀，也是有狙击手首次以小口径步枪（0.338相对0.50口径弹药小得多）在如此远距离上成功实施了精确射击。之后在2012年，同样在阿富汗赫尔曼德省的战场上，1名澳军狙击手使用0.50口径巴雷特M82A1狙击步枪在2815米距离上完成了令人难以置信的一击。

使用大口径步枪对中远距离上的目标实施精确射击，具有悠久的历史传统，甚至可追溯回第二次世界大战时期的苏德战场上。当时苏军射手使用14.5毫米口径的PTRD和PTRS反器材步枪，射击德军坦克探出车身外的车长或观察窗；不久后在朝鲜战争中，美军射手也曾使用配备了专用光学瞄准镜的0.50口径伯朗宁重机枪，对远距离外目标实施精确射击。当然，0.50口径弹药具有极大的杀伤力，即便它命中人体目标的非致命部位，也会立即对人员造成致命伤；由于射击距离很远，使用它们对远距离目标的精确射击，难度远高于使用0.300口径温切斯特-马格努姆或0.338口径的拉普阿弹药对中远距离的目标实施精确射击。例如，美军最著名的狙击手克里斯·凯尔就在他的著作《美国狙击手》（*American Sniper*）中承认，"2009年我在伊拉克战场上取得的距离最远的精确狙杀纪录，基本上是非常幸运的一次命中"。另外，克雷格·哈里森在其2015年出版的著作《最远的

图94　巴雷特公司研制采用.50口径伯朗宁弹大口径步枪

该枪是首批问世的大口径反器材步枪（AMR）之一，也是在商业上最为成功的一款大口径步枪。其"直线"型结构和高效的枪口制退装置，（与同口径的栓动式枪械相比）能有效减少枪械射击时30%的后坐力。该图片摘自约1985年该巴雷特Model 82型反器材步枪的宣传手册。（作者本人收藏）

狙杀》一书中，不仅承认那些远距离的狙击命中都需要进行充分的射前准备（包括测定各种环境参数、校调枪械、选用弹药等），而且还需要多次实射测试，在不断射失中微调射击诸元参数，以便估算和补偿弹药在远距离飞行中的弹道下降量和风偏量。

狙击瞄准镜和相关装备

可以认为，今天各国仍使用着的狙击步枪，基本上仍采用以往的经典设计，比如那些基于雷明顿公司Model 40步枪的狙击步枪，而Model 40的前身又是雷明顿700型步枪；700型步枪又可追溯至更古老的Model 30型步枪（它则是Model 1917恩菲尔德式步枪的衍生型，后者最终可追溯回第一次世界大战时期英军的P/14型步枪）。毫无疑问，这些狙击步枪的"血统"非常古老。但在附配件领域，现代狙击步枪系统却经历了"颠覆性"的进步。

如果1917年的狙击手穿越到现代，他可能会非常高兴且熟练地使用雷明顿公司生产的现代狙击枪械，但除了对枪械上的机械部件非常了解外，他肯定会对各类多功能的配件非常困惑。回顾狙击步枪及装备的发展，即便1918年性能最好的枪用光学瞄准镜，在今天看来其性能也微不足道，比起今天广泛应用的微光图像增强设备、激光指示器、目标照明器、电子数据搜集装置，以及计算机化的音/视频记录设备等，这些统统都是基于现代电子信息技术制造的枪用附配件，它们对于提高狙击手的远距离瞄准能力至关重要。随着这些先进的辅助设备、装置的出现，通过提高射击精度、拓展交战距离、提升第二次连续射击命中率等，甚至使狙击手的战场角色发生了革命性变化。

在人们最初尝试改进狙击瞄准设备的效能时，努力的方向仅集中在增大瞄准镜的放大倍率，这样使狙击手能更清楚地看清更远的目标。然而，这类设备在夜暗环境下并不能起效。冷战后，随着光电放大设备性能的提升，同期制造的最好的望远瞄准镜已能在微光条件下使用，但受限于射手本人眼睛的分辨度，瞄准能力的提升仍较为有限。之后，出现了透镜组可变焦（放大倍率可调）、广角宽视域，辅以微型计算单元控制的多透镜组瞄准镜；为了进一步改善入射光传输，瞄准镜透镜开始涂覆非反射涂层、镜面上刻画便于区分距离的分划线等等，所有这些新的结构和元素，都旨在提升狙击手们瞄准、射击的距离与效率。

20世纪70年代，轻武器领域出现了"准直式瞄准镜"（collimator sight），俗称的"红点"瞄准镜（red dot），其设计原理利用了人眼的视学错觉。此类瞄准镜前部有一条导光棒，由侧边的自然光或其他光源照明，导光棒的后端紧贴一个光栏孔，光栏孔限制通光范围和通光形状。当射手用一只眼通过瞄具观察时，会看到无穷远处的光栏孔的像——一个红色亮点；而他的另一只眼瞄准目标时，根据人的视觉原理会将双眼所成的目标像合而为一的生理功能，就会产生红色亮点压住了目标。只要瞄具的瞄准线与枪的瞄准基线一致，就达到双目瞄准射击的功能。此类型瞄准镜的首款成品——"单点"瞄准镜（single point），在使用时，射手会感觉瞄准镜向目标上投射了一个红点，因此这非常高效地提升了射手在近距离内概略瞄准的命中率，无疑提升了近距内的速射效率。然而，在低光照条件下，这类瞄准镜（即便是哪些带电池供电突显镜内刻度分划的瞄准镜）在实战中也被证明仍存在缺陷。

例如，1993年美军用兵索马里并在摩加迪沙经历"黑鹰坠落"事件期间，参战的美国陆军士兵兰迪·舒加特（Shugart）和加里·戈登就使用其枪械上附配的AimPoint 7000型准直式瞄准镜，大量击毙索马里民兵，极大地帮助了坠落的机组成员。两人以自己的生命为代价为4名坠机机组成员的逃生争取到了时间，在激战中两人使用的红点瞄准镜无疑使数量上远超美军的索马里武装分子遭受巨大伤亡，但这也吸引了大量武装分子的攻击，最终导致其英勇阵亡。

20世纪80年代，美国陆军在启动的"近战士兵强化项目"支持下，开发并测试了另一类瞄准镜——Trijicon公司的反射式"先进战斗光学瞄准镜"（ACOG reflex sight）。ACOG瞄准镜，是望远式瞄准镜和红点瞄准镜的结合体，既有放大的功能，又兼具双目快速瞄准的功能。之后，这种瞄准镜在西方军队大量普及开，不仅很多特种部队有所采用，而且很多型号也在前线部队由普通士兵使用。使用该瞄准镜时，射手会看到琥珀色的瞄准光点，其光点强度由瞄准镜内的氚光源根据环境光照亮度自动调节。

一些瞄准镜采用大孔径物镜的设计，具有较好的集光特性，在一些低光环境下（如黄昏、拂晓），它们具有较好的聚光性能。当然，这里所说的"光"只不过是指人眼可识别（可见）的电磁频谱中的一段。人眼仅能识别电磁频谱中波长大约在390～700纳米范围内的电磁波，一些动物比人眼具有更优越的波段识别能力，它们的眼球具有更好的聚光能力，不仅能看到近紫外（短波）、还能识别近红外（长波）电磁频谱。

对狙击手的观察而言，电磁频谱中的红外波段尤其有用，其波长范围在106～700纳米之间。其中，近红外波段，即750～900纳米波长的电磁波段通常用于电视机的遥控，以及红外照相，至于波长在2000～2400纳米之间的波段则适用于特种照相机的感光。波长更长的电磁波（主要由较"热"物体所发现）则可用于生成热图像（见下文），相应的红外波段感光拍摄设备可接收到这些物体因高出环境温度而辐射出的电磁波形成相应的红外图像。

红外线辐射是我们肉眼看不见的"光"，它同样可以聚焦和反射，也可以像可见光一样极化。人类早在20世纪初期已发现此基本原理，在20世纪30年代后期，由纳粹德国邮政电讯部与魏茨勒–莱兹（Leitz of Wetzlar）公司合作研制一款被称为"载具设备1299（Fahrzeug–Gerät 1229）"的设备，它依赖一套原始的转换器将人眼不可见的红外线转化为人眼可见的波段电磁波。当时，他们研制此设备的主要目的，是让车辆安全进入没有灯光的道路，车辆关闭它们的车灯使敌人不易觉察到车辆的存在。

在低光条件下夜间，很多存在温差的物体会辐射出足够的近红外电磁波，如果有合适的设备，就会使物体成像；但是，早期的红外电磁波转换器无法实现物体图像的放大，因此其在夜间实际的使用效果很糟糕。因而，同期人们开发出主动红外照明设备，即使用红外线灯照射目标区域，通过向目标物体照射红外线，使目标反射更多的红外线，极大地改善红外成像质量；但是，这种"主动"红外照明系统本身就存在着重大的缺陷。任何配备着合适红外探测设备的敌人，都能探测到红外线灯的存在，他们只需使用一套简单"被动"红外探测装备，就在能减少被敌人主动红外设备发现的情况下，更容易地先"看到"敌人。

主动红外设备，早在第二次世界大战初期就已出现。当时，德军设计了瞄准装置1299（Zielgerät 1229）型"吸血鬼"系统用来辅助其车辆在低光条件下的行驶。它包括一个13厘米直径的红外线发射灯，一个转换器和望远镜似的、供使用人员目视观察的目镜。如果用于狙击作战，它也可配备多种步枪使用，包括Kar. 98k、Gew. 43，和MP. 43/Stg. 44；红外线灯单置，接收反射红外线及转换放大装置则集成在一套类似望远镜的观瞄设备上，供狙击手使用。在供能方面，由一套笨重的电池独立供电。"吸血鬼"系统的枪用瞄准镜，可在低光条件下观察确认目标。但整套装置非常笨重，并不适应在野战条件下使用，比如其电池就重达15千克（33磅）。

1945年时，美国陆军设计了采用与"吸血鬼"系统类似原理的红外设备，但在技术上有所改进，即不再采用主动向目标照射红外线再依赖目标反射的入射红外线发现目标，而是以被动方式探测目标自身的红外辐射；因此，新设备取消了主动的红外照明灯和电池组件，（与主动红外系统相较而言）整个设备的体积更小，足以安装在瞄准镜之上。尽管采用被动方式，较为笨重且难以操作，但在投入战场后仍取得了令人惊叹的好效果。同期，随着大规模集成电路技术的快速发展，各种电子器件得以大幅降低尺寸和重量，使这类被动红外探测设备得以成熟并迅速进入战场。

红外图像，是根据特定物体的各个部分之间、物体与环境之间热特征的差异来重建图像。夜空中就存在着比人眼所能感受到的更多近红外光谱谱段电磁辐射，但大多数目标物体所释放的荧光波长仍可被适应了黑暗环境的人眼所辨识。

红外设备在试验运用的初期，其内部光电转换器及相关部件（如光电阴极管等）的性能很差，因此在使用时需要观测区域大量辐射的红外线。当然，在红外设备应用于战场的初期，这类设备很少敌方也缺乏相应的红外感知传感器，一方使用主动红外设备可能也是可接受的。当然，主动式红外观察设备也可以在不使用红外泛光灯的情况下，充当被动探测器；然而，一旦这类主动红外设备被广泛普及开来，其运用效果很大程度就会打折扣（毕竟敌方拥有红外感知设备后，己方的主动红外设备很容易暴露自身）。毫无疑问，被动式热成像系统显然更具优势。

当然，潜在目标物体"泄漏"的红外辐射在抵达红外观瞄设备前，通常有很大一部分都在大气层中被吸收和散射掉了。幸运的是，有两个较窄的波段（3000～5000纳米和8000～13000纳米），处于此两个波段的红外辐射具有较强的穿透力，能够传播较远距离。在这些波段工作的红外观瞄设备，往往能依赖目标辐射的红外线获得较好的图像，当然在此过程中设备需要持续的冷却（通常是液氮），因此体积上较为笨重。在红外设备应用的初期，红外图像的分辨率和清晰度较低。

20世纪80年代，新的夜视观瞄设备出现并开始应用于狙击领域，比如当时新出现的Lasergage LWS 1060型夜视仪，就可在低光条件下对300米左右的人形目标进行有效观瞄；但其体积、尺寸较大，LWS 1060型激光计的全长就达到10.4英寸、物镜直径达到2.95英寸，整套设备重量达到31.6盎司。

紧凑型图像增强（微光夜视）系统，是狙击观瞄领域最引人注目的进步，而它们在成本方面的持续下降，为广泛普及提供了基础。图像增强式夜视装置的最大提升之处在于其光电转换装置，进入20世纪90年代后人们已能通过电子技术辅助增强图像，极大提高了分辨率，并显著拓展目标观察与监视距离。

图95　美国陆军士兵使用M110型狙击步枪

M110型狙击步枪（骑士公司的SR-25型步枪），附配有利奥波德式光学瞄准镜和枪口消声装置，可有效掩蔽枪械射击位置。（美国陆军）

图像增强瞄准（微光夜视）镜，通常采用相同的设计原理，当然尽管同期各国生产的不同瞄准镜其个体细节差异很大。单就图像放大而言，这一时期的发展非常快，例如，采用多级光电转换设计，可获得极高的图像放大率。例如，即便是第一代微光瞄准镜，尽管体积庞大，其放大倍率也能达到6万倍。

就微光夜视装置的原理而言，目标的光（含红外）辐射进入观瞄设备物镜后，通过透镜组被聚焦到光电阴极[1]窗上，通过光电转换设备使电子从感光层中被释放出来。这些电子被电流加速后撞击发光荧光屏，进而在光电管后部形成一个内表面显示层。在该显示层表面，涂覆有磷光涂层，它能将电子转化为光的辐射，形成原始但相对较亮的图像。经光电转换重建的图像与原图景象是颠倒的，然后再通过透镜组对光线进行位置转换，确保它们在进入目镜被人眼观察前再次倒置。

20世纪60年代，当时二极管及光电转换设备已经能提供较好的图像分辨率，但在图像放大方面通常只能提供200～500倍放大增益，它们具有较宽的动态处理范围，可以应付光—暗对比较大的观察场景，此外其工作时还具有"低噪声"不易被干扰的特点。这些光电管在工作时，要么通过减少电光阴极管与荧光屏之间距离（使之达到最小值，或称为"近场二极管"），要么在电子透镜从光电阴极管释放出的电子抵达荧光屏之前将其聚焦，从而使光电管得以聚焦。或者，也可采用逆变二极管装置，可将图像经透镜反射倒置回其正确状态，而不需要额外的目镜透镜组（实现倒置），但其在尺寸和体积上则较为笨重。前一类光电管系统（近场二极管）的优点之一是没有几何失真，在光电阴极的整个区域都有很高的分辨率，或者说实现与目标图像的1:1成像转换。此外，这类设备在工作时仅接收红外信号，基本上不受其他波段电磁干扰的影响。

---

[1] 光电阴极管（photocathode），源自为医学和科学研究而开发的光电池和光电倍增管（PMT），本质上是作为真空管一部分形成的窗口的内部。第一支光电倍增管由法国原子能委员会于1953年开发，之后在1956年经菲利浦公司LEP实验室改进完善。1950年底时，此类设备已在法国布里夫开始量产。

第一代微光观瞄设备的主要缺点在于体积尺寸过大。例如，兰克·普林（Rank Pullin）公司的单兵武器红外瞄准镜就长达18.8英寸、重约6磅2盎司，而且其光电转换单元还非常复杂、可靠性不高。光电转换器件上的性能持续获得改进，其中最关键的光电设备很快从级联式的光电阴极设备，转向光纤微通道板，从而使得全装置的总体尺寸重量大为降低。在性能方面，它们可以在微弱星光条件下识别出300米外人形大小的目标，或针对500～600米范围内充当被动红外探测设备。

第二代微光夜视观瞄系统同样采用近场二极管或逆转二极管的设计原理。但其主要改变在于1973年引入的微通道板（MCP），该微通道板置于光电阴极与荧光屏之间。新的设计，不仅有利于增强单个电子的能量，而且还允许迅速放大电子能量。来自光电阴极的电子穿过微通道板上的微孔，该微孔的直径不超过7～10纳米，打在一个导电的玻璃板上；当电子打在微孔一侧时会第二次激发新的更多的电子，比如对于每1个进入并撞击的电子，都可能激发出1万个新的电子。与第一代光电二极管相比，第二代产品的图像分辨率和动态范围有所削减，但发光增益却得到了巨大的改善，例如在以两套微通道板（MCP）串联配置的光电设备中，其光增益程度可达到原来的1000万倍。

第三代微光夜视观瞄系统及二极管，主要采用近场聚焦模式设计，主要器件仍是微通道板（MCP）和特制的砷化镓光电阴极管。这类新器材具有更优良的光敏感度（达到了1200μA/lm，而以往仅为约300μA/lm），比以往使用的双碱极、三碱极和多碱极极光电阴极元件高得多。当然，在适用电磁频谱方面，这类新型元件主要用于红外和近红外光谱谱段，并不适合紫外线谱段。此外，由于元件的高灵敏性，使它们容易受到热量的干扰（即所谓的"热噪声"）。

最新的第四代光电转换元件及技术，则由美国ITT公司和利顿工业公司（Litton Industries）于20世纪90年代引入该领域，拥有更强的放大增益效果和更好的分辨率。例如，MX10160B型光电转换器，拥有0.7英寸直径的砷化镓逆转光电

图96　应用最为广泛的AN/
PVS-14型微光夜视瞄准镜

阴极管、微通道板放大器，以及逆转光纤光电屏幕等。装置最重要的光电转换器的尺寸较以往已有极大减小，其长度约为1.448英寸、其外部直径为1.225英寸，重仅数盎司。

　　除非加配合适的光过滤设备，甚至在1勒克斯（lux，照明亮度单位）[1]的低光条件下，增强型微光夜视观瞄设备也可能无法正确工作，因为它们本来就设计用于在光照极为微弱的环境中观瞄。部分微光瞄准镜可以通过自动调整操作电压来调整其对入射光的过滤程度，但很多类似设备则必须手动调节。在阳光充足的条件下，对入射光进行大量过滤极为必要，在这种情况下，传统的光学瞄准镜可能

---

[1] 勒克斯（lux），被定义为当1流明均匀地分布在1平方米的面积上时产生的照度；或者，从1坎德拉（candela）单位的光源点（1单位国际烛光）到1米外平面任一点的照度。实际情况下，这（1勒克斯照度）通常可以与良好的街道照明相当，或与满月的雪地、沙漠的光照水平相比拟。相较而言，黄昏时分，现实世界中的真实色彩依然清晰可见，此时的亮度约为10勒克斯；而全日光强的情况下，这相当于1勒克斯的10万甚至100万倍。

是观瞄时更好的选择；而如果在许多夜间多云的星光（无月光）环境，或者满月且少云的月光条件下，则是图像增强型微光夜视装置的最有利使用环境。林地之中，或在阴暗的星光、浓厚云层覆盖天空所导致的极低光照环境中，即便是采用第三代图像增强技术的夜视装置效果也会大打折扣。

例如，由利顿工业公司（现已改组为"L-3勇士系统公司"）制造的AN/PVS-14夜视仪，就已经被全球各国武装力量大量采用。它虽然在光增强方面没有突出表现，但拥有40度的宽大视野，以及目镜视野端可调节屈光度等优点，还可适配多种轻武器装备。整个夜视仪长约3.4英寸，重约12.4盎司。其内部采用的第三代光增强元件使其能在极低光照环境下（如0.001勒克斯照度的星光环境下）帮助射手准确观瞄到300米距离上直立的人形目标。

不少企业曾尝试将热成像仪与光增强技术结合起来，寻求某种技术解决方案使两类设备的缺陷相互补充，以拥有更好的性能。因而在20世纪80年代，由伽利略公司研制的热成像/图像增强的观瞄设备，具备叠合目标红外和微光成像来提高清晰度的功能。

进入20世纪尾声，激光（Laser，"辐射受激发射放大光波"的首字母缩写）开始广泛应用于狙击作战领域。在观瞄领域，激光器及其探测设备的一项明显的益处，是利用激光的高度相关性和集中性用于目标的校准和测量。这类激光器的成熟，刺激激光瞄准指示装置的发展。

当然，尽管激光的原理已经问世很多年了，但直至20世纪60年代初期，基于红宝石的、可用的商用激光系统仍未真正达到成熟的程度。可见光波段的激光，现在通常采用受辐射激发的氦/氖混合物作为工作介质，而红外波段的激光器设计通常采用一氧化碳甚至是氰化氢作为工作介质。

在可见光波段中运行的激光指示器，可用于向目标投射出一束可以被射手和目标人物都看到的光束，在特定的射击场景下（如执法场景）这本身就是一个巨大的威慑；但是那些在红外波段的激光器，光束则不会被人的肉眼看到，因此使用此类激光器的射手还需要额外的探测器，用于观察这些不可见光束的状况。例如，曾投入使用的LA-5型"先进目标指示照明瞄准激光"装置（APTIAL），就将可见光谱红点激光，与不可见的红外激光光点指示系统集成到射手的护目镜上，使其能同时运用这两种激光器的观瞄指示效果。

激光测距仪，则是激光在狙击领域里另一项主要用途，它可以极大提高射手对各类距离的测量能力，还可与光学瞄准镜或图像增强观瞄设备结合使用。因此，这类设备显著提高射击技能，但随着此类设备本身复杂度的提升及性能的增强，它又令人矛盾地降低了射手对精湛射击技能的追求。正如勒罗伊·汤普森所观察和评论的：

> 狙击手们仍然需要理解使用军用密位点（Mil Dots）或其他观瞄设备的距离分划估算距离，如果丧失这些最传统的狙击技能，一旦激光测距仪失效他们将手足无措。类似的精密测距和观瞄设备日益增多、功能更加强大，例如巴雷特公司的巴雷特光学测距系统（BORS），可将多种不同测量数据（距离、风速、风向、温度等）关联起来，简化射手的一系计算帮助其应对复杂射击场景下的射击诸元调节。又或者，诸如"地球弹道"（GeoBallistics）这样的项目使狙击手能够利用iPhone或iPad设备的计算能力，辅以其开发的专业狙击计算App，帮助其设计射击解决方案；其使用非常简单，射手将自己和目标的位置标示在App里的三维地图上后，再输入相关的温度、风速、风向，同时利用手机自带的一些传感器数据，就能迅速将射击诸元的解决方案显示在手机屏幕上[1]。

至于技术手段未来会如何影响并介入狙击领域，或许只有先知才知道了！

---

[1] 2017年2月20日，写给作者的信．

后　记
如何成为狙击手

即便是对狙击手在战场上所能发挥的优势及其优缺点的最粗略的归纳，其结论无疑都会显示，狙击手的"核心价值"迄今仍始终未出现大的变化，这无关乎时代或战争形态。为了避免不必要的重复，因此，后记中所探讨的相关问题或引用的材料涉及上述各章节内容时，仅会简要引述。

对于狙击手而言，在战场上成功地狙杀目标，通常源于满足以下大部分或全部要素：狙击手的背景、训练、目标选择、接近、观察、射击击发、规避对手并撤离阵位，以及最后一项内容，反省行动中可能的缺陷和需要改进的地方。当然，每名资深的狙击手或者这个领域的专家，都会对上述提及的这些因素在一次成功狙击中所发挥作用与影响，在细节上可能有其不同的看法，但总体上都认可这些因素的重要性。

狙击手的背景及挑选

随着时间的流逝，各国军方对"狙击"的态度，也逐渐从一开始的"忽视"甚至"敌视"，改变为"重视"。或许可以公平地认为，（在狙击战术发展的初期）除了苏联/俄罗斯外，各国的狙击手从来没有得到过公众的尊重，或者说从未因为他们在战场上的英勇表现而得到英雄般的对待。按查尔斯·萨瑟和克雷格·罗伯茨的话说：

尽管20世纪的历次重要战争中产生了对狙击手的需求，例如在斯大林格勒、萨勒诺（意大利）、诺曼底、猪排山（越南）、茱莱和贝鲁特等战场，狙击手曾广泛地参战并取得了很多战绩，但战争结束后各国对狙击手的"标准反应"仍是将狙击手们"雪藏回瓶中"，似乎他们就从未真正存在过。就好像这些国家及军队，对于他们的狙击手及其在战场上所遂行的任务感到非常羞耻一样，似乎狙击在道德上就是错误的，根本就不适合在武装部队中担负使命[1]。

例如，在第一次世界大战爆发时，参战的美军不顾此前在南北战争以及布尔战争中的教训（狙击发挥的作用），继续忽视这种作战形式；当时美军对狙击手的观点非常简单，他们认为只要拥有较好的射击技能，就能成为一名理想（如果没有选择使用"不光明、无道德"这类描述用语的话）的狙击手，或者参加过陆军射击学校培训后就能在前线担负狙击手的任务。对此，赫斯基思-普里查德曾阐释认为：

长期以来在英国陆军中，就某些方面而言，就始终存在着对精确射击的偏见，这种偏见在考虑到射击的目标和射击术本身的目的时，是可以理解的。在其看来，狙击只是步枪偶尔发挥作用的方式，而步枪射击术（musketry）才是发挥主要作用的途径。显然对于步枪及射击而言，更高精度并不会提升其射弹的杀伤范围。但在第一次世界大战爆发后，类似观念似乎很快就被反转了，这改变了很

---

[1] 查尔斯·W.萨瑟和克雷格·罗伯茨，《一击必杀》（*One Shot – One Kill*），第3页。

多事情；例如，狙击手们很大程度上被认为是战争中高度专业的参与者，其精确的射击注定会在战场上证明他们的非凡价值[1]。

1915年春，以往各国那种认为狙击缺乏价值的观念已逐渐被抛弃。然而，由于缺乏统一、规范的指导（例如以英国陆军为例，可勉强地认为，专门针对狙击作战进行指导的文件直至1917年才颁布），而且这也只是英军几名初级军官主动梳理和归纳的结果。同期，德军仍将"狙击"作为军队中拥有较好射击技术士官的"临时性工作"，他们狙击步枪上使用的光学瞄准镜甚至都是由士官来保管和维护。

第一次世界大战中，由于英军缺乏对德国狙击手的有效反击与应对，这导致其人员大量伤亡。很大程度上，英军一开始对战场上精确射击仍抱持着错误的观念，但很快就意识到狙击不仅要求精确的射击技术，而且他们还要掌握大量相关技能，包括隐蔽、潜伏、跟踪、搜索或狩猎或翼侧射击等，只有体系性地为精确射手提供训练，他们才能担负起战场狙击的使命。

例如，苏格兰步枪团的乔治·格雷中尉，他曾是几项顶尖的射击比赛的冠军和以及优秀的射击教官，在经过上述相关技能的培训后才算符合这些标准。对此，克利福德·肖尔在其著作中就评论认为：在对狙击手的训练中，有很多人都曾是优秀射手，但这并不能保证他们在担负狙击任务时一定会取得较好的效果；当我与一名军官（第二次世界大战时英国著名的左轮手枪射手和狙击教官，战争期间曾在英格兰和意大利执教）提及这种现象时，他用一段简短的话提出了与我相似的观点："就我的经验而言，那些经历学校培训的射手，就算他们拥有更优秀的射击技能（可能因为他拥有某些射击天赋），坦率地看，我仍认为任何担负狙击任务或作为狙击手教官的人会发现很多证明了我的观点的实例，即狙击手并不等同于拥有高超射击技巧的射手（尽管这也是其必须要满足的一个条件）……

---

[1] 赫斯基思·弗农·赫斯基思－普里查德所著《在法国的狙击》，第33—35页。

例如在荷兰的一个狙击手学校里，一些人就发现虽然很多人满足优秀射手的要求，但当真把他们放在战场环境中时，可能并不能充分发挥他们的射击技巧。

从心理角度看，在平静的靶场环境下射击，与紧张、危险战场条件下的射击之间，存在着非常大的差别；即使某个射手在战时处于相对安全的位置，其实际射击的结果可能也会与其平时在靶场射击时产生非常大的反差[1]。"

与训练机构培育的狙击手相比，更高效的办法是从本国的猎人中招募那些经验丰富的人，比如苏格兰猎人、助猎者（与猎人配合将鸟兽从树丛中赶出来的人）甚至偷猎者，加拿大的印第安狩猎追踪者、猎手和向导，澳大利亚的袋鼠猎手，或者来自印度和南非的大型猎物猎人等。

例如，来自苏格兰北部各大庄园的洛瓦特侦察兵（Lovat Scouts），就曾在南非的布尔战争中展现过他们的战场价值（参见本书第2章内容），之后这些精英战士广泛参与了英军在欧洲西线和加里波第半岛的激战。而自1915年以来，来自加拿大原始森林和平原中的猎手们，同样在欧洲战场上为英国做出巨大的贡献（他们射杀了大量德军）；而来自澳大利亚的澳新军团志愿兵（如华裔神枪手比利·沈）在达达尼尔海峡（加里波第半岛）登陆作战中证明了自己作为高超射手的战场价值。接着，在第二次世界大战、朝鲜战争、越南战争，以及冷战结束后的两次伊拉克战争、当前仍在进行着的全球反恐战争中，狙击手和他们的技能仍不可或缺。

有关狙击手养成规律中最令人觉得奇怪的一点，在于各国长期将狙击等同于一种射击技巧，人们通常认为，只要将普通士兵训练成神枪手，有关狙击作战的问题就会被解决。因此，在第一次世界大战结束后20世纪20年代的初期，英国就撤装了其军队中配备的狙击步枪、望远瞄准镜及其他相关装备，接着在1930年德国国防军也采用了类似的行动。在诸多国家中，只有苏联在第一次世界大战结束

---

[1] 克利福德·肖尔上尉于1948年撰写的《与英国狙击手共同向第三帝国挺进》，第128—129页。

后继续鼓励国内大规模展开运动射击培训活动，这一举措在之后爆发的第二次世界大战中发挥了重要的作用，在苏德战场上苏军持续涌现出的大量男、女优秀狙击手们更证明了这一点。

很多年之后，美国海军陆战队上尉爱德华·詹姆斯·"吉姆"·兰德就反思了他在越南的狙击作战经历。兰德是个出色的射手，20世纪60年代就在夏威夷创建了狙击/侦察培训学校，这也是当时美国武装部队唯一一所以培养狙击手为主要使命的机构。1965年，美海军第1陆战师上尉罗伯特·拉塞尔在越南开办了一所狙击手学校；一年后，兰德受赫尔曼·尼克森将军的委派负责创建了第3陆战师狙击手学校，该机构培训出的狙击手在能力和战绩上更胜第1陆战队师受训的同行们。在越南战场上，不同美军部队内部之间的竞争，迅速共同提高了美军狙击手在战场上的战绩，合理且适当的竞争无疑都会导向这样的结果。当然，尽管结局很好，但兰德在开创这一事业时同样也遭遇了困难的开端：

最初，他不得不从那些不情愿和对狙击有所误解的上级那里（毕竟在其看来，战争应该以他们所认为的方式进行），通过"哄骗"等手段获得相应的武器和装备。用这种方式，他最终设法获得了一批温切斯特30–06 Model 70型猎枪，这批猎枪是师部留着专门在丛林中猎鹿的枪械。获得了枪械后，他仍面临着经费缺乏的困难，这意味着他很难为这批枪械配齐望远瞄准镜。为此，他甚至派参加培训的官兵们前往冲绳购买适于安装在Model 70型猎枪上的瞄准镜，以及排球网等可用于改装的伪装物资[1]。

对大多数国家而言，自第一次世界大战以来，狙击手和他们在军中的地位几乎没有什么变化！

狙击手的心理，可能是外界对狙击手印象最具争议性的问题。例如，大众普遍对狙击手持有的观点，仅仅认为他们是一群冷血、精于算计、缺乏感情的杀

---

[1]　查尔斯·W.萨瑟和克雷格·罗伯茨，《一击必杀》（*One Shot – One Kill*），第166—167页。

图97 第一次世界大战中德军狙击手和他的Gew. 98式狙击步枪

大约拍摄于1915年，图中德军士兵和他的Gew. 98式狙击步枪，图中该枪安装有光学瞄准镜。当时，各国针对狙击手的训练仍非常原始和初步，但到1918时各国在该领域的训练已有很大进展，尤其是英国进步非常明显。（感谢詹姆斯·D.朱利亚拍卖行供图）

手，这实际上是一种误导。毫无疑问地，有少数一些著名狙击手因为长期经历战乱而被认为具有反社会的心理问题，而且确实有很多人是孤独、不合群的人。当然，对于狙击手的这种特质还有许多其他的解释：他们必须要为了事业或国家的利益或者某种政治考虑而压抑自己并与凶残的敌人战斗，抑或仅仅是服从命令。

即使是一些最优秀的狙击手或教官们，也很难解释清楚他们经历艰苦训练、愿意完成一系列常人难以想象的战场狙击行动的动机。实际上，所有的狙击手们都同意，那种走上战场"复仇"的欲望（如果不谨慎引导的话）几乎总是会导致糟糕的行为。

当然，成为狙击手最重要的要求之一，就是他必须拥有完美的视力。就个体差异而言，人的双眼视力很少是完全相同的，有时一个人的两只眼睛之间的差异足以影响其整体的双目视觉，因此，就个人而言，他的双眼之间的差异不能影响到他对距离的有效估算和测量。这很容易测试，但其他很多特性，包括射手的周边视觉、手眼协调能力、反应时间和天生的空间感知能力，也都非常重要。例如，一些具有出色视力的人，可能在决策速度方面被证明并不适宜接受狙击手培训（在射击那些稍纵即逝的目标时需要很快的反应和决策能力，如飞靶射击等等）。当然，最好的狙击手总是具有多种出众的能力和特性[1]。

有研究表明，人眼的视敏度达到一定标准，即眼前在特定距离上观察到物体最小细节的能力，是狙击手必备的生理条件。通常，正常的人眼应该能在100码距离上分辨出1弧分（MOA）的差别；但苏联研究者们曾在1965—1966年对超过100名优秀射手进行了视力测试，结果表明他们的视力甚至更好，即在100码距离上双眼视觉的分辨能力可达到0.572弧分[2]。当时的测试还表明，人的右眼与左眼在同等距离上的分辨能力有一定的差别，其中右眼可达到0.595弧分、左眼则约为0.610

---

[1]　约翰·L.普拉斯特少校《狙击手选集：第二次世界大战中的狙击手》。

[2]　N.卡利尼申科，《苏联对瞄准问题的观点》，摘自1970年9月《美国步枪手》（*The American Rifleman*），第40—43页。

弧分；而且所有参试者就像大部分人一样，都是惯用右手的右撇子。

对于接受狙击培训的人而言，他们此前的射击经验对于提高其视觉分辨力也很重要。有试验表明，仅有两年射击经验的射手们其单眼（主眼）视觉分辨能力约为0.704弧分，而那些拥有10年射击经验的射手们则可达到0.602弧分。这种差异，以及普遍优于群体平均水平的视觉敏锐度，解释了为什么最好的狙击手总能观察并分辨出他们的同事未能觉察到的对象或变化。还有试验表明，狙击手们在战场上为应对不同的光照亮度而使用的滤光片，可能对观察也是很有益的。在多云的昼间战场上，蓝色滤光片可显著提高射手裸眼分辨力，从0.625弧分提升至0.582弧分；但即便是效果最好的黄色滤光片，在明亮阳光下它们对裸眼视力和分辨力的提升非常有限，仅能从0.585弧分提升至0.578弧分。

从这些试验中得出的结论，对于狙击手而言可能具有特殊的意义。首先，视敏度可以通过练习来提高，即使狙击手的视力水平已高于平均水平；其次，强化训练后的休息，可能会产生不可预知的效果，一些人在休息后其视觉敏锐度会恢复得比另一些人更好；最后，连续快速瞄准射击，会显著降低视觉灵敏度。类似地，瞄准时持续不眨眼地紧盯目标，或变更瞄准目标可能使射手的命中准确率降低50%。基于上述结论，聪明的狙击手必须意识到这些问题。

对于狙击手而言，保持健康的身体是另一项先决条件，尤其是如果需要他们长时间潜伏并观察目标的话，身体素质是他能够坚持下去的关键。因此，大多数的狙击手训练课程就包括自卫课程，以及足球或类似的耐力运动和练习，以确保受训者拥有（并保持）巅峰的身体素质与状态。因而，在今天招募狙击手的考核环节，必须考虑到个人的生理健康及其营养水平。

在不影响其各种技战术表现的情况下，狙击手在受轻伤后仍能维持基本行动的能力，也是非常有价值的。在战争中，狙击手总是面临敌方打击的威胁，不少狙击手都会在战场上受到子弹和炮弹破片的伤害，如果在受到轻伤后仍能继续作战，将有助于他们发挥更大作用。在这方面，最不寻常的案例是苏联狙击手约瑟夫·皮柳申的实战经历，他也是《东线的红军狙击手》一书的作者，第二次世界大战期间他一直在列宁格勒服役经历了残酷的围城战，战斗中他曾因右眼被打瞎而一度丧失了继续狙击生涯的可能；但令人惊叹的是，皮柳申在失去右眼后并未放弃，他继续依靠自己的左眼和左手练习射击，最终重新加入战斗。在他的著作中，就记述了一名狙击手在面临挫折时需要克服的很多意想不到的困难：

> （右眼受伤并被摘除后）我开始强化训练，我把用来装子弹和手榴弹的木箱拖到前沿，用废弃的梁柱来建造碉堡和掩体。每天清晨，我都会练习如何在战场前沿潜伏和潜行，用自己身躯的蠕动来爬行并越过途中的障碍物。有时在需要跳跃时，我总是无法正确地判断距离（用余下的单眼），比如在需要跳过沟渠时总会差上那么一点……（最终）我还用左眼瞄准进行了大量射击练习，并成功地养成了使用左眼瞄准的习惯，尽管我都能将子弹打中到标靶上，但弹着散布却相当地大。尽管用我的左眼射击存在着这样那样的困难，但我在反复大量的练习中还是达到了预期的目的：我能在战斗中保护我自己。经过大量射击后，我射中在标靶上的弹着也越来越密集，但在每次射击估算目标的特定距离上仍需耗费更长的时间[1]。

第二次世界大战时期，大部分苏军知名的狙击手如果在战场上受伤无法再履行狙击手使命，那么返回后方担负训练教官的角色就是其最终的归宿。约瑟夫·皮柳申、伊凡·谢多连科、叶夫根尼·尼古拉耶夫和柳德米拉·帕夫柳琴科等人，都以这种方式离开前线。

对于一名有志成为狙击手的士兵来说，他最重要的一项特质就是随时保持冷静（即便处于压力之下），具体而言，无论何时他要能像平常一样平稳、规律地

---

[1] 约瑟夫·皮柳申于2015年所著《东线的红军狙击手》（*Red Sniper on the Eastern Front*），第140页。

呼吸，甚至要能有意识控制心跳保持正常状态。如果因紧张使呼吸、心跳急促进而导致身体的颤动，他肯定无法做到精确地瞄准和击发。然而，教官们经常发现很多备选狙击手在挑战难度较高的精确射击时会出现恐慌的情况，或者过于激动以至于一时冲动之下抛弃了平时的谨慎和冷静。除了狙击手本人外，同样重要的是，两人制狙击小组中另一名观察人员需要具备同样出色的心理素质。

当然，战场上的很多情况都难以预测，例如当狙击手面对他狙杀的第一个敌人时，他们是否能够克服第一次"杀戮"的心理障碍，都是很难说的。对很多初上战场的狙击手而言，迟迟不敢压下扳机是最常见的反应。毕竟，在瞄准具中看着目标，有时甚至会与他面对面，你知道自己扳动扳机后就意味着目镜内一片血红，这并不那么容易。战场上，无数的士兵们就是因为无法迈过杀戮的心理障碍，而让他们已瞄准的敌人先开了火，丢掉了自己的性命。甚至经验丰富的狙击手，如亨利·诺威斯特（本书第3章中所阐述），也是因为比敌人迟开枪了一瞬而被击毙。

当然，在德国人射向诺威斯特的那发子弹在空中飞行时，他也在死前射出了自己那一枪，据信他的子弹同样击毙了对手。除此之外，还有其他一些对阵狙击手相互射出致命一击而同归于尽的案例，至于要避免这种结果（同归于尽）似乎只能依赖某一方的好运气了。对此，最不寻常的狙击手故事，可能要数美国海军陆战队中士卡洛斯·汉斯考克（1942—1999）了，他也是有史以来最致命的狙击手之一：

> 敌方那名被命中的狙击手的头部中弹，他那很快成为尸体的躯体还暴露在空气中，鲜血从几处伤口中不断地流出来，好像大自然要用他的鲜血清洗灌木丛旁边的敌人巢穴。他的躯干中间部位向空中拱起，残躯仍在拼命抽搐，直到生命完全消失，而在几分钟前，这名男子被我射出的子弹命中。我来到现场，拾起阵亡者的狙击步枪……枪支的瞄准具因

被子弹贯穿命中而彻底粉碎、零件散落一地……我的子弹打中了他的瞄准具接着命中他的右眼，贯穿了他的脑袋从后脑穿出。在我向他扣动扳机那一刻，这名敌人也正将他的枪瞄向了我所在的方位，在这千钧一发之际，我只是碰巧先扣动了扳机[1]。

　　这类"击穿瞄准"就射杀对手的狙击故事曾受到很多质疑。事实上，历史上曾有类似案例似乎重复了上述场景的射击，但并未成功：那枚子弹打中瞄准具的角度不太好，它在进入瞄准具管体后发生了偏转，并未沿瞄准具轴继续向前飞行。而最近也有"好事者"专门使用两支狙击步枪重演了上述场景。当时，测试人员只是简单地购买了1支特警SWAT常用的标准狙击步枪及配用瞄准具，但并未注意到原始装备本身特点及限制。接着，另1组测试人员使用1支0.30口径的美国军用步枪及弹药，配备1支苏军PU型瞄准镜（其结构比现代瞄准具简单得多），以那支SWAT的瞄准具物镜中心为瞄准点进行了射击，最终那发射弹直接击中并贯穿了目标瞄准具。

　　另外，狙击手本人的生活、训练和作战环境同样可能影响他们的作战，例如，一些在北极圈地带成长起来的狙击手，很可能难以适应沙漠地形下的狙击作战。具体如1915年第一次世界大战期间的加里波第战役（达达尼尔海峡登陆战）中，参战的澳军能够适应当地白天的炎热的气候，但当地夜间低温潮湿的环境却让不少澳军士官失温，甚至出现轻微冻伤的情况。在缺乏适应环境的情况下，期待一个来自北方的战士在热带地区马上展现出他的战斗效率，是毫无意义的。

　　例如，为适应残酷的战场，狙击手经常需要以很少的食物、饮水保持长时间的潜伏，甚至长达数昼夜。冬季战争期间，芬军狙击手西蒙·海耶在寒冰的边境线上就靠啜食方糖保持身体所需能量；越南战场上，美军狙击手更喜欢携带诸如雷根糖（Jelly Beans）和其他压缩型高能量零食保持体力。在热带地区作战，脱水

[1]　查尔斯·W.萨瑟和克雷格·罗伯茨，《一击必杀》，第15—16页。

可能是一个严重的问题，即使是在温带地区，在潜伏狙击作战时携带足够的、带饮水管的水袋，对于狙击手完成漫长的任务都是必不可少的。

狙击手的培训

当前，狙击手及狙击作战存在的一项问题（尤其是在初期）是，很少有人能够理解狙击作战，并充分利用他们手中的狙击枪械。不仅对于特制的狙击步枪是如此，甚至最基本的步兵武器——步枪，能够充分发挥它们效能的人士也很有限。正如作为受训军官参加狙击手培训的克利福德·肖尔所言，他在得到自己的S.M.L.E.型狙击步枪时，曾被告知这些步枪在射击标靶时表现非常差劲！这一言论令他非常惊讶，"但在之后的我们第一次前往靶场（他们鲜少在靶场进行射击练习）对狙击射击进行感性认识和体会时得到了证明。在第一次体验射击时，我瞄准了100码外的标靶，但前3发射击都脱了靶，根据报靶人员的信号，我的弹着过低而且偏左……在我进行第5和最后1发弹射击时，标靶距离达到了600码，我需要使用瞄准镜进行射击，从目镜中瞄准了标靶树干的一半位置，它正位于靶垛最右侧的位置，标靶上用一个圆形来表示我要瞄准和命中的目标[1]。"

在使用步枪射击时，最重要的一件事，是"归零校射"，确保枪械在不同的特定距离内射出子弹的弹着与瞄准线（无论是通过机械瞄具还是光学瞄具）重合。枪械的归零是个古老的问题，从人类大规模生产步枪之时就出现了。

人类进入工业社会后，各国军事当局对枪械的需求及其产量持续增长，这意味着枪械产量总是更受关注。因此，各国生产商并没有时间单独对每支枪进行检查和品控，最好的情况下，也只是对同批次枪械进行随机抽测，以确保没有整批枪械出现普遍性的大问题；至于校射，基本上也都不会进行。最初，这种策略导致了糟糕的结果，例如英军在几次布尔战争期间，士兵们装备的李–恩菲尔德式步

---

[1] 克利福德·肖尔上尉于1948年撰写的《与英国狙击手共同向第三帝国挺进》，第247页。

枪和李–梅特福德步枪的射击异常糟糕；而且在这种情况下，英军参战部队也难以在战场环境下对枪械进行校调。在战事中，个别射击经验丰富的官兵尝试自行校射手中糟糕的步枪，但普通士兵显然对此无能为力，他们并不关心自己步枪射出的子弹飞往何处。而且，在大规模交战持续射击的混乱中，要关注单发子弹的飞行轨迹几乎也是不可能的。至第一次世界大战开始时，各国军队在步枪射击术训练中存在的缺陷，在战场上相当明显地暴露出来。

步枪经过归零校射后，并非就一劳永逸了，特别是久置不用和战场环境出现较大变化时，在使用前最好还是要进行归零校射。而且，在枪械日常使用中，甚至对瞄准具的轻微磕碰都可能破坏其瞄准线（100码内弹着与瞄准点可能偏离数英寸、1000码射击距离时偏差达到了1英尺），就意味着步枪又需要归零校射。否则，这些偏差在战场上不仅意味着命中或射失，更意味着生与死。

至于各国形成系统性的狙击训练项目后，其间最重要的是为受训者提供多样化的射击场景和战场环境，以便他们在训练场上适应战场上可能遭遇的各种挑战。在一开始，受训者将练习不同距离下、不同战场和环境状况下对静态目标的射击，但现实战场上很少有真实的目标是静止不动的。因此，在后续训练阶段，他们将对时隐时现的目标，甚至是不同运动状态的目标进行精确射击。例如，在针对第一次世界大战欧洲西线堑壕战的战场环境下，受训者会在复制"敌方战壕"及阵前泥泞环境中练习潜伏和射击，这会教会他们在战场上进行全面观察的价值和准确性，受训者会在泥泞中不断"潜伏爬行、观察思考并射击"，这是明智的训练方法。

一名合格的狙击手，在训练场上需要适应现实中不同的观瞄射击距离、不同的射击角度，以及不同的射击环境和条件。其间，受训者尤其要反复练习运用战场环境中的参照物来进行距离估算，以及用特定地物作为参照标志物进行瞄准和射击。例如，在观察望远镜中清晰观测到的一个敌方阵地观察孔的位置，在使用枪用瞄准镜（放大倍率比观察望远镜小）却无法被清晰识别出来，这时就需要利

图98　第二次世界大战中苏军的左撇子女狙击手

在狙击手群体中很少能看到左撇子射手，特别是在栓动式步枪流行的第二次世界大战时期。但有时也不乏例外，图中女狙击手是苏联红军柳博芙·玛卡洛娃（Lyubov Makarova），她在卫国战争结束时取得了89次狙击杀战绩。当时，苏军主要装备的莫辛－纳甘狙击步枪的操作使用和维护较简便，不过其安装在机匣后部左侧的瞄准具基座和支架有时仍稍有不便。（作者本人收藏）

用战场参照物进行参照瞄准射击。

狙击手还需要掌握从很多阵地/阵位进行瞄准射击的技巧（事实上，所有精英步兵也都需要），但对此类问题通常没有一致性意见。很多教官，比如赫斯基思－普里查德、麦克布赖德和肖尔等人，就反对射手在地面上以跪姿进行瞄准射击，他们认为这种射姿并不足够稳定；此外，站姿射击也很少被列为狙击手作战时的选择，除非战场环境中有合适的掩护和位置。对于各种狙击射姿，一些人支持传统的仰卧后向射姿，另外一些人则对经典"霍金斯射姿"（Hawkins position，无倚托伏射姿势，适宜用于诸如沙漠等缺乏掩蔽物的平坦地带）情有独钟。此外，在射手爬行的时候，有些教官甚至还设计一些特殊的方法拖拽狙击步枪。

在1945年之前，或许德军建立有针对狙击手的、最为严格的训练系统，它们也广泛地被认为遵循了"科学原则"。例如，在德军的射击训练手册中，除涉及各种射击训练外，还包括在战场条件下灵活运用地形地物配合射击等事宜，比如树木就在特定场景下被推荐作为枪支的支撑物。然而，德国在第二次世界大战战前除了一批来自蒂罗尔（奥地利西部与意大利北部地区）的优秀狙击手以及少数像布鲁诺·苏卡斯（成长于立陶宛的丛林地区）这样的狙击手外，很少出现世界级的狙击手。

第二次世界大战前，德国国防军曾获得过一大批"瞄准望远镜枪械"，它们并非严格意义上的狙击步枪，而仅仅是"带有望远瞄准设备的步枪"。事实上，即便德军在第二次世界大战中同样涌现出很多优秀的狙击手，但在德语中并没有某个语严格对应表达"狙击手"（Sniper）的确切含义。德军配备这样一批步枪的目的，在于提高其步兵的射击能力，直至使"每个人都成为神枪手"；现代经验表明，这类想法可能已远远超越了当时的现状。因而，德军当时配用的Zf.41型瞄准镜（其设计只是简单地复制自苏制PU型瞄准镜）虽然给外界以狙击步枪瞄准镜的感觉，但它实际上只是步兵枪械的"瞄准辅助设备"，从狙击作战角度看它实在是一种低效的设备。战争期间，大约有5万支Gew.43型步枪配用了这类Zf.41型瞄准镜。

　　一些盟军意见人士，曾对第二次世界大战期间德军狙击手的个人主义予以批评，毫无疑问的是，德军射手的训练极为严格，但生搬硬套、死记硬背，缺乏个性的元素（有时这在其他国家的训练系统中更容易看到）。类似的严格系统训练远称不上有助于激发受训者们的灵感和创造力，例如，赫斯基思–普里查德用纸制成人偶头部引诱对手开枪，以暴露其火力的做法，又或者在第一次世界大战西线的堑壕阵地里就曾有狙击手利用稍稍暴露的点燃的雪茄烟来作为对敌方狙击手的"诱饵"等。这类战场上灵光一现的方法显然无法通过教科书灌输给受训者们，它们在战场上应用的效果非常逼真，赫斯基思–普里查德制作的人偶头像不仅是训练时重要的辅助，而且战场实用效果非常好（特别是在配合战场上的一些场景时，如为人偶头部带上帽子旁边再放上1套堑壕潜望镜），常能吸引敌方狙击手开火从而发现他们的潜伏位置[1]。

　　第一次世界大战西线战场上，德军和法军狙击手们曾广泛利用战场上的树木（有时是其他人造物）用于其潜伏掩蔽，或作为瞄准支撑，对此英军和美军狙击手教官们都曾有广泛介绍和讲解。按照他们的观点，战场上应尽可能少地借用树木作为掩护，不仅因为战场上射手很少以水平的射角射击、在以树木为掩护射击后很难观察评估弹丸弹道，而且一旦敌人觉察到树木后的狙击手们这些掩蔽物的防护能力非常差。很多藏身树冠的狙击手，就因为被敌人发觉他们的潜伏位置后，遭受对手使用机枪或召唤迫击炮等支援火力的打击而殒命。至于其他那些有关狙击的建议也没有什么用，当然一些试验有时表明，沙包这类掩蔽物可为狙击手提供一定程度的防护，可能会非常有用。

　　目前，通用的狙击手培训课程里，会向受训者们强调需要在战场上因地制宜地充分利用任何可能的物品，比如稳定枪械、提供伪装掩蔽或使他们便于观察敌

---

[1]　也被称为"赫斯基思之头"。

情。例如，射击时将有弹性的垫子垫在枪械下，有助于抵消枪械射击时后坐力或震动对枪械精度的影响，反之如果直接将枪械放在混凝土物面或硬质窗台上（通常枪械的前护木将与这些硬质支撑面直接接触），特别是射击时枪管箍作为支撑面承受巨大震动时，未经减震和压力吸引的震动将不可避免地对"枪管谐频"（barrel harmonics）产生破坏性影响。当然，这类负面影响可能无法影响现在最新型的枪械，比如采用自由悬浮枪管的狙击步枪等，这类枪械的枪管直接连接在机匣上，不再通过与前护木或枪管口部附件的连接与其固定，因而不易受到射击时震动的影响。

目前，各国的很多狙击手训练教材对此类训练都有详细的规范，但在真实的战场环境下，狙击手们经常需要结合具体的环境和情况，临机完成各项准备，这些内容很少出现在纸制印刷品上，锤炼这些技能需要长期经验和积累甚至是狙击手个人的天赋与本能。特别是一些在狙击领域拥有"第六感"的人，往往能在战场上随机应变及时感受到威胁而及时反应，相较而言，缺乏这类天赋的狙击手往往只能应激性地应变。

不同的军队，对各自狙击手培训的风格与模式各不相同。例如，第二次世界大战时期苏军狙击手先进行1周的单独训练，之后他们就被分派到前线配合有经验的老狙击手执行作战任务，在作战中成熟。因而，据传苏军著名狙击手瓦西里·扎伊采夫曾称，这些新手在前线能坚持两周战斗并生存下来的人，不超过80%。实际上，依靠战场残酷的优胜劣汰却产生了良好的效果（具有天赋的出色射手更快地成长），但在1942—1943年间苏军建立第一所专业的狙击手学校后，此前更多地依赖战场选拔、磨炼狙击手的方式不再施行。相较而言，英国和美国军方最初并不那么看重狙击的价值，直到在战争中大吃苦头后他们才重视起来。例如，对于第二次世界大战中的英军而言，直至他们在经历了敦刻尔克大溃败的相当长时间后，才开始有意识地展开体系性狙击手培训和狙击作战。

敦刻尔克撤离行动后，英国军方仍大都认为狙击已经过时，他们迫切要求更多俯冲轰炸机、坦克、反坦克火炮、榴弹炮等火力；同期，英国陆军中数量有限的狙击手们仍装备着第一次世界大战时期的P/14型步枪，至于瞄准镜情况更加糟糕（1918年设计狙击用的瞄准镜仍停留在图纸上），同期英军内部也完全未开设相应的狙击手培训课程。而在美军登陆北非实施突尼斯战役和西西里战役之后，情况出现了完全的改观，英军内部的主流声音对"狙击"重视了起来[1]。在美国，情况也类似，当日本于1941年偷袭珍珠港后并在西太平洋和东南亚肆虐之际，美国陆军和陆战队也意识到他们在狙击领域所做准备的情况非常糟糕。

如果说这些国家在最初意识到狙击的重要价值时，他们的问题是缺乏足够优秀的狙击步枪的话，那么同期其配用的枪用狙击瞄准镜则更加糟糕。德军狙击手赫斯基思–普里查德曾很好地展示了在法国战役时期德军遂行狙击作战的规模，但在提及当时的枪用光学瞄准镜，他也只能承认德军当时仅装备着第一次世界大战初期的此类产品，而且当时德军对这类狙击枪械装备的管理仍沿袭自第一次世界大战的做法（即由经验丰富的军士负责维护保管狙击步枪及其瞄准具，需要时才将它们交给具体使用的狙击手个人）。对此，他认为以当时德军的情况，这类看似令人觉得奇怪的做法可能是更好的选择：

> "通常，我们使用枪用望远瞄准镜的士兵狙击手并不熟悉这类设备的使用维护与保养。有一次，在我当值前往一处阵地时，在那里发现一个看上去很迷惑的列兵，他拿着一支配备着伊文斯式望远瞄准镜的崭新步枪。我对他说，'那是根非常棒的瞄准镜'……列兵回答道'是的，长官'。接过他递过来的狙击步枪，我检查了一下俯冲偏差调节鼓，看到它被设置在100码的划分挡位上，但明显敌方阵地距这里约有400码远。因此，我指着调节鼓对他说：'看这里，你将它设置为100码距离，但敌方目标可能出现在400码以外。'很明显，那名列兵看上去很迷

---

[1] 克利福德·肖尔上尉于1948年撰写的《与英国狙击手共同向第三帝国挺进》，第283页。

惑，似乎不懂我说的意思。接着，我又问道：'你以前也使用着这支步枪？'他局促地回答道：'不，长官……[1]。'"

显然，那时德军的普通射手并不熟悉枪用光学瞄准镜的调节，而且德军步枪上的瞄准镜安装基座也经常松脱，射击时的震动经常使瞄准具无法与枪身严格固定。事实上，第一次大战期间德军使用的部分枪用瞄准镜其实是被紧急征用的运动步枪瞄准镜，有的甚至采用的是弹簧安装基座。因此，第一次世界大战时德军狙击手常用的温切斯特式瞄准镜和第二次世界大战时的翁厄特尔式瞄准镜，在每次射击前都要被调整到原来的位置才能继续使用。

对于此类枪用瞄准镜使用和维护，各国的看法也各不相同，例如，它们是应该一直安装在步枪上，还是在不用时从枪械上取下放在专用的保管箱中？第二次世界大战爆发后，苏军狙击手更倾向于将时刻保持瞄准具与枪械连为一体，这可能是因为当时苏军的狙击手群体大多受教育程度较低（苏军的女性狙击手受教育程度普遍更高）；相较而言，德军则会在不使用狙击枪械时，将瞄准具从步枪上卸下，德军或许认为这样更有利于保持瞄准具的良好使用状态，但不幸的是这实际上对步枪的瞄准影响很大。有经验的狙击手固然会在使用枪械前进行"暖枪"预热，并尽可能地先进行归零校射；但有时形势突变、情况紧急，往往需要在压力下迅速安装瞄准具并快速进行射击，这时将枪械与瞄准具分开存放的风险就凸显出来。

甚至在当前的情况下，即便技术迅速发展，熟练使用狙击步枪的门槛越来越低，但这类专业化训练仍非常必要。尽管很多基本的狙击战术都有着上百年的历史，但现代狙击手仍需要比他们的前辈掌握更多的知识与技巧，特别是新型狙击设备的使用等。目前的瞄准镜种类繁多，例如很多瞄准镜设计有计算机辅助的图

---

[1] 赫斯基思-普里查德所著《在法国的狙击》，第31—32页。

像增强功能，带有复杂的距离测量与补偿划分等，有的甚至带有可向好几英里外的射击监控人员播放视频图像的摄像头等（可参见第六章）。毫无疑问的是，不少人也将这些复杂的外设视作现代狙击作战的"缺陷"（过于依赖设备，而忽略狙击本身的技巧），这削弱了狙击手个体在遂行复杂行动时的能力与价值。

狙击手的训练，还必须确保狙击手个人能有效应对多样化的作战场景与环境（从城市废墟战场、开阔无垠的沙漠战场，到极地严寒的作战环境）；而为适应不同作战环境与条件，对狙击的高要求更促进衍生出了众多的狙击用步枪与设备，狙击手们必须尽可能多地掌握各种枪械与设备，以便根据需要选用合适装备。

例如，在狙击装备领域，过去50年里出现的根本性变化，在于交战距离的逐渐延伸。数百码射击距离曾经被认为是主要射击距离，750～800码则是实际狙击射击时的上限距离。但如今随着狙击步枪威力的持续提升，上述距离数字几乎都已翻倍。在近几次战争中，超过2000码的成功狙击案例不时地被报道（尽管在这类距离上，即便使用0.338口径的L115A3这样的高精度狙击步枪也不能保证一定能命中）。而口径达到0.50英寸（甚至更大的苏制14.5毫米口径）的反器材狙击步枪（AMR）的广泛应用，进一步拓展了狙击步枪的战场功能，除射杀敌方人员外，敌方普通车辆、轻型装甲车、雷达、直升机，甚至是飞行器等，都可成为狙击作战的打击对象。

本著作虽然仅探讨阐述传统的反人员狙击枪械及行动，但也承认当今大口径狙击步枪对复杂装备的杀伤效能。这类枪械不仅仅是第一次世界大战中各国使用的大型动物狩猎枪械的拓展，以苏联红军为代表的各国军队更将此类大口径反坦克步枪作为一种有效的反器材武器。例如，在由前狙击手及狙击手教官——马克·斯潘塞2016年编辑出版的《狙击技术手册》（*An Illustrated Manual of Sniper Skills*）中，就提供了狙击步枪发展的很多图文，例如，其中就以图片探讨展示了使用反器材步枪攻击战舰，甚至是潜艇时的价值。

狙击手的战场伪装匿踪

　　面对敌方的狙击手，匿身在一道堑壕或类似的防御工事中，使敌人无法轻易瞄准并命中你，是非常重要的防护策略。很早之前，德国狙击手赫斯基思-普里查德就提出，在战场上寻找合适的地物可掩蔽敌方狙击手的视线，这具体可见他对第一次世界大战时堑壕矮护墙上观察/射击孔的评论：

　　　　战争中我们为伪装防线上的观察孔所作的努力是极为原始的，事实上，在第一次世界大战的堑壕战环境中，固定阵地的状态下要做对堑壕外矮护墙上的观察孔进行伪装几乎是不可能的。我们的很多单位在修筑堑壕工事

图99　第二次世界大战时期的加拿大狙击手

到1939年战争再次爆发时，参战各主要国家在第一次世界大战取得的狙击经验基本已被淡忘、抛弃，他们不得不在战争中重新挖掘、学习和磨炼。图中是加拿大陆军士兵正在使用加装光学瞄准镜的P/14型步枪进行练习，他们手中的枪械至1944年时基本被No.4 Mk Ⅰ（Ｔ）狙击步枪所取代。（作者本人收藏）

及其外围的矮护墙时，曾以修得既平且直为豪，但这种非常规则的工事同样有助于对手观察，也不利于我们对工事上的一些设施进行伪装。这些矮护墙由沙包构成，再用铁锹拍土压实，并不是说沿着这样的沙包矮墙防护性不行，但它的样式使一切都"一目了然"，甚至视力一般的对方狙击手都能很容易地分辨出它的变化；对己方而言，这意味着德军狙击手想利用这样的工事伪装自己非常困难。后来，德军曾对此类问题进行了试验，当时德军在英军潜伏了狙击手的防线上从这类平直矮墙上故意伸出模拟的假头（持续时间约2～4秒），英军狙击手很快观察到了这一情况并迅速进行瞄准射击，几乎每次伸出的假头都会招致射击。

第一次世界大战时，德军的堑壕深度较大，其前沿有时设置了很多铁丝网等障碍物，从英军的角度看，其防线就像是个巨型"鼹鼠"挖洞后抛出的不规则土堆。有些地方，加固工事的波纹钢板直接暴露在工事外，有的又斜插在地面向上支着……有的地段却又由大量沙包堆砌成规则的要塞或掩体，令人眼花缭乱[1]……

此外，从德军最初修筑堑壕工事时起，双方的一些优秀狙击手就已开始充分利用各种个人伪装和掩护展开最初的狙击作战。例如，他们将灌木丛、树叶堆、粗糙的网格状织物等覆盖到头盔上，再用破布裹上步枪以破坏枪械的外形轮廓；或者专门针对当地战场环境设计的伪装衣物，如Tarnjacke（衍生自"吉利服"）、Denison Smock等伪装服，以及各式各样的伪装布等，这些宽大的伪装服配合合适的内部填充可以扰乱敌人对狙击手身体轮廓的判断。至于他们的脸、手等裸露部分，则佩戴面罩加以掩盖，或直接涂覆油彩、炭黑、污泥等掩蔽。正如很多战地报告所证实的那样，适应战场地形地物特征，对狙击手的衣着装备进行伪装，即便自己与敌人近在咫尺，高明的狙击手仍可做到使自己不被发现。

---

[1] 赫斯基思-普里查德所著《在法国的狙击》，第33—34页。

战场观察

细致的观察和出色的距离估算能力，对于展开高效的狙击作战都至关重要。观察战场，甚至是任何一名狙击手在接受训练项目初期，其教官都始终强调的重要技能。在狙击作战中，良好、细致的观察将带来至为关键的"回报"，正如瓦西里·扎伊采夫所评价的：

> 我们静静地伏在地上，观察着。清晨升起的阳光逐渐照亮了周边的整座城市，照亮了所有的黑暗角落，把战场上每个地方都沐浴在光亮中。在眼前的山冈脚下不远处，几枚德军炮兵遗弃的炮弹弹壳散落在地上。此时，我什么也没有做，我数了数那些弹壳，总共有23枚。
>
> 从狙击镜里看着那些弹壳，我感到一阵思维迟钝。突然，我意识到了有一枚弹壳并没有底部（底火的部位），那枚弹壳底部朝着我所在的位置，就像一部望远镜那样，我想或许某双眼睛可能正通过它观察着这边的情况吧。我慢慢将枪口转过去，进一步细致地观察着。
>
> 突然，我感觉到了一阵闪光，就像燧石打在打火石上，接着一枚德军的弹药打在我身后的路堤处。无疑，那名狙击手也发现了我，幸运的是他并未命中我，我随即向他藏身的地方瞄准并扣动了扳机[1]。

在观察战场环境时，还要考虑其他一些因素。例如，正如赫斯基思–普里查德所观察到的，在第一次世界大战中英国陆军的狙击手显然在观察上比德军更为娴熟。

> 在德军最好的猎兵团（Jäger regiments）里，比如……我想……那

---

[1]　瓦西里·扎伊采夫所著2015版《一名狙击手的记录》（*Notes of a Sniper*），第97—98页。

图100 丛林中伪装的两人制狙击小组

耗费在伪装狙击小组所在位置的时间绝不算浪费，图中狙击小组，包括其枪械都需进行伪装处理，这展示了即便在近距离内，要在短时间内分辨、发现伪装良好的狙击手是多么困难。（精密国际公司）

些从山区及林区招募的猎人，他们世居森林地带，对周围的环境非常敏感。但如果要观察远距离外的战场情况，或者说在观察的艺术方面，这些德军最好的士兵显然仍无法达到苏格兰北部各大庄园的洛瓦特侦察兵（Lovat Scouts）的水平。当大战爆发时，德军从黑森林的猎人群体中招募其精英步兵，这是非常自然而然的事……他们的大多数狩猎射击发生在50或70码，甚至更近，在黑森林阴沉昏暗的环境中，视力不再是觉察周围环境的最佳手段（或许听力才是）。因而，与苏格兰高地开阔的山地相比，英、德两国狙击手的观察能力就像望远瞄准镜与小型双筒望远镜间的区别，无疑望远瞄准镜每次都能占据上风[1]。

狙击手武器的选择

在很多方面，狙击手从出发地（如己方堑壕阵地）接近潜在的目标对象，是"进攻性狙击"作战中最重要的方面。当需要"前出"才能观察并打击到对手时，狙击手必须决定选用哪些武器以实现这一点。在此过程中，狙击步枪、光学瞄准镜和观察望远镜当然是必要的，但除此之外，狙击手还要带有水和食物，毕竟谁也不能保证此狙击过程会持续多久。现代狙击手还会根据他们将要完成的任务，选用特定的弹药，比如普通弹、穿甲弹、燃烧弹，或者有时是示踪曳光弹等；同时，狙击手通常需要目视检查所有配备的弹药，如果可能的话，还要检查栓动式狙击步枪的枪机及机匣，反复进行清理以减少任务中枪械卡弹的可能性。

对于极度强调精度的现代狙击作战，保证获得并使用最好的弹药（或者说"比赛级"弹药）至关重要，对此，狙击手对弹药选择尤其敏感，他们会对弹药进行试射，挑选同一厂家同一批次的弹药，如果换用弹药需要重新进行归零校射，以确保弹药性能的一致性。他们对同类型、同批次弹药的重量也非常敏感，

---

[1] 赫斯基思－普里查德所著《在法国的狙击》，第105—106页。

当然不同类型的弹药则不存在此类问题，如普通弹和曳光弹，它们的出膛速度不同，因此飞行弹道也有区别。尤其是对远距离狙击而言，弹药的问题变得非常重要。

大多数狙击手除了狙击步枪外，他们还会携带自卫武器，如手枪、匕首或冲锋枪。例如，美军的M1系列卡宾枪曾一度特别受到西方狙击手的青睐，它较为轻便且合手，枪械的威力又大过一般手枪，可以在200码内精确射击目标。类似地，还有衍生自M16系列步枪的M4A1型短管型突击步枪，尽管它存在着一些缺陷（如该枪在高强度射击时会发生炸膛事故）；以及一些具有高容量弹容的手枪，它们也被证明在近距离内是极为有效的自卫武器。法国反恐特警GIGN在遂行城区反恐狙击作战时，其狙击手还选配有长枪管型MR73型转轮手枪（使用0.357口径弹药）。

除常用主要和次用枪械外，狙击手还会视情选配2枚以上手雷，在极端环境下这类小型爆炸物既可制造混乱击退敌人威胁，又可掩护他们的撤离，甚至可作为避免被俘的最后武器。例如，第二次世界大战时，苏军的女狙击手一旦被俘就非常容易受到德军虐待和酷刑，因此战争期间存在很多女狙击手面临被俘可能性时，使用携带的手雷自杀或与德军同归于尽的案例。

狙击作战中，天气和温度的条件同样重要：太阳光入射的角度和位置，风力的强度和方向，在湖水、河面上徘徊的晨雾浓度，有时大气突然降温会导致空气中的水汽变成云雾影响观察。当然，这也有利于狙击手利用昏暗或不利于敌方观察警戒的状况潜伏接近目标。

狙击手在任务前，必须对作战区域的地形地物进行分析，特别是在当地覆盖较少的植物或自然特征妨碍其潜伏接近敌人时，更需要如此。通过研究分析地形因素，狙击手会将潜伏接近路线牢牢记在心里，尽可能在接近途中利用有限地形、地物，避免被敌方觉察。显然，在灌木丛或树木繁茂的地形中接近敌方要容易得多；相反，很多战场地形则不利于此，需要狙击手付出更多努力，例如，美军狙击手在伊拉克沙漠地区或阿富汗贫瘠的山地作战时，就面临着更多困难。另一方面看，林地等地物复杂、易于伪装潜伏的作战环境，对狙击手识别敌人可能的位置同样不利。

如针对位于固定区域内的目标实施狙杀，狙击手在选定潜伏接近路线前还要选定多个射击阵位（含备份），位置合适地观察射击阵位，对于完成此类任务非常有益。而且，最重要的是，还要牢记敌方防御体系的位置，包括其哨卡、工事、其观察警戒周边情况的能力（设备）及位置，所有这些都需要考虑。只有当狙击小组进行了充分准备，有信心应对其间可能遭遇的各种情况后，他们才会出发；接近敌方时保持警惕和观察，有时为避免被敌方探测，在路线上舍直取曲是常见的策略。

一旦进入"任务位置"后，狙击小组还要确保他们所处的位置不在敌方直接能观察到的范围内，可能的话，充分利用环境地形、地物（如植被等）。在确定射击位置后，狙击手还必须意识到，当他在射击时枪管口即便加装抑焰装置，但产生的冲击气流可能激起尘土或雪雾，这会立即暴露他们的射击位置导致极为致命的后果（敌方可能会立即使用间瞄或直瞄火力对其所处位置进行覆盖射击）。

在避免被发现方面，狙击手需要注意的问题很多，在很多案例中狙击手之所以被敌方觉察，除了其本身选择位置易被观察外，一些细节上的问题也可能导致其暴露。例如，枪械及设备的反光，特别是瞄准具物镜的反光等。在两次世界大战中，狙击步枪枪械反光尤其成为问题，因为当时的枪械金属部件的制造工艺通常会对表面进行处理，以形成一层"烤蓝"（减少腐蚀），它们在阳光下使用时在特定条件下会造成反光。为减少此类问题，现代狙击步枪的金属部件表面常采用磷酸盐被膜处理，使其表面涂覆亚光涂层；至于瞄准具物镜端，则覆盖网格遮罩，在不影响观察的前提下减少物镜反光。

同期，很多枪械木制部件上的涂漆也会导致类似问题，很多狙击手因此会为其枪械裹上一些破布或其他伪装用品，用以干扰这类部件的反光或破坏其整体轮廓。现在，狙击步枪的非金属部件普遍采用在各种温度及状况条件下都较为稳定的复合物材质，对伪装而言这是个巨大的进步。在对个人装具及枪械进行伪装时，狙击手必须注意整体伪装效果要与战场环境相融合、匹配，如果有某个方面未加以注意的话，即便其他部件伪装得再好，可能也不会有太大用处。

很多出色的狙击手都强调战场潜行技巧的重要性。在这方面，很少有案例能比得上1967年由卡洛斯·汉斯考克在越南战场上实施的一次单人狙击任务时，所发挥出的潜行技巧。当时，卡洛斯·汉斯考克受命浸透并潜行至敌方防线纵深，刺杀一名位于其司令部内的将领[1]。

狙击目标的选择

一旦狙击手完成了一些准备，潜行渗透进入到预定观察射击位置后，除非时间或其他情况出现，他们将在此处等待、观察目标并视情实施狙击。此时，一部专业的观测用望远镜，最好带有微光增强或处理功能，拥有比枪用瞄准镜更大的观察视野和距离分辨度，通常是非常重要的工具。

如果敌人的位置仍不而得知，那么在射杀敌人前的观察过程就非常重要。对狙击手而言，在某处掩蔽位置伪装潜伏很长时间等待敌人出现，这种情况非常常见。例如，就算在早上发现了目标，如果黄昏时敌人对射手所处方位是逆光状态的话，狙击手也可能会等到日落时再动手。

狙击手在战场上面临多个目标时，分析判断出最具价值的目标非常重要。因此，各国的狙击手在受训时都会被教导类似的目标选择原则。军阶更高的指挥人员如果被射杀，他们的死往往带来其某个层级建制单位指挥结构的崩溃。因此，他们需要熟悉对手的军服及军衔标识，他们军装上缀钉着的金属徽章及其他装饰物（尤其是敌方一些自大的或无战场意识的将领，往往会佩戴表明其身份地位的

[1] 查尔斯·W.萨瑟和克雷格·罗伯茨，《一击必杀》，第202页。

配饰）。如果缺乏这类明显的标识，狙击手会需要更长时间从他们的行为习惯中分辨出级别和地位，比如习惯发号施令的、戴着双筒望远镜，又或者佩带手枪而不是拿着步枪的，多半是军官。

例如，第一次世界大战期间，德军狙击手就击毙过很多英国军官，这是因为这些贵族出身的军官习惯穿短马靴或过膝的皮绑腿，又或者带着轻便手杖等。还有一名德军射手宣称，要在人群中发现他们的军官很简单，那些"细长腿、蓄着小胡子"的，几乎都是军官。第二次世界大战时期，苏军狙击手同样在行为习惯和衣着等方面掌握了分辨德军军官的技巧，比如德军军官常戴着分辨其军衔级别的标志或铁十字勋章等。

在极端的情况下，狙击手不起眼的一次狙击会给敌人造成恐慌的影响，甚至扭转整个战局。例如，在美国独立战争期间的比米斯高地之战中，西蒙·弗雷汉将军因大陆军射手的一次射击而丧命，这导致参战英军全军溃败；1967年越南战场上，美国海军陆战队中士卡洛斯·汉斯考克和他的同伴约翰·伯克在敌方排级防御阵地前射杀了他们的一名高级军士（相当于他们的指挥官），结果导致整个排的作战组织崩溃，在之后的5天里80多名敌人先后被他们射杀[1]。

有时，因各种原因，有时甚至在经过漫长的观察潜伏后，只是因为无法确认目标等因素就会导致狙击任务流产。或许，隔几天再次尝试会抓住更好的机会。如果在不确定目标的情况下，狙击手盲目不理智地开火，将招致敌方的报复；相反，有经验的狙击手会接受失败，时刻保持理智，抑或他能确信有更有效的办法应对开火后的威胁。以卡洛斯·汉斯考克的一次狙击作战为例，他在回忆录中这样阐述当时的情况：

> 我看着站在高处的那个排指挥官，对同伴说道"看到那堆灌木丛的

---

[1] 查尔斯·W.萨瑟和克雷格·罗伯茨，《一击必杀》，第139—153页。

左边了吗，就是那块你看起来几乎没有什么异常的那块草地"。

"是的，先生"，他回答道。

"用106毫米无后坐力炮直接瞄准那里，我想那里很可能会有一名他们的狙击手也正潜伏着，就等着（在我们开枪后）还击；因此，我们先向那里打一发无后坐力炮弹，看看会发生什么"。

我的同伴随即偷偷将1发106毫米无后坐力反坦克炮弹装入发射筒，倾斜炮管将其指向那处敌方可能的潜伏位置。炮手紧张地做着射前准备，装填炮弹并关上炮闩。之后，他要做的就是扣下扳机……[1]

用特殊武器针对敌方狙击手实施的强攻，历史上有很多先例。例如，第一次世界大战时期，英军狙击手曾使用猎象的大口径步枪击穿德军狙击手所依托的铁制盾牌掩护，后者认为凭借这层"装甲"就可以"免疫"于对手的打击。而之后在第二次世界大战中，苏军狙击手曾使用他们的14.5毫米PTRD和PTRS反坦克步枪射击德军狙击手的掩体，这些掩体要么处于普通7.62毫米步枪的射程之外，要么经过充分的防护，普通口径弹药无法击穿。

一旦狙击手进入阵位，他们要考虑的最重要事情，就是从当前阵位至目标的距离。然而，很多因素可能影响他们对距离的测算。例如，以下多种情况可能导致距离被低估，包括：晴朗的天气、太阳位于射手之后（顺光）时、射击所处地形崎岖起伏不平时，或者射手向上仰射、目标物体的下半部位被遮住、射击场景中存在大片水域或雪地（弹药需穿过水面或雪地），抑或目标与周围环境对比非常鲜明时。相反的，以下多种情况则可能导致射手过远地估算自己与目标的距离，包括：雨天、阴天，在黄昏、拂晓或处于阴影中，当射手面向目标时处于逆光（阳光在目标方位一侧），或者射手向下俯射时。当射手逆风射击时，弹丸弹着会偏高，反之顺风时弹丸轨道偏低。此外，射手处于卧姿进行观瞄时，要准确

---

[1]　查尔斯·W.萨瑟和克雷格·罗伯茨，《一击必杀》，第182—183页。

图101 美军特种部队射手使用俄制 SVD（Dragunov）式狙击步枪训练

熟悉敌方可能使用的武器及装备，被认为是战斗中的必备技能，甚至能挽救战友或自己的生命。（美国陆军）

判断评估距目标的距离则更为困难。

当前，最新的瞄准具上集成有激光测距仪，在很大程度上解决了射手在估算距离时的误差；当然，两次世界大战时的狙击手们只能依靠他们自己的观察技能（尽管当时也有人尝试在枪用望远瞄准镜的视野中，设计相应的测距的距离分划或类似标记）。

在缺乏仪器的条件下，狙击手们要成功遂行狙击任务，取决于他们对测距，以及对射击场景风、光、地形地物等条件状况的综合运用技巧。一些狙击手会针对不同距离的目标调节对其枪械与瞄准具组合进行归零校射，射击时结合不同估算的距离调节相应的瞄准设备（如机械后照门瞄具上的表尺，或光学瞄准上的距离调节鼓）。当然，在不同的狙击场景中，没有哪一种射击方案是绝对有效和正确的，就算那些平射性能更优异枪械与弹药（例如美军的0.30–06口径狙击步枪），如果不考虑射击场景的话，可能也不易发挥出其性能。例如，1968年越南战争期间，美军狙击手查尔斯·萨瑟和克雷格·罗伯茨就讲述了陆战队准下士吉姆·米勒将他的雷明顿700型步枪的归零距离调整为1000码的故事。米勒曾讲述过远距离精度射击时的瞄准"窍门"，在500码距离上"要命中目标人物的胸部瞄准他的下半身射击即可"，而在1200码距离上时要命中胸部则要瞄准他的头部[1]。

这类经验丰富的狙击手们掌握的瞄准小技巧，可能在特定场景下为他们节省调节瞄准具的关键几秒钟，有时这就意味着生死的区别，有时狙击手利用此类技巧在与多个不同距离的目标交战时快速地打出第二枪。

当目标距离较远，经验丰富的狙击手本人也无法保证其射弹必定能成功命中目标时，聪明的狙击手就会向目标射出多发弹药，观察其弹着并据此调节瞄准具，以便尽可能确保命中。这样做可以显著增大命中概率，此时射手往往会将瞄准具调节得处于极限状态，在一般情况下很少被应用到。例如，克利福德·肖尔就曾讲述道：

---

[1] 查尔斯·W.萨瑟和克雷格·罗伯茨，《一击必杀》，第158页。

战争期间，四名英军狙击手曾对他们发现的一名德军观察人员（位于树顶的树冠中）距他们所在位置的距离进行争论，他们相互之间的意见各不相同。其中两人认为，他们估算的距离大约在250～300码之间，另两人则认为目标距他们约350码。但最终，这件事以一种相当新颖的方式解决了。在对这名德军进行瞄准射击时，3名狙击手分别将他们的瞄准具设定在250、300和350码，而最后一名狙击手则利用双筒望远镜观察他们的射击结果。当他冷静地给3名瞄准的狙击手下达击发命令后，3支狙击步枪射击几乎在同一时刻开火，那名德军士兵应声中弹跌落到地上[1]。

狙击射击

到了要射击的时候，狙击手必须控制他的呼吸，在轻轻扣动扳机前，要意识到他的心跳，确保身体的轻微震动不会对射击造成影响，因而他必须选择合适的击发时刻。同时，狙击手射击，还需要挑选目标处于最大暴露的程度，或在对手意识到任何威胁之前，果断击发开火至关重要。

当前，狙击手们不再只是担负反人员狙击任务，特别是在需要压制敌方火力（如压制对手机枪火力、破坏敌火力平台）时，利用射弹摧毁敌人装备可能与杀伤其操作人员同样有效。对此，不同的狙击手在对此类可供选择的目标进行射击时都各有偏好。在战场上，高效的狙击可以极大地打击敌人的士气，这种效果可以通过射中特殊的目标来实现。例如，第二次世界大战时苏军著名女狙击手柳德米拉·帕夫柳琴科在面对多名敌人时，她习惯性地射杀对方纵列中的第二个人，当这种情况经常出现时，就会对敌方队形中的"第二个人"造成极大的心理

---

[1]　克利福德·肖尔上尉于1948年撰写的《与英国狙击手共同向第三帝国挺进》，第72页。

图102　法国特种部队士兵显示其伪装技能

战场伪装，需要针对特定地形、环境采取高度定制化的伪装措施。图中后面抵肩据枪的士兵使用的是7.62毫米栓动式FRF–1型步枪，而他的同伴则使用一支12.7毫米口径的PGM II型反器材狙击步枪。（作者本人收藏）

压力。在极端的情况下，德军在知道对面苏军中有这么一名专杀第二人的狙击手存在后，他们在行动时就会陷入混乱，毕竟没人愿意走在队形中的第二位，有时军官或军士在下达强制（恢复队形）命令后，甚至可能引起下级士兵的不满。其他还有一些狙击手则故意射中人员目标的特定部位，比如下肢或腹部等这类不会立即致死的部位，尤其是敌人处于群体之中时，更是尽可能确保命中这些特定位置。这也会对敌人带来极大的恐慌，因为一人这类部位受伤后，他的同伴会跑去照看并提供帮助，这会进一步使他们暴露在狙击火力之下，用这种方式虽然非常残酷但有利于杀伤更多敌人。

再例如，如果目标是一群虚弱且孤立的敌人，射杀队列最后方的人，可能不会被对方发现，进而可以从容地消灭整支敌人的队伍。有时，狙击手还会精确选择射杀敌人的时机，比如每逢整点击毙一名敌人，将会对敌方人员造成巨大的心理压力，时钟每次嘀嗒声都意味着距离某个人的死亡又近了一步。当然，这对狙击手自身技能也是重大的挑战，不仅需要高超的狙击技能，还要设置有不断变化的多射击阵位。至于，利用狙击手消灭敌方的补给车辆驾驶人员、射杀对手的信使，或其他有可能增强敌方的力量，就可能发挥狙击手的重要效能。

在真正的狙击战场上，技艺高超的狙击手们有无数种方式，扰乱、打击敌方的日常活动，例如，瞄准敌方工事观察孔，夜间持续射杀敌方哨兵，或悄悄命中敌方阵地上的蓄水设备使其陷入缺水状态等。或许，最为优秀的狙击手，永远不会在战场上表现出某种有定势的思维，他们会根据实际情况即兴发挥自己的技能，以实现最大作战效果。

关于狙击的尾声

只有当狙击手、观察者及相关人员在完成任务后，安全地撤退到己方地域，他们的狙击行动才能算得上完全成功。因此，狙击手或小组们不仅要在行动前精心策划、算计，而且还考虑完成任务后在如何不被对方发觉的情况下撤离战场，这同样重要。这可能会比较耗时，但如果能确保狙杀目标后团队的安全，时间本身并不具备重要性。聪明的狙击手有时会规划多条出击、撤离路线，当环境出现变化时临机选择最佳的撤离路线和方式。

狙击手的战绩，通常需要得到上级军官的确认。但除了杀戮外，现代战场上狙击小组还可以发挥更重要的情报收集和态势监视功能，比如在数小时、数天时间里持续隐蔽观察、监视敌人的动态。这类能力在某些战场情况下非常有用。有时敌方防线的变化、其人员调动、特定装备及物资的加强等变化，都可能预示着敌方可能采取某些行动，进而影响己方的战术。如果阵前有己方狙击手及时将这类信息反馈给指挥官，无疑将有助于己方应对变化。因而，各国所有的狙击手培训课程中，都强调狙击手准确上报战场信息的重要性，这类项目同样也是其技能培训中不可缺少的重要一环。

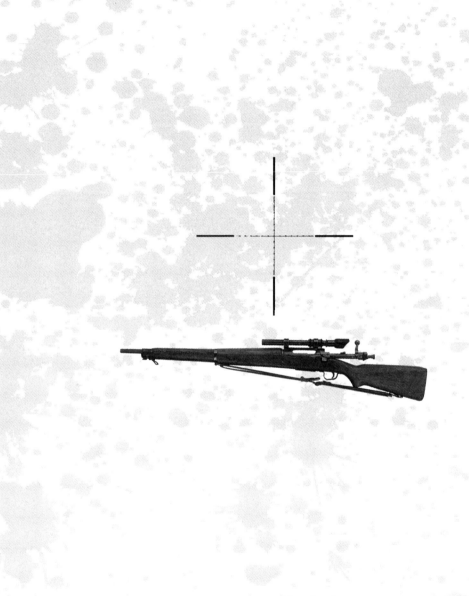

参考资料及拓展阅读书目

《战争中的狙击手》一书在写作过程中，参考了大量互联网网站、在线出版物以及传统的纸质文献与资料。其中，来自美国政府专利局（www.uspto.gov）、德国专利商标局（www.dpma.de）和欧洲专利数据库知识产权网站（worldwide. espacenet.com）的很多细节资料，对于研究撰写本书帮助很大。但不幸的是，也有一些网站和互联网资料，因为资料收录完整度的原因而影响了本研究的展开，包括英国枪械专利记录目前只查询到19世纪90年代中期时的资料（尽管至1852年时的英文资料记录是完整的）；而法国相关的枪械专利文件最远也仅能追溯19世纪70年代时期的资料。

加拿大军方保管的相关军事文献，在本研究过程中发挥了重要作用。尽管这部分内容远称不上完成了数字化转换，查询起来较不便，但来自加拿大相关图书馆和档案馆网站（www.bac-lac.gc.ca）以及一些加拿大古老家族的战争文献，对于本著作中涉及第一次世界大战中加拿大远征军狙击手的作战经历的阐述都非常有帮助。

在本著作撰写所参考的纸质文献中，《狙击手选集》（*Sniper Anthology*）对相关主题的撰写提供了很大的帮助，该书与约翰·L.普拉斯特撰写的包罗万象的《狙击和精确射击史》（*The History of Sniping and Sharpshooting*），成为我们在研究撰写此书时竭力达到的标准。此外，马克·斯派瑟撰写的《狙击手技能图示手册》（*An Illustrated Manual of Sniper Skills*），也是相关人员在了解、掌握此类主题技巧时的必备读物。

还要声明的是，我尤其喜欢赫斯基思–普里查德撰写的《第一次世界大战中的狙击》和麦克布赖德撰写的《一名走向战争的步兵》（*A Rifleman Went to War*），这两本书不仅吸引我反复阅读，而且它们中的相关内容对于我梳理归纳狙击技巧和战术如何从一个多世纪前发展演变到今天的状况，提供了极大的帮助。在研究英军布尔战争中狙击作战时，弗雷德里克·克鲁姆撰写的《步兵侦察兵》（*A Rifleman Scout*）提供了重要的参考。文中涉及第一次世界大战时期澳大利亚远征军著名华裔狙击手比利·沈的故事和经历，主要参考自约翰·汉密尔顿所撰写的《加里波第狙击手》（*Gallipoli Sniper*）。此外，马丁·佩格勒所撰写的《第一次世界大战中的狙击》（*Sniping in the Great War*）所作细致研究和描述，使我的研究有了更坚实的基础，为我节省了很多时间和精力。

我的研究还参考了很多第二次世界大战狙击手的回忆录。当然，这些回忆录中所描述的内容并非都是无可争议的事实。在这些回忆录中，我非常喜欢叶夫根尼·尼古拉耶夫所编写的《红军狙击手》（*Red Army Sniper*）、约瑟夫·皮柳申所编《东线的红军狙击手》（*Red Sniper on the Eastern Front*）等书。约瑟夫·皮柳申本人是一名狙击手，其本身的经历也非常传奇，战争期间他因炮弹碎片而失去了右眼，之后经历刻苦训练他使自己习惯了用左眼和左手进行瞄准和射击，重新成为一名狙击手。类似的回忆录还包括由布鲁诺·苏卡斯撰写的《王牌狙击手》（*Sniper Ace*），它为我们提供了来自德军视角的第一手资料。很多最近战争中发生的狙击案例，则来自极为出名的克里斯·凯尔所著《美国狙击手》（*American Sniper*），或者不那么出名的克雷格·哈里森的《最长的狙杀》（*The Longest Kill*）以及詹姆斯·卡特赖特的《赫尔曼德省的狙击手》（*Sniper in Helmand*）。对于有兴趣的读者，这些书目都值得一看。

关于狙击手"单杀"最高战绩，在很多网站上可查询到的结果，或许仍存在着不少争议。在苏军狙击手战绩方面，很多西方人认为缺乏苏军信息来源，这经常被用来证明苏军在战争期间取得的极高狙杀战绩主张是为了宣传，作者本人对此的观点可参考前文中的内容。但若论狙杀效率和战绩最高的，苏芬冬季战争时期西蒙·海耶在不到100天时间里取得的505次成功狙杀的战绩，可能此后很难被打破。类似地，至于狙击的最远距离记录，由于近年来大口径远程狙击步枪系统的出现和成熟，可能会持续提升。这些记录并未得到有效统计和分析，毕竟这类成功远程狙击所依赖的条件和因素较多，很多狙击案例不具备可比性。

最后，下面列出的参考书目和资料，包含了本书研究所参考使用的文献细节，在相关章节注释中可以找到更多的信息。要注意的是，如果某参考书目存在多个版本时，主要使用最新版本的内容。

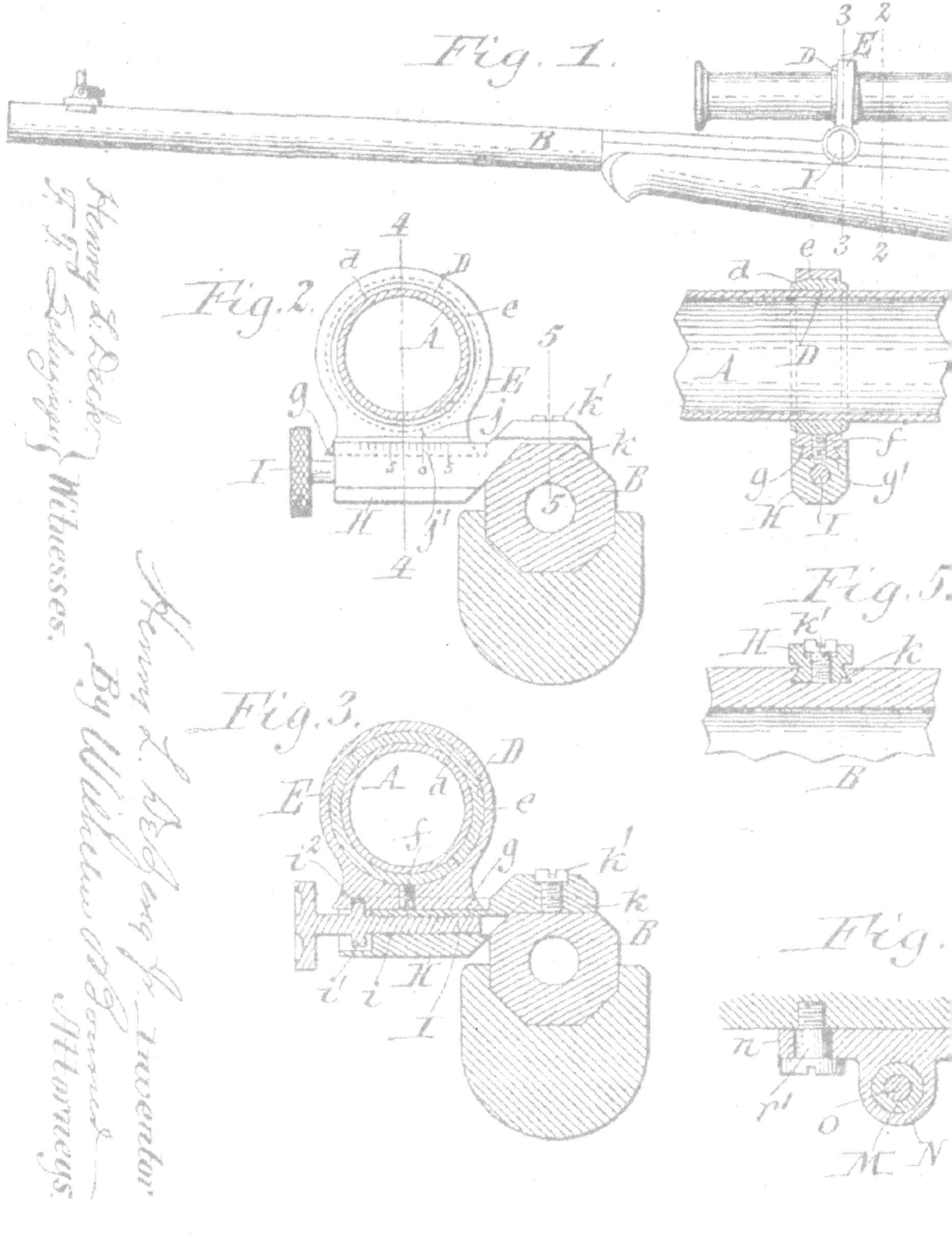

Fig. 1.

Fig. 2.

Fig. 3.

Fig. 5.

Witnesses,
Henry L. Reik
F. H. Schlegger

Inventor
Henry L. Berg Jr.
By William A. Barnes
Attorneys.